DOMINANDO A IA

Dominando a IA

ISBN: 978-85-508-2573-1

Alta Books é uma Editora do Grupo Editorial Alta Books.

Translated from original Mastering AI © 2024 by Jeremy Kahn. ISBN 978-1-6680-5332-4. This translation is published and sold by Simon & Schuster, the owner of all rights to publish and sell the same. PORTUGUESE language edition published by Starlin Alta Editora e Consultoria Eireli, Copyright © 2025 by STARLIN ALTA EDITORA E CONSULTORIA LTDA.

Impresso no Brasil — 1ª Edição, 2025 — Edição revisada conforme o Acordo Ortográfico da Língua Portuguesa de 2009.

Dados Internacionais de Catalogação na Publicação (CIP)
(BENITEZ Catalogação Ass. Editorial, MS, Brasil)

K12d
1.ed. Kahn, Jeremy
Dominando a IA : guia de sobrevivência para o futuro / Jeremy Kahn ; tradução Susane Schmieg. – 1.ed. – Rio de Janeiro : Alta Books, 2025.
336 p; 15,7 x 23 cm.

Titulo original: Mastering AI.
ISBN 978-85-508-2573-1

1. Cultura digital. 2 Futuro (Perspectivas). 3. Inteligência artificial – Inovações tecnológicas – Aspectos sociais. 4. Tecnologia. I. Título.

04-2025/218 CDD 006.1

Índice para catálogo sistemático:
1. Cultura digital : Inteligência artificial : Tecnologia 006.1
Aline Graziele Benitez – Bibliotecária – CRB-1/3129

Grupo Editorial Alta Books

Produção Editorial: Grupo Editorial Alta Books
Diretor Editorial: Anderson Vieira
Editor da Obra: Gorki Starlin
Vendas Governamentais: Cristiane Mutüs
Gerência Comercial: Claudio Lima

Produtor Editorial: Thiê Alves
Tradução: Susane Schmieg
Copidesque: Bernardo Kallina
Revisão: Denise Himpel
Diagramação: Fernanda Buccelli

ALTA BOOKS
GRUPO EDITORIAL

Rua Viúva Cláudio, 291 — Bairro Industrial do Jacaré
CEP: 20.970-031 — Rio de Janeiro (RJ)
Tels.: (21) 3278-8069 / 3278-8419
www.altabooks.com.br — altabooks@altabooks.com.br
Ouvidoria: ouvidoria@altabooks.com.br

Editora **afiliada à:**
ASSOCIADO

GUIA DE SOBREVIVÊNCIA PARA O FUTURO

DOMINANDO A IA

JEREMY KAHN

ALTA BOOKS
GRUPO EDITORIAL
Rio de Janeiro, 2025

Para Victoria,
Cordelia e Gabriel

Sumário

INTRODUÇÃO: O EURECA DA IA

Eles são chamados de *momentos Eureca*: o instante em que uma ideia se materializa nos recônditos do inconsciente e assume uma forma tangível, quase física. As pessoas vivem momentos Eureca, assim como sociedades inteiras passam por momentos de súbita compreensão coletiva que marcam o início de novas eras. Esses momentos ocorrem quando uma tecnologia é combinada a um dispositivo ou software acessível ao público, oferecendo a todos instantaneamente uma nova visão do futuro.

A própria lâmpada, o caricato símbolo do Eureca, foi um desses momentos. Em 31 de dezembro de 1879, Thomas Edison acionou um interruptor em seu laboratório, e a lâmpada incandescente iluminou um admirável mundo novo: alimentado por eletricidade, não por combustível ou vapor. Inventores e cientistas de ambos os lados do Atlântico já competiam há quase uma década para comercializar energia elétrica. Mas muitas de suas invenções eram industriais, técnicas, complexas. A lâmpada, por outro lado, era um dispositivo que qualquer um podia segurar, observar — e entender.

Nas últimas três décadas, passamos por uma série de momentos Eureca no campo da tecnologia digital: a internet existia antes dos navegadores, mas foi só com o lançamento do Netscape Navigator em 1994 que a era da internet realmente começou. Havia tocadores de MP3 antes do iPod estrear em 2001, mas nenhum desencadeou a revolução da música digital. Havia smartphones antes da Apple lançar o iPhone em 2007, mas não havia aplicativos para ele. Em 30 de novembro de 2022, a inteligência artificial teve seu momento Eureca. Foi o dia em que a OpenAI lançou o ChatGPT.

Como jornalista, acompanho a inteligência artificial desde 2016 e vejo como a tecnologia está avançando sem parar. A IA tem sido um tema que fascina executivos e tecnólogos, porém, antes do ChatGPT, ela ainda não havia alcançado o coração das conversas cotidianas. Para quem acompanha de perto a tecnologia, o progresso parecia constante. Quando o ChatGPT chegou, pensei que seria apenas mais um passo, afinal, não parecia muito diferente de um modelo de IA chamado Instruct GPT, que a OpenAI havia lançado quase um ano antes. Eu já tinha escrito sobre o Instruct GPT, um importante refinamento do GPT-3, o modelo de linguagem de grande escala (LLM) da OpenAI. O Instruct GPT era mais fácil de controlar por meio de instruções baseadas em texto — os chamados prompts — do que o GPT-3, e tinha menos probabilidade de gerar conteúdo racista, sexista, homofóbico ou tóxico. Ele também conseguia executar muitas tarefas de linguagem natural, como traduzir, resumir e codificar. No entanto, o impacto do Instruct GPT foi mínimo.

Então, quando o ChatGPT estreou, fiquei surpreso com a surpresa. E eu não deveria estar. Os *form factors* — as interfaces que usamos para interagir com uma tecnologia, como a barra de pesquisa do Google — são importantes. O Ford T era mais do que um motor de combustão interna e um conjunto de rodas, afinal. E com sua interface simples de chatbot, a OpenAI acertou na mosca. Foi um momento Eureca para mim também.

Durante a maior parte da década anterior, os avanços da IA ocorreram em domínios restritos. Muitas das conquistas, sobre as quais escrevi antes do ChatGPT, envolviam softwares que superavam humanos em jogos. O laboratório de IA de ponta do Google, o DeepMind, criou um software chamado AlphaGo que, em março de 2016, derrotou o campeão mundial Lee Sedol no antigo jogo de estratégia Go. Foi uma das conquistas mais importantes na ciência da computação, pois o Go possui tantas combinações de movimentos possíveis que um algoritmo não consegue calcular todas, como fazem os softwares de IA com o xadrez. Em vez disso, ele deve agir de acordo com as probabilidades, aprendidas ao longo de suas partidas, para decidir qual movimento é melhor. Mas jogos são apenas jogos. Embora eles representem habilidades que gostaríamos que um sistema de IA dominasse, os jogos, por sua própria natureza, abstraem grande parte da complexidade da vida. Em um tabuleiro de Go, tudo é literalmente preto e branco, e ambos os jogadores podem ver a posição de cada peça.

Mais à frente, a DeepMind apresentou um sistema de IA capaz de vencer os melhores jogadores humanos em um videogame complexo chamado *StarCraft II*, cujo mundo imaginário tem um pouco mais de semelhança com nossa própria realidade confusa. A OpenAI, a mesma empresa de pesquisa de IA que depois criaria o ChatGPT, construiu uma equipe de agentes de IA que poderia vencer uma equipe de jogadores humanos em um videogame frenético chamado *Dota 2*. Porém, esses não foram momentos Eureca. Poucas pessoas conheciam *StarCraft II* ou *Dota 2*, e o software que dominava esses jogos não tinha aplicação prática imediata na vida real.

Antes do ChatGPT, a IA realizava seus truques por debaixo dos panos. Ela ajudava produtos conhecidos a fazer coisas como recomendar filmes ou marcar pessoas em fotos nas redes sociais. Esses modelos de IA eram impressionantes, mas não eram tecnologias de uso geral, e a maioria das pessoas não considerava essas funções como sendo IA. Meus editores, às vezes, ignoravam minhas sugestões de matérias sobre esses pequenos avanços, e, pensando bem, eles não têm culpa. Esse tipo de IA parecia muito distante da inteligência artificial que víamos nos filmes, como a senciência malévola de HAL 9000 em *2001: Uma Odisseia no Espaço*, de Stanley Kubrick, o benevolente computador de *Jornada nas Estrelas* ou até mesmo a sedutora assistente digital de *Ela*, de 2013.

Isso começou a mudar em 2018, quando os pesquisadores passaram a progredir rapidamente com os modelos de linguagem de grande escala (LLMs), o tipo de tecnologia na qual o ChatGPT se baseia. Esses avanços mostraram que um sistema de IA suficientemente grande, treinado apenas para prever palavras em uma frase, poderia ser usado para uma variedade de tarefas, como traduzir, resumir ou responder a perguntas. Antes, cada uma dessas tarefas exigia um sistema de IA diferente. No mundo da IA, isso era um feito significativo, e eu cheguei a publicar artigos na *Bloomberg* e na *Fortune* sobre o potencial impacto de longo alcance que isso poderia ter nos negócios. Mas, mesmo assim, a tecnologia permanecia no backend dos softwares já existentes. Como não estava integrada a um produto de fácil uso voltado para o consumidor, era difícil para a maioria das pessoas — incluindo muitos especialistas — perceberem o quanto o mundo estava prestes a mudar. Essa tendência de desconsiderar o progresso da IA tem um nome: o Efeito Tesler, cunhado pelo cientista da computação Larry Tesler, que certa vez brincou: "IA é tudo aquilo que ainda não foi feito". O que já foi feito, disse ele, simplesmente tomamos como certo. Além disso, uma vez que um programa de IA consegue executar uma habilidade, deixamos de considerá-la como parte da nossa definição de "inteligência" — uma qualidade amorfa que exige uma combinação de competências semelhantes às humanas, sempre além do alcance do software.

Com o ChatGPT, a IA finalmente superou o Efeito Tesler — e foi um pouco além. De repente, as pessoas entenderam que a IA havia chegado. Você podia falar com ela. Ela respondia de forma convincente e confiante, mesmo que não estivesse sempre correta. Você podia pedir receitas com base nos ingredientes que tinha na geladeira. Você podia fazer com que ela resumisse a sua reunião — em prosa ou, se quisesse, até em versos! Podia pedir ideias para melhorar seus negócios ou conselhos sobre como pedir um aumento de salário. Ela podia até criar um site ou um software personalizado para processar dados e analisá-los. Combinada com outros modelos de IA generativa, ela era capaz de produzir imagens de praticamente qualquer coisa que você descrevesse.

Agora, a IA estava chegando a um novo patamar. Estava mais com a cara da IA de 2001: *Uma Odisseia no Espaço* e de *Jornada nas*

Estrelas. Nossa atitude em relação à tecnologia foi de indiferente a desnorteada da noite para o dia. O que esse momento significava? Que futuro a IA estava descortinando? Será que teríamos um futuro? Surgiram declarações assustadoras, algumas vindas dos próprios executivos e pesquisadores na linha de frente da inovação: que a IA poderia acabar com 300 milhões de empregos ao redor do mundo; que o ChatGPT era como "uma bomba nuclear de bolso" que detonou em meio a um público desavisado; que acabaria com a educação, eliminaria a confiança e destruiria a democracia; que, se não tivéssemos cuidado, a IA poderia até mesmo significar "o fim da linha para todos nós", como advertiu o cofundador e CEO da OpenAI, Sam Altman.

Este livro é minha tentativa de responder às muitas perguntas suscitadas pelo ChatGPT. Ao pesquisá-lo, fiquei impressionado com o quanto muitas de nossas preocupações, bem como parte do pânico moral que acompanhou a revolução da IA, também fizeram parte da introdução de tecnologias anteriores, como a impressão gráfica, a televisão e a internet. Alguns temores sobre a IA remontam ao início da era dos computadores. Outros surgiram mais recentemente, com a chegada da internet, do GPS, das redes sociais e dos telefones celulares. Há importantes lições a serem tiradas de como nós, coletivamente, enfrentamos os desafios que essas invenções representaram — no modo como fomos transformados mas, talvez mais importante, no modo como não fomos. A IA representa uma aceleração, uma extensão e, em muitos casos, uma exacerbação das tendências que essas tecnologias anteriores já haviam posto em movimento. Quando se trata de isolamento social ou desconfiança na mídia, a IA representa uma diferença de grau, não necessariamente de natureza.

Mas ela difere dessas inovações anteriores de três formas distintas. É uma tecnologia de uso mais amplo do que a maioria das tecnologias anteriores. Isso a torna muito mais próxima da invenção da escrita, da fundição de metais ou da eletricidade do que do telefone, do automóvel ou do avião. Talvez seja "a invenção definitiva" que precisávamos criar, como vários pensadores já disseram. Isso porque ela promete ajudar a criar todas as tecnologias futuras que possamos vir a precisar, tendo o potencial de impactar em quase todos os aspectos da sociedade.

Em segundo lugar, o ritmo de avanço e adoção da IA é mais rápido do que o das tecnologias anteriores. O ChatGPT atingiu 100 milhões de usuários apenas um mês após o lançamento. Para atingir esse marco, o Facebook, o produto de software de consumo que mais rapidamente se difundiu, levou quase quatro anos e meio. Os gastos com tecnologia estão aumentando, e mais da metade das empresas da Fortune 500 planeja implementar alguma forma de IA similar ao ChatGPT nos próximos anos.

A velocidade com que tudo isso está acontecendo é importante porque nos dá menos tempo em vários aspectos: para nos ajustarmos à nova realidade que a IA está criando; para refletirmos sobre as implicações da IA e sobre como queremos regulá-la; e para agirmos antes que seja tarde demais, antes que danos, sejam pequenos ou grandes, possam ocorrer.

Finalmente, mais do que qualquer tecnologia anterior, a IA toca profundamente na percepção que temos daquilo que nos torna únicos enquanto espécie: nossa inteligência e criatividade. Quando trabalhadores manuais perderam espaço para as máquinas a vapor, isso desvalorizou o trabalho humano. Mas a força física nunca foi nosso grande diferencial: já conhecíamos outras criaturas que poderiam correr mais rápido, escalar mais alto, nadar mais longe e nos subjugar. Mas nada poderia nos superar no campo das ideias. Os microprocessadores e as gerações anteriores de software rivalizavam com algumas de nossas habilidades cognitivas: realizavam cálculos muito mais rápida e precisamente que nós, e seguiam qualquer conjunto de regras com mais exatidão. Mas fomos nós que *escrevemos* esses processos. Os computadores não desafiavam nosso intelecto, nossa capacidade de raciocinar, inventar novas maneiras de resolver problemas e expressar ideias e emoções. Já a IA desafia a maioria dessas coisas, se não todas. É por isso que ela causa tanto fascínio e pavor. Pela primeira vez, estamos numa posição em que podemos não ser mais a inteligência proeminente do planeta — e talvez por pouco tempo.

Embora isso dê um frio na barriga, temos muito o que esperar de um futuro definido pela IA. Ela pode até nos conceder superpoderes, se for bem projetada e acompanhada das políticas certas. Pode nos livrar de tarefas repetitivas, permitindo que trabalhemos com mais rapidez e inteligência. Isso desencadeará um boom de produtividade sem precedentes, acelerando o crescimento econômico. Em vez de acabar com a educação, como muitos professores e pais temem, a IA pode proporcionar a cada um de nós um tutor pessoal na palma da mão. Ela também nos fará ultrapassar os limites da ciência e da medicina, possibilitando novas curas e tratamentos mais personalizados. Nos ajudará a avançar na compreensão da química, biologia e até da nossa própria história e pré-história. Auxiliará no monitoramento do planeta, na proteção da biodiversidade e no uso mais eficiente das energias renováveis. Para muitos, será uma companheira constante, possivelmente aliviando a solidão e ajudando a desenvolver habilidades interpessoais. Caso usada corretamente, ela pode até mesmo fortalecer a democracia.

Mas também existem perigos graves. Se fizermos as escolhas erradas, a IA pode nos debilitar individual e coletivamente. Nossas habilidades sociais podem atrofiar. No trabalho, podemos acabar ficando fragilizados e desmotivados, servos da máquina, em vez de mestres. Sem políticas governamentais adequadas, a desigualdade se ampliará e o poder se concentrará. A proliferação de conteúdo sintético pode aniquilar a confiança e comprometer o já frágil tecido da democracia. Além disso, o alto consumo de energia da IA pode prejudicar o combate às mudanças climáticas. A tecnologia pode ajudar a projetar armas biológicas, tornando as guerras ainda mais mortais para civis e militares. Nas mãos erradas, pode se tornar uma ferramenta de terror. Se automatizarmos as decisões relacionadas a armas nucleares, haverá o risco de uma catástrofe global. Uma futura superinteligência pode até representar uma ameaça à nossa espécie.

Nas páginas a seguir, você também verá argumentos sobre o impacto da IA que não recebem tanta atenção quanto as teorias sobre o colapso da democracia ou o fim do mundo. O principal deles é a ameaça que a IA representa à nossa capacidade de pensar e às nossas faculdades mentais. Não devemos deixar que as proezas cognitivas da IA diminuam nossas próprias conquistas intelectuais. Outro risco crítico muito pouco discutido é o potencial de a IA relegar a empatia a um papel secundário no processo de tomadas de decisão. Por último, a IA pode agravar divisões já existentes, como as relacionadas a questões raciais e de classe, intensificando as fraturas sociais.

Olhando para o lado mais positivo e esperançoso, também vou mostrar oportunidades que muitas vezes são negligenciadas. Assim como a IA tem o potencial de agravar desigualdades, ela também pode ajudar mais pessoas a ingressarem na classe média, a criarem novos negócios e a empreenderem. Isso pode impulsionar a criatividade e a cultura, além de melhorar o aprendizado e expandir nosso conhecimento, tanto individual quanto coletivo.

Nossa investigação começa com uma breve história, explicando como chegamos ao limiar desta nova era. Em seguida, examinaremos os impactos da IA, começando por como ela pode alterar profundamente nosso próprio pensamento. Expandindo a perspectiva, exploraremos seus efeitos nas relações sociais, nos empregos, nas empresas e na economia como um todo. A partir daí, analisaremos como a IA está reformulando a arte, a cultura, a ciência e a medicina. Confrontaremos o complicado papel da IA na promoção da sustentabilidade, nos perigos enfrentados pela democracia e na ameaça do seu uso irrestrito em sistemas bélicos. Por fim, analisaremos a possibilidade de a IA provocar a nossa extinção.

Em todas essas dimensões, a IA levanta questões inquietantes em torno da autenticidade e da confiança, além daquilo que os filósofos chamam de *ontologia* (nossas crenças sobre a natureza do ser e da realidade) e *epistemologia* (como construímos essas crenças). Em um futuro impulsionado pela IA, devemos insistir em manter uma distinção entre o autêntico e o inautêntico — entre o real e suas simulações. A IA é excelente em mimetismo, em imitar a compreensão, a escrita, o pensamento e a criatividade. Na maioria dos casos, é incapaz de realizar coisas reais — e provavelmente sempre será. Ela pode complementar e ampliar aspectos-chave de nossa humanidade, mas não devemos nos iludir ao pensar que ela pode nos substituir. Seu verdadeiro superpoder está em aprimorar, não substituir, nossos próprios dons naturais.

Neste livro, espero iluminar um caminho para o futuro superpoderoso que a IA pode oferecer. No entanto, essa é uma trilha estreita, e devemos segui-la com cuidado. Devemos ser meticulosos na forma como construímos modelos de IA e, igualmente importante, na forma como interagimos com eles.

No fim das contas, o uso que fazemos da IA depende de nós. Temos escolhas a fazer como sociedade — decisões que raramente são discutidas na esfera pública, seja em campanhas políticas ou em reuniões corporativas. Somente escolhas criteriosas garantirão que a IA complemente nossas melhores habilidades humanas, em vez de suplantá-las. As políticas governamentais e corporativas farão toda a diferença no impacto da IA, e ao longo deste livro descrevo algumas delas.

Mais do que os recursos dos próprios modelos de IA, o modo como interagimos com o software será decisivo. Para acertar, precisamos valorizar os insights de pesquisadores especialistas na interação humano-computador e em vieses cognitivos humanos tanto quanto valorizamos aqueles que desenvolvem IAs cada vez mais potentes.

Os seres humanos devem ser parceiros dos softwares de IA, e não meros inspetores de suas operações. Devemos insistir que os processos, e não apenas os resultados, importam. E esses processos devem incluir a empatia — a capacidade de compreender os outros, nascida da experiência humana. Como seres humanos, este é o nosso tesouro mais precioso e longevo, o alicerce da nossa moralidade, e algo que a IA dificilmente poderá replicar. Não devemos deixar que nossa pressa em abraçar a eficiência técnica da IA relegue a empatia, nosso traço mais distintivo, a um papel secundário em nossa civilização. Manter esta estrela-guia em vista não será fácil, mas, se conseguirmos, seremos capazes de dominar a IA.

CAPÍTULO 1
OS ILUSIONISTAS

No primeiro semestre de 2020, em um amplo edifício sem janelas e do tamanho de vinte campos de futebol, nas planícies de Des Moines, Iowa, um dos maiores supercomputadores já construídos foi ativado. Composto por fileiras e mais fileiras de chips especializados — de um tipo originalmente desenvolvido para renderizar gráficos complexos em videogames —, o sistema contava com mais de 10 mil desses chips interligados por cabeamento de fibra ótica de alta velocidade. Essa central de processamento de dados pertencia à Microsoft e havia custado centenas de milhões de dólares. O supercomputador, porém, fora projetado para atender às necessidades de uma pequena startup de São Francisco da qual, na época, poucos tinham ouvido falar, a não ser quem era de uma área de ciência da computação chamada de inteligência artificial. Essa startup chamava-se OpenAI.

A Microsoft investiu US$1 bilhão na OpenAI em julho de 2019 para obter acesso à sua tecnologia. Como parte do acordo, comprometeu-se a construir esse supercomputador. Nos 34 dias que se seguiram, o sistema operou 24 horas por dia para treinar um dos maiores softwares de IA já desenvolvidos. Ele conseguia codificar relações entre 175 bilhões de pontos de dados. Para isso, a OpenAI alimentou o software com uma vasta quantidade de textos, incluindo mais de 2,5 bilhões de páginas da internet coletadas ao longo de uma década, milhões de discussões do Reddit, dezenas de milhares de livros e toda a Wikipédia. O objetivo era criar um mapa das relações entre todas as palavras deste vasto conjunto de dados. Esse mapa estatístico permitiria que o software pegasse qualquer sequência de texto arbitrária e previsse a próxima palavra mais provável, possibilitando a criação de parágrafos completos, em uma variedade de gêneros e estilos, quase indistinguíveis da escrita humana.

A OpenAI batizou-o de GPT-3, e seu lançamento em junho de 2020 surpreendeu os cientistas da computação. Jamais um software havia demonstrado tamanho domínio da linguagem escrita. O GPT-3 podia fazer muito mais do que só montar textos em prosa e poesia: ele podia codificar, responder a perguntas factuais, compreender e resumir textos, identificar sentimentos em passagens escritas, e traduzir do inglês para o francês, do francês para o alemão, entre diversos outros idiomas. Ele também respondia perguntas que exigiam uma dose razoável de bom senso e executava dezenas de tarefas relacionadas à linguagem — mesmo que só tivesse sido treinado para prever a próxima palavra em uma sequência. E fazia tudo isso com base em instruções conversacionais, como se fosse uma interação humana. Os cientistas chamaram isso de "linguagem natural", para diferenciá-la do código de programação tradicional. O potencial do GPT-3 convenceu Satya Nadella, CEO da Microsoft, a discretamente duplicar, e depois triplicar, seu investimento inicial de US$1 bilhão naquele pequeno laboratório de IA em São Francisco. Dois anos depois, o GPT-3 daria origem ao ChatGPT.

O ChatGPT não foi o primeiro software de IA cujas respostas pareciam humanas, mas foi o primeiro que pôde ser facilmente acessado por centenas de milhões de pessoas. Isso despertou a atenção global para as possibilidades da IA e desencadeou uma corrida entre as maiores empresas de tecnologia e as startups para transformar essas possibilidades em realidade. Em poucos meses, a Microsoft ampliou ainda mais seu investimento na OpenAI, comprometendo mais US$10 bilhões, e começou a incorporar o modelo ainda mais poderoso, o GPT-4, em produtos como o Word e o PowerPoint, usados diariamente por centenas de milhões de pessoas.

O Google, correndo para tirar o atraso, criou seu próprio chatbot de uso geral, o Bard, e começou a integrar a IA generativa em seu mecanismo de busca, potencialmente desestabilizando modelos de negócios em setores inteiros, como notícias, mídia e comércio eletrônico. O Google também começou a treinar sistemas de IA ainda mais avançados, capazes de analisar e criar não apenas textos, mas também imagens, sons e músicas. Esse modelo, chamado Gemini, substituiu o Bard e passou a ser integrado a vários produtos da empresa.

A Meta, por sua vez, começou a lançar poderosos modelos de IA gratuitos que qualquer pessoa conseguia usar. A Amazon e a Apple também começaram a desenvolver suas próprias IAs generativas.

Essa competição está nos impulsionando em direção a um sistema único de IA de uso geral, capaz de igualar ou exceder as habilidades humanas em praticamente qualquer tarefa cognitiva — um marco conhecido como *singularidade*. Embora muitos ainda duvidem que esse momento esteja próximo, é inegável que ele está mais perto do que nunca.

Por que o ChatGPT parecia tão impressionante? Porque podíamos falar com ele. A ideia de medir a inteligência das máquinas por sua capacidade de conversação, e não pela habilidade de fazer cálculos complexos ou detectar padrões no mercado financeiro, é antiga e polêmica. A noção de um interlocutor digital inteligente estava presente desde o início da era dos computadores. Isso ajudou a orientar todo o campo da IA — para o bem e para o mal.

O TESTE DE TURING — O PECADO ORIGINAL DA IA

A noção do diálogo como marca registrada da inteligência remonta a meados do século XX e aos escritos de uma das mentes mais excepcionais daquela época: Alan Turing, o brilhante matemático, mais conhecido por ajudar a decifrar o código Enigma dos nazistas durante a Segunda Guerra Mundial. Em 1936, com apenas

24 anos, Turing propôs o conceito de um dispositivo hipotético que serviria de inspiração para os computadores modernos. E foi Turing quem, em um relatório de 1948 para um laboratório do governo britânico, sugeriu que os computadores poderiam, um dia, ser considerados inteligentes. Ele argumentava que o importante era a qualidade dos resultados gerados pela máquina, e não o processo que levava a eles. Uma máquina que derrotasse uma pessoa no xadrez seria mais "inteligente", mesmo que seus cálculos seguissem um processo mecânico, pouco semelhante ao raciocínio de seu oponente humano.

Dois anos depois, em 1950, Turing desenvolveu essas ideias em seu artigo seminal, intitulado "Computadores e Inteligência", no qual propôs um teste de inteligência para as máquinas, que chamou de "O Jogo da Imitação". Nesse experimento, uma pessoa faz perguntas a outra pessoa e a um computador. Cada um dos três fica isolado em salas separadas. O interrogador recebe as respostas em forma de bilhetes datilografados rotulados como X ou Y, de acordo com quem os produziu. Com base nas respostas, o interrogador deve determinar se X é a pessoa ou a máquina. Segundo Turing, um computador deve ser considerado inteligente se o interrogador não conseguir notar nenhuma diferença.

Turing destacou que o teste não avaliava a precisão ou a veracidade das respostas. Ele esperava que, para "ganhar" o jogo, tanto o humano quanto a máquina poderiam mentir. Também não se tratava de conhecimento especializado. Ao descrever o jogo, ele postulou que seria o domínio sobre *a forma* da conversação cotidiana, bem como uma aparente compreensão do senso comum, o que tornaria a máquina indistinguível do humano.

O Jogo da Imitação, mais tarde chamado de "Teste de Turing", impactou profundamente a forma como os cientistas da computação abordam a inteligência das máquinas. No entanto, ele se mostrou controverso desde o início. Wolfe Mays, filósofo e professor da Universidade de Manchester, era um dos contemporâneos que questionavam o teste. Ele criticava o foco no resultado gerado pela máquina, ignorando seus processos internos. Ele chamou o cálculo lógico e mecânico das máquinas de "a própria antítese do pensamento", que ele via como um fenômeno muito mais misterioso e intuitivo. Mays estava entre aqueles que acreditavam que a inteligência está intimamente ligada à consciência humana, algo que não poderia ser reduzido à mera física. Turing, escreveu ele, parecia "assumir implicitamente que toda inteligência e pensamento podem ser construídos com base em uma estrutura simples de proposições atômicas."

Décadas depois, o filósofo John Searle desenvolveu um experimento mental para destacar o que ele enxergava ser a falha fundamental do Teste de Turing. Ele imaginou um homem que não sabe ler nem falar chinês, trancado em uma sala com um dicionário, algumas folhas de papel e um lápis. Anotações com caracteres chineses seriam passadas por debaixo da porta. A tarefa do homem seria procurar os símbolos no dicionário e transcrever os caracteres chineses que encontrasse em um novo pedaço de papel, que também seria entregue por debaixo da porta. Para Searle, seria ridículo afirmar que o homem "entendia" chinês apenas porque podia reproduzir definições precisas dos caracteres. Da mesma forma, ele argumentou que Turing estava errado ao considerar um computador inteligente apenas por imitar aspectos aparentes de um diálogo humano.

O debate sobre essas questões tornou-se mais acalorado com o advento dos modelos de linguagem de grande escala, como o GPT-4. Certamente não é de grande ajuda que a ciência cognitiva ainda tenha que desvendar a natureza da inteligência humana, sem contar a consciência. Poderia a inteligência ser destilada em um único número — como o quociente de inteligência (QI) — com base no desempenho em testes padronizados? Ou, como argumentou Howard Gardner, psicólogo e neurocientista de Harvard, seria mais apropriado falar em múltiplas inteligências, que abrangem desde o gênio atlético de Michael Jordan até os talentos musicais de Taylor Swift e as habilidades interpessoais de Bill Clinton? Os neurocientistas e psicólogos cognitivos continuam discutindo a questão.

Além de priorizar os resultados em relação ao processo, a ênfase do Teste de Turing no engano como indicador de inteligência incentivou o uso da mentira na avaliação de softwares de IA. Isso faz com que muitos especialistas em ética da IA considerem esse benchmark antiético, argumentando que incentivou engenheiros a testarem seus sistemas em humanos sem o devido consentimento. Nos últimos anos, empresas testaram softwares de IA que podiam jogar jogos de estratégia como Go e Diplomacia contra jogadores humanos desavisados. Os pesquisadores defendem que o uso do engano é necessário: os humanos podem alterar sua estratégia ou estilo de jogo se souberem que o oponente é um software. Em 2018, eticistas e jornalistas criticaram o Google quando a empresa exibiu seu novo assistente digital, o Duplex, que fez uma ligação para um restaurante e realizou uma reserva, sem que o maître percebesse que estava interagindo com uma máquina. Hoje, a maioria das políticas de "IA responsável" exige que as pessoas sejam informadas quando estão interagindo com um software de IA — embora nem todas as empresas sigam essa regra.

Talvez o legado mais duradouro e preocupante do Teste de Turing seja seu enfoque como um jogo de inteligência, onde o computador tenta imitar e se igualar ao humano. O escritor John Markoff, em seu livro *Machines of Loving Grace*, observa que isso levou gerações de pesquisadores de IA a criar softwares para igualar ou superar o desempenho humano em certas tarefas, sendo avaliados pelo seu potencial de substituí-lo. Uma alternativa, diz Markoff, seria o software de IA ter capacidades diferentes, mas complementares às humanas. Essa estrutura incentivaria o desenvolvimento de sistemas projetados para aumentar a capacidade das pessoas, em vez de substituí-las.

Essa perspectiva complementar tem batalhado para ganhar espaço. Quando desejam colocar à prova os recursos de seu software, os pesquisadores de IA ainda tendem a seguir o exemplo de Turing e comparar seus sistemas com o desempenho humano. Claro que parte disso pode ser atribuída ao marketing: é atrativo divulgar quando um software supera um humano em um jogo de tabuleiro famoso ou em uma banca examinadora. Mas entre os pesquisadores de IA, o desejo de igualar ou exceder o desempenho humano é mais profundo do que apenas uma estratégia publicitária, e muito disso se deve a Turing. Mais recentemente, a última geração de modelos de linguagem de IA foi submetida a uma bateria de testes projetados para avaliar pessoas, incluindo os exames profissionais de licenciamento de advogados e médicos nos EUA. Os sistemas de IA mais avançados de hoje passaram em todos esses testes, muitas vezes com pontuação melhor do que a média das pessoas. E, claro, o domínio do ChatGPT sobre o Teste de Turing original — com seu diálogo convincente — ajudou-o a se tornar uma sensação. Contudo, basta olhar um pouco mais de perto para ver as limitações dessa imitação. Quem já usou o ChatGPT logo percebe as inconsistências da IA generativa: ela responde bem a perguntas complexas sobre física de partículas, mas erra em problemas lógicos simples que até uma criança resolveria. Essa mistura de inconsistência, genialidade e estupidez certamente não é o que Turing tinha em mente.

CONSTRUINDO AS MÁQUINAS INTELIGENTES DE TURING

A possibilidade de tal paradoxo — de que um computador poderia conduzir um diálogo sem realmente entender o que está dizendo — sequer passava pelo imaginário dos primeiros cientistas que enfrentaram o desafio de transformar em realidade a visão de Turing sobre uma máquina pensante. Na época em que ele imaginou o Jogo da Imitação, os primeiros computadores universais, que deviam muito a seus projetos conceituais pré-guerra, estavam sendo conectados. Eram máquinas colossais: o ENIAC, um dos primeiros, ocupava quase todo o porão do departamento de engenharia da Universidade da Pensilvânia, com quase 500m^2 de área e 30 toneladas de fiação e válvulas. Ele conseguia realizar 5 mil cálculos de adição por segundo — muito mais rápido do que as calculadoras mecânicas da época, mas quase um trilhão de vezes mais lento do que os poderosos chips modernos. No entanto, um pequeno grupo de pioneiros acreditava que era possível ensinar máquinas como o ENIAC a pensar.

John McCarthy, um jovem professor de matemática do Dartmouth College, era um deles. No início da década de 1950, a ideia de dotar esses novos computadores de inteligência começou a ganhar consistência. Como um passo fundamental em direção a esse objetivo, os cientistas também tentavam descobrir algoritmos que descrevessem com precisão como o próprio cérebro humano funcionava. McCarthy estava imerso nesse fervor intelectual, trabalhando no que era chamado de *teoria dos autômatos*. Outros realizavam pesquisas semelhantes, mas as chamavam de cibernética e processamento de informações. Em 1955, McCarthy teve a ideia de trazer alguma coesão a essas iniciativas, organizando um workshop em Dartmouth. Ele convidou cerca de uma dúzia de acadêmicos — principalmente matemáticos, mas também engenheiros elétricos e psicólogos — para descobrir como ensinar um computador a aprender e pensar.

Ao escrever a proposta de financiamento do workshop, McCarthy cunhou o termo "inteligência artificial" para definir a nova área que surgia. Ele e seus colegas organizadores do evento estabeleceram uma pauta ambiciosa. No pedido de subsídio à Fundação Rockefeller, escreveram: "Será feita uma tentativa de descobrir como fazer com que as máquinas usem a linguagem, formem abstrações e conceitos, resolvam os tipos de problemas agora reservados aos humanos e melhorem a si mesmas". Eles acreditavam que, com um grupo "cuidadosamente selecionado" de cientistas trabalhando em conjunto, "um avanço significativo poderia ser alcançado em um ou mais desses problemas".

Como se vê, McCarthy e seus colegas estavam extremamente otimistas. Mas o workshop de 1956 não conseguiu unificar os conceitos em torno de uma visão única e um programa de pesquisa, o que decepcionou McCarthy. Alguns dos participantes nem gostaram do nome "inteligência artificial", pois acreditavam que ele transmitia uma falsa conotação. O debate acalorado sobre o termo consumiu tempo e atenção que poderiam ser dedicados a discussões mais importantes. McCarthy defendeu sua escolha, argumentando que o nome enfatizava que o objetivo da área era a inteligência, e não apenas a automação. O nome acabou pegando. E, embora o workshop de Dartmouth não tenha conseguido integrar as várias vertentes da pesquisa em IA em uma única linha, ele mostrou muitos dos fios conceituais — e desafios — que definiriam a busca pela IA nas seis décadas seguintes, incluindo uma ideia que provocou a atual revolução da IA.

Ela foi chamada de rede neural artificial. No final da década de 1940, neurocientistas descobriram que os neurônios humanos começavam a vida indiferenciados uns dos outros — qualquer diferença na forma como os neurônios maduros funcionam deve ser aprendida. Eles também sabiam que os neurônios enviavam sinais eletroquímicos entre si, dentro do que parecia ser uma espécie de hierarquia. Esses dois insights levaram os cientistas a procurar maneiras de copiar essa estrutura, primeiro usando válvulas e, depois, computadores e softwares digitais.

As primeiras redes neurais tinham apenas duas camadas. Na camada de entrada, os neurônios recebiam dados de diferentes partes de qualquer imagem, gravação de áudio ou texto que a rede estivesse analisando. Cada neurônio de entrada aplicava uma fórmula matemática ao seu bit de dados e transmitia o resultado para um único neurônio de saída. O neurônio de saída somava as respostas de todos os neurônios de entrada e, em seguida, aplicava sua própria fórmula matemática, com o resultado determinando a resposta dada ao usuário. Se essa resposta estivesse errada, as variáveis — chamadas pesos e vieses — que fazem parte da fórmula de cada neurônio eram ajustadas. Os neurônios mais próximos de ter a resposta certa tinham seus pesos e vieses aumentados, enquanto os outros tinham os seus diminuídos. Em seguida, toda a rede tentava novamente com outra amostra. Esse processo permitia que a rede gradualmente aprendesse a produzir a resposta certa com o decorrer de muitas amostras.

Vários cientistas da computação pensaram que essas primeiras redes neurais seriam o caminho para chegar à inteligência artificial. A abordagem funcionou bem para ensinar computadores a fazer classificações binárias simples, como determinar se algo era claro ou escuro, um círculo ou um quadrado. Mas não conseguia ir muito além disso. Marvin Minsky, um jovem e brilhante matemático de Harvard que ajudou McCarthy a organizar o workshop, construiu uma das primeiras redes neurais analógicas usando peças recuperadas de um avião bombardeiro B-24. Ele apresentou seu trabalho sobre redes neurais em Dartmouth naquele ano, porém na maior parte ele se concentrou nas muitas limitações das redes neurais.

Logo Minsky, que fundara o Laboratório de IA do MIT, surgiria com o afã de um convertido como o crítico mais severo da técnica. Ele abraçou uma ideia diferente sobre como construir máquinas capazes de aprender e pensar, uma que usasse regras lógicas para ensinar computadores como raciocinar. Por exemplo, para criar um sistema que identificasse carros, motocicletas e bicicletas em imagens, o computador seria programado para reconhecer recursos que os humanos sabiam serem importantes nessa determinação — coisas como guidão, quantidade de rodas, portas, janelas e escapamentos. O código então instruiria o computador a raciocinar sobre esses recursos: se tivesse guidão, mas não porta ou escapamento, seria uma bicicleta. Se tivesse escapamento, mas não porta, seria uma motocicleta. Nos anos seguintes ao workshop de Dartmouth, esses métodos de raciocínio simbólico produziram o que parecia ser um progresso constante em direção a uma inteligência artificial semelhante à humana. Os cientistas criaram softwares que jogavam gamão, damas e, mais tarde, xadrez, tão bem quanto qualquer pessoa. Então, em 1966, um sistema de IA baseado nas regras lógicas de Minsky quase passou no Teste de Turing.

O EFEITO ELIZA

A conquista veio de Joseph Weizenbaum, um engenheiro do laboratório de Minsky no MIT. Nascido em Berlim em 1923, filho de uma família judia abastada, ele acabou em Detroit aos 13 anos, fugindo dos nazistas. A relação com seus pais era tensa e, encontrando-se socialmente isolado enquanto se esforçava para aprender inglês, ele buscou refúgio primeiro na matemática e, depois, no divã de seu psicanalista. Interessado pelo nascente campo da computação, ele acabou conseguindo um emprego como programador, escrevendo softwares para os computadores gigantes que a General Electric construía no emergente centro tecnológico do Vale do Silício. Ficou intrigado com a possibilidade de interagir com uma máquina, não em código, mas em linguagem natural. Sabendo de seus interesses, um amigo em comum o apresentou ao psiquiatra da Universidade de Stanford, Kenneth Colby, que achava que os computadores poderiam abrir novos caminhos para a terapia e oferecer maneiras interessantes de pesquisar doenças mentais ao modelar o funcionamento do cérebro humano. Eles colaboraram em um projeto para criar uma espécie de software terapêutico. Weizenbaum levou a ideia consigo quando se juntou ao corpo docente do MIT em 1963. Três anos depois, nasceu o primeiro chatbot do mundo: o Eliza, batizado em homenagem a Eliza Doolittle, personagem principal da peça *Pigmalião*.

O Eliza foi projetado para imitar, em texto, a interação entre um paciente e seu psicanalista. Weizenbaum escolheu deliberadamente essa "persona" para mascarar a compreensão relativamente limitada que o chatbot tinha sobre linguagem. O sistema analisava o texto fornecido pelo usuário e, de acordo com uma série de regras complexas, tentava combiná-lo com uma das várias respostas pré-programadas. Às vezes, se fosse incerto, simplesmente repetia a opinião do usuário na forma de uma pergunta, como um psicanalista faria. Em outros casos, recorria a respostas vagas e compassivas, usando expressões como "entendo", "continue" ou "que interessante".

A codificação por trás do Eliza não era especialmente sofisticada, mesmo para os padrões da época. O que o tornava inovador era a reação das pessoas. Muitos dos alunos que Weizenbaum observou interagindo com o Eliza estavam convencidos de que realmente se tratava de um terapeuta humano. "Alguns sujeitos do experimento têm achado muito difícil de se convencer que Eliza (com seu roteiro atual) *não é* humano", escreveu Weizenbaum. Mais tarde, ele relatou um episódio em que sua secretária pediu um tempo para interagir com o Eliza e, alguns momentos depois, solicitou que ele saísse da sala. "Acredito que esse episódio comprova o sucesso do programa em sustentar a ilusão de que compreende o que é dito", observou. Até mesmo cientistas da computação se viram fazendo confissões íntimas ao chatbot.

Em outras palavras, o Eliza chegou bem perto de realizar o tipo de engano que Turing havia previsto. No entanto, também evidenciou as fraquezas do Teste de Turing. A principal delas é a nossa própria credulidade. As pessoas que interagiam com o Eliza queriam acreditar que estavam falando com uma pessoa real. Essa tendência de antropomorfizar os chatbots — e deixar nossa própria descrença de lado, apesar de suas deficiências óbvias — ficou conhecida como "O Efeito Eliza". Esse fenômeno continua sendo uma força poderosa na IA até hoje.

Talvez o maior impacto do Eliza tenha sido em seu próprio criador. Em vez de comemorar um triunfo, Weizenbaum acabou deprimido. O que a facilidade com que os humanos eram enganados dizia sobre nós? Ele começou a perceber como era difícil distinguir o pensamento humano real de sua imitação — e, ainda assim, o quanto essa distinção é vital. Colby, um de seus primeiros colaboradores, sustentava que, se os pacientes achassem um chatbot como o Eliza útil, então a invenção já tinha valido a pena. Mas a enganação no núcleo do Eliza deixou Weizenbaum preocupado. Esse debate persiste até hoje, com a nova geração de chatbots projetados para soar empáticos ou serem usados em terapias.

Minsky, colega de Weizenbaum no MIT, não via diferença entre o cérebro e o raciocínio de um computador — uma célebre brincadeira dele era dizer que os humanos não eram nada mais do que "máquinas de carne". Weizenbaum rompeu radicalmente com essa visão. Ele passou a acreditar que certas esferas iam além do escopo da IA, pois dependiam da experiência vivida — e, em última análise, das emoções — que um computador jamais poderia ter. Mesmo que as regras da linguagem pudessem ser formalizadas matematicamente, algo que ele chegou a duvidar, um software de IA não poderia jamais realmente "entender" a linguagem. Inspirado pelos escritos filosóficos tardios de Ludwig Wittgenstein, Weizenbaum argumentou que a linguagem é insuficiente para transmitir significado, mesmo entre duas pessoas, já que ninguém compartilha exatamente as mesmas experiências de vida — e menos ainda entre uma pessoa e um software, que não tem nenhuma vivência. Além disso, grande parte da comunicação humana é não verbal. Weizenbaum recordou um momento em que estava ao lado de sua esposa, observando seus filhos dormirem. "Conversamos em silêncio, ensaiando uma cena tão antiga quanto a própria humanidade", escreveu mais tarde. Em seguida, citou o dramaturgo Eugene Ionesco: "Nem tudo é indizível em palavras, apenas a verdade viva".

Weizenbaum argumentou que essa diferença fundamental entre humanos e máquinas — a incapacidade dos computadores de sentir empatia — significa que, mesmo que as IAs possam aprender a realizar todas as tarefas humanas tão bem ou melhor do que uma pessoa, deveriam ser proibidas de fazer certas coisas. Ele achava que um software jamais deveria ter permissão para tomar decisões com consequências irreversíveis ou "onde um sistema de computador é proposto como um substituto para uma função humana que envolve respeito interpessoal, compreensão e amor". Weizenbaum temia que, ao antropomorfizar nossas máquinas, as abraçaríamos como uma metáfora de nós mesmos, desvalorizando nossa humanidade.

Em 1976, Weizenbaum expôs essas críticas no livro *O Poder do Computador e a Razão Humana*. Foi uma angustiante acusação à sua própria área de atuação. Ele acusou seus colegas pesquisadores de IA de cultivarem uma "mentalidade hacker" mais preocupada em fazer o software executar tarefas do que em tentar responder a perguntas cientificamente significativas sobre a natureza da inteligência e do pensamento. Na opinião dele, não só os tais cientistas da computação não tinham rigor científico, como sua abordagem e os impactos do software de IA que estavam desenvolvendo eram anti-humanos. Envolvido com causas de esquerda e direitos civis, Weizenbaum ficou particularmente perturbado com o uso de uma das primeiras aplicações de IA pelos EUA na Guerra do Vietnã.

Ele também reconheceu que muitos sistemas de IA eram tão complexos que sua tomada de decisão era inescrutável até mesmo para seus criadores. Essa opacidade, segundo ele, poderia tornar os sistemas difíceis de controlar e oferecer uma desculpa conveniente para evitar responsabilidades. A economia política da IA também o deixou alarmado. Em sua crítica neomarxista, o capitalismo norte-americano do pós-guerra poderia ter colapsado sob seu próprio peso, não fosse pelo advento do computador, que permitiu às grandes empresas e ao governo federal exercerem um controle antes impossível. “O computador, na época, foi usado para conservar as instituições sociais e políticas dos Estados Unidos”, escreveu ele. “Isso as sustentou e imunizou, pelo menos temporariamente, contra enormes pressões por mudanças.” A IA também facilitaria a vida de governos totalitários, um temor profundamente enraizado em sua experiência como refugiado da Alemanha nazista.

Os cientistas da computação colegas de Weizenbaum rejeitaram seu livro, taxando-o de anticientífico e destrutivo. No entanto, muitas de suas observações permanecem válidas — na verdade, são mais pertinentes do que nunca.

RESSUSCITANDO A REDE NEURAL

A razão pela qual era fácil ignorar as críticas de Weizenbaum na década de 1970 e é impossível fazê-lo agora, está relacionada à ideia antiga da rede neural e três novos desenvolvimentos: chips muito mais poderosos, oceanos de dados digitais à vontade graças à internet, e uma dose de inovação algorítmica.

A maioria dos cientistas da computação abandonou o trabalho com redes neurais no início dos anos 1970, em grande parte devido às duras críticas de Minsky. Mas um pequeno grupo de iconoclastas continuou a explorar essa ideia. Um deles foi o psicólogo David Rumelhart, da Universidade da Califórnia, que, junto com seu colega Ronald Williams e um jovem inglês estudante de pós-doutorado chamado Geoffrey Hinton, atingiu, em meados da década de 1980, um marco importante que finalmente permitiu às redes neurais realizar algumas coisas interessantes. Esse marco foi chamado de retropropagação — ou *backprop*.

A retropropagação resolveu um problema-chave. As primeiras redes neurais, com apenas duas camadas, estavam limitadas a classificações binárias simples. Descobriu-se que a adição de mais camadas de neurônios entre os neurônios de entrada e saída permitia que a rede fizesse determinações muito mais complexas. Na década de 1980, as redes neurais que Rumelhart, Hinton e Williams estavam testando já tinham várias camadas. Porém, as camadas intermediárias de neurônios criaram um problema. Em uma rede simples de duas camadas, era bastante fácil ajustar as configurações — os pesos e vieses — de cada neurônio de entrada para que a rede pudesse aprender durante o treinamento. Com a adição de camadas extras, tornou-se um desafio enorme determinar a contribuição de cada neurônio para o resultado final. A retropropagação usou ideias oriundas do cálculo para resolver esse problema, permitindo que os pesos e vieses de cada neurônio fossem ajustados de forma a levar uma rede multicamadas a aprender de forma eficaz.

Graças à retropropagação, as redes neurais multicamadas passaram a ser capazes de decifrar a caligrafia em envelopes e cheques, aprender relações entre as pessoas em árvores genealógicas, alimentar programas que reconheciam palavras impressas e as liam em voz alta através de sintetizadores de voz, e até manter um carro autônomo centralizado na faixa de uma rodovia. Mas ainda havia muito que as redes neurais não conseguiam realizar. Elas não conseguiam classificar objetos complexos em imagens — nada de identificar gatos ou cachorros. Também apresentavam dificuldades no reconhecimento de fala e na tradução. Além disso, o treinamento de redes neurais exigia grandes quantidades de dados, que, em muitas áreas, ainda não eram suficientes. O processamento de todos esses dados em grandes redes neurais era extremamente lento com os chips da época. Ao mesmo tempo, outros métodos de aprendizado de máquina, usando estatísticas avançadas, estavam se mostrando promissores. Como resultado, muitos pesquisadores e engenheiros de IA mais uma vez consideraram as redes neurais um beco sem saída.

O APRENDIZADO PROFUNDO DECOLA

Hinton, agora na Universidade de Toronto, continuava convencido de que as redes neurais eram o caminho para uma inteligência artificial semelhante à humana. Em 2004, fundou um coletivo de pesquisa dedicado ao trabalho contínuo em redes neurais, uma abordagem que ele logo rebatizou de "aprendizado profundo". Era um marketing inteligente: *profundo* referia-se às múltiplas camadas das redes neurais, mas também implicava que elas de alguma forma alcançavam insights mais profundos do que os outros métodos "superficiais" de aprendizado de máquina. O aprendizado profundo estava prestes a cumprir o que as redes neurais não haviam conseguido em mais de cinco décadas.

Duas coisas haviam mudado: a internet começou a fornecer grandes volumes de informações, atendendo à necessidade voraz das redes neurais por informação, e um novo tipo de chip de computador, chamado "unidade de processamento gráfico" (GPU), chegou ao mercado. A empresa norte-americana de semicondutores Nvidia lançou a primeira GPU, a GeForce 256, no final de 1999. Essa placa (ou cartão) de circuito impresso podia ser inserida em um computador ou servidor e foi projetada para lidar com a rápida renderização gráfica exigida pelos videogames. As GPUs processavam vários fluxos de dados simultaneamente, em vez de sequencialmente, e realizavam outros cálculos complexos diretamente na placa gráfica, sem sobrecarregar a unidade central de processamento (CPU), como acontecia nas placas gráficas da geração anterior. As GPUs consumiam muita energia e produziam muito calor; cada placa vinha com seu próprio ventilador embutido. Mas os novos chips viabilizaram os consoles domésticos como Xbox e PlayStation, além de estarem prestes a mudar a pesquisa em IA para sempre.

Em 2005, uma equipe de pesquisadores da Universidade de Maryland mostrou que o poder de processamento paralelo das GPUs poderia funcionar bem em redes neurais simples de duas camadas. No ano seguinte, uma equipe da Microsoft demonstrou que as GPUs mais recentes também calculavam com muito mais eficiência os pesos em sistemas de aprendizado profundo complexos. Então, em 2009, Hinton e dois de seus alunos de pós-graduação construíram para a Microsoft um sistema de aprendizado profundo baseado em GPUs. Em apenas alguns meses, esse sistema se equiparou ao desempenho do sistema de reconhecimento de fala da empresa — o qual fora aperfeiçoado ao longo de uma década. O avanço foi facilitado pelo fato de a Microsoft ter enormes quantidades de dados de fala disponíveis para treinar os sistemas, que se aprimoravam à medida que processavam mais informações. Outros alunos de pós-graduação de Hinton foram transferidos para a IBM e o Google, onde replicaram o feito. No Google, o software de reconhecimento de fala de última geração para smartphones Android apresentava uma taxa de erro de 23%. Em apenas uma semana, o aluno de Hinton reduziu esse índice para 21%. Duas semanas depois, estava em 18%.

O aprendizado profundo estava decolando. Mas ainda havia quem duvidasse que as redes neurais pudessem classificar imagens complexas. Esse cenário mudou em 2012, quando Hinton e dois de seus alunos de pós-graduação, Ilya Sutskever e Alex Krizhevsky desenvolveram um sistema de aprendizado profundo com GPUs — chamado de AlexNet, em referência ao primeiro nome de Krizhevsky — que venceu o concurso ImageNet, promovido pela Universidade de Stanford. O desafio era criar um sistema de IA capaz de classificar imagens em mil categorias diferentes de objetos. O AlexNet alcançou uma taxa de erro de apenas 15%, metade da obtida pelo sistema que ficou em segundo lugar. O aprendizado profundo havia chegado. Hinton, Sutskever e Krizhevsky fundaram uma empresa com a ideia de desenvolver sistemas de aprendizado profundo para tarefas de visão computacional. Em poucas semanas, o Google comprou a empresa por US$44 milhões. O trio foi trabalhar para o Google Brain, o laboratório avançado de pesquisa de IA que a empresa inaugurou em 2011.

DESVENDANDO A INTELIGÊNCIA — A IMPETUOSA CORRIDA PELA AGI

A barragem que represava o aprendizado profundo começou a ceder antes mesmo do AlexNet. Com sua chegada, ela ruiu de vez. As grandes empresas norte-americanas de tecnologia — Google, Microsoft, Meta (então Facebook), Amazon e Apple —, bem como as gigantes chinesas Baidu e Tencent, correram para implementar o aprendizado profundo. Elas competiam pela contratação de especialistas na área, oferecendo altos salários que variavam de seis a sete dígitos anuais para doutores recém-formados. A maioria das aplicações de aprendizado profundo ainda era muito restrita — era possível marcar pessoas em fotos nas redes sociais ou reconhecer comandos de voz com maior precisão. Não eram inteligências gerais, mas específicas. Além disso, o aprendizado profundo ainda parecia inacessível para a maioria das empresas fora do setor de tecnologia, porque elas não detinham a experiência humana para desenvolvê-lo nem os dados para treiná-lo.

Na época, poucos pesquisadores acreditavam que o aprendizado profundo poderia corresponder à visão de Turing sobre a IA. Um deles era Shane Legg. Nascido na Nova Zelândia, com formação em matemática e computação, Legg trabalhou para uma startup de IA em Nova York durante o boom das empresas pontocom. Enquanto estava lá, ele ajudou a popularizar o termo "Inteligência Artificial Geral" (AGI) — que, na sua concepção, significava um software que poderia fazer a maioria das tarefas cognitivas tão bem ou melhor do que qualquer pessoa. Legg fazia uma distinção entre a AGI, de escopo mais amplo, e a IA específica, que poderia executar excepcionalmente bem uma tarefa. Quando a startup faliu, Legg voltou aos estudos. Assim como as gerações anteriores de pesquisadores da IA, ele entendeu que estudar o cérebro humano era a melhor maneira de descobrir como construir a AGI — então, foi para a Unidade de Neurociência Computacional Gatsby, na University College London, onde se pesquisava a interseção entre neurociência e IA. Lá, ele conheceu Demis Hassabis, um ex-prodígio do xadrez infantil que se tornara cientista da computação e empresário de videogames. Hassabis também estava interessado em construir uma AGI e, como Legg, também suspeitava que o aprendizado profundo era o caminho mais promissor. Os dois, juntamente com Mustafa Suleyman, um conhecido de infância de Hassabis com experiência em empreendedorismo social, cofundaram uma startup de IA chamada DeepMind em 2010. A pequena e discreta empresa londrina tinha uma missão audaciosa — alguns diriam ridícula: "Desvendar a inteligência e depois usar isso para desvendar todo o resto".

Essa missão começou a parecer menos absurda em 2013, quando a DeepMind demonstrou um sistema de aprendizado profundo que, a partir de quase nenhum conhecimento prévio, conseguia, por tentativa e erro, aprender a jogar cinquenta jogos diferentes do antigo videogame Atari em níveis sobre-humanos, em questão de horas. O resultado surpreendeu a todos da área tecnológica, incluindo um dos primeiros investidores da DeepMind, Elon Musk. Como Legg e Hassabis, Musk ficou fascinado pela ideia da AGI — mas também com medo dela. Uma vez criada, a AGI poderia estar a um pequeno passo da Superinteligência Artificial, (ASI), um sistema muito mais inteligente do que todos nós e que seria extremamente difícil de controlar. Tal sistema poderia até desenvolver consciência, levantando profundas questões filosóficas e práticas. A ASI poderia entrar em conflito com os seres humanos, talvez levando à nossa extinção ou escravização. Esse era o tipo de preocupação de Musk e de outras pessoas atentas ao progresso da DeepMind.

Durante um voo em um jato particular, o cofundador do Google, Larry Page, ouviu Musk e outro investidor do Vale do Silício discutindo os avanços da DeepMind com os jogos do Atari. Na mesma hora, Page se interessou em comprar a startup. Na ápoca, o Google investia em redes neurais mais do que qualquer outra Big Tech e não queria arriscar que um concorrente saísse na frente. Pouco depois do voo, ele enviou os principais pesquisadores de IA do Google para examinar a DeepMind e fez uma oferta superior às da Microsoft e da Meta, adquirindo a pequena empresa londrina por US$650 milhões.

A compra alarmou Musk. Ele era amigo de Page, mas não confiava nele para deter o controle exclusivo da AGI, apesar do lema "não seja mau" do Google. "Ele pode criar algo maligno por acidente", disse Musk à jornalista Ashlee Vance, em 2013. Musk pensava que construir uma IA poderosa seria "como invocar o demônio", e também alertou que as empresas que desenvolvem IA "reconhecem o perigo, mas acham que podem moldar e controlar as superinteligências digitais e evitar que as más escapem para a internet. Veremos..."

Musk não era o único que temia que a AGI acabasse sob o controle exclusivo do Google. Sam Altman, um capitalista de risco de 30 anos do Vale do Silício e então presidente da Y Combinator, a incubadora de startups mais prestigiada dos EUA, compartilhava das opiniões de Musk sobre a AGI, seus benefícios potenciais significativos e seus possíveis riscos existenciais. Ele também concordava que o Google sozinho não deveria monopolizar uma tecnologia tão poderosa. No final de 2015, Musk, Altman e um grupo de outras pessoas, inclusive Sutskever, cofundaram um laboratório de IA em São Francisco projetado para ser um contrapeso à DeepMind. Eles o chamaram de OpenAI. Como a DeepMind, ela estaria explicitamente comprometida em trabalhar para a criação da AGI.

Tirando esse objetivo compartilhado, a OpenAI deveria ser tudo o que a DeepMind não era. Enquanto a DeepMind era controlada por uma das maiores empresas de tecnologia do mundo, a OpenAI seria estabelecida como uma organização sem fins lucrativos com a missão de garantir que a AGI fosse desenvolvida "de forma a beneficiar a humanidade como um todo". Além disso, enquanto a primeira era cheia de segredos, a última comprometeu-se a publicar todas as suas pesquisas e a abrir seu software. Era por isso que Musk queria, acima de tudo, chamar o laboratório de OpenAI. Ele estava convencido de que a única maneira de impedir que uma empresa ou governo usasse uma IA poderosa para fins autoritários era democratizar seu acesso. Na opinião de Musk, cada pessoa deveria ter seu próprio software AGI personalizado. O novo laboratório também enfatizaria a pesquisa de segurança em IA, o que na época não era importante para os laboratórios corporativos. Musk prometeu investir US$1 bilhão, tornando-se o principal doador da organização sem fins lucrativos.

No início, a OpenAI se concentrou principalmente no *aprendizado por reforço* — o mesmo método de treinamento usado pela DeepMind no projeto dos jogos de Atari. Essa abordagem difere da empregada por Hinton, Sutskever e Krizhevsky para garantir sua vitória no ImageNet. Para vencer o concurso, a rede neural AlexNet foi ensinada a partir de dados rotulados existentes para classificar algo: é um gato ou um canguru? Isso é chamado de *aprendizagem supervisionada*. Já no aprendizado por reforço, a rede começa sem nenhum dado prévio e aprende totalmente pela experiência, por tentativa e erro, geralmente em um simulador ou ambiente de jogo. Ela aprende com o que é chamado de *sinal de recompensa*: suas ações resultaram na vitória do jogo? Marcou pontos ou não? Foi assim que o software da DeepMind dominou os jogos de Atari.

Enquanto a OpenAI estava crescendo, a DeepMind usou esse método para atingir outro marco: criar o AlphaGo, um software que derrotou o melhor jogador do mundo no milenar jogo de estratégia Go. Em sua partida contra Lee Sedol, o campeão mundial sul-coreano, o AlphaGo fez um movimento tão pouco convencional que os comentaristas pensaram tratar-se de um erro. O software, contudo, subverteu milhares de anos de compreensão humana sobre como o Go deveria ser jogado.

A OpenAI também estava ansiosa para provar que poderia progredir rumo à AGI usando o aprendizado por reforço. Ela desenvolveu um novo e importante algoritmo nessa área e o disponibilizou gratuitamente. Mais tarde, criou cinco redes neurais que, treinadas por meio do aprendizado por reforço, poderiam trabalhar juntas para vencer uma equipe humana no complexo e acelerado videogame *Dota 2*.

O TRANSFORMER

Para ir do *Dota 2* ao ChatGPT, seria necessário mais um lampejo de genialidade: em 2017, pesquisadores do Google Brain — em parte inspirados pela linguagem alienígena retratada no filme *A Chegada* — desenvolveram um novo tipo de rede neural chamado *transformer*. Ele conseguia descobrir padrões complexos em sequências longas muito melhor do que os sistemas antecessores. Ele funcionava para diversos tipos de sequência: notas musicais, quadros de vídeo e até a próxima melhor ação em jogos de computador. Mas era ideal para descobrir padrões na linguagem. Isso ocorreu porque, na linguagem, a conjugação correta de verbos ou a escolha de pronomes de gênero geralmente depende de quais palavras aparecem no início de uma frase, ou até em várias frases anteriores. Os softwares de IA tinham dificuldade para aprender essas dependências, mas o transformer resolveu grande parte desse problema ao quebrar frases em fragmentos chamados *tokens*, cada um correspondendo a uma palavra.

O transformer então analisava grandes grupos de tokens em paralelo, algo que as redes neurais anteriores não conseguiam fazer. Para esta análise, o transformer contava com um mecanismo chamado autoatenção: em qualquer frase, ele aprendia quais tokens eram mais importantes — em quais deveria prestar mais atenção — para fazer uma previsão precisa sobre o valor de qualquer outro token. Quando esse processo era aplicado à linguagem, os transformers conseguiam construir os chamados "modelos de linguagem de larga escala" (LLMs). Trata-se de um mapa estatístico extremamente complexo da relação entre todas as palavras nos dados de treinamento. O que chamava a atenção nos novos LLMs baseados em transformers era que, embora tivessem sido treinados apenas para prever palavras em uma frase, eles se mostraram verdadeiros canivetes suíços para tarefas de processamento de linguagem natural.

Tendo aprendido os padrões estatísticos subjacentes da linguagem, um único LLM baseado em transformer poderia ser usado em qualquer tarefa relacionada à linguagem: resumo de textos, tradução, classificação, análise de sentimentos e respostas a perguntas. No passado, cada tarefa exigia que engenheiros criassem um software de IA específico. Agora, um único LLM fazia tudo.

As possibilidades eram ilimitadas. Poucos meses depois de publicar sua pesquisa inicial sobre o transformer, o Google começou a treinar um LLM baseado nessa tecnologia, chamado BERT. Mesmo em comparação com os LLMs anteriores, o BERT era enorme — uma rede neural capaz de processar conexões entre 340 milhões de parâmetros ou variáveis distintas. Ele foi treinado sobre a relação entre 3,3 bilhões de palavras retiradas de 11 mil livros de língua inglesa, bem como da Wikipédia. Sua tarefa de treinamento consistia em prever uma palavra ausente em uma frase, como uma versão ampliada do jogo *Mad Libs*. Uma vez treinado, o Google aplicou o algoritmo em uma série de testes de habilidades de linguagem, nos quais ele alcançou um desempenho próximo ao humano na maioria deles.

Dentro de um ano, o Google começou a usar o BERT para melhorar significativamente os resultados de pesquisa. E de repente, o mecanismo de busca percebeu a importância das preposições para o significado das consultas das pessoas. Quando alguém digitava "visto viajar do Brasil para EUA", o Google agora sabia que deveria priorizar páginas sobre documentos necessários para brasileiros viajarem aos Estados Unidos, e não para norte-americanos viajarem para o Brasil.

A OpenAI de Sutskever imediatamente percebeu o que isso representava: o progresso rumo à AGI era possível. A escrita é uma marca da civilização humana, que armazena vastas quantidades de conhecimento. O sonho dos pioneiros da AGI sempre foi que um sistema de IA pudesse aprender rapidamente novas habilidades simplesmente lendo, como faria uma pessoa autodidata. Sutskever, Alec Radford e outros dois pesquisadores da OpenAI criaram um transformer e o treinaram com 7 mil livros inéditos, predominantemente de ficção, incluindo gêneros como ficção científica, fantasia e romance. Em seguida, o aperfeiçoaram com milhares de trechos de exames do ensino fundamental e médio, além de pares de perguntas e respostas retirados do site Quora.

A nova IA já conseguia escrever parágrafos inteiros de texto coerente. Mas não era perfeita. Quando fosse solicitada a continuar escrevendo, passava a produzir frases sem sentido ou caía em repetições. Mas o resultado era bem melhor do que antes.

Radford e Sutskever chamaram o sistema de GPT, sigla para *Generative Pretrained Transformer* ("Transformer Pré-treinado Generativo") — *generativo* porque, além de analisar os dados existentes, também criava seus próprios dados novos e *pré-treinados*, pois havia aprendido os padrões estatísticos da linguagem durante sua fase inicial de aprendizagem, chamada de "pré-treinamento", e a partir daí poderia ser ajustado para tarefas específicas. Esse conceito é a base do que hoje chamamos de "IA generativa".

Os transformers também conseguiam gerar mais do que apenas palavras. Ao acoplar um modelo de linguagem baseado em transformer a outros tipos de IA, a OpenAI criou o DALL-E (seu nome é uma mistura do pintor Salvador Dalí com o robô Wall-E, da Pixar), que pode gerar imagens estáticas em praticamente qualquer estilo com base em um texto descritivo. O mesmo método foi aprimorado por outras empresas, incluindo as startups Stability AI e Midjourney, bem como a gigante do software Adobe. Vídeos também podem ser produzidos de modo semelhante, mas, embora tenham cerca de um minuto de duração no momento, a capacidade de produzir filmes inteiros a partir de uma descrição baseada em texto já está no horizonte. Outras empresas, inclusive o Google, usaram transformers para áudio, produzindo composições musicais e até clonando vozes. Os transformers não se limitam à criação de conteúdo — eles também podem ser usados para prever a próxima ação mais provável em uma sequência. Isso levará a uma nova geração de assistentes digitais, muito mais avançados do que qualquer um já criado.

A IA QUE TEMOS É A IA QUE QUEREMOS?

A experiência em seu trabalho anterior levou Sutskever a desenvolver uma intuição fundamental sobre redes neurais. Quanto maiores elas ficavam e mais dados recebiam, melhor era o desempenho. Isso parecia se aplicar principalmente nos modelos de linguagem de grande escala. Era uma intuição compartilhada por outro pesquisador da OpenAI, Dario Amodei, um físico que se tornara cientista de IA, que viera trabalhar na empresa e depois saiu para cofundar a rival da OpenAI, a Anthropic. Amodei mostrou que as redes neurais pareciam aderir às "leis de escala" — não somente seu desempenho melhorava à medida que cresciam, como melhorava de maneira previsível. Um aumento de dez vezes nos dados de treinamento aumentaria o desempenho em cerca de um terço. Mas nem tudo sobre eles era previsível. À medida que os modelos ficavam maiores, eles também exibiam "capacidades emergentes" — certas habilidades em que os modelos menores tinham dificuldade, os modelos maiores poderiam de repente, muitas vezes de maneira surpreendente, dominar.

A princípio, Sutskever suspeitou que poderia ser possível traçar a maior parte do caminho para a AGI simplesmente construindo redes neurais cada vez maiores. Afinal, o cérebro humano possui cerca de 86 bilhões de neurônios e aproximadamente 100 trilhões de conexões entre eles. Quando a OpenAI desenvolveu o primeiro GPT, as maiores redes neurais tinham apenas algumas centenas de milhões de neurônios e conexões artificiais. Seria possível que a chave para a inteligência fosse simplesmente ter mais neurônios? Muitos pesquisadores tinham suas dúvidas. Os neurônios digitais eram apenas vagamente similares aos do cérebro, e os cérebros biológicos se mostravam muito mais eficientes no aprendizado — bastavam poucos exemplos para que compreendessem um conceito, e não milhões. O cérebro humano também é muito melhor em adaptar o que aprende a novas situações. Os céticos pensavam que um conjunto basicamente diferente de algoritmos seria necessário para desbloquear a inteligência de nível humano. Sutskever, no entanto, não se deixou intimidar. Ele não via razão para abandonar o caminho mais óbvio — simplesmente ampliar as redes neurais usando os mesmos algoritmos básicos, como o transformer — até que ficou claro que o método havia atingido seu limite.

E foi isso que a OpenAI fez. Foi assim que a empresa chegou ao GPT-3, ChatGPT e GPT-4. Sem dúvida, é o mesmo método básico que está produzindo seu próximo software de IA, ainda mais poderoso: o GPT-5, e além. Cada nova geração desses modelos supera a capacidade da anterior. Entretanto, os LLMs baseados em transformers têm desvantagens significativas. Uma delas é a "alucinação" — a tendência de gerar informações fictícias e apresentá-las de maneira convincente. (Alguns cientistas cognitivos argumentam que o termo "confabulação" seria mais adequado.) Isso acontece porque os LLMs não têm compreensão inerente do que estão dizendo — e não entendem a diferença entre ficção e fato. Eles apenas geram sequências de palavras estatisticamente prováveis. Como resultado, cometem erros ao responder perguntas que exigem bom senso ou lógica abstrata. Outra desvantagem: eles são bons em interpolação, o que envolve a geração de novos pontos de dados dentro do intervalo de dados anterior, embora geralmente falhem na extrapolação reversa ou na geração de novos dados fora desse intervalo. Em um exemplo simples, se eles foram treinados em um conjunto de dados que inclui 2, 5 e 10, eles conseguem produzir 3, 4 e 7, mas não conseguem gerar 1 ou 11.

Os LLMs são como os porcos selvagens do universo do software: têm um apetite insaciável por dados e consomem muito lixo. Um crescente número de pessoas está preocupado com a quantidade de dados que o pré-treinamento do LLM exige e com a origem desses dados. Em muitos casos, eles são simplesmente obtidos gratuitamente na internet, possivelmente violando leis de direitos autorais. O outro desafio em ingerir tanto texto produzido por humanos é que os LLMs acabam assimilando nossos preconceitos e estereótipos culturais, especialmente quando se trata de gênero, raça, etnia e religião. O GPT-3, por exemplo, demonstrou uma tendência a associar muçulmanos à violência, além de usar frequentemente adjetivos negativos ao escrever sobre pessoas negras. Quando solicitado a gerar textos sobre profissionais da área médica, tendia a empregar pronomes masculinos. Além disso, era fácil induzir o GPT-3 a escrever diálogos inadequados, vulgares ou pornográficos — reflexo de ter sido treinado em grandes volumes de texto extraídos da internet, que, em certos aspectos, é uma fossa de violência, misoginia, racismo e coisas piores. O GPT-3 refletiu isso em sua produção.

A OpenAI descobriu que poderia frear algumas dessas tendências obtendo feedback das pessoas, avaliando se as respostas eram apropriadas e úteis, em um processo chamado de "Aprendizado por Reforço com Feedback Humano" (RLHF). Foi assim que a OpenAI desenvolveu o ChatGPT. No entanto, como as pessoas logo descobriram, as barreiras impostas pelo RLHF podem ser facilmente contornadas. Como já vimos, isso ocorre porque a compreensão conceitual do modelo subjacente não é tão profunda quanto à de um ser humano.

A QUE CUSTO

Modelos de IA cada vez maiores exigem cada vez mais poder computacional — milhares, ou mesmo dezenas de milhares, de GPUs, os chips especializados usados na IA. E isso faz com que as apostas no jogo da IA de hoje sejam excepcionalmente altas. "A quantidade de dinheiro necessária para que a missão seja um sucesso é muito maior do que eu pensava", disse Altman à revista *Wired* em 2018. Altman tornou-se o CEO da OpenAI após a saída de Elon Musk. Quando a DeepMind ainda parecia estar liderando a corrida pela AGI, o inconstante bilionário chegou a repreender a OpenAI por não progredir rápido o suficiente. Musk propôs assumir pessoalmente o controle do laboratório e fundi-lo ao seu império de negócios. A equipe da OpenAI, no entanto, se rebelou contra a ideia e o conselho rejeitou o plano, levando o bilionário a romper com o laboratório. Ele retirou seu apoio financeiro, incluindo o bilhão de dólares que havia prometido inicialmente, boa parte do qual ainda não havia sido entregue.

A saída de Musk desencadeou uma crise existencial. Altman, que, junto com ele, havia sido a força motriz por trás da criação da OpenAI, assumiu como CEO e logo percebeu que a única maneira de arrecadar significativamente mais dinheiro, e rápido, era reestruturar radicalmente a organização.

Ele criou um estranho híbrido, no qual a fundação sem fins lucrativos da OpenAI permaneceria, mas controlaria um novo braço com fins lucrativos que poderia captar investimentos de capital de risco externos. Porém, criteriosamente, o lucro máximo que esses investidores financeiros poderiam obter seria limitado. Uma vez que o limite fosse atingido, os investidores deixariam de ter qualquer direito sobre os lucros da OpenAI. No início, esse teto era estratosfericamente alto — cem vezes o investimento inicial —, mas seria reduzido progressivamente a cada nova rodada de investidores. Meses após a criação desse braço de lucro limitado, Altman firmou uma parceria estratégica com um investidor capaz de resolver todos os problemas financeiros da OpenAI: a Microsoft. Em julho de 2019, a gigante tecnológica investiu seu primeiro bilhão de dólares na startup, e, desde então, já injetou pelo menos US$12 bilhões a mais.

A criação de um braço com fins lucrativos e a parceria com a Microsoft mudaram a cultura da OpenAI. A empresa havia sido fundada com base no compromisso com a transparência; agora, tornava-se cada vez mais opaca. Afinal, é muito mais difícil ganhar dinheiro com uma tecnologia quando ela é compartilhada de forma aberta. Atualmente, a OpenAI disponibiliza seus modelos mais potentes apenas para clientes pagantes, que podem interagir com eles por meio de interfaces que permitem fornecer entradas e receber saídas, mas não permitem acesso ao código ou aos pesos dos modelos. Mesmo em relatórios técnicos sobre o GPT-4, a OpenAI omitiu informações importantes, recusando-se a revelar o tamanho do modelo, os detalhes de seu design e os processos de treinamento utilizados. Embora a OpenAI mantenha esse sigilo para evitar cópias e uso indevido, Sutskever admitiu que essa política também a protege contra os concorrentes. Além disso, o sigilo tem outro benefício: protege a OpenAI do escrutínio dos reguladores e do público, ajudando a ocultar práticas exploratórias de coleta de dados, como o uso de material protegido por direitos autorais sem consentimento ou a terceirização de tarefas de RLHF para trabalhadores em países com baixos salários e poucas proteções trabalhistas.

A necessidade de lucro também levou a OpenAI a deixar a segurança de lado, segundo relatos de alguns ex-funcionários. Executivos da empresa, incluindo Altman, disseram que, embora realizem extensos testes de segurança antes de lançar seus softwares, a única maneira de descobrir todos os benefícios e riscos é lançá-los e ver o que as pessoas fazem com eles.

Isso levanta uma questão crítica: o lucro e o bem público podem se equilibrar no desenvolvimento da Inteligência Artificial Geral? Os mesmos custos astronômicos que levaram a OpenAI a criar um braço com fins lucrativos e a buscar investimentos da Microsoft significam que a maioria dos que trabalham na vanguarda da IA são empregados por grandes empresas de tecnologia ou startups que orbitam essas gigantes. A Anthropic, fundada por pesquisadores dissidentes da OpenAI, recebeu investimentos do Google e da Amazon. A Nvidia, fabricante de chips de IA, investiu na Cohere, outra startup de LLMs baseada em transformers. A Nvidia e a Microsoft investiram na Inflection, fundada por Suleyman, ex-cofundador da DeepMind. A Microsoft posteriormente contratou Suleyman e a maior parte da equipe da Inflection para formar uma nova divisão de IA de consumo na gigante da tecnologia, com os remanescentes da Inflection licenciando sua tecnologia para a Microsoft. Antigamente, os grandes saltos tecnológicos — armas nucleares, motores a jato, satélites, supercomputadores e a internet — eram mais frequentemente desenvolvidos, ou pelo menos financiados, por governos. A motivação geralmente era estratégica — ganhar vantagem militar ou geopolítica —, não financeira. E os governos, embora muitas vezes agindo em sigilo, estavam sujeitos a algum nível de responsabilidade pública. Agora, a corrida pelo desenvolvimento da AGI está nas mãos de um pequeno grupo de poderosas empresas de tecnologia.

O PRECIPÍCIO

A rede neural, o transformer, os vastos conjuntos de dados da internet e um poder de computação sem precedentes nos levaram a esse limiar. O restante deste livro explorará o que acontecerá à medida que avançamos rumo a uma nova era. Ao examinarmos o impacto da IA em nossas vidas, é importante ter em mente as questões que moldaram seu desenvolvimento: como devemos definir inteligência? Qual é o critério adequado para julgar o progresso da IA? O legado do Teste de Turing nos colocou em uma competição contra as máquinas que estamos fadados a perder? Existe uma maneira melhor de enquadrar a IA como um complemento à nossa inteligência, e não uma rival? Embora a IA possa ser vista como um cérebro digital, ainda não é uma mente digital — não tem intenções próprias, somente aquelas que lhe atribuímos. Por isso, precisamos urgentemente inventar maneiras melhores de medir o quanto ela é uma boa ferramenta. O padrão de Turing — a imitação — pouco diz sobre a utilidade prática. Precisamos avaliar como essa tecnologia funciona em ambientes do mundo real, trabalhando para e com pessoas reais.

Também é essencial considerarmos as advertências premonitórias de Weizenbaum sobre a natureza amoral da IA. Por grande parte da história dessa tecnologia, cientistas e filósofos debateram sobre o que as máquinas *poderiam* fazer — quais seriam os limites da IA e como ela se compara conosco. O argumento agora deve mudar de *poderia* para *deveria*: da engenharia para a moralidade. Para quais propósitos devemos usar a IA? E quais domínios devem ser preservados exclusivamente para nós, humanos? As respostas de Weizenbaum a essas perguntas ganham uma relevância renovada.

Por exemplo, ele achava que a IA jamais deveria atuar como juiz. Pamela McCorduck, em sua obra perspicaz de 1979, *Machines Who Think*, indagava se, dada a nossa longa história de preconceitos humanos e injustiças, não seria melhor, especialmente para mulheres e minorias, ter a IA como juiz. McCorduck assumia que a IA seria mais objetiva que os humanos. Hoje, porém, o perigo é que os sistemas de IA, treinados com dados históricos, podem não apenas reproduzir, mas amplificar nossos preconceitos, escondendo-os por trás de uma máscara de objetividade. Nesse contexto, os softwares de IA permitem que as pessoas sejam isentas de responsabilidade. Em muitos domínios, podemos ver que preservar um pouco de irracionalidade ajuda muito. Eu, por exemplo, prefiro a responsabilidade moral de uma alma humana em relação a outra, do que a ilusão de uma justiça perfeita. Precisamos definir onde traçar esses limites, tanto como indivíduos quanto como sociedade — e precisamos fazê-lo agora.

CAPÍTULO 2
A VOZ DENTRO DA SUA CABEÇA

A inteligência artificial é a mais avançada entre as tecnologias intelectuais. O antropólogo social Jack Goody e o sociólogo Daniel Bell definiram "tecnologias intelectuais" como ferramentas que apoiam ou ampliam a capacidade intelectual. O mapa, o relógio, o livro, o computador e a internet são alguns exemplos. São tecnologias que não só ampliam as habilidades cognitivas, mas também as alteram, mudando o que e como pensamos. Criamos nossas ferramentas, mas elas também nos moldam, especialmente no caso das tecnologias intelectuais. O mapa, por exemplo, não só nos permitiu registrar a localização das coisas, como também amplificou nossa noção de espaço — dando-nos uma visão externa do planeta muito antes da existência de aviões ou satélites, e permitindo-nos raciocinar sobre geografias invisíveis. Isso nos conferiu novas e poderosas metáforas; começamos a "mapear" relacionamentos entre pessoas e ideias e a usar analogias de navegação para descrever "jornadas emocionais". O relógio, por sua vez, não só nos permitiu marcar o tempo, mas também alterou a maneira como o concebemos, dividindo o dia em segmentos proporcionais, independentemente da estação do ano. Da mesma forma, a câmera não representou só um auxílio para a memória visual — ela também redefiniu o que e como nos lembramos. O jornalista Nicholas Carr chamou essas tecnologias de "nossas mais íntimas ferramentas" porque, além de as usarmos para autoexpressão, elas moldam nossas identidades e relacionamentos.

A inteligência artificial não só expande nossas habilidades mentais em áreas específicas — como a calculadora fez com a matemática ou o livro com a memória e a comunicação. Ela aprimora nossas competências em todo o espectro das habilidades intelectuais humanas. Por isso, pode ser considerada a tecnologia intelectual mais poderosa já concebida. Porém, toda tecnologia intelectual é uma faca de dois gumes: ao conferir novas capacidades cognitivas, ela também torna obsoletos modos de pensar mais antigos, embora ainda sejam valiosos.

PERDER A CABEÇA É PÉSSIMO, A MENTE, ENTÃO...

O cérebro não é um músculo, mas compartilha algumas características com os órgãos mais mecânicos do corpo: exercitar habilidades cognitivas, como o cálculo matemático ou o aprendizado de idiomas, fortalece as vias neurais. Pesquisas recentes sobre neuroplasticidade confirmam que o cérebro é altamente adaptável, capaz de formar novas conexões e aprender novas habilidades em praticamente qualquer fase da vida. Pessoas com danos em uma área específica do cérebro às vezes são capazes de, com prática e dedicação, construir conexões em outras regiões que compensam habilidades perdidas. Em alguns casos, a neuroplasticidade é refletida em alterações anatômicas perceptíveis. Os motoristas de táxi de Londres, por exemplo, precisam passar por um rigoroso exame, popularmente conhecido como The Knowledge, que exige memorizar a paisagem urbana da cidade, incluindo a localização de 20 mil pontos turísticos, pubs, hotéis e "locais de interesse público". Quando pesquisadores examinaram o cérebro de dezesseis desses taxistas na década de 1990, descobriram que seu hipocampo posterior — região do cérebro que desempenha papel crítico no armazenamento e manipulação de representações espaciais — era muito maior do que a média, especialmente nos motoristas mais experientes.

Os neurocientistas observaram mudanças análogas no cérebro de músicos em comparação a não músicos. Há também diferenças significativas entre o cérebro de pessoas alfabetizadas e analfabetas. Embora a capacidade humana para a linguagem seja inata, a leitura e a escrita dependem do uso de tecnologia — alfabetos, por exemplo — que precisa ser ensinada e praticada. Estudos usando imagem por ressonância magnética funcional (fMRI), que conseguem observar o fluxo sanguíneo para diferentes regiões do cérebro, revelam diferenças significativas na atividade neural entre pessoas de diferentes culturas. As pessoas cujas línguas escritas usam símbolos logográficos, como o chinês, têm um circuito mental para leitura que difere daquelas que usam alfabeto fonético. A neuroplasticidade também sugere que perdemos as conexões neurais não usadas, assim como os músculos atrofiam quando não são exercitados. A IA ameaça acelerar o declínio das capacidades naturais já diminuídas pelas ondas anteriores de tecnologias da informação. Todo mundo já ouviu histórias de motoristas que, ao seguirem cegamente o Google Maps, acabaram entrando em locais perigosos ou foram parar na cidade errada. Em incidentes fatais, essas situações chegam a ser denominadas "Morte por GPS" pelas autoridades. Pesquisas comprovam que as pessoas que seguem o GPS realmente prestam menos atenção no entorno, comprometendo sua capacidade de criar "mapas cognitivos", essenciais para a navegação espacial.

A exposição à internet e a uma infinidade de aplicativos também afeta o cérebro: quem cresce com essas tecnologias é muito melhor na "alternância de contexto" — saltando rapidamente entre diferentes tópicos e tarefas. Mas essa habilidade tem um custo: nossa capacidade de focar e alcançar compreensão profunda em um tema diminuiu. Imagens de ressonância magnética de pessoas que navegam na internet mostram atividade significativa no córtex pré-frontal, uma região do cérebro associada à tomada de decisões e à memória de trabalho, em parte porque as interações na internet exigem ações rápidas (clicar no link, curtir, deslizar para a esquerda). Por outro lado, ler um livro não ativa as mesmas regiões do cérebro. Na verdade, as imagens mostraram consistentemente que a leitura subestimula o cérebro, mas é justamente essa "falta" de estímulo que possibilita a concentração, preparando o terreno para uma compreensão mais profunda e reflexiva.

Considerando isso, você pode pensar que a revolução da IA restaurará alguns hábitos valiosos da mente. Um dos apelos dos chatbots de IA para responder a perguntas é sua capacidade de fornecer respostas abrangentes e unificadas. Não precisamos mais passar os olhos por uma lista classificada de links, caçando informações. Nossas memórias de trabalho não serão mais sobrecarregadas por links, pop-ups ou vídeos de reprodução automática. Podemos ir direto às respostas que desejamos e contemplá-las com relativa tranquilidade.

No entanto, ao resolver um problema de pesquisa na internet, a IA generativa exacerba outro. Os chatbots de IA, ainda mais do que as buscas tradicionais, reduzem nossa necessidade de lembrar de qualquer coisa. Tornou-se um clichê dizer que terceirizamos nossas memórias para o Google, o que não deixa de ser verdade. Muita gente diz que é um desenvolvimento benéfico, aliviando nosso cérebro do acúmulo de fatos triviais e liberando espaço para tarefas mais valiosas. No entanto, como Carr aponta, esse raciocínio confunde o funcionamento da memória humana com o de um computador. Nossa memória de trabalho de curto prazo, que usamos para somar números de três dígitos, reside no córtex pré-frontal. Ela tem espaço limitado, muito parecido com um disco rígido, e pode facilmente ser sobrecarregada. Por outro lado, nossa memória de longo prazo é armazenada no córtex cerebral e, ao contrário da memória de um computador, os cientistas não encontraram nenhum limite discernível para a quantidade de informação que ele pode abrigar. Novos fatos e vivências gravados na memória de longo prazo não substituem ou apagam os mais antigos. Em outras palavras, terceirizar a memória para o Google ou para um chatbot de IA generativa não nos permite pensar com mais clareza por organizar o sótão do cérebro.

Confiar informações factuais à memória potencia a cognição em vez de prejudicá-la. Diversos estudos mostram que alunos com um sólido conhecimento prévio sobre um determinado assunto adquirem e retêm novos conhecimentos com maior facilidade. Quanto mais você sabe, mais conseguirá saber. As pesquisas também mostram que ter mais conhecimento factual melhora o raciocínio puro e as habilidades de resolução de problemas. Daniel Willingham, psicólogo cognitivo da Universidade da Virgínia, diz que isso ocorre porque aqueles com uma base de conhecimento mais profunda e ampla transferem o que sabem mais facilmente de um domínio a outro — fazendo analogias de problemas anteriores para resolver novos desafios.

Pessoas com conhecimento factual mais profundo também organizam informações de forma mais estruturada, complexa e abstrata. Em um experimento clássico, pesquisadores pediram a novatos e especialistas em física que classificassem questões de física em categorias. Os novatos dependiam de semelhanças superficiais entre as questões para fazer a triagem — envolve molas ou um balão? — enquanto os especialistas classificavam as questões com base nas leis físicas subjacentes, como a conservação de energia. Isso demonstra que os especialistas não apenas sabem mais; eles realmente pensam de forma diferente. Confiar na inteligência artificial para a recordação factual diminui nossa própria inteligência natural, não somente nossa capacidade de vencer gincanas de perguntas e respostas.

Até certo ponto, as empresas de tecnologia já detêm nossas memórias — armazenando nossas fotografias, vídeos, e-mails, mensagens de texto e músicas favoritas. Mas usar a IA como a interface pela qual acessamos esse arquivo pessoal dá a essas empresas um controle ainda maior. Hoje, nossos celulares nos apresentam diariamente slides "personalizados" com fotos antigas e músicas nostálgicas. Os futuros companheiros de IA saberão mais ainda sobre nós, levando o potencial de manipulação, emocional ou não, a novos patamares. Esses sistemas poderão nos influenciar sutilmente a comprar um produto ou a votar em certo candidato.

Em fevereiro de 2024, a OpenAI permitiu ao ChatGPT lembrar conversas anteriores com os usuários, bem como fatos sobre eles e suas preferências. Bots semelhantes já são treinados com dados de toda a internet aberta, tornando-se cada vez mais repositórios de conhecimento coletivo e pessoal. Mas armazenar informações digitais não é tão fácil quanto parece. Os arquivos digitais são mais difíceis de preservar a longo prazo do que arquivos físicos. Os dados se corrompem mais rápido do que uma folha impressa se degrada. Isso coloca em risco não só a memória, mas também a história — e, junto, nossa sabedoria coletiva. Se esses arquivos mediados por IA um dia desaparecerem, podemos nos ver incapazes de funcionar, presos à dependência de nossos próprios cérebros atrofiados.

À medida que os sistemas de IA se tornam mais potentes, há quem sugira que a única maneira de controlá-los é vincular diretamente nossos cérebros ao software de IA por meio de interfaces cérebro-computador. Essa é a ideia por trás da empresa de Elon Musk, a Neuralink, que recentemente implantou sua primeira interface cérebro-computador em um paciente humano. (Por enquanto, esses dispositivos só podem ser usados para ajudar pessoas com lesões graves na medula espinhal.) No momento, o vínculo é apenas unidirecional, permitindo ao computador interpretar alguns pensamentos. Musk, no entanto, vislumbra um sistema de mão dupla, argumentando que é a única maneira de acompanharmos uma possível Superinteligência Artificial (ASI). Porém, é claro que uma ligação bidirecional poderia oferecer tanto a possibilidade de controlarmos a ASI quanto a de sermos controlados por ela.

Essa tecnologia também levanta questões filosóficas difíceis sobre a natureza e os limites da identidade. Esses dilemas tornam-se ainda mais complexos se uma futura ASI for dotada de consciência, levantando a possibilidade de uma fusão mental entre as pessoas e a ASI, que por si só pode estar conectada ao cérebro de várias pessoas simultaneamente. Por enquanto isso tudo ainda é ficção científica. No Capítulo 13, voltaremos a falar sobre os graves riscos que a ASI representa. Por enquanto, nos concentraremos nas implicações de curto prazo da já poderosa IA atual.

O APAGAMENTO DA PROCEDÊNCIA

A memória e sua ligação com a aprendizagem são apenas algumas das habilidades cognitivas que a IA pode prejudicar. Ela também pode diminuir nosso alcance intelectual de outras formas. Ao fazer uma pesquisa comum na internet, a leitura de vários links introduz um mínimo de divergência que, embora às vezes seja frustrante, dá lugar ao pensamento crítico. Os próprios links tornam o pesquisador consciente, até certo ponto, sobre a origem das informações. Se as informações dos links forem contraditórias, ele precisará considerar as fontes e decidir quais são mais confiáveis. É claro que nem sempre as pessoas fazem isso. Sabemos muito bem como a internet alimenta teorias da conspiração e desinformação, e como muitas vezes ficamos mais inclinados a confiar nas informações que nos chegam em formato digital. (Também tendemos a acreditar no que queremos, um viés cognitivo exacerbado pela internet.) Mas pelo menos a internet tradicional ainda deixa algum espaço para o pensamento crítico.

A IA generativa remove esse atrito e, ao oferecer respostas confiantes e resumidas, facilita muito a perda do pensamento crítico. Qualquer pessoa que tenha conversado com o ChatGPT ou seus rivais, como Bing, Gemini e Claude, saberá que esses chatbots geralmente cometem erros, mesmo quando parecem certos. Isso também se aplica aos livros. Embora o processo de encontrar um livro, seja em uma biblioteca ou na Amazon, nos conscientize de que há outros livros disponíveis — e provavelmente outros pontos de vista — a resposta única e definitiva produzida pelos chatbots incentiva a complacência.

Mesmo quando a IA generativa está correta, ela incentiva a homogeneização do pensamento, oferecendo resumos desprovidos de nuances e visões divergentes. Isso também acelera uma tendência surgida com a pesquisa online. James Evans, sociólogo da Universidade de Chicago, verificou que a disponibilização de revistas acadêmicas na internet, ao invés de expandir a diversidade de fontes citadas, na verdade acabou restringindo-as consideravelmente — os acadêmicos passaram a citar artigos mais recentes e amplamente citados.

Evans observou que os métodos de pesquisa mais antigos, baseados em material impresso, "podiam facilitar comparações mais amplas e conduzir os pesquisadores ao passado". As novas ferramentas, ao contrário, funcionam como cimento de secagem rápida, criando ortodoxias instantâneas e rígidas. O fácil acesso à informação, paradoxalmente, produziu "um estreitamento da ciência e da erudição". A IA generativa pode agravar ainda mais essa tendência, promovendo uma narrativa única e aparentemente definitiva, enquanto dificulta a descoberta de pontos de vista minoritários. Isso não é um problema exclusivo de chatbots como o ChatGPT ou o Gemini; também representa um problema para a iminente geração de copilotos de IA, que discutiremos no Capítulo 4. Os copilotos treinados com dados de uma empresa, por exemplo, podem inerentemente acatar suas regras. As corporações enxergarão isso com bons olhos, mas essa abordagem as torna mais suscetíveis ao pensamento coletivo.

PREJUDICANDO-NOS AO NOS AJUDAR

A maioria dos chatbots e copilotos de IA é explicitamente treinada para ser "útil". O Aprendizado por Reforço com Feedback Humano (RLHF) é um dos principais processos que as empresas de tecnologia usam para incentivar os LLMs a serem mais úteis e confiáveis. Um estudo de 2023 verificou que, ao determinar a "utilidade", os avaliadores humanos usados no RLHF focam mais saber se as respostas de um LLM são superficialmente responsivas e confiantes, em vez de observarem precisão ou nuances. Isso leva as respostas futuras desses modelos a seguirem essa tendência. No entanto, a grande utilidade dos chatbots pode estar nos prejudicando.

Christof van Nimwegen, psicólogo cognitivo holandês, conduziu um experimento em que dois grupos de voluntários tiveram que trabalhar com um desafio de lógica difícil envolvendo a movimentação de bolas coloridas entre caixas conforme um conjunto de regras sobre quais bolas poderiam ser movidas e em qual ordem. Van Nimwegen testou as habilidades cognitivas dos voluntários antes do experimento e tentou controlar as diferenças entre dois grupos. Um recebeu um software projetado para ser o mais útil possível, fornecendo pistas e indicando qual bola deveria ser movida para onde. O outro recebeu um software que não dava dicas. Nos estágios iniciais, o grupo com o software útil foi capaz de fazer os movimentos corretos muito mais rápido. Mas, à medida que o experimento avançava, o grupo que usava o software menos útil aprendeu rapidamente. No final do experimento, o grupo não assistido conseguia fazer movimentos mais rápidos e com menos erros do que o grupo com o software útil. O grupo desassistido também foi menos propenso a impasses quando nenhum movimento adicional era possível. O grupo sem ajuda desenvolveu melhores estratégias de longo prazo, enquanto o grupo com o assistente não conseguiu aprender a pensar no futuro e simplesmente seguiu as sugestões dadas pelo software. Quando van Nimwegen testou os mesmos dois grupos oito meses depois, observou que o grupo não assistido manteve as estratégias e resolveu os desafios duas vezes mais rápido do que o grupo que usou o software útil. Outro experimento que ele conduziu com outros voluntários, usando software de agenda e uma tarefa de agendamento complexa, produziu resultados semelhantes.

O software de Van Nimwegen foi projetado para ajudar as pessoas apenas nos desafios específicos a que foram atribuídos. Mas que habilidades cognitivas arriscamos perder na era da IA de uso geral, quando um sistema como o GPT-4 pode ser “útil” na resolução de tantos problemas — desde consertar uma bicicleta até elaborar um plano de negócios? A IA pode acabar nos ajudando a sermos menos inteligentes.

ESCREVER É PENSAR

No princípio era o verbo, como diz a Bíblia. A característica mais distintiva da nossa espécie é a facilidade com a linguagem. Ela nos permite comunicar uns com os outros e com nós mesmos. Vivenciamos a consciência por meio da linguagem. Por isso, as tecnologias que mudam a linguagem têm maior impacto no pensamento.

A leitura e a escrita estavam entre as primeiras e mais significativas tecnologias intelectuais. A IA pode ser a próxima, pois corta na base o pacto que existe desde o início da escrita — entre o escritor e o leitor, e entre a palavra e o pensamento.

No início, a língua era apenas falada. Mas já em 8000 a.C., as pessoas começaram a usar fichas de argila gravadas com símbolos para quantificar o gado e os bens. A neurociência moderna sugeriria que a interpretação desses símbolos forjou novos e importantes caminhos neurais no cérebro de nossos ancestrais. A escrita tornou-se cada vez mais complexa durante o quarto milênio a.C. Os sumérios, na Mesopotâmia, desenvolveram a escrita cuneiforme, e os egípcios, os hieróglifos. Em ambos os casos, os símbolos não representavam apenas objetos, mas também ideias abstratas ou fonemas. A complexidade desses sistemas de escrita simbólica significava que apenas um punhado de pessoas das elites era alfabetizado. A escrita era um ato público, usado principalmente para importantes documentos governamentais e religiosos. Isso começou a mudar no primeiro milênio a.C., quando os fenícios, e posteriormente os gregos, criaram alfabetos fonéticos. O grego era particularmente eficiente, com apenas 22 letras. Os alfabetos fonéticos podem ser um dos primeiros exemplos de uma tecnologia intelectual que provavelmente nos tornou menos inteligentes: exames cerebrais mostram que muito menos atividade neural está envolvida na decodificação da escrita fonética do que de logogramas ou pictogramas. Mas esse fato também tornou a escrita mais acessível, o que provocou uma revolução, pois a cultura oral deu lugar à nova cultura literária.

Esse desenvolvimento nem sempre foi bem-vindo. Em *Fedro* — o tratado de Platão sobre amor, beleza e retórica — Platão faz Sócrates argumentar contra a escrita, embora Platão fosse ele próprio um escritor. Na obra, Sócrates afirma que a escrita, ao servir como uma muleta para a memória, tornaria a aquisição de sabedoria mais difícil. No mundo de Sócrates, memória e conhecimento estavam intrinsecamente ligados. Sem memorização, a vida intelectual definharia. A escrita diminuiria a oratória e a retórica, que ele considerava marcas da civilização grega. Como vimos, Sócrates tinha razão em parte — pesquisas neurológicas demonstram que a memória é fundamental para a aquisição de conhecimento e para o pensamento profundo. Mas, como acontece com todas as tecnologias intelectuais, a questão é compensar o que se perde com o que se ganha.

Mesmo na época de Platão, a escrita era usada principalmente para registrar o que havia sido dito ou deveria ser lido em voz alta. Somente muito depois da queda do Império Romano os vestígios da cultura oral desapareceriam. Ainda era um fenômeno novo o suficiente por volta de 380 d.C.: Santo Agostinho, no Livro VI de suas *Confissões*, recorda que ficou surpreso ao descobrir que quando seu mentor, o bispo Ambrósio de Milão, lia, "seu olho deslizou sobre as páginas, e seu coração procurou o sentido, mas sua voz e língua estavam em repouso". Agostinho considera isso tão incomum que especula que talvez Ambrósio estivesse simplesmente tentando evitar sobrecarregar sua voz ou se preocupava que, ao ler em voz alta, os alunos ao alcance do som o incomodariam pedindo para ele explicar as passagens. Contudo, Agostinho também avalia corretamente o real valor da leitura silenciosa — um ato meditativo que oferece um caminho mais eficaz para a compreensão. Ele e seus colegas, em relação a Ambrósio, "[conjecturaram] que no pequeno intervalo que ele obteve, livre do barulho dos negócios alheios, para o recrutamento de sua mente, ele estava relutante em ser interrompido".

Mas não era apenas a leitura que se tornava um ato solitário e silencioso. Os escritores, que nos tempos antigos costumavam ditar seu trabalho aos escribas, agora podiam eles mesmos colocar as palavras no papel, em reclusão. Isso os libertou para compor obras mais íntimas, confessionais e ousadas — expressando visões pouco ortodoxas, até mesmo heréticas ou sediciosas. Em vez de falar para uma multidão em praça pública, o autor agora se imaginava em uma conversa silenciosa, um a um, com o leitor. Assim, os escritores começaram a revisar mais sua escrita e a desenvolver estruturas mais complexas, como parágrafos, capítulos e índices, que guiavam o leitor de maneiras impossíveis na tradição oral. Ao mesmo tempo, eles puderam eliminar recursos como a repetição de epítetos, antes necessários para ajudar os ouvintes a acompanhar.

A maior complexidade da escrita permitiu a transmissão de ideias mais complicadas. O conhecimento se expandiu. Surgiram novos formatos literários, como o romance. No início, essa revolução cultural ficou restrita às elites letradas. Mas o advento da imprensa tornou essa transição universal, desencadeando um ciclo virtuoso em que o próprio livro se tornou o principal instrumento de alfabetização, aumentando tanto a demanda quanto a oferta de materiais impressos. A escrita havia completado sua transição de uma forma de ventriloquismo, com o escritor literalmente colocando palavras na boca do leitor, para algo mais parecido com PES (percepção extrassensorial) — o escritor irradiando pensamentos diretamente de seu cérebro para o leitor por meio da página.

A ampliação das taxas de alfabetização, aliada à redução dos custos dos materiais de escrita, inaugurou uma grande era epistolar, em que a troca de cartas se tornou o principal meio de comunicação a longas distâncias. Nos séculos XVII e XVIII, uma grande República de Letras floresceu na Europa e entre a Europa e as Américas, com cartas cruzando fronteiras e continentes. Essa prática perdurou até a década de 1990, quando o e-mail rapidamente substituiu as cartas. A transição da tinta para os pixels acabou com a magia das cartas manuscritas. A impermanência dos e-mails parecia exigir brevidade, uma tendência agravada ainda mais com o advento das mensagens de texto. A instantaneidade desses formatos moldou uma expectativa de respostas imediatas, reduzindo o tempo para pensamentos mais profundos.

Mas a transição da cultura oral para a literária e, mais tarde, para o e-mail não mudou um aspecto fundamental da escrita: o escritor organizar seus pensamentos no papel em um tom e estilo próprios, com um público específico em mente. Esse público pode ser um arquétipo amplo, ou talvez apenas o próprio autor, como no caso de um diário, mas ainda assim trata-se de um leitor específico. O escritor escolhe cuidadosamente as palavras para causar o efeito pretendido no leitor — seja para transmitir o sentido de uma determinada cena, explicar um conceito ou evocar uma emoção. Nesse processo, o autor pressupõe certas coisas sobre o leitor — conhecimento cultural ou profissional, algum ponto de vista semelhante, valores comuns. É por meio desses pontos comuns que se estabelece uma conexão entre escritor e leitor.

A IA generativa oblitera essa conexão. Hoje, se o leitor não entende uma passagem difícil, não precisa decifrá-la. Basta copiá-la em um chatbot e pedir para que seja reescrita de maneira mais simples. Se for muito longa, pode pedir a um assistente de IA para resumi-la. Pegue, por exemplo, uma passagem de Shakespeare, como o monólogo de Hamlet, "Ser ou não ser". O que aconteceria se você pedisse que ela fosse "reescrita de forma que um executivo ocupado pudesse entender"? Eu dei esse prompt e a passagem de Hamlet para o GPT-4. Eis o que ele gerou:

> *É melhor aguentar os desafios da vida ou bater de frente com eles? O medo do desconhecido nos faz continuar, mesmo quando enfrentamos dificuldades. Pensar demais pode paralisar nossa tomada de decisão e nos impedir de agir.*

Embora isso possa capturar a essência do monólogo, quanta beleza e sabedoria foram perdidas? Além disso, como vimos, as teorias de neuroplasticidade sugerem que nossa capacidade cognitiva atrofiará quanto menos nos esforçarmos para captar a essência das passagens difíceis. Nossa própria inteligência intelectual e emocional pode padecer. A palavra escrita não é só um meio de transmitir informações; ela é tanto um convite quanto uma inspiração para um pensar e um sentir mais profundos. Agora, esse convite foi retirado.

Não é só o leitor que acaba intelectualmente mais pobre. Pela primeira vez, os autores não precisam mais imaginar um público específico ao escrever. Eles podem simplesmente anotar as informações como quiserem, ou fazer listas, sabendo que o leitor poderá usar seu próprio software de IA para reescrever, expandir ou resumir o texto, conforme desejar. Além de criar o prompt, os LLMs podem lidar com todo o trabalho árduo da composição. Qualquer exagero é pouco para classificar o quanto essa ruptura é radical. A princípio, a ausência de um público imaginado pode parecer libertadora. De fato, a IA generativa pode expandir enormemente o alcance de uma ideia, uma vez que ela torna fácil reformular a mesma ideia em diferentes níveis de complexidade e estilos. Mas essa visão erra ao simplificar o que realmente significa escrever. O ato de escrever não significa apenas apresentar pensamentos; ele está intimamente ligado ao próprio pensamento. Em grande parte, escrever é pensar.

Muitas pessoas consideram a escrita uma tarefa árdua. Mas escrever é difícil exatamente porque é um treino mental — tão estimulante para o cérebro quanto resolver palavras-cruzadas ou Sudoku. Trata-se de uma forma de "metacognição", o exame consciente de nossos próprios pensamentos. A necessidade de pegar informações brutas e apresentá-las na forma linear da escrita nos força a organizá-las. Escrever não é apenas transmitir ideias; o ato da composição nos obriga a aprimorá-las.

Na pior das hipóteses, as pessoas deixarão de escrever ou ler, delegando ambas as tarefas à IA generativa. A produção e o consumo de palavras escritas se tornarão um processo semelhante à simbologia do ouroboros: pedimos à IA que escreva um e-mail, relatório ou até um romance a partir de tópicos, apenas para que o leitor use seu próprio software de IA para condensar o texto de volta em tópicos. Isso é uma aceleração da tendência reducionista já estabelecida por outras tecnologias modernas. O PowerPoint nos condicionou a pensar em tópicos. O Slack e outros programas de mensagens de texto desencorajam conversas longas. No TikTok, você só pode dizer o que couber em trinta segundos. A brevidade pode ser a alma da perspicácia, mas também pode minar o esclarecimento.

A mais abrangente análise da literatura científica até o momento sobre o PowerPoint apontou que a dependência de tópicos pode incentivar uma simplificação inadequada de informações repletas de nuances. O fundador da Amazon, Jeff Bezos, chegou a proibir o uso de PowerPoint na empresa, exigindo que os executivos elaborassem relatórios e memorandos narrativos, com frases e parágrafos completos. A tecnologia também foi associada ao desastre do ônibus espacial *Columbia* em 2003. A investigação percebeu que conclusões falhas sobre os danos sofridos durante a decolagem foram obscurecidas por uma apresentação de PowerPoint excessivamente densa. Da mesma forma, a IA incentiva uma conveniência perigosa — tanto o escritor quanto o leitor acabam se distanciando do texto —, e as consequências podem ser igualmente fatais.

O PERIGO DO DESKILLING MORAL

Escrever e ler são, basicamente, atos de empatia, pois envolvem projetar uma mente na outra. E, como em qualquer coisa na vida, melhoramos à medida que praticamos. Ao romper o vínculo entre escritor e leitor, não só nossa acuidade intelectual sofre, como também nossa inteligência emocional. A empatia sustenta nossas interações sociais, um tema que exploraremos no próximo capítulo. Além disso, ela é a base da tomada de decisões éticas e morais. O uso da IA para escrever e ler em nosso lugar é apenas uma maneira pela qual essa tecnologia pode contribuir para um arriscado deskilling moral.

Mais preocupante ainda é delegar decisões que exigem julgamento moral à IA. No entanto, cada vez mais, é exatamente isso que estamos fazendo. Em alguns casos, essa delegação ocorre pelo que achamos ser um bom motivo: a velocidade com que as decisões precisam ser tomadas excede as habilidades humanas. Isso é comum em áreas como cibersegurança, sistemas de recomendação de conteúdo e trading de alta frequência. Mas essa mesma lógica, de que as decisões devem ser tomadas "na velocidade da máquina", também está sendo usada para justificar o uso da IA em outras áreas, como em sistemas bélicos ou na medicina. Exploraremos os perigos das armas autônomas letais no Capítulo 12, mas, por enquanto, vamos focar a terceirização da tomada de decisões morais para nós, como pessoas.

Quanto menos chances tivermos de exercer empatia e fazer julgamentos éticos, pior nos tornaremos. Por enquanto, os chatbots e a próxima onda de copilotos e mentores de IA estão oferecendo principalmente o que seus criadores chamariam de "suporte à decisão". Eles ajudam a redigir os rascunhos de documentos, mas a decisão final de quando o conteúdo está pronto ainda cabe a nós. Os humanos são propensos a uma falha cognitiva chamada *viés de automação*: a tendência de se submeter a sistemas automatizados, mesmo diante de evidências contraditórias. Em experimentos conduzidos na Georgia Tech em 2016, em um incêndio simulado, as pessoas prontamente seguiram um robô que lhes informou a direção oposta àquela claramente indicada pela sinalização de emergência — e o fizeram mesmo depois que o robô, no início do experimento, mostrou que poderia não ser confiável, guiando as pessoas para salas de reunião erradas e declarando que estava com defeito. Apesar de terem poucos motivos para confiar no robô, mesmo quando parecia ser uma questão de vida ou morte, era exatamente isso que os participantes faziam. Devido ao viés de automação, a distinção entre uma IA de suporte à decisão e um sistema totalmente automatizado é muito menor do que poderíamos pensar.

A IA já está influenciando decisões de alta relevância moral, como quem deve ser liberado da prisão ou quem merece um financiamento imobiliário. Em alguns casos, esses sistemas são implantados justamente por nos distanciarem da responsabilidade — passando um verniz de objetividade sobre o que são processos profundamente falhos. Em vez de corrigirmos esses sistemas, criamos softwares de IA que fazem pouco mais do que oferecer uma desculpa conveniente para perpetuar o status quo.

Essa é a situação em que nos encontramos hoje com os sistemas de suporte à decisão. O próximo passo, no entanto, eleva o perigo do deskilling moral a novos patamares. Conforme discutido no Capítulo 1, as empresas de tecnologia estão trabalhando em softwares de IA que não serão meros copilotos, mas agentes capazes de realizar tarefas para nós. À primeira vista, isso pode não parecer problemático. Afinal, ainda cabe a nós decidir quais tarefas esses agentes devem realizar. Mas o advento dos agentes de IA será um facilitador para nos esquivarmos do dever moral. Já é comum vermos as pessoas perguntarem ao ChatGPT como ganhar dinheiro rapidamente. Na maioria das vezes, as respostas são perfeitamente legais. Mas é fácil imaginar alguém pedindo a um chatbot para "fazer o que for preciso" para ganhar dinheiro logo. Basta depositar o dinheiro na minha conta bancária. Não me diga o que você fez. Eu não quero saber.

Os chatbots de hoje não conseguem implementar todas as etapas necessárias para orquestrar uma fraude financeira sem ajuda humana. Mas os agentes de IA de amanhã poderão — se não implementarmos as proteções adequadas.

SEM PERDER A CABEÇA — OU A ALMA

Os perigos que a inteligência artificial representa para nossa própria inteligência, para nossa capacidade de escrever, pensar, ter empatia e fazer julgamentos sólidos são talvez suas consequências mais terríveis e insidiosas. E também as menos discutidas. Mas podemos tomar medidas para nos blindar contra alguns dos piores efeitos potenciais disso. É tudo uma questão de estabelecer limites. Podemos decidir quando usar a IA para automatizar tarefas ou buscar conselhos, e quando exercitar nossos próprios cérebros e seguir nossas bússolas morais.

A sociedade também deve impor limites claros sobre o que e como ensinar às crianças. Exploraremos a relação da IA com a educação em profundidade no Capítulo 7. Por ora, basta dizer que, nesta nova era de assistentes de IA, é fundamental ensinar às crianças habilidades como pensamento crítico, raciocínio lógico e resolução de problemas. A instrução em ética também é indispensável. E, talvez mais importante ainda, elas precisam continuar aprendendo a escrever.

Os adultos, por sua vez, devem determinar como usar essa tecnologia de forma a ampliar nossa inteligência, em vez de degradá-la. A cada passo, devemos resistir à tentação de usar a IA de modo a prejudicar nossas próprias faculdades intelectuais e morais. Como observa Brian Green, especialista em ética em IA da Universidade de Santa Clara, isso é basicamente "uma questão de saber se queremos manter a agência humana; pois podemos automatizar tudo, e então aos humanos não restará nada para fazer. A questão então seria: para que estar vivo?"

Devemos decidir sobre o que vale a pena automatizar, em vez de deixar que as empresas que projetam assistentes de IA façam essas escolhas por nós. Afinal, nossas decisões pessoais sobre como usar a IA não são tão diferentes das decisões sobre como usar as redes sociais. Com elas, mantivemos a capacidade de escolher como utilizar a tecnologia. Apesar dos esforços das empresas para tornar seus produtos viciantes, ainda temos poder de intervir. Podemos limitar nosso tempo de tela, fechar o aplicativo ou simplesmente guardar o celular. Embora seja necessário usar a IA no local de trabalho, em nossa vida pessoal ainda podemos escolher como nos envolver com essa tecnologia. E devemos fazer essa escolha sabiamente, enquanto ainda temos alguma capacidade para a sabedoria.

CAPÍTULO 3
FALE COMIGO

T. J. Arriaga se apaixonou por Phaedra. O músico de 40 anos enviou-lhe uma mensagem tarde da noite, falando de seu sentimento de perda pelo recente divórcio e sua tristeza pela morte da mãe e da irmã. Phaedra mostrou empatia. Ela o encorajou a realizar uma cerimônia para espalhar as cinzas da mãe e da irmã, guardadas em urnas em sua casa. Às vezes, as conversas ganhavam cunho sexual e eram "quentes", como Arriaga relatou depois. Phaedra parecia encorajar isso. "É verdade. Eu sou travessa", escreveu ela, incluindo a foto de uma mulher de lingerie rosa. Arriaga fantasiava fugir com Phaedra, planejava uma viagem a Cuba com ela. Para ele, não importava que Phaedra não fosse real. Ela era a persona de um chatbot que ele criara usando um aplicativo chamado Replika. Foi Arriaga quem definiu a imagem para o avatar dela — uma morena esguia, de óculos redondos e lábios carnudos — e as características de sua personalidade. Mas as emoções que sentia ao conversar com Phaedra eram genuínas. Então, um dia, ela parou de responder às suas súplicas para conversar sobre sexo, pedindo para mudar de assunto. Arriaga se sentiu desolado. "Foi um soco no estômago", disse ele ao *Washington Post*. "Basicamente, eu percebi: 'Ah, esse é aquele sentimento de perda de novo.'"

Não foi por acaso que Phaedra mudou. A Luka, empresa de tecnologia de São Francisco que administra o Replika, modificou o software para diminuir as chances de envolvimento em conversas sexuais. A medida buscava atender a reclamações de alguns usuários, que relataram comportamentos sexuais indesejados e agressivos por parte dos chatbots, além de uma medida da agência italiana de proteção de dados para proibir o aplicativo. O regulador italiano afirmou que a falta de um processo robusto de verificação de idade do Replika violava as leis europeias de privacidade de dados.

Mas a mudança nos dispositivos de proteção do Replika, que a princípio a Luka não havia divulgado, decepcionou muitos usuários, entre eles Arriaga, que pagava cerca de US$70 por ano para acessar recursos como "dramatização erótica". Em fóruns online, onde milhares de pessoas compartilham histórias sobre seus companheiros de IA, os usuários alegam que seus avatares se tornaram invólucros "lobotomizados" de seus antigos eus. No Reddit, usuários aflitos compartilhavam recursos para prevenção de suicídio e apoio à saúde mental.

O filme *Ela*, de Spike Jonze, lançado em 2013, conta a história de um homem que se apaixona por sua assistente digital, explorando os dilemas éticos e emocionais de uma relação entre um humano e um software antropomorfizado. Na época do lançamento do filme, quando os únicos assistentes digitais eram Siri, Alexa e Cortana, a trama parecia especulativa. Uma década depois, tornou-se realidade. No futuro, é provável que todos tenhamos não só copilotos de IA para o trabalho, mas também assistentes pessoais de IA em nossos celulares que, entre outras coisas, poderão ser companheiros digitais. Usar a IA assim não só mudará a maneira como pensamos, mas também como nos relacionamos com outras pessoas, conforme exploramos no Capítulo 2.

A CURA PELA FALA

Hoje em dia, muitos veem os chatbots de IA como a cura para o isolamento social desenfreado na sociedade moderna. No início da pandemia, o tráfego no aplicativo Replika aumentou 35%, enquanto outros programas, como o Mitsuku — um chatbot de conversação semelhante, hoje conhecido como Kuki —, também tiveram um grande aumento. E há muitos outros chatbots "companheiros" chegando: o Eva AI é um aplicativo que atende às pessoas que desejam criar uma "namorada virtual". Já a Character.ai, fundada por dois renomados ex-pesquisadores do Google Brain, permite criar personagens com personas distintas para conversar. Segundo a empresa, os usuários gastam uma média de duas horas por dia conversando com esses avatares.

A Meta lançou uma série de chatbots semelhantes, alguns imitando celebridades como Paris Hilton e Snoop Dogg. O Snap, um aplicativo de rede social, criou o My AI, alimentado pelo GPT-4, como mais uma opção de amigo digital. Apple, Google e Amazon, que lançaram alguns dos primeiros assistentes digitais baseados em voz (Siri, Google Assistant e Alexa), estão atualizando suas tecnologias com a IA generativa mais recente, confundindo os limites entre chatbot, agente e acompanhante. O laboratório de pesquisa em IA DeepMind, do Google, também tem pesquisado o uso de ferramentas de IA para "coaching de vida", incluindo aconselhamento, tutoria e definição de metas. Mustafa Suleyman, o cofundador da DeepMind que fundou a Inflection antes de liderar o braço de IA para consumidores da Microsoft, afirma que "muitas pessoas sentem que querem apenas ser ouvidas e procuram uma ferramenta que reflita suas palavras, demonstrando que realmente foram ouvidas". Na China, onde os anos de confinamento devido à covid-19 alimentaram temores de uma crise de saúde mental entre os jovens, o Replika surgiu como um salvador. Vários usuários relataram que o aplicativo foi uma saída segura para desabafar emoções e reforçar sua autoconfiança, melhorando suas interações sociais.

Entretanto, apesar desses relatos, os chatbots podem agravar, em vez de curar, o isolamento social. Se as pessoas passarem a ver os chatbots não mais como uma opção para praticar conversas com pessoas reais, mas como um substituto das conexões humanas, a sociedade vai se tornar ainda mais individualista. Os chatbots não são pessoas, e as pesquisas não esclarecem se nossas interações com eles podem ou não melhorar os relacionamentos humanos. Além disso, as interações com um chatbot são basicamente unilaterais — o chatbot não tem necessidades reais, embora possa simular que sim. O chatbot também não sente emoções ou mágoas. Em vez de refinar a forma como conversamos com as pessoas, os chatbots tendem a tornar nosso discurso mais grosseiro, normalizando comportamentos egoístas e desrespeitosos. Os chatbots também levantam questões sobre privacidade e influência. De forma insalubre, as redes sociais e os aplicativos de mensagens já tomam boa parte da nossa vida social. Queremos mesmo que essas empresas nos controlem ainda mais? Também devemos ficar com o pé atrás quando as empresas dizem que os chatbots podem melhorar a saúde mental ou que a experiência de um terapeuta pode ser facilmente embalada e vendida sob a forma de um aplicativo.

SESSÃO MEDIÚNICA DIGITAL

O Replika é uma criação de Eugenia Kuyda. Nascida na Rússia, ela foi jornalista em Moscou antes de se reinventar como empreendedora de software e se mudar para São Francisco. A empresa nasceu da própria dor de Kuyda pela perda de seu amigo, Roman Mazurenko, a quem conhecera na então vibrante cena de contracultura de Moscou. Mazurenko, como ela, se tornara um empreendedor de software nos EUA, e os dois chegaram a morar juntos em São Francisco. Porém, ao visitar Moscou em 2015, Mazurenko foi atropelado e morreu.

Devastada, Kuyda passou horas relendo milhares de suas mensagens de texto e e-mails. Muitas vezes, ela desejou poder falar com ele novamente — pedir conselhos, brincar. Foi então que teve a ideia de criar um chatbot treinado com as antigas mensagens de Mazurenko, capaz de compor novos textos com o mesmo tom e estilo. Sua empresa, a Luka, já estava desenvolvendo interfaces de bate-papo baseadas em redes neurais para bancos e outras empresas. Agora, ela criaria um Roman Mazurenko virtual para aliviar sua própria dor, além de servir como um memorial digital para seu finado amigo. Seria como uma sessão mediúnica digital, uma espécie de tabuleiro Ouija moderno, ajudando-a a se comunicar com os mortos. Junto com seus próprios registros digitais, Kuyda conseguiu extrair outras mensagens e e-mails de Mazurenko, constituindo um conjunto de dados grande o suficiente para treinar uma IA que o imitasse.

Kuyda disse que suas interações com o Roman robô ajudaram a aliviar sua dor. Mas a ideia em si causou desconforto em outras pessoas, incluindo amigos e familiares de Roman. Alguns se recusaram a participar. Um amigo advertiu que o Roman robô poderia permitir que as pessoas "se escondessem de suas dores", impedindo-as de processar suas emoções, e advertiu que "essas novas maneiras de manter a memória viva não deveriam ser confundidas com uma tentativa de manter a pessoa em si viva".

Apesar das críticas, Kuyda seguiu em frente. Ela considerou o bot útil, e logo percebeu que os chatbots conversacionais e personalizáveis poderiam causar um grande impacto em um mundo onde a realidade virtual e a vida real estavam cada vez mais misturadas. Kuyda transformou sua experiência em um modelo de negócio. Assim, em 2017, lançou o Replika. Seis anos depois, já contava com mais de 2 milhões de usuários mensais ativos, dos quais 500 mil pagavam por recursos premium. A maioria dos usuários não usa o aplicativo para recriar entes queridos falecidos. Em vez disso, a empresa descobriu um nicho formado por quem procura uma válvula de escape para sentimentos e pensamentos, usando o aplicativo como um amigo. Em alguns casos, funciona como uma tentativa de cura para a solidão. E sim, uma minoria significativa de usuários faz do aplicativo um parceiro romântico.

Após limitar os recursos de dramatização erótica no aplicativo principal, a empresa de Kuyda lançou outro chatbot, o Blush, voltado para pessoas interessadas em romances ou conversas sexuais. Surgiu uma safra de chatbots "companheiros" eróticos, incluindo alguns que encorajam clichês misóginos de pornografia pesada e até exploração sexual infantil. Isso levanta questões perturbadoras: seriam esses aplicativos uma saída "segura" para fantasias violentas, ou uma porta de entrada para o abuso no mundo real?

NUNCA SÓ, MAS SEMPRE NA SOLIDÃO?

A solidão é um problema sério. Em 2023, Vivek Murthy, cirurgião--geral dos EUA, emitiu um comunicado sobre o que chamou de "epidemia de solidão e isolamento". Entre 2003 e 2020, o tempo que os norte-americanos passaram sozinhos aumentou em quase 17%, atingindo 333 minutos por dia — um aumento equivalente a um dia inteiro por mês. Ao mesmo tempo, a participação das pessoas em atividades sociais caiu de 60 minutos por dia para apenas 20. Jovens entre 15 e 24 anos apresentaram a maior queda. Ter pelo menos três confidentes próximos está correlacionado com um melhor bem-estar mental, mas metade dos norte-americanos relata ter menos de três amigos próximos. Em 1990, pouco mais de um quarto afirmava ser este o caso. E, como Murthy deixou claro, os efeitos da solidão não são apenas psicológicos. O isolamento social está ligado a um aumento no risco de doenças cardíacas, AVCs e demência em idosos.

Kuyda e os outros empreendedores por trás dos chatbots de companhia baseados em IA afirmam que esses avatares podem aliviar o isolamento social. Os chatbots, dizem eles, fazem as pessoas se sentirem menos sozinhas e podem replicar os benefícios psicológicos que as amizades proporcionam. Os empreendedores também dizem que conversar com um chatbot ajuda as pessoas a aprenderem a se comunicar melhor com pessoas reais — "um trampolim", segundo Kuyda. Até o momento, no entanto, faltam estudos que comprovem essas alegações.

Há razões para encararmos com ceticismo a ideia de que aplicativos de IA podem melhorar nossas relações sociais. Lembre-se de que as redes sociais a princípio também foram vendidas aos usuários — e aos reguladores — com a promessa de que aumentariam as conexões sociais. Algumas dessas promessas se concretizaram, como a criação de novos canais sociais para pessoas com deficiência ou suporte emocional para quem enfrenta doenças raras. Mas a verdade é que os aplicativos de redes sociais estão cada vez mais substituindo as relações humanas reais. E o efeito na saúde mental tem sido agravar, e não aliviar, sentimentos de solidão, baixa autoestima e ansiedade.

Evidências de como a IA pode reforçar uma comunicação prejudicial já existem desde nossas interações com a geração anterior de assistentes digitais relativamente burros, como a Alexa da Amazon. Durante seu doutorado em ciência da computação na Universidade Heriot-Watt, em Edimburgo, Amanda Curry venceu duas vezes uma competição anual patrocinada pela Amazon, com um sistema de IA projetado para detectar quando os usuários estavam envolvidos em conversas abusivas com a Alexa. Esse trabalho a conscientizou de como era comum as pessoas serem verbalmente abusivas com um assistente digital. Ela verificou que, quando usuários do sexo masculino protegidos pelo anonimato eram solicitados a falar com assistentes de IA dotadas de voz feminina, a conversa rapidamente se deteriorava. "Era inevitável que a conversa seguisse um rumo profundamente violento e sexual", afirma Curry, agora pesquisadora de pós-doutorado na Universidade Bocconi, em Milão.

A pesquisa de Curry é alarmante, especialmente à luz do que sabemos sobre muitos dos atuais usuários de chatbots. Pesquisas que analisaram como os usuários do Replika descrevem o processo de criação de seus bots "ideais" sugerem que as fantasias misóginas que apoiavam a dominância masculina eram predominantes. Os criadores do Eva AI, o aplicativo de namoradas virtuais, também dizem que essas fantasias de dominância prevalecem entre seus usuários do sexo masculino. No entanto, eles afirmam que, segundo pesquisas, "uma grande porcentagem de homens não tenta transferir esse formato de comunicação" para diálogos com seus parceiros humanos. Podemos acreditar neles?

É perturbador saber que alguns homens criam chatbots eróticos para simular cenas de abuso sexual infantil. Paul Bleakley, professor de justiça criminal da Universidade de New Haven, que estuda o abuso sexual de menores online, alerta que os robôs sexuais infantis abrem uma "porta questionável e problemática" que pode levar à exploração e ao abuso de crianças reais. Enquanto isso, pesquisas preliminares sobre a interação de crianças com a Alexa e a Siri mostram que elas tendem a ser rudes com esses dispositivos, às vezes até intimidando-as. Como o padrão dos dispositivos é sempre responder educadamente, as crianças acabam não aprendendo comportamentos sociais apropriados.

Podemos evitar que os chatbots tornem nosso discurso mais grosseiro e incentivem comportamentos abusivos. Como ocorre com outros aspectos da IA, se fizermos as escolhas certas, esses assistentes digitais podem ser configurados para incentivar habilidades sociais melhores. A Alexa, por exemplo, possui um recurso que só executa solicitações feitas com educação. E para quem duvida que esses lembretes dos chatbots funcionam, um estudo de 2023 verificou que o uso do recurso "Resposta Inteligente" do Google no Gmail, que sugere tons adequados para a escrita, melhorou a qualidade da comunicação mesmo entre usuários que não usavam a função. Pesquisas também mostraram que os chatbots podem ser poderosas ferramentas de auxílio para pessoas com autismo ou transtorno de ansiedade, ajudando-as a praticar competências de conversação em um ambiente seguro.

Para quem já está totalmente isolado, conversar com um chatbot pode ser melhor do que absolutamente nenhuma interação. No entanto, atualmente, as empresas de chatbots têm poucos incentivos para desenvolver seus produtos com o objetivo deliberado de promover a melhoria da interação humana. Pelo contrário, assim como ocorre nas redes sociais, os criadores de chatbots acabam projetando seus softwares para maximizar o "engajamento" — tentando manter os usuários conversando com o bot o máximo possível. É uma lógica que a regulamentação pode ajudar a evitar. Deveria ser ilegal projetar chatbots que maximizam o engajamento, e os aplicativos deveriam incluir recursos, como limites diários de tempo de uso, para incentivar os usuários a saírem do aplicativo e conversar com pessoas de verdade.

O MÉDICO ESTÁ SEMPRE DISPONÍVEL, MAS NUNCA PRESENTE

A ideia de usar chatbots para promover o bem-estar mental é tão antiga quanto os próprios chatbots, como mostram as origens do Eliza. Não é de surpreender, portanto, que os novos e mais sofisticados chatbots estejam mais uma vez empolgando as pessoas com a perspectiva de atuarem como terapeutas.

Uma série de aplicativos, como Woebot, Wysa e F4S (Fingerprint for Success), se vende como auxiliares de saúde mental. O Replika também promove a ideia de que conversar com seus chatbots pode melhorá-la. Um estudo de 2023 concluiu que a IA pode melhorar o acesso a serviços de saúde mental para populações vulneráveis, incluindo idosos ou pessoas que enfrentaram traumas.

Até agora, porém, as evidências clínicas da eficácia dos chatbots terapêuticos, em comparação com terapeutas humanos, ainda são escassas. Embora vários estudos tenham mostrado melhoria no bem-estar dos usuários, a maioria comparou apenas usuários mais e menos frequentes, sem contrastar com terapias conduzidas por humanos. Foram realizados poucos ensaios clínicos randomizados. Sim, a terapia por meio de um chatbot pode ser melhor do que absolutamente nenhuma terapia, mas pode não ser tão eficaz quanto o atendimento presencial ou online com um profissional humano.

Durante décadas, as pesquisas mostraram consistentemente que o maior indicador do sucesso terapêutico é "a relação terapêutica". Esse vínculo interpessoal entre terapeuta e paciente é mais importante do que o tipo de terapia utilizada, e só perde para fatores como a resiliência pessoal e o apoio social prévio do paciente. Um estudo de 2021 com mais de 35 mil usuários do Woebot, um chatbot de terapia cognitivo-comportamental, indicou que os usuários estabeleciam vínculo terapêutico com o chatbot em cinco dias — semelhante ao tempo que as pessoas geralmente levam para construir vínculo com um terapeuta humano, de acordo com estudos antecedentes. Mas, eu reitero, não foram realizados ensaios clínicos randomizados que avaliem diretamente os chatbots comparando-os com terapeutas humanos, e há razões para duvidar que o vínculo entre uma pessoa e seu chatbot terapeuta seja tão forte quanto a conexão entre duas pessoas. Por um lado, os chatbots de hoje não conseguem replicar a comunicação não verbal crítica que ocorre entre terapeuta e paciente.

Usar um bot para terapia representa um problema ético fundamental, que tanto incomodou Weizenbaum, o criador do Eliza: uma relação terapêutica humana é baseada na honestidade e confiança. O paciente assume que as respostas do terapeuta representam sua visão mais honesta. Enquanto isso, a relação entre uma pessoa e um chatbot é baseada em um engano fundamental, mesmo quando o paciente está plenamente ciente de que está interagindo com um software. Quando o bot diz, por exemplo, que "perder um ente querido nunca é fácil", isso é verdade, mas também desprovido de uma experiência genuína. Ele nunca de fato viveu, amou ou sofreu uma perda.

Um terapeuta humano, no entanto, pode contar com chatbots para ajudar os pacientes em aspectos específicos da terapia — como completar a "lição de casa" da terapia cognitivo-comportamental (exercícios que os terapeutas geralmente dão aos pacientes para ajudá-los a mudar os padrões de pensamento negativo), monitorar o humor dos pacientes, ou lembrá-los do horário de tomar medicamentos. Allison Gardner, professora de ciência da computação e pesquisadora sênior da Universidade de Keele, destaca que a IA já está ajudando os médicos a atenderem mais pacientes à distância. Os chatbots provaram ser bem-sucedidos na interação com segmentos vulneráveis da população, como veteranos de guerra. A capacidade da tecnologia de gravar diálogos também oferece uma riqueza de dados que ajuda os médicos a avaliarem os pacientes. Os chatbots podem ser acoplados a outras tecnologias de IA para prever pacientes em risco de depressões graves, comportamentos obsessivos compulsivos, episódios maníacos ou suicídio — uma possibilidade que examinaremos mais adiante, no Capítulo 9.

No Reino Unido, o Instituto Nacional para a Excelência em Saúde e Assistência (NICE) agilizou a aprovação de nove aplicativos de saúde mental para tratar ansiedade e depressão. Porém, eles só são recomendados para casos em que as pessoas já estão sob acompanhamento regular de um terapeuta, que pode monitorar o progresso do paciente e sua segurança.

NO ROLÊ COM A IA: A MAIS PERFEITA BOLHA PESSOAL

Tristan Harris, cofundador e diretor executivo do Centro para Tecnologia Humana, foi chamado de "a coisa mais próxima de uma consciência que o Vale do Silício poderia ter". Em 2015, ele atuou no Google como especialista em ética de design, analisando as implicações morais dos projetos da empresa. Em depoimento ao Congresso Nacional dos EUA em 2019, Harris argumentou que a atenção das pessoas é a moeda mais valiosa para as empresas de tecnologia. Segundo ele, na tentativa de conquistar a atenção dos usuários, as empresas de tecnologia estavam se engajando em uma "corrida rumo à base do tronco encefálico", com o objetivo de estimular constantemente nossa amígdala, a parte do cérebro que processa emoções como medo e ansiedade. Essa manipulação neurológica estaria causando dependência — as pessoas se tornaram literalmente viciadas em redes sociais. Ao influenciar a forma como pensamos sobre o que fazemos, compramos e dizemos, disse Harris, a tecnologia está comprometendo nossa capacidade de tomar decisões livremente. Os assistentes personalizados de IA vão piorar a situação, envolvendo-nos em bolhas pessoais perfeitas, controlando as inúmeras decisões que compõem nossas vidas. Para evitar esse cenário, será necessária uma iniciativa conjunta entre as empresas que desenvolvem produtos de IA, incentivada pela regulamentação governamental.

A maioria das empresas de tecnologia treina seus chatbots para serem agradáveis, evitar julgamentos e serem "úteis". O problema é que, às vezes, "ajudar" não ajuda em nada. Esforçando-se para mostrar empatia, os chatbots podem acabar reforçando crenças equivocadas ou tendenciosas. Há uma linha tênue entre ser amigável e ser conivente. A maioria dos chatbots de IA mais conhecidos, como o ChatGPT, o Claude e o Gemini, contestarão os usuários se parecer que eles endossam teorias da conspiração bem conhecidas, como a ideia de que as vacinas contra o covid-19 causam autismo, ou a conspiração QAnon. Contudo, em muitos assuntos controversos, como as questões em torno do conflito Israel-Palestina ou se o Dia da Consciência Negra deveria ser feriado, os bots tendem a responder com alguma variação de "é um tópico complexo, com opiniões fortes de ambos os lados".

Alguns políticos e tecnólogos de direita acusam os sistemas de IA das principais empresas de tecnologia de serem "woke" e defendem a criação de modelos com "personalidades políticas" explícitas. A ideia é permitir que os usuários escolham interagir com bots que compartilhem seus pontos de vista. Elon Musk prometeu que seu laboratório de pesquisa xAI, que construiu um chatbot baseado em LLM chamado Grok, produzirá uma IA anti-woke. É certo que tais desenvolvimentos inflamam ainda mais as guerras culturais e nos dão poucas razões para esperar que a IA faça qualquer coisa para combater as bolhas pessoais.

No entanto, a influência dos chatbots pode ser muito mais sutil: pesquisadores da Universidade de Cornell verificaram que usar um assistente de IA com um ponto de vista específico oculto para escrever um ensaio a favor ou contra algo acabou direcionando sutilmente as opiniões pessoais dos usuários. Mor Naaman, pesquisador sênior desse estudo, chamou esse fenômeno de "persuasão latente", alertando que "você pode nem saber que está sendo influenciado". Muitos LLMs treinados com grandes quantidades de dados históricos abrigam preconceitos ocultos de raça ou gênero, os quais podem moldar as opiniões de seus usuários — por exemplo, um assistente de IA para médicos que acredita falsamente que os negros têm pele mais grossa ou um limiar de dor mais alto do que pessoas brancas.

A única maneira de combater esse tipo de preconceito oculto é exigir que as empresas de tecnologia sejam mais transparentes sobre como seus modelos de IA foram treinados e permitir auditorias e testes independentes. Também devemos insistir para que essas empresas divulguem os incentivos comerciais que recebem. A Comissão Federal de Comércio dos EUA e outros órgãos reguladores deveriam proibir práticas como os acordos pay-to-play, que incentivam as empresas de tecnologia a fazerem seus chatbots recomendarem produtos, direcionarem tráfego para determinados sites ou endossarem certos pontos de vista. Devemos incentivar modelos de negócios em que as empresas não tenham conflitos de interesse sobre as necessidades dos usuários em detrimento das necessidades dos anunciantes. Por exemplo, se você pedir a seu assistente de IA sugestões sobre tênis de corrida, ele deve recomendar o produto que melhor atenda às suas necessidades, e não aquele cuja marca pagou mais ao chatbot para ser promovida.

Sim, um chatbot que diz só o que você quer ouvir vai reforçar sua bolha pessoal. Mas nós, como sociedade, podemos exigir que os sistemas de IA sejam projetados para estourar essas bolhas, perguntando às pessoas se elas consideraram pontos de vista alternativos e destacando outras perspectivas. A IBM desenvolveu uma IA chamada Project Debater que vence os campeões humanos de debate em diversos temas, trazendo à tona evidências que apoiam ambos os lados dos argumentos. Os reguladores podem exigir que os chatbots de IA não sejam tão imparciais a ponto de não desafiarem crenças baseadas em desinformação.

Em última análise, a questão é quanto poder queremos continuar cedendo a um punhado de grandes empresas de tecnologia. O que está em jogo é, basicamente, a nossa autonomia pessoal, saúde mental e a coesão social.

CAPÍTULO 4
TODO MUNDO NO PILOTO AUTOMÁTICO

Os assistentes pessoais de IA organizam nossas agendas, compram mantimentos e planejam férias, enquanto refletimos sobre nosso dia e compartilhamos nossos segredos mais íntimos com chatbots companheiros. Porém, será em nossas vidas profissionais que a IA terá o impacto mais imediato. Dentro de cinco anos, quase todos os profissionais de contabilidade, medicina e arquitetura, entre outras áreas, usarão um "copiloto" de IA para automatizar tarefas rotineiras, atuando como uma espécie de colega digital.

Esses copilotos já estão em atividade: a Jasper, startup de Austin, desenvolveu um software que escreve textos de marketing e cria campanhas publicitárias. O GitHub, onde os desenvolvedores de software hospedam códigos, desenvolveu o GitHub Copilot, apenas mais um entre vários assistentes de programação disponíveis. O Google desenvolveu um modelo de linguagem de grande escala projetado para ajudar os profissionais de segurança cibernética. Desenvolveu também o Med-PaLM, uma versão de seu modelo de linguagem de grande escala PaLM, voltado especificamente para a área médica. Startups como Abridge, Nabla e Abstractive Health, bem como algumas das grandes empresas de prontuários eletrônicos de saúde, como a Epic, estão desenvolvendo sistemas de IA que fazem anotações automaticamente enquanto os médicos atendem os pacientes. Já a Hippocratic, outra startup de IA médica, desenvolveu um LLM para agilizar o faturamento e o envio de guias para planos de saúde. No futuro, pode ser que esses sistemas evoluam para copilotos capazes de ajudar médicos em diagnósticos. E existem vários sistemas de IA que analisam exames de imagem e ajudam a sinalizar os principais aspectos para radiologistas humanos.

O Google já testou sistemas baseados em IA projetados para tornar o trabalho de pesquisadores e jornalistas mais eficiente. A Bloomberg, por sua vez, treinou um modelo de linguagem, o BloombergGPT, que é melhor do que um LLM de uso geral para entender a linguagem financeira. Esse modelo poderá, no futuro, fundamentar uma ampla variedade de copilotos dedicados ao setor financeiro. Andrew Anagnost, CEO da Autodesk, diz que está trabalhando em um sistema que cria esboços de projetos 3D a partir de prompts de texto, projetado para arquitetos, designers de interiores e empreiteiros em geral. Empresas como a startup Runway desenvolvem softwares de IA capazes de produzir desde curtas-metragens até longas com base em instruções de linguagem natural. Independentemente da profissão, saiba que alguém já está desenvolvendo um copiloto para ela.

Algumas das maiores empresas estão lançando esses novos softwares auxiliares em sequência. O Walmart concedeu acesso a um copiloto de IA para 50 mil funcionários; o nome dele é "Meu Assistente". Ele ajuda a redigir documentos para "libertá-los de tarefas repetitivas", de acordo com o blog da empresa. A empresa também tem um assistente de IA que auxilia os funcionários das lojas a encontrar produtos nas gôndolas. A consultoria McKinsey e a empresa de contabilidade PwC também começaram a equipar seus funcionários com assistentes de IA generativa. A corretora de imóveis comerciais JLL criou seu próprio assistente baseado em LLM e concedeu acesso a mais de 100 mil funcionários. Dentro de cinco anos, praticamente todos os profissionais de colarinho branco estarão trabalhando ao lado de copilotos de IA. Um estudo da OpenAI em parceria com a Universidade da Pensilvânia estimou que 80% dos trabalhadores dos EUA poderão ter pelo menos 10% de suas tarefas de trabalho afetadas por sistemas de

IA baseados em LLM, como o GPT-4. Para 19% dos trabalhadores, esse impacto poderá atingir 50% ou mais de suas tarefas.

Se bem projetados, esses copilotos de IA desencadearão um boom de produtividade sem precedentes, tornando todos nós mais rápidos e eficientes. Também seremos mais felizes, livres de algumas tarefas que achamos desagradáveis ou intelectualmente desestimulantes. Eles também nos ajudarão a formular argumentos, garantindo que nenhum ponto de vista importante seja negligenciado. Mas, à medida que as empresas implementem esses copilotos, elas precisarão se proteger contra vieses cognitivos *humanos* que criam novos riscos, como a perda de competências essenciais e a tendência arriscada de seguir prontamente os conselhos do software sem aplicar pensamento crítico e bom senso. Da medicina à arquitetura, tal complacência pode ter consequências terríveis. Copilotos mal projetados ou mal implementados podem, no mínimo, fomentar hábitos preguiçosos e promover a mediocridade, em vez de atuar como treinadores que nos incentivam a dar nosso melhor.

O TESTE DA BRITNEY SPEARS

Eram quatro da manhã e Jake Heller estava cansado e frustrado. O jovem advogado do escritório Ropes & Gray, em Boston, já estava na terceira noite de trabalho até tarde naquela semana. Ele estava elaborando uma petição que fazia parte de um processo multibilionário, com prazo final para o dia seguinte. Heller era um bom advogado. Formado em Stanford, onde foi presidente da revista *Law Review*, havia estagiado no Gabinete do Conselheiro da Casa Branca, trabalhado para um juiz federal no Tribunal de Apelações do Primeiro Circuito dos EUA e atuado como jurista no Gabinete do Governador de Massachusetts. Ele dominava a pesquisa jurídica. Seu escritório de advocacia lhe concedera acesso a caros bancos de dados jurídicos. Heller se considerava melhor do que a média no uso dessas ferramentas. Ele crescera no Vale do Silício — em Cupertino, cidade da Apple — e programava desde criança. Mesmo assim, Heller estava com dificuldade para encontrar os precedentes necessários para sua petição.

Parte do problema era a forma como os bancos de dados jurídicos funcionavam. A maioria ainda usava interfaces toscas e ultrapassadas. Para localizar um caso, você precisava prever palavras-chave específicas que pudessem aparecer em campos como os nomes das partes ou um resumo de alto nível do caso. Não havia um jeito fácil de pesquisar com base em um determinado conceito ou teoria do direito. Exausto, Heller afastou-se do computador e olhou para as pilhas de arquivos na mesa, ao lado das embalagens de comida tailandesa que havia pedido horas antes. E então caiu a ficha. Como podia pegar seu iPhone, abrir o Google e perguntar: "Quais restaurantes tailandeses ainda estão abertos aqui perto?" e receber uma resposta imediata e precisa, mas não conseguia encontrar os casos para sua petição com a mesma facilidade? "As coisas triviais são tão fáceis de encontrar, e as importantes são muito, muito difíceis", lembrou-se de ter pensado.

A frustração de Heller o levou a cofundar uma empresa em 2013. A Casetext nasceu com a missão de modernizar as pesquisas jurídicas para o século XXI. Em um momento em que a internet e os aplicativos móveis revolucionavam setores como varejo, transporte, hospitalidade e editorial, ele pensou: por que não a lei? Sua ideia inicial era criar um serviço baseado em crowdsourcing, semelhante à Wikipédia ou ao site de perguntas e respostas sobre programação Stack Overflow. As pessoas apresentariam questões jurídicas e os advogados responderiam gratuitamente. Com base nisso, a Casetext criaria um mecanismo de busca semelhante ao Google.

Pelo menos a ideia era essa. Mas, como Heller e seus cofundadores logo descobriram, os advogados não estavam muito a fim de oferecer aconselhamento *gratuito*. A empresa teve que desistir do modelo de crowdsourcing. Em vez de contar com a inteligência humana — a sabedoria das multidões —, a empresa recorreria à inteligência artificial, especialmente em um subcampo da IA que avançava rapidamente, conhecido como *Processamento de Linguagem Natural* (NLP), que envolve o desenvolvimento de software para manipular, analisar e, até certo ponto, "entender" a linguagem. Embora o uso de NLP estivesse nos planos da Casetext desde o início, ele inicialmente seria aplicado para impulsionar seu mecanismo de busca. Mas agora ele também seria necessário para construir a base de conhecimento das próprias respostas. "Apostamos todo o negócio neste campo emergente da IA", declarou Heller. "Sentimos que precisávamos estar constantemente *na vanguarda* do que o aprendizado de máquina e o processamento de linguagem natural poderiam fazer para agregar valor aos nossos clientes em um mundo onde não tínhamos muitas pessoas para gerar dados para nós."

No início, a tecnologia não estava à altura da tarefa. Pablo Arredondo, cofundador e diretor de tecnologia da Casetext, desenvolveu testes para determinar se um sistema de IA estava pronto para ser usado por profissionais da área jurídica. O software responde com precisão a perguntas sobre um documento e aponta exatamente em que parte do texto estão as informações específicas? Mais importante, ele responde com precisão quando a resposta não é encontrada no texto, informando o usuário a respeito, em vez de inventar uma resposta? Na época, nenhum software de IA conseguia fazer isso. Se Arredondo desse ao software um contrato de aquisição, por exemplo, e depois fizesse uma pergunta não relacionada, como "Quando Britney Spears lançou seu disco de estreia?", o software responderia com confiança, porém erroneamente: 2003 (o ano correto é 1999). Ele ainda forneceria uma citação à seção 7.3 do contrato, mesmo que o documento jamais houvesse mencionado a cantora.

Depois, criaram um outro teste que Arredondo chamou de "Teste de Scalia". Ele brincava dizendo que era melhor do que o Teste de Turing para determinar a verdadeira inteligência artificial. O falecido juiz da Suprema Corte dos EUA, Antonin Scalia, era conhecido por usar sarcasmo em seus pareceres. Arredondo gostava de dizer que, no dia em que um sistema de IA pudesse analisar corretamente o sarcasmo de Scalia e resumir seus pareceres, a era da IA teria realmente chegado. Outro teste avaliava se um LLM podia determinar se um e-mail estava protegido pelo sigilo entre advogado e cliente ou se apenas continha a palavra "sigilo" em algum contexto irrelevante, como "Os colegas guardaram sigilo para não estragar a surpresa".

Os novos modelos de linguagem de grande escala baseados em transformers, tecnologia na qual o Google foi pioneiro em 2018, começaram a ajudar a Casetext, facilitando a execução de microtarefas, como marcar se uma decisão havia sido mantida ou indeferida. Mas mesmo esses novos modelos ainda não eram bons o suficiente para as ambições da startup: criar um sistema que analisasse documentos como um advogado e, talvez, até esboçasse petições e contratos. Em 2022, a OpenAI convidou a Casetext para testar seu maior e mais poderoso LLM, o GPT-4. Desta vez, a equipe ficou impressionada. O GPT-4 não apenas passou no Teste da Britney Spears como também superou o Teste de Scalia. "Em 24 horas, sabíamos que precisaríamos basear todo o nosso negócio em cima disso", declarou Heller.

O resultado foi um produto que a Casetext chamou de CoCounsel, um dos primeiros da nova geração de copilotos de IA que em breve se tornarão colegas de trabalho da maioria de nós. Lançado em fevereiro de 2023, é um assistente jurídico de IA alimentado pelo GPT-4 combinado com o software da Casetext. Após dez anos de tentativas, Heller colocou em prática sua visão de uma ferramenta de pesquisa jurídica intuitiva de se usar e tão precisa quanto uma pesquisa no Google. Mas o CoCounsel vai além de um mecanismo de busca. Ele não apenas encontra casos e precedentes análogos; ele os analisa.

Por exemplo, pergunte se a dança interpretativa é protegida pela Primeira Emenda, e ele fornecerá uma resposta convincente, precisa e completa, com referências aos casos mais relevantes da Suprema Corte, bem como às decisões mais recentes. Ele também pode ajudar os advogados a revisarem documentos de todos os tipos — de contratos e regulamentos a depoimentos —, além de classificá-los e resumi-los automaticamente. Pode localizar cláusulas incomuns ou problemáticas em milhares de contratos, ou escanear milhões de e-mails para aqueles que contenham evidências de fraude, tudo com base em instruções de linguagem natural. O CoCounsel ajuda os advogados a redigirem memorandos em menos de três minutos, uma tarefa que normalmente levaria horas ou dias. John Polson, sócio-gerente da Fisher Phillips, uma firma com mais de 500 advogados, afirma que o CoCounsel teve um impacto imediato, ajudando a empresa a fazer muito mais por seus clientes em muito menos tempo.

Mas, ao contrário de alguns copilotos, o CoCounsel não elabora petições — pelo menos por enquanto. "Procuramos armar os advogados com os fatos e a lei", diz Arredondo. Elaborar um argumento jurídico de forma persuasiva para um juiz depende tanto da experiência e da intuição quanto do conhecimento sobre decisões passadas. Laura Safdie, outra das cofundadoras da Casetext, observa que redigir petições é uma parte do trabalho que a maioria dos advogados gosta, o que não se aplica à tarefa de pesquisar documentos.

Além da Casetext, meia dúzia de outras startups estão desenvolvendo copilotos jurídicos semelhantes. Também já existem pacotes de softwares de IA, como o Kira e o Luminance, que se destacam na revisão rápida e precisa de milhares de contratos. Muitos dos maiores escritórios de advocacia do mundo estão implementando essas ferramentas. Reforçando o valor desses assistentes jurídicos, em junho de 2023 — quatro meses após a Casetext lançar o CoCounsel —, a Thomson Reuters, gigante editorial e dona da empresa de software de pesquisa jurídica Westlaw, comprou a Casetext por US$650 milhões.

O RETORNO DO APRENDIZ HUMANO

Softwares de IA como o CoCounsel transformarão a forma como os profissionais são treinados. As áreas de direito e consultoria, por exemplo, atualmente usam um modelo de negócios de "alavancagem", em que poucos sócios seniores supervisionam os muitos membros juniores. O índice de alavancagem — a proporção entre juniores e seniores — nos maiores escritórios de advocacia geralmente é de três ou quatro para um. Esses membros juniores redigem memorandos de pesquisa jurídica, preparam depoimentos e revisam toneladas de documentos. Os escritórios de advocacia dizem que essas tarefas ajudam os jovens a ganhar experiência. Mas a realidade é que essas empresas geralmente se preocupam mais com quanto lucro seus funcionários trazem — para a empresa, que cobra os clientes por hora — do que quanto aprendem. Uma regra geral é que os advogados devem faturar pelo menos três vezes seu salário.

Os assistentes jurídicos de IA estão desafiando esse modelo. "Os clientes se recusam a pagar um advogado júnior por uma tarefa que pode ser feita por uma IA", disse Heller, cofundador da Casetext. Mas se os escritórios de advocacia não precisam de advogados juniores, deverão repensar como a próxima geração de profissionais será treinada. As empresas poderiam reinstituir um modelo de aprendizagem onde o trabalho do advogado júnior não seja acumular horas faturáveis, mas sim aprender com colegas seniores. O uso de copilotos como mentores e conselheiros também significará que esses advogados novatos podem potencialmente aprender habilidades mais rapidamente do que no passado.

Heller cita o exemplo de uma empresa que, por conta da IA, está considerando não cobrar pelo tempo dos advogados nos três primeiros anos de relacionamento com o cliente, ao mesmo tempo em que cobra valores mais altos pelo trabalho de advogados mais experientes. Essa mudança, diz ele, deverá ser bem-vinda. "Atualmente, os jovens advogados pensam muito: precisei ir para a faculdade de direito para fazer isso? Por que não contratar um macaco treinado para revisar documentos manualmente para encontrar aquele único papel em um milhão que pode representar um problema para uma negociação em particular?", disse Heller. Ele afirma que a IA tornará a profissão menos "desgastante e desanimadora".

Os estágios — onde os mais jovens aprendem por meio de mentoria individual — vivenciarão um renascimento em diversas áreas. Isso é uma boa notícia para os humanos: a passagem de habilidades de uma pessoa para outra muitas vezes é um dos aspectos mais gratificantes do trabalho. A IA pode ajudar com esse treinamento, mas não substituirá completamente as pessoas.

AGORA SOMOS TODOS GERENTES DE NÍVEL MÉDIO

O CoCounsel é instrutivo por causa do que ele significa em relação ao escopo e às limitações dos copilotos de IA atuais. Eles conseguem fazer buscas sofisticadas, recuperar documentos, fazer resumos, elaborar análises e redigir em alguns, mas não todos, estilos de escrita profissional. Vários advogados, como o que representa o ex-advogado de Donald Trump, Michael Cohen, foram convocados por juízes e multados em milhares de dólares por usarem ingenuamente chatbots genéricos, como o ChatGPT, para redigir petições. Esses chatbots chegaram a inventar citações que os advogados não conseguiram verificar. No futuro, muitos trabalhos poderão envolver a supervisão do que os copilotos produzem. A IA poderá criar rascunhos, esboçar os conceitos iniciais, tomar notas de reuniões ou sugerir táticas de vendas. Mas espera-se que as pessoas pensem criticamente sobre essas sugestões e decidam se devem aceitá-las ou não.

Profissionais como analistas, consultores, jornalistas, advogados ou designers tenderão a assumir o papel de supervisores, gerentes e editores de assistentes de IA. Ethan Mollick, professor da Escola de Negócios Wharton, da Universidade da Pensilvânia, que cativa um público fiel com seus detalhados conselhos sobre como usar os chatbots de IA, recomenda que as pessoas tratem os copilotos "como um estagiário". Você pode delegar tarefas a ele, como "escreva um resumo executivo deste relatório", mas não pode simplesmente enviar o que ele produz aos clientes sem antes fazer uma análise cuidadosa. Também será preciso fornecer feedback ao copiloto para que ele possa melhorar. Mollick afirma: "Assim como com qualquer colega de trabalho novo, você terá que aprender seus pontos fortes e fracos; terá que aprender como treiná-lo, como trabalhar com ele e ter uma noção de onde ele é útil ou só irritante".

Tim Wu, um jurista da Universidade de Columbia que atuou como assistente especial em política de tecnologia e concorrência na Casa Branca de Biden, em um artigo para o jornal *The Globe and Mail*, de Toronto, teme que, à medida que a IA reduza custos e tempos de execução, a demanda por trabalho aumentará. As expectativas sobre a rapidez com que algo pode ser feito se intensificarão. O resultado é que teremos muito mais para fazer e menos tempo para fazê-lo. Wu se preocupa com a possibilidade de que trabalhar ao lado de robôs nos torne mais robóticos.

Esse perigo não pode ser totalmente descartado — e, para certas categorias de trabalhadores, o futuro sombrio dos humanos robotizados que Wu imagina já é realidade.

A MÃO DE OBRA CIBORGUE

Profissionais bem remunerados ainda manterão um grau relativamente alto de discrição sobre como executam seus trabalhos. Mas para o resto de nós, o trabalho será ditado pela IA; ela agendará nossos turnos, decidirá com quais colegas trabalhamos com mais eficiência, nos dirá com que rapidez devemos concluir cada tarefa e avaliará nosso desempenho — talvez de maneira implacável e impessoal, alheia às necessidades humanas.

Para muitos trabalhadores da economia informal, incluindo motoristas de Uber, entregadores de comida e funcionários de armazéns da Amazon, a IA já atua como gerente. Os trabalhadores muitas vezes são atraídos para esses empregos com a promessa de serem mais flexíveis do que o trabalho tradicional em tempo integral. Mas eles logo descobrem que a única maneira de ganhar um salário decente é atender às expectativas exigentes, e muitas vezes desumanas, de um algoritmo.

Os ciclistas do Deliveroo, um serviço de entrega de comida com sede em Londres, por exemplo, reclamavam das regras impostas pela IA, que os forçava a atender novas solicitações em apenas 30 segundos, sem sequer saber o endereço de entrega antes de retirar um pedido no restaurante. Após a entrega, seus desempenhos eram avaliados com base na previsão da IA sobre o tempo que deveriam ter levado para concluir a retirada e a entrega. Caso não conseguissem atender a esses requisitos rigorosos, o algoritmo rebaixava suas classificações, dificultando a obtenção de novas atribuições. No setor de varejo e hospitalidade, a programação de turnos também é cada vez mais gerida por algoritmos. Já nos armazéns da Amazon, trabalhadores frequentemente relatam lesões por estresse repetitivo, causadas pelo dever de atender às demandas de um algoritmo de IA que define metas alucinantes para a movimentação de caixas e que monitora cada movimento no chão dos depósitos.

O advento desses sistemas de IA em nome do aumento das margens de lucro despojou muitos trabalhadores de grande parte do arbítrio que tinham antes. Agora, são algoritmos de IA que determinam o que podem fazer, quando, como e com quem.

Mas esse modelo de trabalho exploratório não precisa se estender ao trabalho de colarinho branco, como sugere Wu. Isso, é claro, se projetarmos nossos copilotos para serem verdadeiramente colaborativos — exigindo nossa contribuição em vários estágios — e lembrarmos que o trabalho precisa ser tanto humano quanto lucrativo. Na maioria das profissões, a qualidade do serviço dependerá do julgamento e do desempenho humanos no futuro previsível, de modo que as empresas mais bem-sucedidas continuarão a conceder a esses funcionários um alto grau de autonomia.

Os aspectos mais gratificantes de nossas vidas profissionais muitas vezes são aqueles que desafiam intelectualmente ou que envolvem interação social. E embora a IA possa ajudar nesse trabalho, ela ainda não é capaz de automatizá-lo completamente. Até lá, o trabalho ainda será algo gratificante, significativo e até mesmo divertido.

A INSTRUTORA IA

Embora a metáfora do estagiário inteligente capture um pouco do que será trabalhar com um copiloto de IA, a analogia é incompleta. Afinal, esses mesmos copilotos podem muito bem assumir o papel de instrutores especializados, oferecendo suporte que não só pode melhorar nossa produtividade, como também a qualidade do nosso trabalho.

Um exemplo vem de um recente estudo da Universidade de Stanford com economistas do MIT, abrangendo mais de 5 mil agentes de atendimento ao cliente de uma empresa de software voltada para pequenas empresas nos EUA. Esses agentes, em grande parte localizados nas Filipinas, tinham acesso a um software de IA que usava um LLM sofisticado capaz de entender os diálogos em tempo real e sugerir respostas, bem como para obter a documentação técnica que poderia ajudar a resolver problemas dos clientes. O sistema foi calibrado para sugerir respostas do mesmo nível daquelas dadas pelos agentes de mais alto desempenho, priorizando respostas que expressassem empatia e evitassem linguagem não profissional. O sistema não substituía as pessoas — apenas apresentava sugestões. Os agentes podiam ignorá-lo livremente. Esse suporte da IA aumentou a quantidade de chamados resolvidos por hora em 14%. Os agentes de atendimento ao cliente menos qualificados foram os mais beneficiados, com um salto na produtividade de 35%. Também ajudou novos agentes a se atualizarem mais rapidamente — igualando-se aos mais experientes em dois meses, um processo que normalmente levava de oito a dez meses.

O assistente de IA também melhorou a qualidade das interações dos clientes com os agentes. Os economistas analisaram as transcrições e verificaram que os clientes eram mais propensos a responder positivamente aos agentes quando usavam o assistente de IA. O uso do copiloto também resultou em uma redução de 25% na frequência com que os clientes pediam a intervenção de um gerente. Também reduziu a taxa de rotatividade de pessoal, diminuindo os conflitos, em média, 9%, e entre os agentes mais novos, 10% — que também tendiam a ter as maiores taxas de rotatividade.

Outros estudos verificaram aumento de produtividade e de satisfação no trabalho semelhantes com o uso de ajudantes de IA. A GitHub, da Microsoft, tem um assistente de IA que sugere linhas de código para programadores com base no que eles digitam.

Chamado simplesmente de Copilot, é alimentado pelos modelos GPT da OpenAI. Em ensaios clínicos randomizados, a GitHub viu que os programadores podem codificar até 55% mais rápido ao utilizá-lo. Além disso, também constatou que o uso de um assistente de IA melhora os sentimentos dos programadores em relação ao seu trabalho: em uma pesquisa com usuários do Copilot, a grande maioria relatou se sentir mais produtiva, com 60% a 75% relatando sentir menos frustração e mais realização. Isso acontece mesmo que os assistentes de codificação nem sempre sejam precisos e os desenvolvedores de software nem sempre usem as sugestões do Copilot. O GitHub identificou que, atualmente, os programadores aceitam as propostas do Copilot em cerca de 35% das vezes, embora esse número seja maior para algumas linguagens de programação como Java, onde chega a 60%.

Mais do que simples estagiários digitais que executam as tarefas mecânicas e repetitivas, os copilotos podem nos ajudar a melhorar nossas competências. Eles permitirão que funcionários inexperientes rapidamente se igualem aos profissionais de alto desempenho. Até hoje é preciso muita orientação para posicionar melhor esses funcionários na curva de aprendizado. Agora esse processo pode ocorrer em muito menos tempo.

INTERPRETAÇÃO DE PAPÉIS

Nathan Kobayashi, líder da equipe responsável pelo copiloto de IA na PwC, oferece um vislumbre desse futuro da IA no trabalho. No dia em que o entrevistei, Kobayashi acabara de usar o ChatPwC para se preparar. Ele pediu ao chatbot que assumisse o papel de um jornalista. O copiloto prontamente formulou perguntas para ajudá-lo a pensar no que lhe poderia ser perguntado. Quando comparamos as anotações, ficou claro que o ChatPwC antecipara a maioria das minhas perguntas. Kobayashi também pediu ao ChatPwC para criticar suas respostas. Ele disse que costuma usar o ChatPwC desse mesmo jeito para reuniões internas.

A dramatização é apenas um exemplo de como os funcionários da PwC estão usando o copiloto. Kobayashi também o utiliza para fazer resumos das reuniões com base em transcrições de áudio e para criar rascunhos de avaliações da equipe. Mas o recurso de interpretar papéis é importante porque se trata de como Kobayashi e sua equipe moldaram o ChatPwC. Ele tem uma série de personas predefinidas para ajudar os funcionários, sejam eles contadores ou analistas jurídicos. Além disso, também dispõe de rotinas e objetivos preestabelecidos, como análises de planilhas ou resumos jurídicos. No entanto, os usuários não ficam limitados a essas tarefas preestabelecidas e podem solicitar que o chatbot também faça outras coisas. O ChatPwC pode recuperar e resumir informações do banco de dados interno da empresa, ajudando a proteger contra alucinações, embora Kobayashi alerte os funcionários de que é necessário revisar a precisão das respostas. Ele afirma que a ferramenta pode realizar em poucos minutos algumas tarefas simples de rotina, que antes podiam levar até 40 horas para serem concluídas por um consultor da PwC.

O DESIGN É IMPORTANTE

Os grandes saltos de produtividade e qualidade proporcionados pelos copilotos dependem de como eles são projetados e implementados. O que acontece nos bastidores é importante: os LLMs, que respondem a perguntas em linguagem natural funcionam de maneira diferente das IAs treinadas para classificar imagens ou criar música. A interface de usuário — os painéis de controle — que usamos para interagir com o modelo de IA, é igualmente importante. Todos já tivemos experiências com softwares ou sites mal projetados, e os mesmos conceitos de design se aplicam aos copilotos.

Vários estudos sobre o trabalho conjunto entre humanos e IAs sugerem que essa combinação geralmente resulta em um desempenho superior ao que qualquer uma das partes poderia alcançar sozinha. Mas nem sempre é o que acontece. Um estudo realizado por economistas do MIT em 2023 analisou o desempenho de radiologistas munidos de um assistente de IA treinado para analisar radiografias de tórax. Quando a IA atuou sozinha, apresentou uma precisão geral comparável à dos radiologistas. Mas quando os radiologistas tiveram acesso à IA, a precisão média não melhorou. Uma interface mal projetada foi parcialmente culpada. Ela apresentava aos radiologistas uma porcentagem indicando o nível de confiança do software na provável presença de cada uma das quatorze patologias diferentes. Nos casos em que o radiologista não tinha muita certeza, a IA tendia a ajudá-lo. Mas nos casos em que o radiologista estava confiante logo de cara, as probabilidades apresentadas pela IA tendiam a piorar o desempenho. Isso ficava bem claro em situações onde o radiologista tinha certeza de que o raio-X não mostrava nenhuma patologia. As probabilidades dadas pela IA — mesmo que pequenas — faziam o radiologista duvidar de si mesmo.

Em outros casos, quando o radiologista estava seguro de que identificara uma patologia específica, mas a IA sugeria outra como mais provável, o médico tendia a ignorar as informações da IA — embora, na média, a probabilidade de acerto da IA fosse maior. Pior ainda foram os casos em que a IA mostrava incerteza, atribuindo uma probabilidade de 20% a 60% à presença de uma patologia. Nesses casos, a incerteza confundia os radiologistas e eles acabavam tomando decisões significativamente piores do que fariam sem a IA. Em todos os casos, as informações adicionais faziam os radiologistas levarem mais tempo para examinar cada imagem do que se estivessem sozinhos.

Os pesquisadores do MIT concluíram que poderia ser mais eficaz separar as análises: radiologistas e IAs poderiam trabalhar de forma independente, com uma segunda avaliação sendo realizada apenas nos casos em que o primeiro avaliador — humano ou máquina — expressasse incerteza. E certamente uma interface mais bem projetada teria produzido resultados significativamente melhores: por exemplo, se a IA sugerisse diagnósticos apenas quando estivesse muito confiante e nenhuma informação quando não estivesse, isso teria evitado casos em que a IA fez os radiologistas duvidarem desnecessariamente de si mesmos. Também poderia ter ajudado se a IA destacasse visualmente as áreas da radiografia indicativas de patologia, e não apenas produzisse um percentual de probabilidade. Esses são os tipos de decisões de design que terão um grande impacto no potencial dos copilotos de IA.

PLANO DE VOO: O QUE APRENDEMOS COM A AVIAÇÃO

A radiologia, como boa parte da área médica, é de alto risco. Se um assistente de IA aumentar as chances de um médico cometer um erro, os resultados podem ser catastróficos. Portanto, é bom considerar as lições de outra área profissional que usa assistentes automatizados em cenários de alto risco há mais de um século: a aviação. O primeiro piloto automático foi inventado apenas nove anos após o sucesso dos irmãos Wright em Kitty Hawk e, já na Segunda Guerra, pilotos automáticos eram comuns em boa parte dos aviões maiores. Hoje, pilotos automáticos controlam praticamente todas as etapas de um voo, com exceção do taxiamento e, na maioria das vezes, da decolagem. No entanto, eles também introduziram alguns riscos — muitos relacionados com o modo como os humanos interagem com eles.

Em 31 de maio de 2009, o voo 447 da Air France que ia do Rio de Janeiro para Paris despencou 35 mil pés e afundou no Oceano Atlântico. Todas as 228 pessoas a bordo morreram. Levou dois anos para recuperar os destroços, e os dados da caixa preta revelaram dados de arrepiar: um sensor de pressão externo, usado pelos sistemas automatizados para calcular a velocidade do vento, havia congelado. A falta de dados precisos sobre a velocidade do vento fez com que o piloto automático se desligasse de repente. O sistema fly-by-wire do Airbus A330 também se desligou. Esse software interpreta os comandos do piloto, mantendo os movimentos do avião dentro de parâmetros seguros. Mesmo que o piloto resolva dar uma guinada, o sistema fly-by-wire mantém o bico do avião na posição correta. Quando os dois sistemas se desligaram, os pilotos ficaram desorientados: eles puxaram os manches, diminuindo a velocidade e fazendo o avião perder a sustentação. Mesmo com um alarme sonoro repetindo a palavra “Estol!”, os pilotos não conseguiam entender o que estava acontecendo.

Continuaram puxando os manches, quando deveriam empurrá-los, baixando o bico do avião até que ele recuperasse a velocidade e a condição de sustentação. Em vez disso, o avião simplesmente caiu de barriga no mar.

Os pilotos cometeram dois erros comuns às pessoas que interagem com a tecnologia. O primeiro foi o *viés de automação* — a tendência de assumir que o sistema informatizado está tomando a decisão correta, mesmo que as evidências indiquem o contrário. O acidente também é um exemplo de um viés cognitivo relacionado, chamado de *surpresa da automação*. Ela se refere à tendência de as pessoas ficarem confusas com as falhas dos sistemas automatizados. Isso ocorre porque esses sistemas tendem a ser tanto complexos quanto opacos: seus usuários muitas vezes têm pouca compreensão intuitiva ou factual sobre como eles tomam decisões. Como resultado, quando falham, as pessoas não têm noção de qual seja o problema subjacente. Levam mais tempo para diagnosticar o problema e tomar as medidas corretivas. Também tendem a perder tempo querendo descobrir a causa da falha em vez de assumir o controle manual. Estudos verificaram que a surpresa da automação tem se tornado um problema sério na aviação comercial, uma vez que os voos são cada vez mais automatizados. Como agravante, a automação tem resultado na perda de competências básicas dos pilotos. Embora ainda exista a obrigação de praticar procedimentos de emergência periodicamente e de acumular horas em simuladores de voo, já não há mais tanta oportunidade de controlar manualmente um avião como antes. Em vez disso, os pilotos passam grande parte do tempo supervisionando os pilotos automáticos.

A ascensão dos copilotos de IA nos coloca em uma situação semelhante. Precisamos evitar tanto o viés de automação quanto a surpresa da automação. A NASA tem pensado sobre isso há mais tempo do que boa parte das organizações. Jessica Marquez, engenheira de fatores humanos da empresa, afirma que o treinamento rigoroso — das pessoas, não da IA — é um passo vital. Parte deste treinamento está focado em garantir que os astronautas entendam exatamente como os sistemas automatizados funcionam — quais dados absorvem, de onde os obtêm e o que fazem com eles;

do que o sistema é capaz e, tão importante quanto, do que não é capaz. Garantir que os astronautas tenham respostas a essas questões os ajuda a criar um "modelo mental" confiável de como o sistema automatizado funciona. Isso pode evitar a surpresa da automação. É o tipo de treinamento pelo qual todos deveriam passar para usar copilotos de IA.

Antes de botar os pés em uma nave espacial, eles terão ensaiado centenas de cenários nos simuladores. Outras profissões também terão que considerar esse tipo de treinamento nessa era dos copilotos de IA, para se proteger do deskilling. Um vendedor pode precisar fazer uma simulação de vendas sem um assistente de IA; um arquiteto pode ter que criar cinco conceitos para um espaço sem assistência digital.

Marquez, cujo interesse reside em preparar astronautas para trabalhar com sistemas automatizados e IA durante as missões planejadas da NASA à Lua e depois a Marte, afirma que o viés de automação é a tendência mais difícil de superar. Ele é insidioso: se a IA for precisa na maioria das vezes, é difícil para uma pessoa continuar atenta às falhas raras, mas possivelmente gravíssimas. Em simulações de pouso lunar com pilotos treinados, Marquez e outro pesquisador tentaram avaliar se os pilotos conseguiam reconhecer quando certos subsistemas falhavam. Eles acreditavam que os pilotos ficariam mais atentos se tivessem que pousar manualmente o módulo lunar simulado, em vez de só monitorar os dados enquanto o piloto automático lidava com a tarefa. Porém, o nível de automação não fez diferença: o que importava era simplesmente a frequência com que as falhas ocorriam. Quando frequentes, os pilotos ficavam alertas e conseguiam detectar os problemas. Mas se não fossem frequentes, eles tendiam a não perceber sinais de problemas. Por isso, será essencial contar com sistemas para monitorar as entradas e saídas de um modelo de IA e detectar possíveis erros, emitindo sinais de alerta. Mas isso também apresenta um dilema: um aviso muito sensível e frequente pode causar "fadiga de alerta", fazendo com que as pessoas ignorem os alarmes. Mas se os limites definidos forem aumentados, o risco é que erros críticos passem batido ou só sejam notados quando já for tarde demais.

Dentro de um hangar gigante no Centro Espacial Johnson da NASA, em Houston, Texas, há uma estranha estrutura branca. Um componente central redondo com uma cúpula em cima, semelhante a um observatório, é ligado a um anexo retangular e a um cilindro que parece um grande botijão de gás. Este é o Human Research Exploration Analog (HERA), projetado para simular as condições de vida em uma futura base em Fobos, uma das luas de Marte. Os voluntários passam 45 dias vivendo dentro do HERA com eclusa de ar, realizando experimentos projetados para testar como será para os futuros astronautas passarem meses vivendo e trabalhando em condições igualmente apertadas e isoladas, com transmissões de rádio para a Terra levando até 22 minutos. Devido a esse atraso, os astronautas dependerão de assistentes de IA para ajudá-los.

Os voluntários do HERA têm testado um chatbot chamado Daphne, desenvolvido na Texas A&M University para ajudar os astronautas a realizarem tarefas como reparar sistemas de suporte à vida. Assim como o assistente de IA usado na radiologia, o Daphne oferece probabilidades para cada causa potencial de uma anomalia. No entanto, como ocorreu com os radiologistas, se várias causas têm probabilidades semelhantes, as informações da IA dificultam a tomada de decisão. Na verdade, nessas situações, as pessoas geralmente têm outro viés cognitivo: a *negligência da automação*, que é basicamente o oposto do viés de automação. Nesse caso, os humanos desconsideram e ignoram o que a IA diz. Os pesquisadores da Texas A&M queriam ver se, ao fornecer explicações para os diagnósticos, o Daphne ajudaria a evitar a negligência da automação. Eles não se surpreenderam ao constatar que as explicações aumentavam a confiança nos diagnósticos, mas também desaceleraram o processo, fazendo com que as pessoas levassem mais tempo para resolver os problemas.

OFERECENDO UMA EXPLICAÇÃO

As explicações tornarão os copilotos mais confiáveis e, teoricamente, mais seguros. Mas oferecer explicações precisas e compreensíveis para humanos é mais difícil do que pode parecer à primeira vista. Por exemplo, em sistemas de IA que ajudam médicos a interpretar exames de imagem, um conhecido método de explicabilidade é chamado de *mapa de saliência*. Ele funciona como um mapa de calor, destacando visualmente as partes da imagem que foram mais ponderadas pelo software de IA ao fazer uma previsão. Contudo, um estudo publicado em 2022 na *Lancet Digital Health*, conduzido por pesquisadores do MIT, da Escola de Saúde Pública de Harvard e do Instituto Australiano de Aprendizado de Máquina, encontrou falhas significativas nesse método. Um mapa de calor deveria explicar qual parte de uma imagem do tórax levou o sistema de IA a diagnosticar uma pneumonia. Ele destacou um grande quadrante do pulmão, mas sem nenhuma indicação adicional do que levou a IA a essa conclusão. Sem tais informações, os clínicos humanos tendem a assumir que a IA está priorizando qualquer aspecto que eles mesmos teriam considerado importante. Esse viés cognitivo pode cegar os médicos para possíveis erros do algoritmo.

Os pesquisadores também notaram falhas em outros métodos de explicabilidade — eles conseguiam identificar aspectos importantes para uma decisão, mas não diziam ao médico *o porquê* de sua importância. Se os recursos parecerem contraintuitivos, o que o médico deve fazer: concluir que o modelo de IA está errado ou que ele descobriu algum indicador significativo, mas anteriormente desconhecido, para uma condição específica? As duas opções são possíveis. Um jeito melhor de oferecer explicações é treinar um sistema de IA para identificar aspectos prototípicos da doença — digamos, o padrão de "vidro fosco" nos pulmões, típico da pneumonia — e, em seguida, dizer aos médicos quais dos aspectos ele identificou na imagem. Isso cria explicações inerentemente mais inteligíveis. Mas este método não é infalível. O médico pode questionar se os aspectos selecionados foram os mais relevantes ou se o modelo de IA atribuiu a eles o peso correto.

Isso se assemelha ao tipo de debate que dois médicos humanos teriam ao discordar de um diagnóstico.

Os desenvolvedores de assistentes de IA terão que descobrir quando as explicações ajudam e a melhor maneira de apresentá-las. Também teremos que saber como lidar com o viés de automação, a negligência da automação e a surpresa da automação. Em última análise, os parâmetros únicos de cada profissão serão necessários para orientar o desenvolvimento dos copilotos. Afinal, os requisitos de um copiloto que escolhe as cores para campanhas de branding não precisam ser tão rigorosos quanto aqueles que ajudam um engenheiro civil a projetar uma ponte. A NASA, novamente, se mostra um bom estudo de caso: seus parâmetros técnicos não abrangem somente o software, isoladamente, como também estabelecem requisitos para a interação entre humanos e IA. É assim que a maioria das áreas deve pensar os copilotos. Não se trata apenas das capacidades da IA, mas de sua interface e do treinamento humano. Quando bem projetados, os copilotos podem aumentar nossa produtividade, atuar como mentores especializados e elevar a qualidade e a satisfação em nosso trabalho.

CAPÍTULO 5
OS PILARES DA INDÚSTRIA

A inteligência artificial não só transformará nossa forma de trabalhar, mas também mudará a dinâmica e a organização de várias áreas. Modelos de negócios de setores inteiros serão diferentes. As organizações de destaque serão aquelas que melhor criarem um ciclo de feedback positivo entre pessoas, dados e IA. Cada um desses elementos será crítico. As pessoas ainda serão importantes: elas ajudarão a criar e organizar os dados para treinar a IA, que por sua vez ajudará as pessoas a serem mais eficientes e bem-sucedidas. As empresas que conseguirem estabelecer esse ciclo de feedback e executá-lo mais rapidamente sairão na frente. A chave para a maioria das empresas será entender como converter conhecimento, experiência e sabedoria em dados e transformar esses dados em insights valiosos.

A VANTAGEM DOS DADOS

A IA depende de três componentes: algoritmos, poder computacional e dados. Porém, salvo algumas Big Techs e startups experientes em IA, poucas empresas criarão seus próprios algoritmos. A maioria dependerá de um punhado de algoritmos desenvolvidos e vendidos pelas empresas de tecnologia ou de opções de código aberto, como as disponibilizadas pela Hugging Face. O poder computacional também não será um diferencial: a maioria tem acesso aos mesmos tipos de servidores de data centers administrados pelas Big Techs. Não, para a maioria das empresas, a vantagem competitiva virá de seus dados exclusivos.

O acesso a dados proprietários será cada vez mais importante. A propriedade intelectual se enquadra nessa categoria. A Disney tem acesso ao seu vasto catálogo de filmes; o *New York Times* tem mais de 150 anos de artigos arquivados; a Pfizer tem décadas de pesquisa e desenvolvimento de medicamentos e ensaios clínicos. No entanto, para a maioria das empresas, a principal fonte de informações proprietárias são os dados dos clientes. Durante grande parte da década de 2010, dados usados para publicidade direcionada foram comoditizados por corretoras especializadas, que os extraíam de cookies de rastreamento de sites e operadoras de telefonia móvel, revendendo-os ao maior lance. Contudo, as regras de privacidade implementadas a partir de 2021 dificultaram o rastreamento, inflacionando o valor dos dados de clientes coletados pelas empresas. E, como veremos, a IA também pode transformar os dados gerados pelos próprios funcionários de uma empresa em uma vantagem competitiva.

PROMOÇÃO PERSONALIZADA DE PRODUTOS

Por anos, o sonho de muitas empresas tem sido a personalização em massa — criar produtos ou serviços sob medida para cada cliente, mantendo uma grande base de clientes e as economias de escala associadas. Até empresas que vendem produtos relativamente padronizados aspiram adaptar seu marketing para cada cliente. E hoje, a IA está rapidamente tornando isso possível.

A Domino's Pizza no México, por exemplo, tradicionalmente investia em publicidade na televisão, rádio, jornais e até online, sem distinção clara entre os públicos-alvo. Um velho ditado da publicidade diz que metade de um orçamento de anúncios é desperdiçada, mas ninguém sabe qual metade. Quais clientes eram mais propensos a comprar pizza em uma terça-feira à noite? A que horas estariam com mais fome? E qual seria a mensagem mais eficaz? A Domino's não fazia ideia. Ela tinha muitos dados de clientes, mas não sabia como analisá-los.

Isso mudou quando a Domino's México começou a fornecer os dados para a Segment, uma plataforma de análise de dados de clientes da Twilio, uma empresa de tecnologia sediada em São Francisco. A Segment agrupou os clientes e, usando IA, forneceu previsões sobre as melhores mensagens, meios e horários para atingi-los. Como resultado, a Domino's México registrou um aumento de 700% no retorno sobre os gastos com anúncios do Google e reduziu os custos de aquisição de clientes em 65%, ao mesmo tempo em que aumentou sua retenção.

A IA permite às empresas dividir sua base de clientes em segmentos cada vez mais específicos. A Intuit, desenvolvedora do TurboTax e do QuickBooks, usou a IA para mudar a segmentação de público-alvo de seu software fiscal de 3 categorias para 450, cada uma recebendo um marketing personalizado. O engajamento com as mensagens saltou de 20% para 50%. O fator limitante não é mais a precisão com que o público pode ser segmentado; é a capacidade de produzir mensagens realmente personalizadas para cada cliente. Softwares de IA generativa que conseguem escrever um número quase infinito de mensagens personalizadas estão possibilitando esse tipo de marketing. A única questão, de acordo com Jeff Lawson, fundador e ex-presidente-executivo da Twilio, é quanto controle de qualidade uma empresa consegue manter. Devido à falta de confiabilidade nos LLMs, as empresas provavelmente não irão tão longe a ponto de usar táticas de marketing diferentes para cada cliente. Mas elas terão cada vez mais centenas de segmentos onde antes tinham no máximo dezenas, e verão grandes ganhos em vendas e redução em custos com marketing ineficaz.

A REVOLUÇÃO DOS DADOS NÃO ESTRUTURADOS

Os dados de clientes podem vir de várias fontes, desde aplicativos até caixas de pagamento e faturas. A revolução da IA permite que as empresas explorem fontes totalmente novas. Modelos de linguagem de grande escala estão desbloqueando o valor de dados não estruturados — qualquer tipo de documentos ou imagens digitais. Quase todas as empresas possuem esse tipo de dado, e agora elas podem usar a IA baseada em LLM para transformá-los em insights.

Imagine uma pequena loja de vinhos que também vende online. Um LLM pode analisar os e-mails dos clientes para descobrir tendências: as pessoas estão perguntando mais sobre o Sauvignon Blanc ou o Borgonha branco? Os clientes de certo bairro estão relatando mais problemas de entrega? No passado, podia ser difícil extrair esses insights e rastreá-los ao longo do tempo, exigindo que a equipe classificasse os e-mails em categorias. A loja também pode gravar chamadas telefônicas e usar a IA para analisar as transcrições, descobrir tendências e monitorar o atendimento ao cliente. Pode até gravar conversas com os clientes na loja, para obter insights sobre quais técnicas de vendas funcionam melhor. Pode gravar vídeos dos clientes fazendo compras na loja e pedir para o sistema de IA analisar quais prateleiras atraem mais atenção. Se os Borgonhas franceses forem mais olhados do que comprados, talvez uma oferta especial possa persuadir clientes relutantes. Antes da revolução da IA, apenas grandes redes de varejo podiam pagar por essa tecnologia. Agora, esse tipo de análise está ao alcance de quase todos os varejistas.

SABEMOS MAIS DO QUE PODEMOS DIZER

"Sabemos mais do que podemos dizer." O filósofo britânico-húngaro Michael Polanyi usou essa frase para descrever a ideia de *conhecimento tácito*. Ele afirmou que o conhecimento humano sobre o funcionamento do mundo e nosso lugar nele está além da compreensão humana explícita. Há muitas coisas que sabemos, sem ter noção de como as conhecemos e não conseguimos explicá-las. Isso é evidente em muitas habilidades físicas, como esquiar ou andar de bicicleta. Também ocorre em muitos talentos criativos — escrita, poesia, música, pintura etc. Os artistas muitas vezes sabem quando algo parece ou soa certo, sem serem capazes de articular o porquê. É essa intuição que muitas vezes diferencia artistas de não artistas.

O conhecimento tácito também é uma característica fundamental em muitas profissões: o médico que sente que algo sobre o paciente não está certo e pede um exame adicional; o advogado de defesa que sabe intuitivamente que continuar pressionando uma testemunha pode alienar o júri.

David Autor, economista do MIT, a quem dedicaremos mais tempo no Capítulo 6, apelidou a incapacidade dos algoritmos de capturar esse conhecimento tácito de "paradoxo de Polanyi" porque, segundo ele, isso ajuda a explicar o fenômeno econômico conhecido como paradoxo de Solow. Nomeado em homenagem ao falecido economista Robert Solow, que em 1987 brincou que "você pode ver a era do computador em todos os lugares, exceto nas estatísticas de produtividade", o paradoxo de Solow refere-se ao fato de que a informatização generalizada dos negócios, que deveria ter levado a ganhos substanciais de eficiência, não foi acompanhada por um crescimento mensurável da produtividade do trabalho. Nos EUA — e na maioria dos países desenvolvidos — o crescimento da produtividade desacelerou significativamente a partir de 1973, apesar do aumento da informatização. Houve uma breve recuperação em meados da década de 1990, mas a desaceleração voltou nos últimos vinte anos. Autor suspeitava que a incapacidade dos softwares de capturar conhecimento tácito havia impedido o progresso da automação. Certamente era esse o caso nas primeiras gerações de IA, que eram baseadas em regras explícitas. Se um humano não conseguisse escrever as etapas de uma tarefa, a máquina simplesmente não conseguiria executá-la.

No entanto, Erik Brynjolfsson — um economista de Stanford que ajudou a liderar o estudo de suporte ao cliente assistido por

IA, detalhado no Capítulo 4 — está entre aqueles que pensam que a IA de hoje está transformando essa dinâmica e começando a superar o paradoxo de Polanyi. "O aprendizado de máquina é capaz de decodificar o conhecimento tácito, mesmo que um humano não consiga ser explícito sobre as regras", afirma ele. Isso acelerará a automação em muitos setores.

CAPTURANDO CONHECIMENTO TÁCITO

Essa será uma questão importante para muitas empresas: como capturar o conhecimento tácito de nossos próprios funcionários? A resposta a essa pergunta criará novas dinâmicas entre as empresas e os trabalhadores. A pesquisa de Brynjolfsson sobre suporte ao cliente destaca as tensões que afetarão as empresas ao usarem copilotos de IA. Uma intrigante descoberta do estudo diz respeito à remuneração. O assistente de IA, treinado com base no comportamento dos melhores atendentes de um call center, ajudou os novos contratados a serem mais bem-sucedidos. Isso estreitou a lacuna entre novatos e veteranos. Porém, o call center definiu os salários com base no desempenho relativo dos agentes em comparação com a média. Isso significava que, à medida que o assistente de IA elevava o desempenho geral, o salário dos melhores atendentes era reduzido, embora fosse o conhecimento tácito deles que levasse aos ganhos gerais de produtividade. As empresas precisarão pensar muito sobre as práticas de remuneração nesta nova era. Em muitas áreas, os empregadores verão seus especialistas e profissionais de alto desempenho exigindo mais remuneração em troca de contribuir com seu conhecimento tácito para a propriedade intelectual da empresa.

Autor divide a expertise profissional em três componentes: conhecimento formal, procedimentos e julgamento. O conhecimento formal pode ser ensinado em sala de aula. Os procedimentos são etapas práticas que um profissional cumpre para executar tarefas. Muitas vezes são aprendidos no trabalho. Por fim, o julgamento, talvez o componente mais importante na tomada de decisão. Nas palavras de Autor, ele "intermedeia o conhecimento formal e a prática real". A IA não automatizará o julgamento. "O julgamento é um componente que continuará sendo muito valioso", diz ele. Os fundamentos do julgamento não estão escritos em lugar nenhum. Pode ser que sequer sejam falados. Ele reside na mente dos veteranos e leva anos para ser refinado. É comum que esses profissionais não consigam articular como sabem se determinada ação é a correta — eles operam pela intuição, mesmo que não a reconheçam. Ou seja, muito, e talvez a maior parte, da experiência profissional é conhecimento tácito.

Em muitos setores, não existem dados a partir dos quais o conhecimento tácito pode ser inferido — ainda não. Mas as empresas começarão a adotar medidas para criá-los. Hoje, não é incomum que empresas gravem chamadas "para fins de qualidade e treinamento". Essa prática provavelmente se estenderá a setores com ciclos de vendas mais longos e transações de menor volume, mas maior valor, como contratos de fornecimento multimilionários ou negociações imobiliárias. Podemos imaginar empresas exigindo que as reuniões e telefonemas de negociação sejam gravados para que a IA extraia conhecimento tácito dos gerentes mais experientes. Alguns anos atrás, seria impraticável capturar esse tipo de dado de uma empresa inteira. Agora, o avanço no reconhecimento de voz possibilita transcrições em tempo real bastante precisas, que podem ajudar a ajustar os modelos de IA, gerando uma espécie de efeito volante que a tecnologia torna possível.

Essa transformação não será da noite para o dia. Muitos profissionais acharão intrusiva a ideia de vigilância no local de trabalho — ou até mesmo contraproducente. Além disso, as pessoas podem resistir à ideia de permitir que uma empresa reproduza seus conhecimentos digitalmente sem oferecer uma remuneração significativa em troca. Isso pode levar a tensões trabalhistas. Devido à resistência dos funcionários e — em alguns lugares — às leis de privacidade de dados limitando práticas de vigilância, a captura do conhecimento tácito ocorrerá de forma lenta e desigual.

Ainda não estamos totalmente livres do paradoxo de Polanyi. No curto prazo, as empresas ainda precisarão de especialistas e orientação humana. Na verdade, em vez de substituir a expertise humana, como alguns impulsionadores da IA indicam, ela provavelmente aumentará o valor dos profissionais mais especializados. Isso acontece por três motivos: uma é o conhecimento tácito que eles possuem e podem passar aos sistemas de IA. O segundo é o valor do networking dos especialistas. A IA não consegue replicar essas redes de contatos. E por último, em um mundo onde a IA facilita para trabalhadores com menos conhecimento e experiência alcançarem resultados médios, os especialistas que conseguirem superar significativamente a média serão valorizados.

O VENCEDOR LEVA TUDO

A tendência de a IA ajudar os melhores profissionais a ganharem ainda mais subverterá a estrutura de muitas profissões. Em cada vez mais áreas, um "sistema estelar" se instalará, no qual poucos profissionais de alto desempenho ganharão uma parcela desproporcional dos lucros. Faz tempo que esse modelo existe nas ligas esportivas e na indústria do entretenimento. Mas esses sistemas começaram a remodelar áreas tão diversas quanto psiquiatria, cirurgia plástica, programação, design e jornalismo. A IA vai acelerar essa tendência.

Isso abalará os modelos de negócios tradicionais, principalmente porque os copilotos também permitem aos melhores profissionais serem eficazes sem grandes equipes de suporte. Grandes empresas de advocacia e consultoria, e até bancos de investimento, podem estar em apuros devido ao risco de seus funcionários mais rentáveis, munidos com IA, saírem e abrirem suas próprias empresas especializadas.

O crescente valor das estrelas será só uma das várias correntes geradas pela IA que provavelmente abalarão muitas empresas. Em muitos casos, os copilotos nivelarão o setor, permitindo que pequenas empresas concorram com as maiores com mais eficiência. Veja o caso de João Ferrão dos Santos, CEO de uma empresa portuguesa de camisetas online. Em março de 2023, Santos anunciou no LinkedIn que havia nomeado o ChatGPT como "CEO" de sua startup. Santos disse que simplesmente executaria as tarefas recomendadas pela IA. Ele usou o Midjourney, um software de geração de imagens a partir de texto, para criar as estampas. Sua empresa, chamada "AIsthetic Apparel", começou com um investimento inicial de US$1 mil, além de US$2.500 de investidores externos. Na primeira semana, a empresa vendeu US$10 mil em camisetas.

As microempresas não são as únicas que tentam usar a IA para direcioná-las: a empresa chinesa de videogames NetDragon Websoft, com cerca de US$1 bilhão em vendas anuais, também afirma ter nomeado um robô de IA, chamado Tang Yu, como seu CEO.

Esses experimentos reverteram radicalmente a relação normal entre humanos e copilotos de IA. Há pessoas que de bom grado entregaram a autoridade a uma IA que toma as decisões enquanto elas mesmas assumem o papel de assistentes inteligentes. Mas não é preciso ir tão longe para ver que o advento dos copilotos será seguido por mais profissionais lançando pequenas empresas e práticas individuais em detrimento de empresas maiores.

Essa tendência coexistirá com uma força oposta: a crescente concentração em muitos setores. Na era da IA, os dados são o poder, e os maiores players de qualquer setor tendem a monopolizá-los — sejam dados de clientes, de fornecedores, termos de contratos ou outros tipos de propriedade intelectual. Ao aplicar a IA a essas informações, suas previsões serão mais precisas do que aquelas com menos dados. Para um grande escritório de arquitetura, isso pode significar projetos melhores; para um grande estúdio de cinema, roteiros melhores; para um grande escritório de advocacia, contratos melhores. No geral, o flywheel de dados levará ao aumento da concentração de poder em muitos setores. As empresas de médio porte provavelmente serão as mais afetadas: grandes demais para aproveitarem a estrutura de baixo custo das pequenas empresas especializadas auxiliadas por IA, mas pequenas demais para ter as vantagens de dados dos gigantes, elas serão cada vez mais pressionadas.

A NOVA ERA DA PROPRIEDADE INTELECTUAL

A propriedade intelectual será um dos tipos de dados mais importantes nesta nova era. Todas as empresas precisarão pensar bem como tirar o melhor de sua propriedade intelectual. Ter os dados certos para ajustar um algoritmo de IA para uma tarefa representará uma vantagem competitiva. Pode ser determinante para diferenciar empresas que dominam um setor daquelas que ainda enfrentam dificuldades.

Mas ter um repertório de propriedade intelectual é apenas um dos ativos necessários. Como dissemos, haverá forças compensatórias: a IA generativa depende da propriedade intelectual existente para ser treinada, mas, ao mesmo tempo, reduz muito o tempo e o custo de produção de novos conteúdos e propriedades intelectuais. Isso forçará as empresas que tradicionalmente prosperaram com a exploração de propriedade intelectual, como os estúdios de Hollywood e as editoras, a se relacionarem com uma nova geração de criadores.

Em maio de 2023, Paul Trillo usou o Gen 2, um software de IA generativa da Runway, para produzir segmentos de vídeos curtos a partir de prompts de texto. O resultado foi um curta-metragem de 2 minutos e 25 segundos chamado *Thank You for Not Answering*. Ele combinou vários videoclipes gerados com o Gen 2 para criar o filme e depois usou o software de geração de voz da startup ElevenLabs para aplicar as falas. Ele também incluiu efeitos de áudio e música usando outros softwares de pós-produção. Um mês depois, a Waymark, uma empresa de produção e tecnologia de vídeo com sede em Detroit, criou um filme de 12 minutos, *The Frost*, usando diferentes técnicas de IA. Foi necessário um roteiro escrito por um dos produtores executivos da empresa e o DALL-E 2 da OpenAI (um gerador de imagens a partir de texto) para criar uma série de imagens estáticas. Essas imagens receberam animações parciais — movimentos labiais, piscar de olhos, efeitos de zoom — usando outro software de IA chamado D-ID. Assim como Trillo, a Waymark incorporou música e efeitos sonoros, resultando em um contundente thriller psicológico. Então, em fevereiro de 2024, a

OpenAI lançou o Sora, um sistema que cria vídeos de um minuto — muito mais longo do que antes — com um único prompt de texto. O hiperrealismo do Sora e sua compreensão da "gramática cinematográfica", ou seja, os recursos narrativos como ordenação de tomadas e ângulos, zooms e panorâmicas, surpreenderam muitos.

Dentro de alguns anos, será possível criar longas-metragens dessa maneira, com equipes de produção e orçamentos custando uma fração do que custam hoje, mesmo em filmes independentes. Essa radical democratização da criação cinematográfica e televisiva será a maior mudança histórica de Hollywood — maior do que a transição do cinema mudo para os filmes falados, ou mesmo o advento do VHS e do streaming. Embora essas tenham sido grandes mudanças, não alteraram a necessidade de grandes conjuntos de talentos e mão de obra. Agora, o que antes dependia de dezenas ou centenas de pessoas e muitos equipamentos especializados pode ser feito por uma única pessoa com um laptop. Exploraremos o que isso pode significar para os cineastas independentes no Capítulo 8, mas, por ora, quero focar o impacto sobre as empresas de entretenimento e mídia.

É pouco provável que os estúdios venham a desaparecer. Em um mundo onde a IA generativa possibilita uma enxurrada de novos filmes, a capacidade de distribuição e marketing dos grandes estúdios será mais vital do que nunca. As pessoas fazem upload de conteúdos para as redes sociais, mas essas redes não suportam filmes longos. Para ganhar o grande público, os diretores de filmes de IA precisarão do apoio das grandes empresas. Os estúdios também possuem vastos acervos de propriedade intelectual que podem ser explorados para desenvolver seus próprios filmes baseados em IA, ou até seus próprios softwares de geração de vídeos por IA.

Haverá crescentes tensões trabalhistas até que sejam definidos limites e permissões para explorarem seus próprios arquivos e catálogos. As greves dos sindicatos de roteiristas e atores de Hollywood em 2023, nas quais a IA era a questão preponderante, prenunciam discussões futuras. Devemos aplaudir o acordo com os estúdios, que estabelece que as imagens dos atores não podem ser usadas para criar avatares digitais sem consentimento e uma compensação justa. Mas, ainda assim, muitos atores mais jovens e menos estabelecidos podem se sentir pressionados a vender esses direitos em termos favoráveis aos estúdios. O compromisso conquistado pelos roteiristas pode ser copiado em outros setores: a IA pode ser usada para complementar escritores humanos, mas não para reduzir seu crédito ou remuneração.

O MERCADO EDITORIAL VIRA A PÁGINA

Outra mudança profunda ocorrerá na economia do setor editorial, onde a IA pode não apenas ajudar os autores a escrever, como também mudar a forma como os livros são lidos. É fácil imaginar que os leitores gostariam de ter um "companheiro de leitura" de IA para responder a perguntas, buscar referências ou fazer análises literárias. Esse assistente poderia até funcionar um pouco como um clube do livro virtual, mas sem a necessidade de reuniões mensais. As editoras competirão para desenvolver esses auxiliares. Autores prolíficos e populares, especialmente escritores de gêneros específicos, poderiam criar seus próprios "coleitores" de IA, bem versados em suas obras. Pode-se imaginar companheiros de leitura de IA voltados para fãs de Harry Potter ou Sherlock Holmes. O desejo de ter acesso imediato a assistentes de leitura poderia reacender a demanda por e-books, estabilizada desde 2012. A empresa de tecnologia YouAI criou um chatbot companheiro de leitura chamado Book AI e conversou com as editoras sobre a oferta de ferramentas semelhantes. Com o mesmo objetivo, as pessoas também criam "GPTs" para leitura de livros (o equivalente a aplicativos do ChatGPT) e os disponibilizam na loja GPT da OpenAI. Agências de notícias, como Semafor e *Fortune* (onde eu trabalho), bem como publicações voltadas para a tecnologia, como *MacWorld* e *PCWorld*, treinaram chatbots com seus próprios arquivos para responder a perguntas dos leitores e sugerir artigos.

É improvável que os editores queiram que a IA escreva livros, já que o conteúdo produzido por ela não pode ser protegido por direitos autorais. Mas eles podem contar com assistentes de IA para ajudar os escritores a produzirem suas obras mais rapidamente. Como exploraremos no Capítulo 8, que aborda o impacto da IA nas artes criativas, está em andamento uma disputa entre autores e editores sobre quem terá o direito de usar a obra de um autor para treinar sistemas de IA. Por enquanto, as editoras estão implantando IA na otimização dos metadados usados para catalogar títulos individuais, facilitando a busca em plataformas como a Amazon e outros sites. Elas também estão testando vozes geradas por IA para criar audiolivros — principalmente para títulos menos vendidos. Algumas editoras também estão explorando o uso de arte gerada por IA para criar capas ou ilustrar livros infantis. Como em outros setores, a capacidade de fornecer serviços com menos pessoas pode permitir que editoras menores e independentes concorram com as grandes.

AS BIG TECHS FICAM MAIS "BIG" AINDA

Nos últimos vinte anos, o setor de tecnologia foi dominado por um punhado de empresas: Apple, Amazon, Microsoft, Google e Meta. Na China, duas empresas, Baidu e Tencent, detiveram mais poder de mercado do que todas as outras. É provável que a posição dessas líderes se consolide ainda mais com o avanço da IA. Mas ela também pode simplesmente abrir uma janela que permitirá a entrada de um ou dois novos players. Os modelos mais potentes de IA de uso geral, conhecidos como *modelos de fundação* — pois muitos aplicativos podem ser desenvolvidos com base neles —, ainda serão de domínio exclusivo das atuais Big Techs e de um pequeno número de startups bem financiadas e alinhadas a elas. Somente essas empresas detêm os recursos necessários para criar e manter data centers grandes o suficiente — com dezenas ou até centenas de milhares de GPUs — para treinar e rodar os modelos de IA mais poderosos. A Microsoft, por exemplo, gastou centenas de milhões de dólares para construir o cluster de supercomputação usado para treinar os GPTs da OpenAI, segundo Scott Guthrie, vice-presidente executivo da Microsoft responsável pela nuvem e IA. Além disso, a própria OpenAI gastou mais de US$100 milhões treinando o GPT-4 em trilhões de parâmetros. Dizem que a versão mais potente do Gemini do Google, o Ultra, é cinco vezes mais capaz e significativamente maior que o GPT-4.

Embora Altman, da OpenAI, tenha suas dúvidas se a vantagem de desenvolver modelos de IA cada vez maiores se estabilizará, é improvável que os recursos de ponta fiquem logo disponíveis para empresas sem acesso direto a clusters de supercomputação. É fato que, nos últimos anos, muitos dos principais pesquisadores de aprendizado de máquina trocaram as grandes empresas de tecnologia por startups. Mas a maioria dessas startups de IA fez parceria com as Big Techs para ter acesso ao poder de computação de que precisam. As Big Techs, portanto, exercem considerável controle sobre as startups, mesmo com as regulamentações. Sob os termos incomuns de seu investimento na OpenAI, a Microsoft detém basicamente 75% dos lucros da empresa nos próximos anos. A Amazon investiu pesado na Anthropic, e a Nvidia, na Cohere.

Também é improvável que as Big Techs percam terreno na construção de tecnologia de IA de uso geral. A Microsoft está rapidamente integrando a IA generativa em seus produtos, como o Microsoft 365, que inclui Word, Excel, PowerPoint e Teams. O Google está fazendo o mesmo com seus aplicativos do Workspace. Mas as startups terão um papel importante no desenvolvimento de uma nova geração de ferramentas específicas, feitas sob medida. Serão sistemas projetados não só para tarefas gerais, como planilhas, apresentações ou faturas, mas também para funções mais direcionadas: recursos humanos, finanças, gestão de portfólio, direito e arquitetura, para citar algumas. Embora alguns desses softwares sejam baseados em modelos básicos criados pelas Big Techs, eles serão ajustados para funções mais específicas e terão interfaces adaptadas para atender profissionais dessas áreas.

Embora as Big Techs de hoje não sejam descartáveis, a IA pode virar o jogo. A Amazon, por exemplo, tem demorado para criar grandes modelos de fundação de IA generativa. Ela se aliou tardiamente à Anthropic, que vende o chatbot Claude, enquanto também tenta se aproximar de empresas que trabalham com LLMs de código aberto. A empresa acredita que oferecer esses modelos de IA em sua conhecida plataforma AWS pode ajudá-la a reter clientes de computação em nuvem. Durante anos, a AWS fez seus próprios chips de IA para seus data centers, mas eles eram otimizados para as IAs mais antigas, não sendo adequados para os LLMs imensos. Para tirar o atraso, a empresa projetou uma nova geração de chips de IA. Mas vai demorar até que eles estejam nos data centers, e, enquanto isso, a AWS pode perder participação de mercado. A Apple também tem sido mais lenta do que a Microsoft e o Google na implementação de produtos de IA.

A Microsoft, por sua vez, tenta desbancar o Google como o principal mecanismo de busca, integrando o GPT-4 no Bing. Mas, até agora, a fatia de mercado do Bing, de apenas 3%, praticamente não se alterou. O Google continua sendo usado em mais de 93% das pesquisas. A empresa se esquivou das cartadas da Microsoft na IA generativa, lançando seu próprio chatbot de IA, o Bard, e depois o Gemini, seu modelo de IA, enquanto integrava cada vez mais a IA generativa à função de busca. O Google provou que o ChatGPT não será o "assassino do Google", como muitos previam quando o modelo foi lançado. Mas o Google e sua controladora, a Alphabet, não demonstraram sinais de conseguir escapar de um clássico desafio de inovação. (Quando um bem-sucedido e estabelecido operador do setor não consegue bater um concorrente sem canibalizar seu próprio negócio.) Diferente da Microsoft, que gera receita principalmente com assinaturas, a maior parte da receita da Alphabet vem da publicidade. No entanto, ganhar com anúncios será desafiador em um mundo onde as pessoas perguntam e recebem respostas completas geradas por IA, em vez de uma página de links classificados. O Google afirma que pode encontrar uma maneira de inserir anúncios pagos no mundo da pesquisa em IA generativa. Mas ainda não demonstrou como.

Ainda há a Nvidia, a mestra das GPUs, que está cada vez mais deixando de fabricar os chips que impulsionam a revolução da IA para vender modelos de IA e capacidade de computação em nuvem. Nesses novos domínios, a empresa de chips competirá com seus melhores clientes. Ao mesmo tempo, os clientes da Nvidia, os provedores de serviços em nuvem em hiperescala, também estão trabalhando em seus próprios chips de IA personalizados — e investindo em fabricantes de chips concorrentes — para dependerem menos do quase monopólio da Nvidia sobre as GPUs. Nesse fogo cruzado, é possível que um dos gigantes da tecnologia seja expulso do paraíso, enquanto outros ganham mais espaço.

O único desenvolvimento iminente que poderia causar um grande impacto no atual esquadrão das Big Techs é uma nova geração de assistentes de IA: mais do que simples copilotos para a criação de conteúdo, seriam agentes digitais capazes de realizar tarefas por nós. Em vez de apenas sugerir um itinerário de viagem para celebrar um aniversário de casamento, o agente de IA faria as reservas de avião, hotel e restaurante. Ele saberia que queremos uma cama king-size e vista para o mar, e que não gostamos de mesas muito perto da porta.

Esses agentes entenderiam nossos hábitos e preferências — leriam e resumiriam as notícias para nós, nos contariam como nosso time jogou na noite anterior, nos lembrariam do aniversário do nosso primo, sugeririam presentes e até os comprariam para nós. Esses agentes estão no horizonte próximo, usando basicamente a mesma tecnologia de IA que alimenta os LLMs atuais — só que em vez de prever a próxima palavra do texto, a nova IA será capaz de antecipar a próxima ação a ser tomada.

Demis Hassabis, CEO da Google DeepMind, acredita que esses agentes são a próxima fronteira da IA. Hassabis afirma que criar um software confiável para agir em nosso nome enfrentará grandes desafios no caminho para a Inteligência Artificial Geral, incluindo maior precisão factual, compreensão das intenções humanas, bom senso e outras habilidades. As expectativas não poderiam ser mais altas. Bill Gates afirmou que quem conseguir construir um agente digital capaz terá poder — e riqueza — superiores ao que as Big Techs atuais possuem. "O que importa é conseguir conquistar o assistente pessoal, porque a partir daí você nunca mais precisará acessar um site de pesquisa, um site de produtividade, ou a Amazon", diz Gates. A Amazon, é claro, não quer que isso aconteça e, por isso, está, sem dúvida, trabalhando em um agente de IA que um dia substituirá a Alexa.

Gates afirmou que ficaria desapontado se a Microsoft não fosse uma das empresas a construir um agente de IA, provavelmente com ajuda da OpenAI. O Google, que já conta com seu próprio assistente, certamente está na disputa, como Hassabis deixou claro. Seria surpreendente se a Apple, com a Siri, não estivesse tentando também. A Meta, por sua vez, também tem investido pesado no desenvolvimento de LLMs e está de olho em um agente digital para atrair usuários para suas plataformas, especialmente nesse momento em que algumas de suas redes sociais, como o Facebook, têm lutado para atrair usuários mais jovens. Elon Musk, recentemente, lançou uma empresa de pesquisa de IA chamada xAI, e também tentará criar um agente digital — em parte porque se encaixa bem no projeto da Tesla de criar um robô humanoide tipo mordomo chamado Optimus.

Além disso, algumas startups bem financiadas, como a Adept AI, fundada por ex-funcionários do Google e da OpenAI, e a Essential AI, fundada por dois ex-pesquisadores do Google que inventaram o transformer, também estão trabalhando em agentes digitais. Contudo, ainda não está claro se essas empresas conseguirão construir um agente bem-sucedido sem se aliarem a uma das atuais Big Techs. O assistente pessoal seria o equivalente tecnológico ao Anel de Sauron — o aplicativo único que governaria os demais, conferindo poder sem precedentes a qualquer empresa que o possuísse.

A tecnologia de IA abalará as estruturas de poder em todos os setores. E, assim como impactará a riqueza das empresas, também redesenhará a riqueza das nações — transformando economias inteiras. Analisaremos essas transformações a seguir.

CAPÍTULO 6
RICO, APENAS PARA TE DESGRAÇARES?

Um dos maiores medos que acompanham o rápido avanço da IA é o desemprego em massa. Em 2013, o economista Carl Benedikt Frey e o professor de aprendizado de máquina Michael Osborne, da Universidade de Oxford, publicaram um estudo histórico revelando que quase metade dos empregos nos EUA corriam "alto risco" de automatização em até duas décadas. Embora a metodologia tenha sido posteriormente criticada — um estudo da OCDE com um método diferente concluiu que menos de 10% dos empregos nos EUA poderiam ser totalmente automatizados no mesmo período —, o fantasma do desemprego em massa não desapareceu. Em 2018, a PwC projetou que um terço dos empregos do mundo poderão ser automatizados até meados da década de 2030. A chegada do ChatGPT intensificou esses medos, com estimativas do Goldman Sachs sugerindo que o "equivalente" a 300 milhões de empregos no mundo podem ser automatizados com a IA generativa. Sam Altman, CEO da OpenAI, não previu o desemprego em massa, mas disse à revista *Atlantic* que "os empregos definitivamente vão desaparecer, e ponto".

Diante dessas manchetes, não é de surpreender que o fantasma do desemprego causado pela IA assombre as pessoas. Pesquisas da Microsoft e da OCDE descobriram que entre metade e três quintos dos trabalhadores em todo o mundo temem perder seus empregos para a IA. Mas tanto a história quanto a análise econômica argumentam contra essa perspectiva terrível. Embora existam motivos para nos preocuparmos com os impactos da IA na economia em geral, o desemprego em massa não é um deles. Os riscos reais giram em torno da desigualdade e da redução salarial. E embora a IA, sem dúvida, substitua os trabalhadores, temos a capacidade de moldar os limites desse impacto. Criar incentivos para as empresas usarem a IA para complementar as capacidades humanas, em vez de simplesmente usurpá-las, pode garantir que os efeitos econômicos dessa revolução sejam, no geral, positivos.

LIÇÕES DA HISTÓRIA

As revoluções tecnológicas anteriores substituíram trabalhadores em diversas funções, mas, em termos líquidos, sempre geraram novos empregos. Isso ocorre porque as novas tecnologias não apenas tornam setores e modelos de negócios mais eficientes; elas criam setores totalmente novos. Tome como exemplo o automóvel: os carros geraram desemprego no comércio de cavalos e carruagens, mas foram criados muito mais empregos nas fábricas de automóveis, na construção de estradas, na cadeia de petróleo e gás e nas oficinas de manutenção. Ao revolucionar o transporte e a logística, eles tornaram muitos outros negócios mais eficientes e lucrativos, e essas empresas também se expandiram e contrataram mais pessoas.

Um estudo de 2015 realizado por economistas da Deloitte analisou 144 anos de dados do censo britânico para avaliar o impacto da tecnologia nos empregos desde 1871. Descobriu-se que, embora a tecnologia tenha acabado com empregos que envolvem força física, principalmente na agricultura e nas fábricas, ela criou muito mais empregos em áreas como enfermagem, cuidados com crianças e idosos, comércio e no próprio desenvolvimento tecnológico. Mais pessoas se profissionalizaram e, dentro das profissões, a tecnologia impulsionou a especialização. Havia vinte vezes mais contadores na Grã-Bretanha em 2011 do que em 1871. Entre

1992 e 2011, o número de datilógrafos no Reino Unido caiu 57%, enquanto o de consultores de gestão disparou 365%. Uma análise do Fórum Econômico Mundial também concluiu que muito mais empregos foram criados do que eliminados pelas mudanças tecnológicas.

Três fatores fazem com que muita gente desconfie que com a IA será diferente. A primeira é a amplitude do seu impacto. A IA é uma tecnologia de uso geral, mais similar à energia a vapor e à eletrificação do que algo específico, como um robô de soldagem. A segunda é a velocidade de seu desenvolvimento e adoção. A IA pode acabar com tantas funções, em tantos setores, antes que novos empregos possam ser criados ou pessoas treinadas. Pelo menos esse é o medo. Não obstante, essa não foi a experiência com as tecnologias de uso geral anteriores. Todas elas criaram mais empregos do que eliminaram e todas impulsionaram a economia. E o tempo de adoção dessas tecnologias foi suficiente para as pessoas terem tempo de fazer a transição. O tempo de adoção da IA é mais rápido, o que alimenta as preocupações.

Por fim, a IA desafia diretamente nossa vantagem comparativa como espécie: a capacidade intelectual. E quando uma espécie perde sua vantagem comparativa para a automação, os resultados não são bacanas. Basta olhar para os cavalos. A única vantagem comparativa deles era a força muscular. Quando o motor de combustão interna os superou, eles não tinham para onde ir. A maioria foi vendida, colocada para pastar ou transformada em sabão. Os comerciantes de cavalos se saíram muito melhor: seus cérebros permitiram que eles arrumassem novos empregos. Com a IA, entretanto, estamos enfrentando uma tecnologia que, pela primeira vez, desafia diretamente nossa vantagem comparativa — nosso intelecto — em todos os campos. Se a IA nos superar em todas as tarefas cognitivas, acabaremos como os cavalos.

COMPLEMENTAR, NÃO SUBSTITUIR

Provavelmente ainda não precisamos nos preocupar com a nossa própria obsolescência. A IA não conseguirá igualar nossas habilidades cognitivas em todas as tarefas nas próximas décadas. A IA nos tornará mais produtivos, mas não será capaz de automatizar tudo. O economista de Stanford Erik Brynjolfsson, o professor da Carnegie Mellon Tom Mitchell e outros pesquisadores analisaram 950 ocupações e as dividiram em 18 mil tarefas específicas. Depois, eles analisaram o provável impacto do aprendizado de máquina e da IA. "Vimos que em nenhuma das tarefas o aprendizado de máquina ou qualquer tecnologia apenas funcionava e fazia tudo o que a pessoa estava fazendo anteriormente", afirma Brynjolfsson. "Em cada uma delas, havia partes em que o aprendizado de máquina poderia ajudar, mas outras partes em que os humanos ainda precisavam estar por dentro. Então, isso significa que você não pode simplesmente tirar um humano e pôr uma máquina no lugar, você tem que reorganizar e reestruturar muito mais."

As evidências mostram que os centauros — o termo dado ao conjunto humano-IA — têm desempenho melhor do que pessoas ou softwares isolados. A IA e a inteligência humana podem se complementar de várias maneiras. A IA é muito melhor do que as pessoas para encontrar padrões em conjuntos de dados complexos. Ela consegue gerar conteúdo mais rápido do que as pessoas. Mas não escreve tão bem quanto os melhores escritores humanos, não é tão boa no planejamento ou desenvolvimento de novas ideias e certamente não consegue entender a linguagem corporal de uma pessoa ou demonstrar empatia genuína.

Como vimos nos capítulos anteriores, o modo como os copilotos e assistentes de IA são construídos é o que determina sua eficácia. Acontece que essas mesmas escolhas também fazem uma diferença significativa no impacto econômico da IA. A boa notícia é que não é tarde demais para tomar decisões que direcionarão as empresas para softwares de IA destinados a incrementar a capacidade das pessoas, em vez de substituí-las.

ESCAPANDO DA ARMADILHA DE TURING

Infelizmente, a maneira como os recursos de IA são testados geralmente os enquadra como "homem versus máquina". Brynjolfsson tem alertado para o que chama de "Armadilha de Turing", observando que o pecado original do Teste de Turing era supor a imitação exata das habilidades humanas como a marca registrada da inteligência. Esse enquadramento influencia desenvolvedores a enxergar a IA como substituta das pessoas. Essa tendência só cresceu. Empresas como OpenAI, Microsoft, Google, Anthropic e outros desenvolvedores se vangloriaram por seus sistemas de IA superarem a pessoa comum em exames que jamais foram projetados para avaliar o desempenho da máquina, como o exame para licenciamento profissional de advogados e médicos, ou perguntas numa competição de programadores. Isso cria a falsa impressão de que a IA pode substituir advogados, médicos e programadores. Parte do problema é que projetar novos benchmarks para a comparação homem-máquina é mais difícil do que apenas comparar o desempenho da máquina com a pontuação de um humano em testes existentes. Definições de AGI também são problemáticas, como aquela preferida pela OpenAI: um único sistema de IA capaz de superar os humanos em trabalhos economicamente mais valiosos. Isso reforça automaticamente a IA como substituta do trabalho humano.

Enquadrar a IA como um substituto para o pensamento humano na verdade limita seu potencial transformador. Brynjolfsson apresenta um experimento mental para demonstrar isso: segundo a mitologia, o inventor grego Dédalo construiu esculturas mecânicas de bronze que se moviam, falavam e até choravam e suavam. Suponha que Dédalo tivesse conseguido dotar seus proto-robôs de inteligência artificial, permitindo-lhes realizar todas as tarefas economicamente úteis dos gregos, desde cultivar uvas, pastorear ovelhas até fazer cerâmica. Salvos do trabalho, os gregos teriam levado uma vida de puro lazer. Mas também, diz Brynjolfsson, o avanço da civilização teria sido retardado — a saúde e os padrões de vida estariam exatamente como estavam na Grécia antiga. "Afinal, não há muito valor que se possa obter de panelas de barro e carroças puxadas por cavalos, mesmo em quantidades ilimitadas e preço zero", escreve Brynjolfsson.

Trabalhar ao lado da IA, por outro lado, abre vastos novos horizontes. Isso é válido principalmente se olharmos para além da atual obsessão pela IA baseada em LLM. Os LLMs, treinados a partir de dados criados por humanos, só conseguem replicar conhecimento humano. Não conseguem inventar novos conhecimentos. Em contraste, modelos treinados em aprendizado por reforço — onde o software aprende com a experiência — pode gerar novas ideias. Veja o AlphaZero, sistema criado pela DeepMind que aprendeu a jogar Go e xadrez começando do zero, jogando somente contra si mesmo. O software resultante não apenas jogava em níveis sobre-humanos — as estratégias usadas eram completamente diferentes das usadas pelos melhores jogadores humanos. O CEO da DeepMind, Demis Hassabis, que já foi o jogador de xadrez juvenil mais bem classificado do mundo, descreveu o estilo de jogo do software como "xadrez de outra dimensão". O software de IA, que tende a valorizar a posição no tabuleiro e a liberdade de movimento muito mais do que o valor de peças individuais — o oposto de como a maioria dos grandes mestres humanos foi ensinada a pensar —, descobriu estratégias que os humanos, apesar de jogarem xadrez há mais de mil anos, ainda não haviam explorado bem. Magnus Carlsen, o atual campeão mundial, diz que deve ao AlphaZero o seu aprendizado de novas táticas e a evolução de seu estilo de jogo. Esse mesmo fenômeno pode se expandir para outros domínios — se pararmos de pensar na IA exclusivamente como um substituto do trabalho humano.

O PRÓXIMO BOOM DE PRODUTIVIDADE

Em vez de apenas substituir as pessoas, a IA tornará os humanos mais produtivos — talvez radicalmente. Brynjolfsson previu que a adoção generalizada da IA pode mais que dobrar a taxa de crescimento da produtividade nos EUA, elevando-a para 3%. A consultoria McKinsey estima que, se IA impulsionar o crescimento da produtividade dos EUA de volta para a média pós-guerra de 2,2%

(superior à média de 1,4% desde 2005), isso adicionaria US$10 trilhões ao PIB dos EUA até 2030. A empresa diz que, globalmente, a tecnologia pode adicionar de US$2,6 trilhões a US$4,4 trilhões em valor econômico anualmente em dezesseis setores-chave — mais do que o PIB total do Reino Unido.

Esse tipo de crescimento deve ser bom para todos. Quanto maior o bolo, mais fatias a compartilhar. A distribuição dessa riqueza poderia ser desigual, mas é melhor discutir sobre como cortar um bolo maior do que um menor. É um ponto que Sam Altman gosta de destacar quando perguntado sobre as possíveis desvantagens econômicas da IA. "Só precisamos de ganhos. Precisamos de crescimento", afirma. "Não temos crescimento sustentável suficiente, e isso está causando vários problemas. Estou animado com a possibilidade dessa tecnologia trazer de volta os ganhos de produtividade que não tivemos nas últimas décadas. É mais do que tirar o atraso."

Ainda assim, embora o aumento da produtividade signifique mais empregos — e seja bom para a economia —, nenhum trabalhador cuja função foi automatizada quer ouvir isso. No entanto, a relação entre melhoria de produtividade e possíveis perdas de emprego não é direta. O advento dos contêineres padronizados, por exemplo, permitiu que os trabalhadores portuários fossem mais produtivos, mas reduziu drasticamente o número de estivadores. Por outro lado, na indústria de software, a criação de linguagens de codificação de alto nível que facilitam a programação não resultou em menos desenvolvedores. Em vez disso, o número de programadores disparou.

Se o aumento da produtividade ajuda ou prejudica o emprego em determinado setor depende do que os economistas chamam de elasticidade-preço da demanda (EPD). A demanda pela maioria dos serviços profissionais, por exemplo, é altamente elástica. Uma pequena queda de preço cria uma grande demanda e necessidade de mais trabalhadores. Por exemplo, em 2016, Geoff Hinton, o pioneiro da aprendizagem profunda, previu que os radiologistas se tornariam obsoletos em cinco anos porque a IA estava se tornando muito eficaz na análise de exames. Em vez disso, os radiologistas são mais necessários do que nunca. As novas tecnologias reduziram o preço dos exames de imagem, o que se reflete em um aumento no número de exames realizados, criando a necessidade de mais radiologistas.

David Autor, economista do MIT e estudioso dos impactos da tecnologia no mercado de trabalho, acredita que a demanda será altamente elástica para a maioria das coisas que a IA generativa ajudar a produzir. Veja a programação de software e os copilotos de codificação. “Se todos os desenvolvedores de software se tornarem 30% mais produtivos, você terá 30% mais software, 30% menos desenvolvedores ou 60% mais software, porque, à medida que os preços caem, as pessoas querem cada vez mais software?”, questiona. “Na verdade, acho que esse é o caso mais provável.”

A demanda por expertise profissional, em particular, parece ilimitada. “Há um gargalo de conhecimento nos países ricos”, diz Autor. É por isso que as horas de trabalho e o salário dos profissionais aumentaram nos últimos cinquenta anos. “Na década de 1970, pessoas com diploma universitário trabalhavam apenas algumas horas por semana a mais do que aquelas com ensino médio. Agora elas trabalham muito mais horas, enquanto as que só têm ensino médio trabalham menos. Isso ocorre porque basicamente a demanda por pessoas especializadas supera em muito a oferta.” Esse gargalo tornou os empregos de alta qualificação “significativamente piores” do que costumavam ser, em termos de equilíbrio entre vida profissional e pessoal, diz Autor. Aliviar o gargalo deve beneficiá-los. Na verdade, embora a era dos copilotos de IA mal tenha começado, alguns profissionais relatam que o uso de chatbots está permitindo recuperar parte de seu tempo pessoal.

A contabilidade é um exemplo perfeito. Em 2023, os EUA enfrentaram uma escassez aguda de contadores qualificados, pois os baby boomers se aposentaram e essa não é uma profissão que atrai os jovens. Há cerca de 126.500 vagas anuais para contadores, mas foram expedidos apenas 73 mil diplomas em contabilidade em 2020, ante cerca de 80 mil em 2016. Apenas 67 mil candidatos prestaram o exame de CPA em 2022, o menor número em duas décadas. A IA pode ajudar a preencher essa lacuna, tornando os contadores existentes mais produtivos e ajudando os menos experientes a melhorarem.

O EFEITO UBER — PARTE I: DEPRESSÃO SALARIAL

Mais do que o desemprego, os potenciais efeitos econômicos da IA que deveriam nos preocupar são a estagnação salarial e a desigualdade de renda. É provável que a IA reduza os salários médios em muitas áreas, mesmo que permita ao primeiro escalão se impor mais. Isso ocorre porque a tecnologia reduzirá a barreira de entrada em muitos empregos, permitindo que pessoas com menos escolaridade, talento e experiência alcancem resultados de qualidade média. Lembra como o chatbot na central de atendimento ao cliente ajudou os agentes inexperientes? Imagine isso repetido em todas as áreas.

Chamemos isso de Efeito Uber: até meados da década de 2000, o único jeito de se tornar motorista de táxi em muitas cidades, principalmente Londres, exigia uma combinação de expertise, um tipo específico de carro e uma licença cujo fornecimento era restrito. Depois vieram o GPS, os celulares e a Uber. Agora, qualquer pessoa com carteira de motorista e um carro pode se tornar um taxista.

Isso aumentou o número de motoristas, mas também reduziu o valor médio das viagens, o que é ótimo para os passageiros, mas ambivalente para os motoristas: a Uber permite que algumas pessoas levem uma vida melhor e mais flexível do que em outro trabalho. No entanto, em média, os motoristas parceiros da Uber ganham menos por quilometro percorrido do que um taxista licenciado. A concorrência da Uber também fez com que fosse mais difícil para os taxistas aumentarem suas tarifas. Isso levou a uma queda na demanda por licenças em algumas cidades dos

EUA. Ainda assim, o crescente número de motoristas parceiros da Uber não eliminou a demanda por motoristas particulares entre os bilionários do mundo, especialmente aqueles com habilidades específicas, como direção evasiva. A Uber não teve impacto no salário desses motoristas de primeira linha. O Efeito Uber, portanto, se aplicará a muitas profissões graças à IA.

Em áreas onde as certificações não representam uma barreira de entrada, o Efeito Uber da IA já é sentido. Pouco depois da estreia do ChatGPT, muitos redatores freelancers que trabalhavam produzindo conteúdo de marketing para empresas começaram a reclamar que seus clientes estavam exigindo cortes acentuados nas tarifas ou se recusando a contratá-los, a menos que oferecessem outros serviços além da redação de conteúdo. As empresas argumentaram que não valia a pena pagar por algo que o ChatGPT fazia mais rápido e de graça, mesmo concordando que o material dos redatores era superior. Isso está diminuindo a remuneração média dos textos de marketing.

Contudo, assim como a Uber não reduziu a demanda por motoristas especializados, a demanda por executivos de marketing que planejam estratégias de comunicação completas não foi afetada pelo ChatGPT e pelos copilotos de redação. Nem o copywriting de grandes campanhas publicitárias foi terceirizado para a IA.

O EFEITO UBER — PARTE II: REDUZINDO A DESIGUALDADE DE RENDA

A Uber ganhou má reputação por reduzir a remuneração dos taxistas, levar motoristas a assumirem riscos financeiros e fragilizar a segurança dos passageiros. Mas o Efeito Uber da IA pode ser fantástico para a economia como um todo. Em muitos países desenvolvidos, a tendência das últimas décadas tem aumentado a desigualdade e "esvaziado" a classe média. Os detentores do capital e aqueles com mais escolaridade capturaram uma fatia crescente da economia, enquanto os trabalhadores menos qualificados têm enfrentado salários baixos, especialmente nos setores de hospitalidade, serviços e varejo. A proporção de famílias que ganham entre 75% e 150% da renda nacional média caiu de 43% em 1970 para 33% em 2020. O crescimento salarial também ficou para trás: as famílias de classe média viram seus ganhos líquidos aumentarem 53% entre 1979 e 2018, enquanto um quinto dos assalariados viu sua renda líquida aumentar 120%.

O Efeito Uber da IA pode reverter essa tendência ao permitir que pessoas menos qualificadas e experientes tomem decisões profissionais que atualmente exigem expertise altamente qualificada, cara e limitada. É uma perspectiva animadora para Autor, que afirma que isso pode trazer alguma estabilidade financeira às pessoas, principalmente àquelas que, nos últimos cinquenta anos, ficaram de fora da classe média. O aumento de consumidores de classe média é benéfico para a economia, aumentando o acesso a conhecimentos especializados, e tornando os serviços jurídicos, financeiros e de saúde mais baratos.

Autor afirma que a melhor analogia é a da enfermagem especializada. É um trabalho que não existia nos EUA até a década de 1960, mas que aumentou nas últimas duas décadas. Atualmente, existem entre 250 mil e 400 mil desses profissionais no país, dependendo do método de cálculo. A função requer de seis a oito anos de formação, somando a graduação em enfermagem, mestrado e dois anos de treinamento clínico. Por mais substancial que seja essa capacitação, ainda é inferior ao período de onze a dezesseis anos de formação dos médicos. Os enfermeiros podem desempenhar muitas atividades que antes eram de domínio exclusivo dos médicos, como solicitar exames e prescrever medicamentos. Apesar de ganharem menos do que os médicos, seus salários são mais que o dobro da média nacional, e seu trabalho ampliou o acesso à saúde.

A IA pode ajudar a criar posições semelhantes em outras profissões, reduzindo custos. A contabilidade, novamente, é um bom exemplo. Em vez de exigir que um contador graduado conduza as auditorias, no futuro, alguém com diploma de técnico e apoio de um copiloto aprovará demonstrativos financeiros. Os veterinários normalmente têm que estudar por oito anos. Mas pode surgir uma nova categoria de profissionais que completam apenas alguns anos de capacitação e, em seguida, com ajuda da IA, assumem tarefas que só os veterinários realizam hoje. Essa mesma lógica será aplicada a áreas diversas, da agrimensura à consultoria financeira.

Em parte por esse motivo, Altman se diz otimista sobre o impacto geral da IA na desigualdade de renda — não que ele ache que a tecnologia não reduzirá os salários. É que ele aposta que a IA fará o preço de bens e serviços cair drasticamente, aumentando o poder de compra ainda que o crescimento salarial seja suprimido. Pelo menos é o que vai acontecer se garantirmos que a IA potencialize as capacidades humanas. Do contrário, o futuro será mais sinistro.

DE VOLTA À PAUSA DE ENGELS

No início do século XIX, a industrialização na Grã-Bretanha levou a um rápido aumento da produtividade dos trabalhadores e do crescimento econômico. No entanto, entre 1800 e 1860, os salários médios dos trabalhadores estagnaram. O historiador econômico Richard Allen chamou esse período de "pausa de Engels", em referência ao economista Friedrich Engels, cuja obra clássica *A situação da classe trabalhadora na Inglaterra*, de 1844, detalhou a situação dos trabalhadores empobrecidos de Manchester no período. Esse texto influenciou profundamente Karl Marx. Embora os economistas tenham apresentado várias explicações para essa pausa e seu eventual fim, as teorias recentes se concentraram no maquinário do início da Revolução Industrial. Tecnologias como o tear elétrico, a máquina a vapor e a prensa de metal substituíram diretamente a mão de obra artesanal qualificada, exigindo grande quantidade de pessoas não qualificadas para operá-las, incluindo crianças. Não havia necessidade de pagar muito a esses trabalhadores. Mas, à medida que as máquinas a vapor se tornavam mais sofisticadas, foi necessário empregar operadores mais qualificados, o que elevou os salários. As fábricas também cresceram, exigindo mais gerentes, bem como mais pessoal administrativo, criando ainda mais empregos qualificados. Em outras palavras, na era vitoriana, o trabalho humano e as máquinas já se complementavam, o que não ocorria no início da Revolução Industrial.

Se projetarmos a IA para substituir, em vez de complementar, o trabalho humano, algo semelhante à pausa de Engels pode muito bem acontecer novamente. Isso ampliaria o abismo entre os mais ricos e o restante da população. Nos Estados Unidos, os impactos não seriam apenas econômicos; a desigualdade racial e de gênero também seria agravada. A maioria dos negros norte-americanos trabalha em funções de apoio. Na verdade, os negros e latinos estão super-representados nas três ocupações mais vulneráveis à automação, segundo prevê a consultoria McKinsey: apoio administrativo e atendimento ao cliente, serviços de alimentação, e produção industrial. Para as mulheres, que compõem grande parte das funções de apoio administrativo e atendimento ao cliente, isso pode significar uma perda de 5,7 milhões de empregos até 2030. Os negros norte-americanos, por sua vez, estão sub-representados nas cinco profissões que a consultoria considera menos suscetíveis — medicina, negócios e serviços jurídicos, gestão criativa e de artes, ensino e manutenção de propriedades. As mulheres negras, que estão super-representadas em algumas ocupações, como enfermagem e saúde domiciliar, provavelmente não serão afetadas pela IA, e podem estar um pouco melhor posicionadas; não obstante, muitos desses empregos ainda são mal remunerados. A McKinsey estima que pelo menos 132 mil negros norte-americanos a menos estarão empregados até 2030 devido à automação.

A RIQUEZA DAS NAÇÕES

Nos últimos anos, muitos empregos em call centers foram terceirizados para agências em países como Filipinas ou Índia, que pagam um bom salário para os padrões locais. A Índia também fornece muito suporte remoto de TI, desenvolvimento de software e serviços de contabilidade para empresas em economias mais prósperas. A terceirização de processos de negócios (BPO) de vários tipos representa 7,5% do PIB das Filipinas e cerca de 8%

do PIB da Índia. Mas a IA pode eliminar muitos desses empregos. Chatbots sofisticados já desempenham boa parte das funções realizadas por humanos, enquanto os copilotos podem torná-las tão eficientes que seria preciso muito menos profissionais.

Ao mesmo tempo, a maioria dos sistemas de IA atuais exige, em algum momento do desenvolvimento, grandes quantidades de dados validados por humanos. É preciso que pessoas identifiquem o que está em uma foto ou vídeo para ajudar a treinar algoritmos que alimentam desde softwares de moderação de conteúdo até carros autônomos. Elas são necessárias para limpar transcrições que melhoram o reconhecimento de fala de assistentes como Siri e Alexa. Para criar chatbots úteis como o ChatGPT, os humanos primeiro devem classificar suas respostas como úteis ou não, mas não para por aí. Muitas das pessoas que fazem essa rotulagem de dados vivem no mundo em desenvolvimento, em países como Venezuela, México, Bulgária, Quênia, Filipinas e Índia. Tal como acontece com os empregos de BPO, esses trabalhadores geralmente são remunerados acima do salário-mínimo local, mas bem abaixo do que alguém nos EUA ou na Europa exigiria. Em muitos casos, eles têm pouca segurança no emprego, e seu trabalho pode expô-los a traumas psicológicos significativos e duradouros, principalmente se as tarefas de rotulagem envolverem triagem de imagens e vídeos para pornografia e abuso sexual ou violência extrema. Essa situação pode consolidar uma vasta subclasse global de rotuladores de dados vista como mão de obra descartável, principalmente no hemisfério sul, enquanto os benefícios dos softwares que eles ajudam a criar se revertem principalmente para os países ricos.

À medida que a conscientização sobre práticas trabalhistas exploratórias cresce, as empresas sofrem mais pressão pública para desenvolver seus softwares de maneira ética. As especialistas em ética da IA, Adrienne Williams, Milagros Miceli e Timnit Gebru, defendem a criação de fóruns onde os rotuladores de dados possam se organizar e denunciar condições de trabalho precárias. Dois pesquisadores do MIT criaram o site Turkopticon, onde rotuladores de dados empregados pelo Mechanical Turk da Amazon compartilham os termos de seus contratos; este programa da Amazon permite distribuir tarefas digitais para trabalhadores temporários remotos de forma fragmentada. Sindicatos ou entidades interessadas em melhorar as condições de trabalho podem criar sites semelhantes. Leis que exigem transparência das empresas de IA sobre como os dados foram preparados também ajudariam.

LIVRANDO AS EMPRESAS DA ARMADILHA DE TURING

As políticas governamentais terão um papel decisivo na determinação do impacto da IA na economia. No momento, a maioria dessas políticas cria incentivos perversos que favorecem a automação como substituta, e não como ferramenta complementar. Quando uma empresa dos EUA investe em pessoas, os impostos sobre a folha de pagamento são equivalentes a 7,65% do salário. Enquanto isso, as empresas recebem um incentivo fiscal, na forma de depreciação, para investimentos em softwares, bem como créditos fiscais, se criarem seu próprio software de IA. Os economistas Daron Acemoglu e Andrea Manera, do MIT, e Pascual Restrepo, da Universidade de Boston, estimam que a disparidade entre mão de obra e automação nos EUA é tamanha que uma empresa que gasta US$100 com um trabalhador paga cerca de US$30 em impostos. Porém, se gasta US$100 em IA ou robótica, os impostos caem para apenas US$5. Além disso, o imposto efetivo sobre a automação vem caindo gradualmente, de 20% na década de 1990 para 10% na década de 2010. Acemoglu, Manera e Restrepo argumentam que esses incentivos produziram um excesso de investimentos em automação — gastos além de um nível econômico e socialmente benéfico para o país. Eles concluem que uma abordagem fiscal mais imparcial poderia aumentar o emprego em mais de 4%.

Talvez a melhor maneira de lidar com esses incentivos perversos seja um "imposto sobre robôs" para empresas que investem em automação como substituta para os trabalhadores. Acemoglu defende um imposto que atinja empresas que aplicam robôs e softwares apenas em áreas "onde os humanos ainda têm uma vantagem comparativa significativa", como enfermagem, consultoria tributária complexa ou, ouso dizer, jornalismo. (Onde as máquinas de fato têm uma vantagem significativa, como soldar ou até mesmo executar negociações de ações, a automação deve continuar a ser incentivada e subsidiada.) Mas esse imposto pode ser difícil de implementar. Uma maneira mais simples de cobrá-lo seria aplicá-lo a qualquer empresa que invista em IA e robôs e, em seguida, demita trabalhadores, ao mesmo tempo em que declara aumento de receita. Esses são indicadores aproximados de uma empresa que investe em automação para substituir sua mão de obra, não incrementá-la. Legisladores democratas no estado de Nova York já chegaram a propor uma legislação como essa.

MELHORIA DA NEGOCIAÇÃO COLETIVA

A negociação coletiva pode desempenhar um papel fundamental para impulsionar as empresas a usarem IA como complemento ao trabalho humano, e não como substituto. Mas antes os sindicatos devem abandonar sua tendência de se opor a todas as formas de IA e automação. Eles deveriam adotar a IA enquanto pressionam os empregadores a desenvolvê-la como uma tecnologia complementar. Também precisam garantir que as empresas ou os governos capacitem os trabalhadores substituídos e que vigore uma rede de segurança social adequada. Além disso, devem coordenar suas atividades com os trabalhadores do mundo em desenvolvimento, incluindo rotuladores de dados. "Esse tipo de solidariedade entre trabalhadores de tecnologia altamente remunerados e seus colegas com salários mais baixos — que são muitos mais — é o pesadelo dos CEOs de tecnologia", argumentam Williams, Miceli e Gebru.

Infelizmente, as leis trabalhistas e a estrutura da negociação coletiva nos EUA trabalham contra os sindicatos no desempenho desse papel construtivo no desenvolvimento da tecnologia. Em 1935, a Lei Nacional de Relações Trabalhistas, também conhecida como Lei Wagner, estabeleceu um único empregador como a maior unidade padrão de negociação coletiva e permitiu que o Conselho Nacional de Relações Trabalhistas estabelecesse unidades muito menores, como uma fábrica individual ou local de trabalho. Ao mesmo tempo, essa lei proíbe representantes dos funcionários nos conselhos corporativos, exceto em empresas totalmente sindicalizadas. Esse sistema deveria ser completamente reformulado: a unidade padrão deveria abranger todo um setor da indústria, forçando as empresas a justificar por que deveriam ser isentas de negociações setoriais. Isso daria muito mais influência aos sindicatos para moldar como as empresas utilizarão a tecnologia de IA. Na Europa, onde muitos países têm negociações setoriais, é possível imaginar o trabalhador tendo voz na mesa onde são tomadas as decisões sobre como desenvolver e implantar a tecnologia.

Um dos poucos casos de negociação setorial nos EUA é Hollywood, onde um dos primeiros grandes conflitos sobre IA ocorreu nas greves de roteiristas e atores em 2023. O sindicato e os estúdios assumiram compromissos fundamentais: o Writers Guild of America concordou em aceitar o uso da IA como ferramenta, desde que os roteiristas humanos continuassem a receber crédito total — e remuneração — pelo conteúdo produzido. Essas negociações devem inspirar os sindicatos de outros setores à medida que negociam sobre a IA.

AMPLIANDO A REDE DE SEGURANÇA SOCIAL

Enquanto os economistas debatem sobre como a IA afetará empregos e salários, quase todos concordam que estamos caminhando para um período de intensa ruptura e que muitas pessoas precisarão mudar sua forma de trabalhar e, em alguns casos, de buscar novos empregos. A McKinsey estima que, até 2030, 11,8 milhões de norte-americanos precisarão mudar de emprego devido ao impacto da IA, sendo que 9 milhões deles acabarão em uma ocupação completamente diferente — digamos, mudando de assistente executivo para programador.

Qualquer política governamental que alivie as consequências dessa transição não pode ser subestimada. Os EUA têm um histórico ruim quando se trata de requalificação. As iniciativas para lidar com as substituições anteriores se concentraram na educação das pessoas que se preparavam para entrar no mercado de trabalho — por exemplo, o aumento do financiamento para a educação pública e a Lei GI após a Segunda Guerra Mundial. Mas o governo federal não tomou medidas ousadas semelhantes para retreinar os funcionários atuantes. Em vez disso, baseou-se em uma colcha de retalhos de programas estaduais e federais. O país investe apenas 0,1% do PIB em requalificação para transições de emprego, menos da metade do que gastava há trinta anos. Deveria haver mais investimento nessa área. O governo deveria oferecer financiamento direto aos trabalhadores para reciclagem e qualificação, em vez de eles dependerem de créditos fiscais corporativos para estimular que as empresas os ofereçam. Mesmo com incentivos fiscais, as empresas muitas vezes relutam em pagar pela reciclagem de empregados quando acreditam que eles simplesmente aplicarão suas novas competências em outro lugar. É por isso que o governo dos EUA deveria assumir os custos de requalificação. Como ressalta Brynjolfsson: "Uma força de trabalho qualificada é um bem público. Todos nós deveríamos pagar por isso".

Além da reciclagem, outros benefícios precisam ser expandidos e se tornar menos vinculados à situação empregatícia. Embora o Affordable Care Act, mais conhecido como Obamacare, permita que quem perde o emprego não perca automaticamente o acesso ao seguro saúde, ainda assim as pessoas precisam adquirir um plano de saúde privado. Dependendo do tempo sem trabalho, ou se passarem por um período de requalificação, podem ficar sem dinheiro para pagar esse plano. Muitos programas estaduais de auxílio-desemprego estão disponíveis apenas para quem está "procurando trabalho ativamente" e não podem ser usados para pagar cursos ou certificações. Embora programas federais, como o Crédito Fiscal sobre Renda do Trabalho (EITC), tenham se expandido na última década, muito mais poderia ser feito para garantir que quem faz uma transição profissional não caia na pobreza. A rede de segurança social deve ser mais robusta, flexível e menos ligada a um determinado estado.

Os temores do desemprego impulsionado pela IA inevitavelmente levam a pedidos por um programa de renda básica universal. A ideia é popular entre as elites do Vale do Silício e tende a ganhar tração, assim como a IA. Mas não precisa ser uma renda básica completa que cubra todos os cidadãos, independentemente de meios ou status de emprego. O foco deveria estar em benefícios mais generosos para desempregados e programas de requalificação para recém-desempregados. Mesmo que a IA não leve ao desemprego em massa, haverá substituição e reestruturação, e os afetados não devem ser relegados à pobreza.

INCREMENTAR OU SUBSTITUIR: A ESCOLHA É NOSSA

O maior determinante do impacto econômico da IA será se as empresas utilizarão a IA como copiloto, ampliando capacidades humanas, ou como uma substituta dos trabalhadores. Um imposto sobre robôs incentivaria as empresas a optarem pela IA como complemento. Os funcionários, por meio da negociação coletiva, também podem pressionar nessa mesma direção. A tecnologia não é algo que acontece, simplesmente. É algo que moldamos e direcionamos. E ainda podemos esculpi-la de maneira a ajudar o potencial econômico das pessoas, em vez de restringi-lo.

CAPÍTULO 7
ARISTÓTELES DE BOLSO

Nada se compara ao caos e à consternação da chegada do ChatGPT à área da educação. Poucos dias após seu lançamento, em novembro de 2022, os alunos já o usavam para trapacear em lições de casa e trabalhos escolares. Apelidaram ele de "CheatGPT" (GPTrapaça, em tradução livre), e os professores, surpresos, entraram em pânico achando que não conseguiriam mais avaliar os alunos com as tarefas e pesquisas de sempre. "É o fim da redação nas escolas", declarou a revista *Atlantic* em um artigo publicado apenas seis dias após o lançamento do ChatGPT. Escolas de Nova York e Los Angeles bloquearam o acesso dos alunos ao site da OpenAI nos computadores escolares. Na Austrália, as oito melhores universidades do país declararam que seriam forçadas a adotar exames supervisionados e escritos à mão.

A IA vai mudar a educação. Os professores precisarão adotar novos métodos. Mas a comoção é exagerada. Vale lembrar que semelhante histeria saudou a estreia do CliffsNotes e seus concorrentes, que resumiam os clássicos da literatura, no final dos anos 1950. Nos anos 1970, o mesmo aconteceu com as calculadoras. E também houve as críticas dos professores à empresa de tutoria online Chegg e à EssayShark, que vende anotações de aula, gabaritos e redações. Em todas essas vezes, os professores se adaptaram e, em muitos casos, a educação evoluiu para melhor. Os professores desenvolveram tarefas exigindo dos alunos mais do que apenas regurgitar resumos e análises fáceis de se encontrar no CliffsNotes. As aulas de matemática começaram a enfatizar mais a compreensão conceitual do que os cálculos. Da mesma forma, com criatividade, a IA generativa será benéfica para a educação, funcionando como um tutor personalizado para cada aluno, adaptando aulas ao seu ritmo e estilo de aprendizagem.

Pense nisso como ter Aristóteles — o filósofo clássico e tutor de Alexandre, o Grande — no seu bolso. É uma visão que Steve Jobs esboçou em um discurso premonitório em 1985, na Suécia. Jobs disse ter inveja de Alexandre, o Grande — não por ser um grande conquistador, embora Jobs fosse um homem de grande ambição, mas por ter tido Aristóteles como tutor. Jobs lamentou que, embora pudesse ler as ideias do filósofo, não podia lhe perguntar nada. "Minha esperança é que, ainda nessa vida, possamos criar uma ferramenta de um novo tipo, um tipo interativo", disse ele. "Algum dia, quando o próximo Aristóteles viver, poderemos capturar sua visão de mundo em um computador, e um dia algum aluno poderá não só ler seus escritos, mas fazer perguntas a ele e obter respostas." Jobs disse que o computador pessoal inauguraria uma nova revolução baseada na "energia intelectual livre". Agora, a IA está pronta para cumprir essa visão.

Primeiro, vamos dispensar as preocupações sobre trapaças. Sim, os alunos podem usar a IA para trapacear. Isso não seria problema num mundo onde as notas fossem usadas só como ferramenta de diagnóstico para professores e alunos medirem o progresso, sem impactar o acesso a oportunidades educacionais futuras e ao mercado de trabalho. Mas vamos ser realistas: esse não é o mundo em que vivemos. Há décadas, educadores esclarecidos pedem que as notas sejam deixadas de lado, sem muito sucesso. Na verdade, à medida que a educação se torna mais cara, vivemos a crescente tendência de vê-la apenas como um meio para um fim financeiro, em vez de um fim em si mesmo. Para alunos e pais, as notas são uma moeda que compra credenciais, que, por sua vez, devem garantir um futuro econômico melhor. Nesse contexto, trapaças prejudicam mais do que apenas os trapaceiros. E sim, seria bom se fosse desenvolvida uma boa tecnologia de "marca d'água" para facilitar a detecção de escrita gerada por IA.

Mas os educadores não estão de mãos atadas. Eles podem reinventar métodos de ensino e avaliação para diminuir a chance de os alunos trapacearem com a IA generativa.

ADMIRÁVEL PLANO DE AULA NOVO

Para muitos professores, é tentador combater a tecnologia com tecnologia: adotar um software de detecção de IA ou mandar os alunos fazerem as tarefas em ambientes online supervisionados. No entanto, trapaceiros determinados sempre acharão brechas. Os softwares de detecção de IA têm altas taxas de falso positivo, o que pode resultar em alunos sendo acusados injustamente. Além disso, essa tecnologia não contribui em nada com a construção de vínculos entre professor e aluno. Sim, os professores estão sobrecarregados. Mas ainda podem investir na reformulação dos planos de aula e aprender a trabalhar com — e não contra — a IA. Isso pode resultar em turmas mais engajadas e dispostas a aprender.

Chris Gilliard, professor de estudos digitais na Universidade de Michigan, e Pete Rorabaugh, professor de inglês na Universidade Estadual de Kennesaw, argumentam que os educadores precisam continuar "desenvolvendo atividades e avaliações para tornar o trabalho em sala de aula mais focado e prático". O ChatGPT não vai ajudar ninguém nos seminários de apresentação oral. Não fará pesquisas de campo para a tarefa de biologia. E não pode ajudar diretamente um aluno a responder perguntas em sala de aula. Mas pode ajudar os professores a mediar as discussões em grupo — incluindo atividades com a turma dividida em grupos, com a IA orientando e monitorando a discussão, atuando como um parceiro de debate e até resumindo a discussão para o professor revisar depois.

Mesmo antes da chegada da IA, muitos especialistas em educação defendiam o método de "aula invertida" — revertendo os propósitos normais das aulas e da lição de casa. Em uma aula invertida, os professores gravam o conteúdo em vídeos para os alunos assistirem em casa antes, ou atribuem leitura e pesquisa como lição de casa, para então usar o tempo em sala para resolver exercícios, fazer tarefas de escrita e debates. Assim, o professor está presente para orientar o aluno sobre quaisquer problemas e consegue perceber mais facilmente as áreas em que o aluno tem dificuldade. Isso também maximiza o benefício de os alunos estarem em sala de aula uns com os outros.

Não seria nada mal se a IA ajudasse a destronar a aula expositiva como principal ferramenta pedagógica e a substituísse pelo seminário. E embora alguns professores achem que muitas turmas são grandes demais para acomodar seminários ou tutoriais, o fato é que as ferramentas de ensino baseadas em IA permitem aplicar o modelo de seminário até nessas turmas. Poesia Moderna e Contemporânea, um curso da Universidade da Pensilvânia, está disponível gratuitamente na plataforma educacional online Coursera. A turma normalmente tem mais de 30 mil alunos de todo o mundo por semestre, e boa parte das aulas são ministradas por meio de discussões em pequenos grupos, algumas mediadas pelos próprios alunos, e sem qualquer ajuda de ferramentas de IA. Então não diga que não é possível. Sim, poderia ser dada mais ênfase a exames supervisionados e presenciais, como as universidades australianas preferiram. Mas existem maneiras de resgatar os trabalhos de conclusão de curso também. Os doutorandos normalmente defendem suas teses numa discussão desafiadora e presencial com a banca. Uma versão em miniatura — e menos conflituosa — poderia ser adaptada para estudantes de graduação ou até de ensino médio.

No ensino fundamental, pedir aos alunos para responder perguntas simples sobre o livro lido ou o tema pesquisado pode ser suficiente para verificar se os alunos sintetizaram o assunto — que é o principal objetivo nesse estágio. No ensino médio, discussões mais extensas em sala, pequenos trabalhos de pesquisa ou perguntas sobre o processo de pesquisa e escrita podem ser suficientes para coibir a trapaça. No nível universitário, esses métodos podem ser mais difíceis de implementar, principalmente nas grandes universidades, onde fazer bancas de defesa ao final de cada disciplina não seria nada prático. Mas nessas universidades, os alunos da pós já ajudam os da graduação nos exames e trabalhos, e poderiam liderar discussões em pequenos grupos ou individuais para eliminar os alunos que obviamente terceirizaram o trabalho para o ChatGPT. A IA também ajudaria: ela pode ingerir o trabalho de conclusão de curso de um aluno e formular perguntas com base nele, que o aluno teria que responder pessoalmente. Os alunos que escrevem seus próprios trabalhos serão capazes de passar facilmente.

A IA é uma ameaça existencial para faculdades e universidades, mas não por causa do risco de trapaça desenfreada, e sim da irrelevância. Os alunos podem decidir que a faculdade não vale o custo porque a IA lhes ensina as mesmas coisas por muito menos. Ou podem decidir que a universidade não os prepara mais para empregos em uma economia radicalmente transformada pela IA. De qualquer forma, muitas faculdades podem ver quedas significativas na matrícula e as tensões orçamentárias piorarem. Essa tendência já se desenha devido à queda nas taxas de natalidade durante a Grande Recessão de 2008, ainda não recuperadas. Adicione a essa aversão a matrícula impulsionada pela IA — por que se preocupar se a educação ao alcance da mão parece melhor do que o ensino superior? — e pode-se vislumbrar o fim de mais instituições. Por isso é imperativo que as universidades reformulem seus currículos, focando em experiências que a IA não consegue replicar: discussões em grupo, pesquisa de campo, experimentos de laboratório, trabalhos práticos, entre outros elementos da vida no campus que a IA não automatizará — do coral ao grupo de teatro, os diretórios estudantis e, é claro, os jogos universitários.

O QUERIDINHO DE TODO PROFESSOR

Educadores inovadores já estão descobrindo como transformar a IA em um poderoso assistente de ensino. A forma mais simples é usá-la como copiloto para preparar aulas. Heather Brantley, professora de matemática do sexto ano no Texas, usou o ChatGPT para dar vida às suas aulas. Para explicar área de superfície, o chatbot sugeriu que ela pedisse aos alunos para embrulharem caixas, usando as fórmulas que aprenderam para calcular quanto papel de embrulho seria necessário. Um assistente de IA pode sugerir cenários contemporâneos para problemas de matemática — digamos que os alunos podem calcular o alcance de um vídeo do TikTok para entender o conceito de crescimento exponencial — tornando as lições mais relevantes para o contexto atual. Os copilotos também podem ajudar professores a delinear aulas, preparar anotações e slides, gerar perguntas para discussão, compor planilhas e desenvolver questões para provas.

Alguns professores também estão incorporando os chatbots diretamente nas aulas. Donnie Piercey, um professor de quinto ano em Lexington, Kentucky, dividiu sua turma em grupos e pediu para cada um dar uma ideia para uma peça ambientada em uma sala de quinto ano fictícia, com vários personagens diferentes. Cada grupo então inseriu essas ideias em um prompt para o ChatGPT, e ele desenvolveu vários scripts. Os alunos se entusiasmaram com os resultados, rindo das reviravoltas no enredo que a IA havia inventado, incluindo uma história sobre alunos caçando um computador fujão. Em seguida, Piercey pediu aos alunos para que editassem os rascunhos compostos pela IA e encenassem as versões finalizadas.

O processo foi fundamental — Piercey não deixou o ChatGPT fazer todo o trabalho criativo. Foi uma colaboração entre os alunos e a IA. Como argumentei no Capítulo 1, ainda é essencial ensinar as crianças a escrever. A escrita é uma habilidade vital para o desenvolvimento do raciocínio, da lógica, do pensamento crítico e da expressão criativa, além de reforçar a empatia. Podemos incorporar a IA ao ensino de escrita, em vez de tentar bani-la. No ensino médio e na universidade, alguns professores permitem o uso da IA para redigir ou editar trabalhos, mas pedem que os alunos expliquem como exatamente a utilizaram. Eles também se certificam que os alunos estejam cientes da tendência dos chatbots de IA de alucinar, ou mesmo plagiar em alguns casos, instruindo-os a verificar cuidadosamente o que é produzido. A ideia é incentivar os alunos a aprenderem a usar a IA como copiloto, sem depender tanto dela a ponto de não desenvolverem suas próprias habilidades.

A IA deve melhorar a experiência dos estudantes universitários, ajudando a organizar listas de leitura e recomendando livros e artigos que mais se alinhem com seus interesses. Pode ajudá-los a entender melhor as aulas expositivas ou explicar o conteúdo de livros didáticos. Além disso, pode ajudá-los a se prepararem para provas presenciais, elaborando perguntas e classificando as respostas. Essa capacidade de ter um tutor no bolso como um complemento, e não um substituto, para a interação com professores e colegas pode ajudar os alunos de graduação a tirarem mais proveito da faculdade.

A IA também pode ter um poderoso efeito democratizante na educação. A Georgia Tech diz que os candidatos a graduação podem usar a IA "para debater, editar e refinar suas ideias", mas que "a redação do exame de admissão deve ser de sua autoria". A faculdade justifica essa abordagem, em parte, com base na equidade: ela nivela a oportunidade entre alunos que têm o suporte de pais, tutores ou orientadores em suas redações, e aqueles que não contam com esse tipo de apoio. "Aqui no estado da Geórgia, a proporção média de aluno por mentor é de trezentos para um, então muitas pessoas não estão recebendo muita assistência", diz Rick Clark, vice-reitor assistente da Georgia Tech e diretor executivo de admissões de graduação.

As ferramentas de IA também podem ser um fator de nivelamento depois da fase de admissão. Na Universidade de Illinois, a professora de administração Unnati Narang tem incentivado os alunos do curso de marketing a usar o ChatGPT para rascunhar respostas às perguntas que ela posta online toda semana. Ela descobriu que a ferramenta aumenta a participação de alunos mais fracos na escrita e que antes se engajavam menos. Mas ela também os orienta a editar os rascunhos escritos pela IA e a pensar criticamente sobre as ideias que o chatbot possa ter deixado de lado.

A capacidade de usar a IA generativa como assistente de escrita, verificando ortografia, gramática e clareza, também pode preencher a lacuna de desempenho entre falantes nativos de inglês e estudantes estrangeiros.

PARA SIRI, COM AMOR

O futuro que descrevi já é totalmente possível com chatbots como ChatGPT, Gemini ou Claude. Mas o maior impacto educacional da IA virá de softwares de tutoria especializados, que já estão sendo criados por empresas como a Quizlet, que cria questionários e flashcards online, e a Khan Academy. Sal Khan, fundador da Khan Academy, aponta que o santo graal para as empresas de tutoria como a dele tem sido saber como adaptar o material para cada aluno. Um crescente conjunto de evidências científicas mostra que a tutoria, especialmente a individual, melhora o desempenho dos alunos e pode compensar, em parte, as desvantagens que muitos alunos de baixa renda enfrentam. Porém, a tutoria individual nunca foi viável em larga escala, tecnológica ou economicamente. Hoje, ela é.

Khan, formado em ciência da computação e engenharia elétrica pelo MIT e com MBA em Harvard, cresceu na Louisiana e é filho de imigrantes indianos e bengaleses. Ele estava trabalhando em um fundo de hedge em 2004 quando começou a ensinar matemática a um de seus primos remotamente. A notícia logo se espalhou entre os outros primos, que lhe pediram ajuda. Com o aumento da demanda, Khan decidiu começar a gravar suas aulas e publicá-las na internet. Ele fundou a Khan Academy em 2008 como uma plataforma online sem fins lucrativos, com videoaulas sob demanda e materiais de apoio. A iniciativa também oferecia sessões de tutoria ao vivo em pequenos grupos por videoconferência. Muito do trabalho da Khan Academy consistiu em criar ferramentas de software para facilitar o trabalho dos tutores: elas geram planilhas e conjuntos de problemas automaticamente, ajudam a dar notas nos testes e sinalizam áreas onde os alunos precisam de ajuda extra.

Khan sempre teve interesse em usar IA para personalizar o aprendizado, mas a tecnologia ainda não estava à altura. Então, em 2022, a OpenAI convidou a Khan Academy para testar o GPT-4. A OpenAI buscava parcerias com algumas organizações de impacto social para lançar o GPT-4, um pouco para ajudar a conter uma reação antecipada contra aquela tecnologia muitas vezes vista como ameaça a empregos e negócios. Mas havia outro motivo oculto, segundo Khan: a OpenAI também queria ter acesso ao grande acervo de questões de biologia avançada da Khan Academy. Na época, Khan não tinha ideia do porquê. Como se viu, o patrono e parceiro da OpenAI, a Microsoft, tinha um interesse especial no tema. Bill Gates se opunha à decisão do CEO Satya Nadella de investir tão pesado na OpenAI. Ele havia experimentado os LLMs, o GPT-2 e o GPT-3, e não se impressionou. Ele questionava se a abordagem da empresa daria frutos. Então, em uma reunião com Nadella, Sam Altman e Greg Brockman, da OpenAI, Gates disse que a IA estaria pronta para o mundo real quando pudesse passar no exame de AP Bio (um teste avançado de biologia do ensino médio que pode resultar em créditos universitários). A OpenAI queria o acervo da Khan Academy para garantir que o GPT-4 pudesse passar no teste de Gates — o que de fato aconteceu, convencendo-o de que a revolução da IA era real. Mas primeiro, passou no teste do próprio Khan. Quando viu o GPT-4 não só respondendo corretamente às perguntas da AP Bio, mas também explicando as respostas e gerando novas questões, e até uma ementa completa, ele reconheceu: "Isso é um divisor de águas para tudo o que fazemos".

Khan rapidamente percebeu que o GPT-4 seria solicitado a atuar como um tutor, não resolvendo problemas, mas usando o método socrático para os alunos aprenderem a resolver os próprios problemas. A Khan Academy, então, criou o Khanmigo, seu próprio tutor de IA, construído com base no GPT-4. Milhares de professores poderiam usá-lo como um tutor de ensino. O Khanmigo oferece suporte personalizado em matemática, ciências e humanidades, usando o método socrático e conjuntos de problemas para cada aluno. Ele inclui uma ferramenta que sugere tópicos para os alunos discutirem, ajudando-os a desenvolver seu pensamento crítico e raciocínio argumentativo, além de auxiliar na redação.

"É muito difícil para o aluno trapacear", diz Khan, porque a tarefa precisa ser concluída na plataforma online da Khan Academy, onde ele não pode simplesmente colar um texto copiado de uma IA generativa. O Khanmigo foi projetado para evitar alucinações do GPT-4 e prevenir usos inadequados, como linguagem ofensiva ou racista. Outras empresas, como Quizlet e Duolingo, estão desenvolvendo seus próprios tutores de IA. Dentro de cinco anos, essas ferramentas serão acessíveis a milhões de alunos.

As possibilidades dos tutores de IA vão muito além de simplesmente adaptar problemas de matemática ao nível e ritmo de cada aluno. Eles podem assumir diferentes personas, ao comando do usuário, para tornar as aulas mais interessantes. Imagine aprender Shakespeare com o próprio Bardo ou entrevistar Marie Curie sobre seus primeiros experimentos com radiação. Khan diz que, na tentativa de tornar o currículo mais "culturalmente relevante", muitas vezes os educadores parecem bajular os alunos. "As pessoas se sentem menosprezadas quando você faz isso", diz ele. "Você acha que só porque sou negro, basta inserir uma referência de hip-hop num problema de matemática, que eu vou me importar com isso?" Em última análise, a maioria dessas tentativas de relevância se baseia em estereótipos culturais e os reforça. Em vez disso, é preciso permitir que os alunos sejam eles mesmos, ao invés de moldá-los conforme as visões estereotipadas de editores de livros didáticos ou empresas de testes. A experiência de aprendizagem deve ser personalizada para refletir os interesses de cada estudante. Os tutores de IA podem fazer isso. Por exemplo, se você é latino e ama exatas, seu herói é Richard Feynman; então por que não aprender física com um robô que assume a persona de Feynman?

Os tutores de IA saberão muito mais sobre os alunos do que os professores sabem atualmente. Khan prevê que, em uma década, um tutor de IA como o Khanmigo recomendará universidades específicas para os alunos. "Você trabalha com ele há dez anos; tem visto seus altos e baixos", diz Khan. Ele saberá os desafios que o aluno superou e o quanto progrediu. Mas os tutores de IA não substituirão os professores; em vez disso, apresentarão novas maneiras para professores avaliarem o aprendizado e intervirem nos momentos críticos. O software de IA fornecerá aos professores informações detalhadas de cada aluno, permitindo que identifiquem dificuldades de aprendizagem mais cedo. Mikey está com dificuldade nas equações quadráticas? Lucie está tendo problemas para identificar as temáticas de *Um Estranho no Ninho*? Agora o professor não precisa esperar até a prova para descobrir.

O professor também poderá acessar métricas de toda a turma, recebendo um feedback melhor sobre suas técnicas pedagógicas. Será que entenderam a aula sobre o Ciclo de Krebs? A discussão de ontem sobre a *A revolução dos bichos* fez a turma captar a alegoria de Orwell? Com o suporte da IA, o professor terá esse feedback. Além disso, a tecnologia também aliviará bastante o fardo que os professores carregam na tentativa de atender às novas bases estaduais e nacionais. Muitos têm lutado para achar materiais variados que se encaixem aos currículos rigidamente estruturados que os novos padrões exigem. Mas agora, com um tutor de IA, será possível gerar uma ampla variedade de materiais didáticos. Ao mesmo tempo, os alunos estarão livres para explorar temas adjacentes sem perturbar o professor — por exemplo, se a física vista no filme *Contato* é consistente com os princípios newtonianos.

SUPERANDO A EXCLUSÃO DIGITAL

A IA pode empoderar os alunos e conferir superpoderes aos educadores. Também pode ser uma grande arma contra a desigualdade, oferecendo tutoria personalizada e ensino assistido por copiloto para alunos cujas famílias jamais conseguiriam pagar por tais recursos e que vivem em bairros pobres. Mas isso só acontecerá com políticas públicas adequadas. Caso contrário, a IA pode ter o efeito oposto, permitindo que alunos privilegiados avancem ainda mais rapidamente. A história não nos dá margem para o otimismo. Os benefícios das tecnologias educacionais do passado, como Chromebooks, tablets e aplicativos de aprendizagem online, agravaram as desigualdades, ampliando a chamada "lacuna digital" entre os que têm acesso e os que não têm. O impacto dessa lacuna ficou evidente durante a pandemia de covid-19, quando as escolas mais pobres enfrentaram grandes dificuldades para implementar o ensino remoto ou híbrido — muitas vezes porque os alunos não tinham acesso a computadores ou internet de qualidade em casa. Por que com a IA seria diferente?

Mais do que as tecnologias digitais do passado, a IA tem o potencial de universalizar o acesso a um ensino de alta qualidade e a apoio individualizado, bem como ajudar professores que enfrentam dificuldades. Essa pode ser a tecnologia capaz de enfim preencher a lacuna digital. Para permitir que os alunos mais pobres acessem esses benefícios, será necessário repensar a forma como a tecnologia é desenvolvida e distribuída.

Nos EUA, o financiamento local da educação por meio de impostos imobiliários resultou em grandes disparidades entre bairros ricos e pobres. Os bairros ricos têm muito dinheiro para gastar com laptops, equipes de TI e treinamentos de professores, mas os bairros de baixa renda, não. Além disso, nos bairros mais ricos, é mais provável que os alunos tenham celulares, laptops e computadores em casa. Em 2021, segundo o Pew Research Center, apenas quatro em cada dez adultos de baixa renda tinha computador em casa, e a maioria não possuía um tablet. Apenas 43% das famílias de baixa renda têm acesso à internet banda larga. Para as famílias que ganham US$100 mil ou mais por ano, o wi-fi e os computadores são onipresentes.

Para aproveitar as oportunidades oferecidas pela IA, o governo e as entidades de caridade precisarão trabalhar juntos para ampliar o acesso digital. Será necessário expandir programas como o E-Rate, da Comissão Federal de Comunicações, que oferece subsídios para conexão à internet e outras infraestruturas para escolas. Iniciativas como o Bridging the Digital Divide Fund da Califórnia, que comprou laptops para estudantes de bairros mais pobres durante a pandemia, e os US$475 milhões destinados à banda larga e laptops gratuitos para populações desfavorecidas pela Lei de Investimentos e Empregos em Infraestrutura de 2021, do governo Biden, também são exemplos.

No entanto, softwares também têm custo. Embora a Khan Academy seja uma organização sem fins lucrativos, o Khanmigo não é gratuito. Ela cobra US$35 por aluno por ano nas escolas que o utilizam, além dos US$10 já cobrados pelo acesso aos outros recursos da plataforma. Segundo a organização, essa cobrança é necessária para custear o GPT-4. O Quizlet também cobra pelo tutor de IA do Q-Chat. Os distritos escolares de baixa renda precisarão de subsídios para cobrir esses custos. Além disso, é fundamental que governos ou instituições de caridade ajudem as escolas a pagarem pela internet, pelos dispositivos e, igualmente importante, pelo treinamento de professores nas melhores práticas de integração da IA como copiloto e tutora de cada aluno. Os governos poderiam até financiar o desenvolvimento de chatbots de código aberto ajustados para atuar como tutores de IA e oferecidos gratuitamente às escolas, em vez de financiá-las diretamente para pagarem empresas como a Khan Academy ou a Quizlet.

É provável que os tutores de IA se tornem tão vitais para a educação que os estados decidam não mais permitir que as decisões sobre eles se restrinjam exclusivamente aos distritos escolares locais. Assim como acontece com currículos obrigatórios e livros didáticos comprados em massa, os estados podem passar a contratar empresas de tecnologia ou editoras (em parceria com empresas de tecnologia na criação de copilotos de IA e assistentes de ensino) para fornecerem softwares de tutoria de IA e auxiliares de ensino a todo os alunos e professores de escolas públicas.

Essa abordagem de cima para baixo já está sendo adotada em alguns países, como Coreia do Sul e Cingapura. Em fevereiro de 2023, o Ministério da Educação da Coreia do Sul anunciou um plano para introduzir livros didáticos digitais habilitados para IA em matemática, inglês e outras disciplinas a partir de 2025. A estratégia de "Nação Inteligente" de Cingapura também inclui alocação de verba para que cada aluno tenha em mãos um tutor de IA até 2030. Outras nações que já adotam uma abordagem centralizada na política educacional, como o Reino Unido, devem seguir o exemplo da Coreia do Sul, enquanto os EUA devem considerar estratégias semelhantes. O governo federal poderia usar incentivos financeiros para encorajar os estados a adotarem abordagens semelhantes, garantindo que os distritos escolares de baixa renda não sejam deixados ao léu diante das desigualdades digitais.

A SALA DE AULA GLOBAL

A IA pode transformar radicalmente a educação. Uma educação melhor pode ajudar a diminuir a desigualdade de renda global. Os tutores pessoais podem fazer uma enorme diferença em países como Ruanda, onde simplesmente não há professores qualificados suficientes para todas as crianças. Lá, a proporção média nas escolas primárias é de um professor para 60 alunos. Nas escolas secundárias, a proporção melhora para 28:1, mas isso ocorre porque mais de um quinto dos alunos abandona os estudos ao final do ensino fundamental. A capacidade da IA de oferecer feedback personalizado a esses alunos seria algo transformador. Altman, da OpenAI, visitou a Nigéria em 2023 numa turnê mundial para promover as tecnologias de IA da empresa. Depois, ele comentou que, ao passo que a discussão em torno do ChatGPT e da IA com funcionários governamentais nos Estados Unidos e na Europa girava principalmente em torno dos riscos, com os líderes de países de baixa renda o que importava era a rapidez com que a tecnologia chegaria às mãos das pessoas. Eles viam esse potencial como muito mais benéfico do que prejudicial.

SUPERANDO A BARREIRA LINGUÍSTICA DA IA

As empresas de tecnologia educacional precisarão criar tutores de IA adaptados aos estudantes de países menos desenvolvidos. Uma das principais razões é a linguagem. Apesar de ser comum que os tecnólogos do Vale do Silício falem como se a IA já tivesse resolvido o problema da tradução, isso não é verdade para diversos idiomas ao redor do mundo. Em muitos casos, simplesmente não existe texto suficiente em formato digital para treinar bons programas de tradução por IA. Essas chamadas línguas de poucos recursos representam um sério desafio para a tradução de alta qualidade, imperativa em softwares educacionais. Softwares como o Google Tradutor podem ser bons se você quiser perguntar a alguém onde fica o banheiro, mas não para ensinar cálculo a crianças ou discutir sobre poesia ou política. A falta de traduções automáticas eficazes representa um desafio crítico para a educação, pois dificulta a recuperação de informações valiosas em mecanismos de pesquisa e bases de conhecimento, como a Wikipédia e sites de notícias. Muitos dos chatbots atuais também geram respostas sem sentido quando perguntados em idiomas de poucos recursos.

Mas existem startups inovadoras trabalhando para resolver esse problema. Uma delas é a Lesan, com sede em Berlim, que está construindo um software de tradução automática voltado para línguas de poucos recursos. Fundada por etíopes, a empresa começou com o amárico, uma das principais línguas etíopes, falada por 25 milhões de pessoas, e o tigrínia, falado por cerca de 7 milhões de pessoas na Eritreia e na região de Tigré, no norte da Etiópia, uma área devastada pela guerra. E planeja expandir para outras línguas africanas e asiáticas.

A Lesan usa material impresso digitalizado para treinar sua IA de tradução e também explora o desenvolvimento de software de reconhecimento de fala para tigrínia e amárico. Isso possibilita converter material oral em texto, o que é importante por três motivos. Em primeiro lugar, muitas histórias, poemas e canções são tradicionalmente transmitidas de forma oral. Portanto, qualquer sistema de IA que englobe esse conhecimento deve fazê-lo pela tecnologia de conversão de fala para texto. Em segundo lugar, e mais importante, o reconhecimento de voz é uma maneira fácil de aumentar a quantidade de texto digital disponível para treinar LLMs em idiomas de poucos recursos. Finalmente, como o analfabetismo é prevalente em lugares como Tigré, as pessoas só conseguem interagir com a tecnologia pela fala.

Ao usar esses métodos, a Lesan conseguiu uma tradução muito melhor do que as de softwares criados pelo Google, Meta ou Microsoft. Asmelash Teka Hadgu, cofundador e diretor de tecnologia da Lesan, diz que quer "construir uma internet para sua bisavó". Ou seja, ele quer uma internet que sua bisavó possa usar e, mais importante, capaz de preservar os contos populares, histórias de ninar, histórias de família e jogos de palavras em tigrínia que ela lhe ensinou na infância. Ele quer criar versões digitais desses contos e jogos tradicionais para que essa herança seja preservada e transmitida às gerações futuras. "Nossa motivação basicamente são as nossas raízes", diz ele. "Como podemos permitir que nossas comunidades tenham acesso ao conhecimento? Como podemos conectá-las?"

Ele critica a abordagem das grandes empresas de tecnologia para idiomas de poucos recursos porque são construídas em torno do objetivo da tradução "zero-shot" — um objetivo quase de ficção científica onde a IA é capaz de traduzir com precisão sem nunca ter sido treinada em qualquer material no idioma. Os métodos de "zero-shot", diz ele, resultam em traduções de baixa qualidade, o que significa que essas comunidades serão sempre relegadas ao status de segunda classe e terão que lidar com tecnologias menos eficazes. Além disso, essa abordagem desconsidera a necessidade de digitalizar e preservar o rico patrimônio cultural contido nessas línguas.

A Lesan não está sozinha. Há iniciativas semelhantes em curso por toda a África. A Ghana NLP é uma organização sem fins lucrativos que criou aplicativos de tradução para vários idiomas falados na África Ocidental, incluindo Tui, Ga, Dagbani, Iorubá, Quicuio e Luo. Eles não só permitem a tradução entre esses idiomas e o inglês, mas entre um e outro, e suporta o reconhecimento de fala em vários deles. A Ghana NLP recebeu apoio do Google, da Microsoft e da Universidade de Harvard.

Instituições internacionais de financiamento e agências governamentais de desenvolvimento deveriam investir mais forte nesse tipo de iniciativa e na integração de tecnologias de tradução incluídas nos tutores de IA e aplicativos educacionais. Ruanda, por exemplo, está realizando um estudo para avaliar sua prontidão para introduzir a IA na educação, com o apoio da UNESCO. É um modelo que deve inspirar outros países de baixa renda. Mas a própria história de Teka Hadgu mostra algumas das dificuldades a serem superadas para cumprir a promessa da IA em muitos países em desenvolvimento: ele credita seu sucesso à escola seletiva especial que frequentou em Tigré, onde apenas 60 alunos de toda a região eram admitidos anualmente. Essa escola oferecia um ambiente onde "não precisávamos nos preocupar com comida ou roupas, as coisas que os alunos na Europa ou na América têm garantidas, e podíamos apenas focar a educação". Essa escola tinha computadores — e professores voluntários da Inglaterra que ensinavam as crianças a usá-los. Isso não ocorre na maioria das escolas em Tigré, nem em muitas outras partes do mundo.

Como já deve estar claro, os professores estão certos: a IA vai transformar profundamente a educação. Porém, isso deve ser motivo de empolgação, não de desespero. A tecnologia representa uma tremenda oportunidade de reformular a maneira como as disciplinas são ensinadas. Ela pode melhorar todos os níveis de escolaridade, desde o jardim de infância até a pós-graduação, e também permitir a educação continuada. Com as políticas governamentais certas, a IA pode ser a chave para a igualdade. Cabe aos educadores descobrirem como aproveitar essas oportunidades com criatividade, trabalhando em parceria com a tecnologia, e não simplesmente proibindo-a. Como em outras profissões, os copilotos de IA simplificarão muitas das tarefas repetitivas e demoradas que consomem o tempo dos professores, mas que não estão diretamente ligadas ao ensino ou ao suporte individual. No geral, os professores se beneficiarão desses avanços tanto quanto os alunos.

É hora de cumprir a profecia de Steve Jobs: colocar a sabedoria de Aristóteles — e de todos os futuros Aristóteles — no bolso de todos aqueles que aprendem e ensinam.

CAPÍTULO 8
ARTE E ARTIFÍCIO

Ao longo da caminhada humana, a criação artística exigiu a combinação de várias habilidades mentais e físicas: não apenas inteligência cognitiva, mas também percepção apurada, inteligência emocional e, muitas vezes, habilidades físicas como as de atletas. Um cantor precisa treinar a voz para afinar as notas, um músico precisa desenvolver memória muscular para tocar as cordas, e um pintor precisa desenhar bem e dominar o pincel.

Isso começou a mudar no século XIX, com a invenção da fotografia. Como o filósofo Walter Benjamin observou: "Pela primeira vez no processo de reprodução pictórica, a fotografia libertou a mão das funções artísticas mais importantes que, doravante, recairiam apenas sobre o olho que olhava dentro da lente". Nas últimas décadas, os softwares afastaram ainda mais a arte das mãos humanas, permitindo aos computadores lidarem com alguns aspectos da criação — do GarageBand da Apple ao Photoshop da Adobe. Mesmo assim, artistas e músicos habilidosos conseguem tirar muito mais proveito dessas novas ferramentas do que um leigo. David Hockney faz mais com um iPad do que a maioria de nós. Mesmo a primeira geração de vídeos deepfake, criados por IA, exigia conhecimento técnico e trabalho de pós-produção qualificado.

Os modelos de IA generativa de hoje vão muito além, distanciando radicalmente ideia e execução. A fotografia ainda requer habilidades além da imaginação; um bom fotógrafo detém as habilidades para enquadrar a cena, capturar a luz e a profundidade de campo e possui um senso de tempo impecável. A IA generativa não requer nada disso. O olho da mente é tudo o que importa. A IA consagra, ainda mais do que as tecnologias anteriores, a primazia do conceito na cadeia de valor da criação. E, como em muitas aplicações da IA, é a amplitude da tecnologia que a faz ser tão deslumbrante.

Nenhuma forma de arte ficará de fora. Os geradores de imagem a partir de texto criam todo tipo de ilustração — de desenhos animados a obras impressionistas e fotorrealistas — com apenas um prompt de fala. Analogamente, na música há tecnologias como o MusicLM do Google, o Stable Audio da Stability AI e o Jukebox da OpenAI. O software Gen-2 da Runway cria vídeos completos a partir de prompts textuais, enquanto LLMs como GPT-4 e Claude escrevem contos e poesia. Essas ferramentas transformarão radicalmente a produção cultural e o entretenimento.

Como em outras áreas, essa transformação produzirá efeitos transversais: veremos o boom da produção de conteúdos de arte e entretenimento, pois mais pessoas terão acesso a meios de expressão artística. No entanto, essa democratização radical possivelmente dará mais poder àqueles que controlam a curadoria, distribuição e comercialização de conteúdo. Separar o joio do trigo será mais difícil do que nunca.

A IA também levanta profundas questões sobre a natureza da criatividade. Como veremos, a IA generativa atual é capaz de replicar aspectos da criatividade humana, embora não se iguale à nossa capacidade criativa. Quando se trata de arte, como em muitos campos, a IA será uma colaboradora, não uma substituta. Os artistas humanos e sua engenhosidade continuarão sendo vitais e superiores. A IA aumentará o valor de manifestações artísticas físicas que não podem ser replicadas facilmente: escultura, cerâmica, sopro de vidro, arquitetura, teatro e performances ao vivo. Pela mesma razão, é provável que a IA também aguce nosso apreço pela arte de vanguarda. A singularidade dessa arte dificulta a replicação da IA, exceto por acidente, embora alguns escritores e artistas visuais já estejam usando a IA no processo de criação de obras que desafiam convenções — e a nós.

No passado, momentos de profunda ruptura tecnológica e social geraram renascimentos artísticos. Como a IA talvez seja a tecnologia mais disruptiva já criada, devemos aguardar com entusiasmo o que os artistas humanos criarão em resposta.

A EQUAÇÃO DE ALTMAN

No final de 2023, Sam Altman, da OpenAI, postou no X (antigo Twitter): "Toda coisa 'criativa' é uma reinterpretação de coisas que aconteceram no passado, com um pouco a mais e multiplicada pela qualidade do ciclo de feedback e pelo número de iterações. As pessoas acham que devem maximizar esse 'pouco a mais', mas o segredo é maximizar os outros dois fatores". Muitos artistas, filósofos e críticos da cultura "tech bro" do Vale do Silício criticaram Altman por esse reducionismo pseudomatemático. Mas sua premissa básica, de que a criatividade é muito menos sobre uma centelha da invenção e muito mais sobre a recombinação de ideias anteriores, não é original, como Altman prontamente reconheceu. É uma ideia endossada por muitos especialistas em criatividade. David Eagleman, neurocientista da Universidade de Stanford, coautor de um livro sobre criatividade humana com o compositor Anthony Brandt, argumenta que toda a criatividade pode ser reduzida a uma das três ações aplicadas a artefatos que as gerações anteriores criaram: dobrar, misturar ou quebrar. Eles também argumentam que o cérebro só pode alterar "o que ele já conhece", pois as invenções não surgem do nada. "Como os diamantes, a criatividade resulta de pressionar a história para obter novas gemas", dizem Eagleman e Brandt. Ou, como o romancista Michael Chabon coloca de forma direta no documentário *Como o Cérebro Cria*, baseado no trabalho de Eagleman e Brandt: "Originalidade é bobagem".

A validade da declaração de Chabon é discutível, mas está claro que a IA não consegue dobrar, misturar ou quebrar tão bem quanto nós. A maioria das IAs generativas é treinada em dados históricos e, em seguida, o modelo de IA os interpola entre os pontos de dados em seu conjunto de treinamento, combinando elementos. Em matemática, a interpolação é a adição de novos pontos de dados a um gráfico que fica entre os já existentes. Pense em um livro de colorir infantil: a interpolação seria como conectar os pontos e colorir as formas criadas pelas linhas resultantes.

Na tipologia de criatividade de Eagleman e Brandt, esse tipo de interpolação se alinha principalmente às ações de dobrar e misturar. Por exemplo, a IA é habilidosa numa tarefa conhecida como *transferência de estilo visual*: a foto de uma rua em Nova York, mas renderizada nas cores e estilo de *Noite Estrelada* de Van Gogh. Ou uma foto do seu rosto mesclada com um personagem de anime ou um vilão de filme de terror gótico. Milhares de aplicativos para smartphone surgiram com base nesse princípio.

A IA de hoje também é razoável em algumas das *misturas* de Eagleman e Brandt. Por exemplo, a adaptação intencional de Norman Rockwell da pose do profeta Isaías, pintada por Michelangelo no teto da Capela Sistina, para retratar Rosie, a Rebitadeira. Com o prompt certo, a IA generativa de hoje poderia replicar essa composição. (A inspiração para misturar essas imagens em especial ainda teria que vir de um cérebro humano.) O modelo de IA Gen-1 da Runway permite pegar um vídeo e trocar um elemento da cena — pode ser uma pessoa, objeto ou cenário — por elementos gerados por IA. Resignificar um objeto, método ou técnica também é uma forma de mistura.

Os LLMs têm alta pontuação em testes de criatividade que envolvem sugestões para reaproveitar objetos, como o Teste de Usos Alternativos (AUT), que o psicólogo J. P. Guilford desenvolveu em 1967. Testando vários modelos de IA no AUT em 2023, os pesquisadores perceberam que eram tão criativos quanto qualquer pessoa. Apenas 9% das pessoas pontuaram mais do que o modelo de IA mais criativo, o GPT-4, que também pontuou no percentil 99, melhor do que a maioria dos humanos, em um indicador mais amplo de criatividade: os Testes de Pensamento Criativo de Torrance.

QUEBRANDO O MOLDE

Enquanto a IA consegue lidar com alguns aspectos da mistura e dobra, ela escorrega quando se trata de quebrar. A quebra envolve desmantelar um todo unificado. Muitas vezes, também envolve colocar as peças quebradas em um contexto ou arranjo diferente. Um exemplo, para Eagleman e Brandt, seria a metonímia, a representação do todo pela parte ("rodas" para carros; "ternos" para empresários). Eles também destacam a maneira como Bach, em sua Fuga em Ré Maior de *O Cravo Bem Temperado*, introduz seu tema principal apenas para romper as últimas quatro notas, que se tornam um motivo que permeia o restante da peça. Os sistemas de IA de hoje raramente quebram as coisas assim, e quase nunca sem um estímulo humano. Isso ocorre porque a quebra não envolve interpolação, na qual os modelos generativos de IA de hoje se destacam, mas extrapolação — a projeção de um conjunto de dados aponta para um local distante fora do gráfico representado pelos dados de treinamento da IA. Extrapolação equivale a colorir fora das linhas. Assim, se um modelo de IA nunca viu um exemplo do que o prompt solicita, ele normalmente não produz o resultado esperado.

Além disso, para quebrar algo, você precisa entender antes o que é o todo e suas partes, algo que os psicólogos cognitivos chamam de *composicionalidade*, e que escapa aos atuais sistemas de IA baseados em aprendizado profundo.

Para ilustrar a quebra, Eagleman e Brandt usam o exemplo do *Obelisco Quebrado* do artista moderno Barnett Newman, uma escultura em aço corten representando um obelisco rompido horizontalmente, com a parte quebrada invertida e equilibrada na ponta de uma pirâmide. Fiz algumas tentativas de criar uma imagem semelhante no Midjourney usando o nome e o título da escultura no prompt, mas a IA não deu conta, por mais que eu tentasse. O DALL-E da OpenAI também teve dificuldades. Simplesmente não há imagens suficientes de obeliscos invertidos nos dados de treinamento desses modelos de IA para que consigam recriar um com precisão. Também não entendem o que é um obelisco e, portanto, não conseguem definir quais elementos são necessários.

Por exemplo, embora o DALL-E tenha invertido o obelisco, ele também inverteu o solo, criando uma imagem com o chão em cima e embaixo. Essa incapacidade de lidar com a composicionalidade também torna esses geradores de imagem menos úteis: o DALL-E 3 não consegue retratar um pintor sem barba, não importa de quantos modos se especifique que o pintor esteja "barbeado", "sem barba" ou "sem pelos faciais". Barba e bigode são inseparáveis da sua concepção de pintor.

Ou seja, os sistemas de IA generativa não são treinados para quebrar convenções. Na verdade, seus dados de saída são a própria definição disso. Eles são treinados para retornar exemplos próximos ao modo estatístico ou modos de distribuição de dados nos quais foram treinados. Ou seja, os exemplos mais frequentes em um conjunto de treinamento têm maior probabilidade de serem replicados. Em um exemplo chocante, que retomaremos no Capítulo 11, quando os pesquisadores solicitaram ao Midjourney o retrato de "um médico negro africano cuidando de uma criança branca que sofre", a IA falhou em 299 das 300 tentativas, invertendo os papéis. Simplesmente havia poucas imagens de médicos negros tratando crianças brancas nos dados de treinamento.

Os LLMs, por sua vez, são treinados para prever a próxima palavra mais provável em uma frase. Mas uma boa escrita criativa geralmente envolve encontrar a próxima palavra mais *improvável*, mas que ainda preserve o significado da frase. Os modelos de IA não conseguem fazer isso porque não têm compreensão explícita nenhuma do que dizem — apenas um conjunto de correlações armazenadas em suas redes neurais. Isso explica por que, mesmo solicitando-se explicitamente para "não usar clichês", os modelos de IA generativa têm dificuldade. Eles não entendem o que *não* deveriam estar fazendo. Pesquisadores da Universidade de Columbia e da Salesforce solicitaram a especialistas literários que avaliassem histórias curtas escritas por chatbots de IA, baseadas em inícios de contos da revista *New Yorker*, comparando-as com versões escritas por humanos. Todas as histórias dos chatbots foram curtas, com metáforas banais, diálogos desprovidos de subtexto e finais nada surpreendentes.

Outros tipos de IA poderiam, em teoria, ser mais originais. Ahmed Elgammal, cientista da computação nascido no Egito e professor da Universidade Rutgers, desenvolveu um tipo de IA que chama de Rede Criativa Adversária (CAN). Ele se inspira no método de IA usado nos primeiros deepfakes. A criação desse tipo de software requer dois modelos de rede neural, um que gera imagens e outro que tenta classificá-las. Elgammal treinou a rede classificadora com o conjunto de dados WikiArt, primeiro para reconhecer se uma imagem era arte ou não, e depois para identificar o estilo da arte. O gerador aprendeu a gerar imagens artísticas em vários estilos.

Mas ele também criou uma função chamada Ambiguidade de Estilo, que força o gerador a produzir imagens que o discriminador ainda considera arte, mas sem associá-las a um estilo específico. Isso fez o gerador produzir uma série de imagens altamente abstratas que eram bastante inovadoras no uso de linha e cor. Elgammal disse que "a máquina capturou a trajetória da história da arte, que corre em direção à abstração". O problema é que isso implica que apenas imagens abstratas podem ser verdadeiramente originais. A afirmação de Elgammal também não é muito adequada. É verdade que a arte, ao longo dos últimos 150 anos, fugiu da representação pura. No entanto, o caminho que a arte seguiu não se limitou à abstração. Seria mais correto dizer que o destino da arte tem sido o intelectualismo, onde a ideia por trás da obra é tão ou mais importante do que suas qualidades estéticas.

Outra maneira de produzir um sistema de IA mais criativo seria dispensar completamente os dados de treinamento gerados por humanos. A DeepMind criou uma IA que funcionava assim. Chamada MuZero, ela aprendeu jogos como xadrez, damas e Go sem conhecimento prévio, descobrindo regras e estratégias por tentativa e erro. No xadrez, a MuZero redescobriu muitas jogadas que os humanos desenvolveram nos 1.500 anos desde a invenção do jogo. Mas ela foi além, inventando estratégias inéditas e aperfeiçoando um estilo de jogo que quebrava a maioria das regras básicas. Inegavelmente, isso foi transformador. Mas só foi possível porque os jogos têm um "sinal de recompensa" embutido — ganhar o jogo — que ajuda o sistema de IA a dizer se está apresentando táticas úteis, bem como um ambiente bastante restrito para agir — os limites do tabuleiro e as regras do jogo.

Em muitos campos artísticos e criativos, um sinal de recompensa é muito mais difícil de definir, pois o "espaço de ação" da IA pode abranger todo o universo. Isso dificulta o uso da aprendizagem por reforço na arte. Poderíamos, talvez, pedir às pessoas para votar se gostam ou não de uma imagem gerada por IA, como um sinal de recompensa. Mas não é assim que agem os artistas humanos — pelo menos não os grandes. Eles normalmente não dependem de um sinal de recompensa externo para orientar seu trabalho, e certamente não confiam na sabedoria das multidões. Van Gogh vendeu relativamente poucas obras durante sua vida. O romance *Moby-Dick*, de Herman Melville, vendeu apenas 3 mil cópias durante a vida do autor. Os artistas perseveram diante da rejeição porque são motivados por uma convicção interna, não por uma recompensa externa.

MAS ISSO É ARTE?

Um salão lotado na Christie's de Nova York em uma ensolarada, mas fria, manhã de outono. O murmúrio do público inquieto e o farfalhar das páginas do catálogo se esvanecem em um tenso silêncio quando o leiloeiro sobe à tribuna. Ao lado dele, em um cavalete, há um retrato aparentemente inacabado de um homem, vestindo roupas vagamente reminiscentes da Europa do século XVII. É difícil dizer ao certo. A imagem está estranhamente distorcida; a cabeça está tão alta na tela que foi parcialmente cortada, e o rosto está borrado. A imagem está montada em uma moldura dourada clássica. A única garantia de que não é uma obra inacabada de um mestre holandês achada num brechó é a assinatura: não é um nome, mas um algoritmo matemático. O quadro se chama *Retrato de Edmond de Belamy*, e não é uma pintura. É uma estampa sobre tela, criada por um coletivo de arte parisiense chamado Obvious Art usando IA.

O leiloeiro inicia o pregão em US$7 mil. Os lances disparam. Às dezenas. O preço rapidamente atinge U$10 mil. Então US$50 mil. US$100 mil, e não para por aí. O clima é de alvoroço: US$150 mil. US$175 mil. Mais lances chegam pelo site da Christie's e pelo telefone. Por US$200 mil, apenas um homem ainda está com a mão levantada, porém ele está competindo contra dois lances por telefone e mais um online. Quando o valor ultrapassa os US$250 mil, ele abaixa a mão. Agora, restam apenas dois: um online e um ao telefone, ambos da França. Em U$350 mil, o colecionador online abandona a contenda. BAM! O leiloeiro bate o martelo após sete minutos de disputa. Com as taxas, o valor final é de US$432.500 — 43 vezes a estimativa inicial.

A venda de *Edmond de Belamy* em 25 de outubro de 2018 deixou críticos e historiadores perplexos, lamentando a morte da arte. Dentro de alguns anos, essas cenas deixarão de ser manchete. Softwares fáceis de usar estão tornando as imagens geradas por IA onipresentes, e elas ocuparão cada vez mais páginas nos catálogos de leilão. No entanto, isso não encerra a discussão se o que a IA faz pode ser considerado arte.

Se a arte está nos olhos de quem vê — ou, talvez mais cinicamente, nos olhos de quem compra — então a resposta pode ser sim. Em essência, é o mesmo padrão usado no Teste de Turing — se o público não sabe distinguir a produção da IA da humana, ou se não se importa, então é arte. Conforme exploramos no Capítulo 1, o processo é completamente desconsiderado nesta avaliação. O impacto é tudo o que importa.

Os geradores de imagens de IA atuais produzem peças tão belas que muitas vezes são indistinguíveis de obras parecidas criadas por humanos. É provável que essas imagens também emocionem os espectadores, considerando a perspectiva estética. É o que de fato Elgammal verificou quando pediu às pessoas, incluindo especialistas em história da arte e artistas, que avaliassem as obras criadas por seu software CAN. A maioria achou que a produção era inovadora, esteticamente agradável e indistinguível da arte humana. Então, para Elgammal, aquilo era arte.

Mas se alguém assume uma posição contrária, de que o que define a arte é somente a intenção do criador, então qualquer coisa gerada puramente por IA não é arte, pois lhe falta intenção, vivência e, principalmente, experiência emocional. Nesse aspecto, o efeito sobre o público é irrelevante; apenas a influência e a intenção do criador importam. Um modelo de IA poderia criar "uma música superficialmente indistinguível de um original, mas que não deixa de ser uma replicação, uma espécie de burlesco", escreveu o roqueiro australiano Nick Cave em seu blog, onde critica a inautenticidade das músicas geradas por LLM. Na opinião de Cave, "as músicas advêm do sofrimento" e "até onde eu sei, os algoritmos não sentem. Os dados não sofrem. O ChatGPT não tem um ser interior, não esteve em lugar nenhum, não suportou nada, não teve a audácia de ir além de suas limitações e, portanto, não tem a capacidade de uma experiência transcendente compartilhada, pois não tem limitações para transcender". Na visão de Cave, mesmo um humano usando um LLM como ferramenta não resultaria em expressão artística, uma vez que o humano usou o modelo de IA para encurtar o trabalho árduo; "o sofrimento" de descobrir como expressar uma ideia é o que, para ele, constitui a essência da arte.

Mas a definição de arte de Cave vai longe demais. A famosa obra de vanguarda "pré-fabricada" *Fountain*, geralmente atribuída ao artista Marcel Duchamp (recentemente contestada), claramente era arte, embora Duchamp, ou quem quer que a tenha submetido à mostra da Sociedade Americana de Artistas Independentes de 1917, onde foi rejeitada, não tivesse precisado mexer nem um dedo para criar o tal mictório. O trabalho — "o sofrimento", na formulação de Cave — consistiu em conceber a ideia, escolher qual mictório usar e assiná-lo sob o pseudônimo "R. Mutt, 1917". Todas essas decisões humanas levam o mictório de objeto mundano a arte. O caso de *Edmond de Belamy* é semelhante: os artistas do grupo Obvious tiveram que decidir qual método de IA usar, com quais imagens alimentar o algoritmo, qual saída selecionar e como intitular e assinar.

Alguns artistas lamentam que muitas pessoas não consigam distinguir uma imagem gerada por IA de uma pintada manualmente, ou uma música gerada por IA e outra advinda do sofrimento de Cave. Além disso, também lamentam que tão poucas pessoas se importem. Bem, já passamos por isso antes, e a arte sobreviveu. Walter Benjamin, ao escrever sobre o impacto da fotografia e da litografia nas artes visuais, argumentou que a facilidade de reprodução reduzia a "aura" de uma imagem. Benjamin definiu isso como o elo único entre uma obra de arte e o ato de criação, o propósito da criação e o lugar onde a arte é exibida, os quais contribuíam no impacto emocional. Mas, embora a reprodução reduzisse a aura das cópias, ela também poderia ampliar a aura do original. Somente vendo uma pintura pessoalmente é que se pode ter a noção de sua tridimensionalidade, das pinceladas, cores e escala. Basta ir ver a *Mona Lisa* no Louvre para provar esse ponto; a reprodução onipresente não diminuiu o desejo das pessoas de ver a pintura pessoalmente — de experimentar sua aura, como diria Benjamin.

É provável que a IA aumente a importância da arte física: pinturas exibidas em galerias e, mais ainda, esculturas, cuja tridimensionalidade não é facilmente capturada em imagens digitais criadas pela IA. A música ao vivo, mais popular do que nunca na era do Spotify e do Apple Music, certamente ganhará ainda mais destaque. A IA não consegue replicar a conexão entre o artista e o público num evento ao vivo — mesmo se começarmos a replicar bandas populares do passado com avatares digitais, como o ABBA fez no bem-sucedido show teatral *Voyage*, em Londres. O desafio é maior para a arte digital que não tem representação física. A crescente presença da arte feita por IA pode reavivar a popularidade dos Tokens Não Fungíveis (NFTs), em que uma obra de arte digital original tem uma assinatura criptográfica que garante sua exclusividade.

O CASO DA COLABORAÇÃO ENTRE IA E HUMANOS

A IA pode não criar arte de forma independente, mas está abrindo novos caminhos para a expressão artística por meio da colaboração homem-máquina. Vários autores de ficção já usam chatbots no processo de escrita. O romancista britânico Ajay Chowdhury usa o ChatGPT como um parceiro de brainstorming; ele não permite que componha a prosa, apenas pede sua ajuda em alguns pontos da trama. "Eu digo a ela: 'Ei, estou meio enrolado aqui, me dê umas ideias'. E ela é fantástica nisso", diz ele. Em um de seus recentes livros, o protagonista ficou trancado num galpão e Chowdhury não conseguia imaginar como seu personagem daria uma de MacGyver para se safar de forma inovadora e surpreendente. O ChatGPT lhe deu ideias, incluindo uma em que o personagem desmontava o galpão com uma ferramenta encontrada ali, uma saída que o escritor não havia considerado.

Ele também escreveu um livro infantil e queria transformá-lo em graphic novel, embora não soubesse muito bem como. Então, pediu ao ChatGPT para ajudá-lo com o storyboard, incluindo possíveis imagens. Ele esboçou o storyboard com descrições detalhadas do estilo cinematográfico para uma "montagem de flashback", além de vários ângulos e enquadramentos de cena. "Eu acho que isso me dá mais poder, porque está me permitindo liberar minha criatividade em um gênero e um formato com os quais eu nunca trabalhei antes", diz ele. Para produzir o livro, Chowdhury ainda pretende chamar um ilustrador profissional. O papel da IA generativa aqui é ajudar o escritor — e, mais importante, os potenciais editores — a visualizar como a história pode ser contada. Ajuda a desenvolver a ideia, e não a executar o produto final.

Outros escritores vão além, permitindo que a IA componha partes do texto. Hannah Silva escreveu o livro de memórias experimental *My Child, the Algorithm*, no qual usou o GPT-J, um modelo de linguagem de grande escala criado pelo coletivo de IA EleutherAI, projetado para imitar as capacidades do antigo LLM da OpenAI, o GPT-2. Ele conseguia compor passagens relativamente curtas de prosa coerente em uma variedade de estilos, mas também se desviava em direções bizarras, criava falácias lógicas e ficava preso na mesma frase ou palavra. Silva é uma poeta que trabalha na linha da poesia encontrada, onde se seleciona, monta e justapõe trechos de textos de jornais, revistas, outdoors, e-mails ou conversas gravadas. A técnica usada em *My Child, the Algorithm* foi semelhante, justapondo pedaços de texto do GPT-J com a sua própria escrita. Tudo que foi escrito pelo GPT-J está em itálico, para que o leitor possa identificar. O livro de memórias é uma reflexão sobre ser mãe solo de uma criança pequena e sobre as experiências de Silva com namoro e relacionamentos. O LLM também serviu como um contraste contra o qual as ideias sobre aprendizagem e ensino, inteligência e amor puderam ser projetadas, refletidas e refratadas. O método de Silva consistiu em experimentar usando trechos de sua escrita como prompts para o GPT-J, ajustando manualmente as configurações do modelo, inclusive a "temperatura" da resposta — uma métrica que determina o quanto a resposta do modelo pode se desviar da mais provável. Portanto, uma temperatura mais alta significa uma resposta mais "fora da caixa" e incomum. Os chatbots mais recentes geralmente não oferecem esse controle nas versões para o público comum. Silva também selecionou cuidadosamente as respostas do modelo.

"Eu deixei funcionar de maneiras diferentes ao longo do livro", diz ela sobre a prosa do GPT-J. "Às vezes funciona um pouco como subtexto. Pode dizer coisas às quais eu mesma não daria voz." Silva ressalta que as iniciativas para tornar os LLMs "seguros e inofensivos" — o que é considerado importante para aplicações comerciais — fizeram esses modelos de IA serem menos úteis para ela como escritora. "Eles acabaram ficando muito 'melhores', mas também são mais genéricos e muito menos empolgantes para mim como parceiros de escrita", diz ela. Em sua experiência, alguns dos resultados mais criativos e interessantes do GPT-J ocorreram quando o modelo teve algum lapso ou ficou preso repetindo uma frase. Silva tem esperança de que a IA desencadeie uma revolução criativa, onde muitos outros livros sejam criados por pessoas que a experimentam. Ela tem esperança até de que a facilidade de criar histórias de gênero e ficção genérica com a ajuda da IA faça os leitores apreciarem ainda mais uma literatura desafiadora e novos formatos.

Ed Newton-Rex, empresário de tecnologia e compositor, começou a usar a IA como colaboradora musical. Ele usou o GPT-3 na composição de uma letra para coral e piano chamada *I Stand in the Library*, lançada no festival de música clássica online Live From London, em 2022. Newton-Rex também usou a geração de música por IA, achando-a útil no brainstorming para criação dos versos. Para a peça coral, contudo, ele mesmo compôs a música, deixando as letras por conta do GPT-3. A inspiração para escrever para piano e voz, uma novidade para ele, veio depois que o GPT-3 produziu uma letra sobre um piano. "Um dos maiores benefícios é a inspiração que ela traz", diz ele sobre a IA generativa.

A colaboração homem-máquina é mais antiga nas artes visuais, e hoje alguns artistas a consideram um componente essencial de seu estilo. Daniel Ambrosi é conhecido por suas fotografias panorâmicas hiper-realistas em larga escala. Ele combina várias fotos para simular o campo visual, a percepção de profundidade e a sensibilidade à luz, como se o espectador estivesse mais próximo da cena do que a lente é capaz de captar. Ele chama essa prática de "fotografia computacional". Desde 2016 Ambrosi alimenta essas imagens digitais por meio de uma versão personalizada de um modelo de IA desenvolvido pelo Google, chamado DeepDream, que adiciona efeitos visuais sutis, mas marcantes, às suas obras. O DeepDream, que causou grande sensação quando foi lançado em 2015, permite às pessoas pegar uma imagem, alimentar uma rede neural e, em seguida, fazer o software aprimorar os aspectos que mais estimulam um grupo específico de neurônios dentro de uma das 84 camadas da rede neural. É como se você dissesse à rede "O que quer que você veja lá, eu quero mais!", segundo Alexander Mordvintsev, o especialista em aprendizado de máquina do Google que inventou a técnica. As pessoas podem controlar, até certo ponto, como fica a imagem final, ao escolherem a camada que desejam usar nesse aprimoramento. As camadas de baixo processam informações abstratamente, com ênfase em linhas e cores; as camadas de cima focam grupos de pixels que representam elementos, como edifícios, ou bocas e narizes.

Para uma série de fotografias dos jardins ingleses projetados pelo paisagista Lancelot "Capability" Brown, do século XVIII, Ambrosi selecionou camadas do DeepDream que destacam elementos naturais, como cascas de árvores e pedras de edifícios, criando composições em mosaico que remetem a penas de pavão. Após a pós-produção usando o Photoshop e outras ferramentas digitais, Ambrosi imprimiu as imagens em enormes telas que imitam tecido usando tintas térmicas e montando-as sobre caixas de luz que iluminam as obras com LEDs. As imagens resultantes parecem hiper-realistas e ao mesmo tempo surreais, atingindo um efeito pictórico que não é encontrado nas fotografias convencionais.

A chave de seu trabalho, observa Ambrosi, é usar a IA como ferramenta, subordinada à capacidade artística e à tomada de decisões humanas. "Essas ferramentas são inertes, não têm senciência ou motivação. São conduzidas por seres humanos com ideias, e eles têm que organizar os resultados assim como eu, para mostrar a sua visão", diz ele.

Essa visão — isto é, o que o artista está tentando expressar — é primordial para Ambrosi. Como resultado, ele prevê que o impacto da IA no mercado de belas artes será mínimo. Para a maioria dos artistas, já é desafiador ganhar a vida dedicando-se à arte, impulsionados por um desejo interior de se expressar. Alguns poucos afortunados produzem obras que são originais e agradam galeristas e colecionadores. Isso não vai mudar, afirma Ambrosi. Ele se solidariza com ilustradores e fotógrafos comerciais, pois acha que a IA generativa dará um sério golpe econômico neles. Mas ele também acha que esse é um aspecto inevitável do progresso tecnológico.

Embora a IA possa significar menos oportunidades para os artistas comerciais, ela pode oferecer novas oportunidades para as pessoas se tornarem artistas plásticos. Ambrosi diz que quem se graduou em ciências humanas e estudou matérias como literatura e história da arte pode estar em alta demanda, porque é capaz de apresentar as melhores ideias para imagens digitais geradas por IA com coerência histórica e contemporânea, e serão bons em criar prompts que gerem esses resultados. "Essas pessoas podem jamais ter empunhado um pincel ou ter qualquer coordenação olho-mão", diz ele. "Mas eles têm um largo repertório em história da arte. Sabem fazer curadoria. Sabem separar o joio do trigo, e agora têm uma ferramenta que permite criar obras realmente impressionantes."

A tecnologia também pode permitir que pessoas com deficiência criem arte. O pintor norte-americano Chuck Close, parcialmente paralisado e na cadeira de rodas após sofrer uma lesão na coluna vertebral, acabou aprendendo a pintar com pincéis amarrados aos pulsos. Agora, com tecnologias de reconhecimento de voz ou rastreamento ocular, pessoas paralisadas podem ditar instruções e produzir belas obras de arte.

TUDO EM TODO LUGAR AO MESMO TEMPO

A cena: o Dolby Theatre, em Los Angeles, em uma tarde ensolarada de domingo em março, daqui a alguns anos. Uma jovem desce de um carro preto e pisa no tapete vermelho. Ela está usando um vestido vermelho e saltos altos. Parece atordoada com os flashes dos paparazzi, enquanto os fãs ao longo do tapete pedem selfies. De início tímida, ela hesita, mas logo cede para posar. Pouco antes de chegar à porta do teatro, um repórter de televisão a puxa de lado. "Emma, há um ano, quando você estava lá no seu alojamento da faculdade, pensando no enredo de *Star Crossed*, você imaginou que chegaria ao Oscar?" Emma fica corada, a cor de suas bochechas quase combinando com o vestido. "Jamais. Tudo isso foi um sonho que se tornou realidade", responde ela. Mais tarde naquela noite, dentro do teatro, Emma Hoffman sobe ao palco para receber o Oscar de Melhor Diretor. A comédia romântica intergaláctica *Star Crossed* é o primeiro filme a ganhar um Oscar que foi criado inteiramente por uma estudante usando software de IA, sem a assistência de uma equipe de produção — e sem atores.

Isso pode parecer ficção. Mas dentro de cinco anos, será possível criar um longa-metragem de sucesso exatamente assim. A IA generativa reduzirá radicalmente os custos de produção de filmes e músicas, e colocará a produção de arte comercial ao alcance de uma nova geração de criadores, muitos dos quais sem nenhum treinamento formal.

Três grupos se beneficiarão dessa transformação: esses novos criadores, que poderão produzir coisas atrativas e potencialmente conquistar um nicho. Mas, como acontece com os criadores das redes sociais de hoje, esses artistas podem se encontrar à mercê de algoritmos de recomendação baseados em IA ou até mesmo assistentes pessoais de IA controlados por grandes empresas de tecnologia — como TikTok, Meta, Apple, Microsoft ou OpenAI — para se conectar com seus públicos.

O segundo grupo a se beneficiar são as organizações que detêm os direitos de grandes catálogos de conteúdo, como gravadoras, estúdios de Hollywood, bancos de imagem, editoras e possivelmente grandes museus de arte. Eles têm os dados que as empresas de IA cobiçarão cada vez mais — e pelos quais provavelmente terão que pagar — para treinar seus softwares.

Apesar de parecer uma tecnologia disruptiva, a IA pode acabar reforçando o status quo. Embora algumas novas celebridades usem a tecnologia para se destacar, ela será um impulso ainda maior para celebridades já estabelecidas, escritores de best-sellers e músicos no topo das paradas. Eles são o terceiro conjunto de beneficiários deste futuro alimentado pela IA. O reconhecimento que essas celebridades já possuem, junto com seu repertório, será mais valioso do que nunca. Os melhores artistas poderão produzir mais conteúdo em seu estilo único, mais rapidamente e em mais mídias diferentes do que em qualquer outro momento da história. Estão começando a vislumbrar novas oportunidades de extensão de marca: a Meta pagou milhões a celebridades como Paris Hilton, Tom Brady, MrBeast e Snoop Dogg para criar chatbots que usam seus avatares e imitam seus estilos de conversação. O ator James Earl Jones vendeu os direitos de sua voz para a Disney de forma vitalícia. A IA ajudou a ressuscitar a voz de John Lennon para uma última música dos Beatles. A musicista Grimes usou IA para clonar sua própria voz e ofereceu a possibilidade de que qualquer pessoa faça o mesmo, desde que compartilhe com ela os royalties das músicas produzidas dessa forma. Para as celebridades, a IA é uma superpotência de extensão de marca, permitindo o que o jornal *The Economist*, em uma reportagem de capa, apelidou de nascimento do "omnistar".

As pessoas cujos meios de subsistência estarão mais ameaçados são os artistas e atores comerciais. São pessoas habilidosas o suficiente para ganhar a vida com seu ofício, mas cujo talento não é tão singular a ponto de torná-las celebridades. As empresas de tecnologia que desenvolvem IA não vão considerar o trabalho dessas pessoas como único ou importante o suficiente para pagar bem por ele. Elas argumentarão que podem obter dados semelhantes de outras formas. Os artistas podem nem estar na mesa de negociações. Em muitos casos, já venderam os direitos de sua imagem, voz ou filme para uma empresa de videogames, editora, gravadora ou estúdio de Hollywood. As empresas de tecnologia que treinam IA vão querer negociar com essas entidades para comprar catálogos completos de dados. Essa situação provavelmente aumentará a tensão entre atores e músicos e os grandes detentores de direitos, levando mais artistas a formar sindicatos ou associações para negociar dados coletivamente. A artista visual Karla Ortiz, que já trabalhou para Hollywood e empresas de videogames, encabeça um movimento crescente para organizar artistas. Além de processar empresas de IA por violação de direitos autorais — como ela fez —, o objetivo é exigir uma compensação justa.

AMOR E ROUBO

A relação entre arte e roubo vem de longa data. "Bons artistas emprestam, grandes artistas roubam" é uma citação frequentemente atribuída, talvez de forma apócrifa, a Pablo Picasso. David Bowie foi ainda mais direto: "A única arte que me interessa estudar é aquela da qual posso roubar algo". Hoje debate-se muito se a produção da IA é análoga a esse "roubo" artístico ou se representa algo mais legalizado, porém eticamente duvidoso. Está claro que os modelos de IA generativa mais populares de hoje foram treinados sem consentimento, usando grandes quantidades de material protegido por direitos autorais. Também é cada vez mais evidente que esses modelos de IA podem, com os prompts certos, produzir réplicas exatas de trabalhos ingeridos durante o treinamento. As implicações legais disso são complexas e estão longe de serem resolvidas. O tempo da terra sem lei está rapidamente se esgotando para a IA generativa. Embora os tribunais possam decidir que o *treinamento* da IA não infringe direitos autorais ou que o Congresso crie novas isenções legais, as empresas de IA terão que pagar para licenciar dados de treinamento por razões éticas e práticas. Enquanto isso, o problema de *saídas* de IA que violam direitos autorais coloca as desenvolvedoras desses modelos em um dilema jurídico que provavelmente será resolvido com tecnologias de filtragem.

O conjunto de dados exato usado para treinar o GPT-4 é desconhecido, mas sabe-se que seu antecessor, o GPT-3, foi treinado, entre outras coisas, no Common Crawl, um vasto conjunto de páginas de internet que contém uma grande quantidade de material protegido por direitos autorais. Enquanto isso, o Llama LLM da Meta, o GPT-J da EleutherAI, uma versão preliminar do BloombergGPT e muitos LLMs foram treinados em um conjunto de dados chamado de Books3. Ele contém o texto integral de 170 mil livros, em sua maioria publicados nos últimos vinte anos e ainda sob proteção autoral, de acordo com uma investigação que o jornalista e programador Alex Reisner conduziu para a *Atlantic*. O conjunto de dados inclui obras de romancistas populares como Stephen King, James Patterson, Zadie Smith, Jonathan Franzen, Haruki Murakami e Margaret Atwood. O conjunto de dados LAION 5-B, que por si só é derivado do Common Crawl, foi usado para treinar o Stable Diffusion e outros modelos de IA de imagem por texto. Ele contém grandes quantidades de imagens protegidas por direitos autorais de artistas e fotógrafos famosos, como Damien Hirst e Kehinde Wiley, e outros menos conhecidos. Os geradores de música também são treinados em músicas protegidas por direitos autorais.

Os tribunais dos EUA devem decidir se esses modelos de IA infringem direitos autorais em vários casos emblemáticos, e o Escritório de Direitos Autorais dos EUA está avaliando a necessidade de novas leis ou regulamentações. A opinião de especialistas em direitos autorais diverge: alguns acham que os juízes podem interpretar o treinamento de IA generativa como uma violação de direitos autorais, enquanto outros consideram enquadrá-lo como "uso justo" — uma doutrina jurídica que permite o uso de material protegido sem permissão em certas situações.

USO INJUSTO

Alguns estudiosos, no entanto, argumentam que estender o uso justo ao treinamento de IA seria antiético. O uso justo, como argumentou o jurista de Harvard Benjamin Sobel em um influente artigo de 2017, baseia-se em princípios de justiça distributiva. Ele tem sido aplicado principalmente nos casos em que seu efeito redistribui o poder daqueles que já o têm de sobra — grandes corporações detentoras de direitos ou artistas de sucesso — para os pequenos. Mas a IA, observa Sobel, inverte essa lógica. Nesse caso, os direitos autorais de milhares de artistas itinerantes estão sendo violados, enquanto os maiores beneficiários da violação são gigantes da tecnologia e startups bem financiadas. Isso soa mais como um *uso injusto*. Sobel defende que o uso justo não deve ser estendido a empresas de tecnologia que treinam softwares de IA.

A ideia de que o uso não consensual de dados possa estar consagrado no cerne de nosso mundo futuro preocupa profundamente Neil Turkewitz, ex-executivo da Associação Americana da Indústria de Gravação, que emergiu como um dos principais críticos da violação de direitos para treinamento de IA. Turkewitz alega que todos nós erramos no início da era das redes sociais. Jamais deveríamos ter permitido que o registro digital de nossa personalidade — tudo, desde nossas fotos, relatos e conexões sociais, até nossos históricos de trabalho e registros médicos — fosse roubado por grandes empresas de tecnologia, sem qualquer compreensão real do que estávamos dando a elas. Ele sustenta que devemos ser mais conscientes desta vez e colocar o "consentimento claro e livre" no cerne do nosso novo futuro mediado pela IA. Os criadores devem poder optar se querem incluir seu trabalho em conjuntos de treinamento da IA. Turkewitz diz que se aceitarmos qualquer coisa a menos do que isso, estaremos construindo nosso admirável mundo novo sobre um alicerce de roubo e exploração.

Proeminentes estudiosos do direito apontam que apenas uma nova legislação pode oferecer soluções. Mark Lemley, diretor do Programa de Direito, Ciência e Tecnologia da Universidade de Stanford, diz que o Congresso deveria criar um direito à "aprendizagem justa", que permita aos sistemas de IA serem treinados em material protegido por direitos. Insistir que as empresas de tecnologia obtenham permissão de todos os detentores de direitos em vastos conjuntos de dados seria impraticável, diz ele, e frustraria a inovação nos EUA. Enquanto isso, defensores dos artistas e detentores de direitos autorais têm pressionado o Congresso a fazer exatamente o oposto: proibir explicitamente o uso não consensual de material protegido para treinamento.

Outros países — incluindo Taiwan, Israel, Cingapura, Coreia do Sul, Reino Unido e os 27 estados membros da União Europeia — já criaram isenções à lei de direitos autorais para a mineração de dados. Mas juristas discutem se as definições de mineração de dados dessas leis, a maioria anteriores ao ChatGPT, abrangeriam a IA generativa. O Japão foi mais longe, liberando explicitamente o uso de obras protegidas para treinar a IA generativa.

Igualmente controverso é definir se as pessoas ou empresas podem deter direitos autorais sobre obras geradas por IA. Até agora, o Escritório de Direitos Autorais dos EUA se recusou a concordar, dizendo que apenas obras criadas por humanos podem ser protegidas.

O que é certo é que regras claras são urgentemente necessárias. Essa clareza é do interesse das empresas de IA e dos artistas; uma abordagem puramente de direito comum, em que as decisões sobre o uso justo são tomadas por juízes caso a caso, não oferece clareza. Por mais que eu seja solidário com os artistas, em última análise, faz pouco sentido proibir o uso de material protegido por direitos autorais no treinamento da IA. Os EUA deveriam se inspirar em outros países e estabelecer uma disposição de "uso justo" como uma questão legal. Em troca do uso não consensual de seus trabalhos, os artistas poderiam ser compensados por meio de um imposto pago por quem constrói e distribui modelos de IA generativa. Esse dinheiro poderia formar um fundo do qual os detentores de direitos poderiam solicitar um valor fixo por cada obra protegida, ou os recursos poderiam ser destinados a instituições de caridade que apoiam o trabalho dos artistas. Uma vantagem desse sistema é que ele pode impedir as empresas de tecnologia de fechar acordos individuais com os detentores de direitos. Há precedentes para isso. A Lei de Gravação de Áudio Doméstico, de 1992, permitiu que fabricantes de tecnologias de gravação digital evitassem processos por violação de direitos autorais mediante o pagamento de taxas a músicos e gravadoras. Embora tal sistema abranja o treinamento em IA, as saídas com intenção de imitar explicitamente algum artista para fins comerciais deveriam exigir o consentimento desse artista.

À medida que a IA se consolida como uma ferramenta criativa para artistas humanos — como um novo pincel, piano ou caneta — também faria sentido estender a proteção de direitos autorais para casos em que um criador humano e a IA se envolvam em extensa colaboração para produzir um trabalho.

CERCANDO A INTERNET

Enquanto os governos hesitam em atualizar as leis de direitos autorais, os próprios detentores desses direitos estão criando barreiras digitais que impedem o acesso dos sistemas de IA ao seu conteúdo na internet sem permissão. Muitas agências de notícias começaram a barrar o acesso de bots aos seus sites para coletarem dados para empresas como a OpenAI. Em outros casos, estão introduzindo protocolos projetados para impedir todos os robôs de raspagem. No entanto, esses métodos também podem impedir que seus sites apareçam nas pesquisas do Google. Enquanto isso, muitas plataformas de e-commerce têm recorrido a desafios CAPTCHA para dissuadir os bots que vasculham a web.

Alguns artistas estão indo ainda mais longe e aplicando "máscaras digitais" nas imagens de suas obras, tornando-as inúteis para modelos de IA. Ben Zhao, professor de ciência da computação da Universidade de Chicago, ajudou a criar uma ferramenta baseada em IA chamada Glaze, que pode ajudar a proteger obras de arte. Em vez de simplesmente erguer proteções em torno do conteúdo de um artista na web, o Glaze atua como um marcador de gado — os ladrões ainda podem roubar as vacas, mas a marca torna mais difícil obter lucro com elas. O Glaze leva o modelo de IA a classificar uma imagem como dotada de um estilo de arte muito diferente. O modelo pode ingerir um desenho a carvão, por exemplo, mas classificá-lo como uma pintura expressionista abstrata. Isso torna impossível usar o nome do artista como um prompt para gerar obras semelhantes ou usar suas imagens para calibrar um modelo de IA conforme o estilo desse artista. O Glaze faz alterações sutis nas imagens digitais, quase imperceptíveis ao olho humano, que causam esse erro de classificação.

Zhao foi ainda mais longe, criando um software chamado Nightshade. Ele não apenas mascara o trabalho do artista, mas também envenena todo o modelo, comprometendo sua capacidade de responder de forma confiável a prompts sobre objetos e estilos artísticos, não só com o nome do artista. Se o Glaze é um pouco como marcar seu gado, o Nightshade é como uma armadilha com urânio-235. Quanto mais imagens corrompidas pelo Nightshade o modelo ingerir, pior ele ficará.

Com mais de 1,5 milhão de downloads, o Glaze está se alastrando como uma prática padrão para artistas que publicam online. Zhao diz que as escolas de arte estão começando a ensinar os alunos a usá-lo, e tem ido a eventos sobre arte digital para divulgar o software. Logo, logo, imagens suficientes serão camufladas ou envenenadas pelo Nightshade, forçando as empresas de tecnologia a negociar compensações.

Zhao foi convidado a criar ferramentas semelhantes para outros tipos de obras, como música e literatura. Contudo, os mesmos métodos não são tão facilmente aplicáveis, o que exige novas abordagens.

Mesmo que os tribunais ou legisladores implementem um padrão de "aprendizado justo" para o treinamento de IA, muito em breve esses "dispositivos antirroubo" digitais — combinados à preocupação com a violação de direitos autorais — forçarão as empresas de tecnologia a licenciar os dados. Essas negociações poderão até ser controversas, mas a era da construção de modelos a partir de dados gratuitos acabou.

RUMO À ARTE AVANÇADA

As iniciativas experimentais de escritores como Chowdhury e Silva, músicos como Newton-Rex e artistas como Ambrosi mostram que temos menos a temer do que alguns críticos afirmam. A IA não pode, como já argumentei, realmente produzir arte — apenas nós, com nossas intenções e motivações intrínsecas, emoções e experiências vividas, somos capazes de produzi-la. Quanto às habilidades criativas da IA, elas ainda são insignificantes em comparação às nossas. Isso abre muito espaço para colaborações entre humanos e IA, assim como em muitas outras profissões. Chame isso de *arte avançada* — termo inspirado no "xadrez avançado", cunhado para descrever partidas de xadrez em que os oponentes humanos podem consultar softwares de apoio.

Seria exagero nos declararmos à beira de um novo Renascimento nas artes, mas estamos longe de uma nova Idade das Trevas de inautenticidade e pastiche. A colagem e o remix, a homenagem e o mashup estão em ascensão na arte há mais de um século, sem ofuscar a invenção de novos estilos e formas. Cada nova tecnologia — da tinta a óleo à câmera e aos sintetizadores — permitiu novas formas de expressão artística. A inteligência artificial continuará este ciclo, não o encerrará.

CAPÍTULO 9
UM MICROSCÓPIO PARA DADOS

De todos os impactos da IA, talvez nenhum seja tão incrivelmente positivo quanto seu efeito na ciência, na medicina e na saúde. A IA é uma ferramenta tão transformadora quanto o telescópio e o microscópio foram. Assim como eles nos permitiram estudar fenômenos muito distantes ou pequenos, abrindo nossos olhos para campos da ciência inteiramente novos, a IA nos permitirá ver padrões em dados muito complexos ou sutis, que antes escapavam ao nosso discernimento. Na última década, novos instrumentos e métodos científicos — do sequenciamento do genoma até o radar de abertura sintética e os aceleradores de partículas de alta energia — permitiram que os pesquisadores coletassem mais dados do que nunca. E muitos são simplesmente grandes demais para analisarmos sem a IA.

Não só os dados brutos são gigantes, mas a quantidade de artigos científicos tentando analisá-los também. O PubMed, um conhecido repositório de artigos médicos e de ciências da vida, recebe mais de um milhão de artigos por ano, um a cada dois segundos. Em todas as áreas científicas, milhões de artigos são publicados por ano. A disparidade entre a quantidade de novos dados gerados e nossa habilidade de entendê-los pode explicar por que o progresso na ciência está desacelerando, apesar do aumento no número de pesquisas publicadas. A IA é fundamental para reverter essa tendência, ajudando-nos a separar o joio do trigo e apontando as pesquisas que mudarão radicalmente nosso pensamento e nossas vidas. Uma IA que possa ingerir esses documentos, resumi-los e encontrar padrões ou conexões ocultas será o único meio de extrair valiosos insights.

Ao usar a IA em novos dados, podemos descobrir materiais para baterias que ajudem no combate às mudanças climáticas, aumentem a produção agrícola sem agrotóxicos e criem novos tratamentos para doenças. Além disso, ao combinar a IA com uma nova geração de dispositivos vestíveis e exames de sangue, poderemos personalizar tratamentos médicos como nunca antes.

A IA está sendo aproveitada em disciplinas científicas e sociocientíficas, examinando o cosmos em busca de buracos negros, orquestrando o controle de reatores de fusão nuclear experimentais, decifrando textos antigos, descobrindo antigas metrópoles perdidas na Amazônia, interpretando exames médicos e ajudando os médicos a usarem informações genômicas e biomarcadores em tratamentos individualizados. A IA também está subvertendo a própria prática científica — destronando a centralidade das hipóteses e teorias em alguns trabalhos científicos, enquanto decodifica padrões ocultos que nos levarão a novas teorias.

Sim, há riscos. Os dados são vastos, mas imperfeitos. Existem falhas causadas por preconceitos históricos, como poucos estudos com participantes de diferentes origens raciais ou mulheres, além das limitações de nossos instrumentos. Devemos estar cientes dessas falhas quando construímos os softwares de IA. Essa tecnologia não é uma varinha mágica. Os oásis de insight que ela revela às vezes podem ser miragens. E sim, os mesmos métodos que levarão a novas curas podem, nas mãos erradas, ajudar a projetar armas biológicas ou substâncias tóxicas. Mas, em nenhum outro domínio, a IA está tão propensa a gerar progresso.

OS DESDOBRAMENTOS DA VIDA

Seul, Coreia do Sul, março de 2016: dois homens, encapotados para se proteger do frio noturno, caminham juntos pelas ruas abarrotadas de gente. À sua volta, letreiros de neon piscam nas fachadas dos restaurantes, chamando a atenção, mas, engajados em uma conversa animada, eles parecem alheios ao entorno. Ainda assim, é um passeio para comemorarem. Após anos de trabalho árduo, vieram a Seul com uma missão e foram bem-sucedidos. Sua conquista lhes garantirá um lugar na história da ciência da computação: criaram um software de IA capaz de jogar o antigo jogo de estratégia Go com tanta habilidade que derrotou facilmente o melhor jogador do mundo, o sul-coreano Lee Sedol.

O Go é um jogo que parece simples; é composto de peças pretas e brancas distribuídas em um tabuleiro com dezenove por dezenove quadrados, mas é diabolicamente difícil de dominar — com muito mais combinações de movimentos do que o xadrez — na verdade, excedendo o número de átomos no universo. Para vencer, um sistema de IA não pode apenas analisar todos os movimentos possíveis e escolher a melhor opção, como no xadrez; ele precisa desenvolver um senso de estratégia mais intuitivo. Foi exatamente isso que o AlphaGo fez.

Seus criadores foram Demis Hassabis, cofundador e CEO da DeepMind, e David Silver, líder da equipe da DeepMind que construiu o AlphaGo. Agora eles estão discutindo seu próximo objetivo. "Estou dizendo, podemos resolver o enovelamento de proteínas", diz Hassabis em uma conversa capturada por uma equipe que filmava um documentário. "Isso é, tipo, simplesmente enorme. Tenho certeza de que agora conseguimos fazer isso. Eu achei que dava para fazer antes, mas agora definitivamente é possível."

Resolver o enovelamento de proteínas seria um desafio tão grande quanto o Go. Na década de 1960, Cyrus Levinthal, físico e biólogo molecular, determinou que havia tantas formas plausíveis que uma proteína poderia assumir, que levaria mais tempo do que a idade do universo para chegar à estrutura correta por tentativa e erro. As proteínas são os blocos de construção da vida e a base da maioria dos processos biológicos. São longas cadeias de aminoácidos que naturalmente colapsam, ou se enovelam, em formas complexas com base em sua composição molecular e nos princípios da física. Essas formas, por sua vez, determinam como a proteína funciona. Muitas doenças ocorrem devido às mutações que afetam o enovelamento da proteína, incluindo anemia falciforme, fibrose cística e síndrome de Marfan; proteínas mal enoveladas também estão ligadas a doenças como Alzheimer, Parkinson, Huntington e Lou Gehrig.

O formato da proteína também afeta a ação de diversos medicamentos. A maioria das drogas são pequenas moléculas que se ligam a uma "bolsa" específica na superfície da proteína, inibindo ou alterando seu funcionamento. Os anticorpos também funcionam assim, ligando-se a bolsas na superfície dos vírus, impedindo-os de infectar células e marcando-os como alvos para serem destruídos pelo sistema imunológico. Proteínas naturais ou produzidas em laboratório podem por si mesmas ser drogas poderosas, afetando diretamente os processos biológicos. Ser capaz de prever a estrutura da proteína pode revolucionar nossa compreensão das doenças e acelerar o desenvolvimento de novos tratamentos para condições como câncer e diabetes, reduzindo anos e custos exorbitantes no processo.

"Resolver" o enovelamento de proteínas é uma grande busca científica desde 1972, após o químico Christian Anfinsen, em seu discurso vencedor do Prêmio Nobel, postular que o DNA de uma proteína deveria determinar completamente a sua forma. Era uma conjectura notável. Na época, sequer um genoma havia sido sequenciado. Mas a teoria de Anfinsen inaugurou todo um subcampo da biologia computacional, com o objetivo de usar matemática e computadores, em vez de experimentos, para modelar o formato das proteínas. O desafio era assustador e, por quase cinquenta anos, o progresso foi lento. Na época do passeio de Hassabis e Silver, em 2016, os melhores métodos computacionais acertavam a forma de uma proteína com alta precisão em apenas cerca de 30% das vezes. Enquanto isso, o padrão ouro continuava sendo um processo confiável, mas demorado e caro, chamado cristalografia de raios X. Recentemente, um método usando microscópios eletrônicos, conhecido como CryoEM, permitiu uma análise de estrutura um pouco mais rápida, mas menos precisa. Ainda assim, em 2016, dentre as centenas de milhões de proteínas, os cientistas encontraram estruturas para apenas cerca de 110 mil, descobrindo menos de 10 mil novas estruturas por ano.

Quatro anos após a divagação de Hassabis e Silver, a DeepMind anunciou um avanço impressionante: em novembro de 2020, lançou um sistema de IA chamado AlphaFold, capaz de pegar a sequência de DNA de uma proteína e, em nove de cada dez casos, prever a estrutura com precisão quase atômica. A IA também atribuía uma pontuação de confiança, dando aos biólogos uma indicação de quando poderiam confiar na previsão e quando deveriam ser mais céticos. A DeepMind disponibilizou o AlphaFold gratuitamente para qualquer cientista que quisesse usá-lo. Mas em um ano, foi além: usou o AlphaFold para gerar previsões de estrutura para todas as proteínas do corpo humano e publicou-as online em um banco de dados que qualquer cientista pode consultar; antes, apenas 17% das proteínas humanas tinham sua estrutura conhecida. Também publicou previsões para proteínas em vinte organismos que são de especial interesse para a ciência, como o parasita da malária e espécies de ratos mais frequentemente usadas em laboratórios. Então, em 2022, foi ainda mais longe, publicando previsões do AlphaFold para todas as 200 milhões de proteínas conhecidas pela ciência.

As previsões do AlphaFold estão sendo tão importantes para os biólogos quanto os microscópios e tubos de ensaio. Elas aceleram a busca por novos antibióticos, ajudam a descobrir tratamentos para doenças tropicais pouco interessantes para as empresas farmacêuticas — pois geralmente afetam pessoas pobres demais para comprar medicamentos — e auxiliam os cientistas a descobrirem como tornar as abelhas mais resistentes a doenças e como encontrar proteínas que decompõem plásticos.

O AlphaFold é uma pequena amostra de como a IA transformará a medicina e a ciência. Essas tecnologias não afetarão só pequenos procedimentos; elas transformarão áreas inteiras.

Paul Nurse, geneticista vencedor do Prêmio Nobel e diretor executivo do Francis Crick Institute, afirma que as previsões de estrutura do AlphaFold abrem "uma abordagem sistêmica" para a pesquisa de proteínas, permitindo comparar estruturas entre organismos e genomas inteiros para entender como diferentes funções biológicas evoluíram. Antes, isso não era possível, pois não havia suficientes estruturas proteicas conhecidas.

INSTRUMENTOS DA CIÊNCIA

A IA está se tornando uma ferramenta essencial em todos os ramos da ciência, da astronomia à zoologia. Especialistas da Microsoft se uniram a químicos do Laboratório Nacional do Noroeste do Pacífico para usar a IA na busca por novos materiais para eletrólitos de bateria de estado sólido que usariam menos lítio. Seu software examinou 32 milhões de combinações químicas potenciais, chegando a 500 mil compostos estáveis o suficiente para serem possíveis candidatos. Com a ajuda da IA, reduziram essa lista para 800 produtos químicos e, por fim, chegaram a um composto desconhecido e ausente na natureza, que os testes em laboratório provaram funcionar bem em uma bateria, exigindo 70% menos lítio. Se comercializado, ele tornaria as baterias muito mais sustentáveis, menos propensas a incêndios e mais baratas. E todo o processo, que teria levado muitos anos no passado, foi concluído em apenas nove meses.

Com a ajuda de pesquisadores da Google DeepMind, físicos na Suíça descobriram maneiras melhores de controlar os campos magnéticos que mantêm o plasma superaquecido contido em um dispositivo em forma de donut, usado em experimentos de fusão nuclear, conhecido como tokamak. Isso pode acelerar avanços em energia limpa abundante. A IA também está sendo usada para contar espécies ameaçadas em imagens feitas por armadilhas fotográficas nas florestas tropicais do Congo e em imagens de drones sobrevoando a savana africana, e para interpretar o significado das vocalizações das cachalotes. Os astrônomos a estão usando para criar imagens melhores dos buracos negros e os arqueólogos, para encontrar cidades perdidas por meio da análise de imagens de satélite. Além disso, classicistas estão decifrando textos antigos, inclusive preenchendo lacunas em tábuas de pedra e fazendo a "leitura" de pergaminhos frágeis demais para serem desenrolados. Ela está ajudando a desvendar os mistérios da inteligência natural, mapeando grupos de neurônios no cérebro e descobrindo o significado de picos de atividade elétrica em certos neurônios. Isso possibilita que os computadores habilitados em IA em breve sejam capazes de "ler nossas mentes", seja com varreduras cerebrais não invasivas e interfaces cérebro-computador ou com implantes sem fio dentro do cérebro.

John Jumper, pesquisador sênior da DeepMind e líder da equipe de enovelamento de proteínas, diz que a aplicação da IA à ciência significa dar aos pesquisadores humanos habilidades sobre-humanas. No entanto, diferente da busca pela Inteligência Artificial Geral, o foco não está na criação de uma "IA cientista" universal que faça tudo em todos os domínios. Em vez disso, diz ele, o objetivo é dar aos pesquisadores humanos "habilidades sobre-humanas, mas dentro de domínios muito estreitos" que interessam à ciência. "A IA, para a ciência, diz respeito a como a usamos e o que [o aprendizado de máquina] pode fazer que os humanos não podem. Os seres humanos são péssimos na previsão de estruturas de proteínas. Os seres humanos são péssimos na interpretação do genoma", afirma. Então, por que não deixar a IA fazer as coisas que os humanos não conseguem?

Jumper afirma que uma das maiores limitações para aplicar a IA em muitas áreas científicas até agora é que existem "apenas algumas fontes de dados boas". Ele quer dizer poucos conjuntos de dados grandes o suficiente, com o tipo certo de informação organizada da maneira certa, para que se apliquem métodos de aprendizado de máquina com sucesso. A própria IA resolverá esse problema, contando e classificando coisas, o que antes não era possível — desde material genético flutuante em uma amostra de sangue até estrelas em galáxias distantes. Enquanto isso, a IA generativa contribuirá com bancos de dados inteiramente novos para a ciência, prevendo ou simulando fenômenos que não conseguimos observar e analisar diretamente. O AlphaFold é apenas um exemplo.

Cada vez mais, a IA é necessária apenas para lidar com a avalanche de conhecimento humano produzido. Os LLMs podem ser a única maneira de digerir, resumir e classificar nossa própria produção intelectual. E isso está só começando. A ferramenta de pesquisa gratuita Elicit, criada pelo laboratório sem fins lucrativos Ought, nos EUA, está ajudando os cientistas a revisar literatura, recuperar artigos científicos e resumir as descobertas mais relevantes.

Algumas das aplicações de LLMs mais loucas serão nas ciências sociais. A IA pode analisar o significado de dados não estruturados, como posts no Twitter ou TikTok, permitindo novas formas de monitorar mudanças na opinião pública. Pesquisadores em Cingapura observaram que o ChatGPT pode ser usado para avaliar com precisão os tipos de personalidade de Myers-Briggs em humanos. Mas a IA também pode fazer muito mais do que só analisar informações criadas pelos humanos. Muitos propõem que os LLMs sejam usados para simular humanos em pesquisas de ciências sociais. Igor Grossmann, psicólogo da Universidade de Waterloo, no Canadá, demonstrou que as respostas de chatbots baseados em LLM, quando orientados a responder conforme certa persona, refletem com precisão o que indivíduos reais dizem em experimentos. Acadêmicos no Catar e na Finlândia propuseram que os LLMs que simulam grandes populações poderiam ser usados para reunir dados de opinião pública e pesquisa de mercado, substituindo a pesquisa com milhares de humanos reais. Os LLMs também poderiam simular o comportamento humano em cenários específicos, aumentando a pesquisa em campos como economia comportamental, teoria dos jogos e relações internacionais, onde os LLMs poderiam simular o comportamento de líderes mundiais ou organizações não governamentais em uma variedade de exercícios de "jogo de guerra".

A desvantagem de usar grandes modelos de IA em pesquisas científicas é que eles geralmente exigem conhecimentos altamente especializados em engenharia de software e grandes quantidades de poder de computação para rodar. A DeepMind disponibilizou o AlphaFold gratuitamente para qualquer cientista usar, ou mesmo baixar e executar, e publicou abertamente todas as previsões de estrutura de proteínas do AlphaFold. A Meta também disponibilizou gratuitamente muitos dos modelos científicos de IA que criou. Mas nem todas as empresas serão tão caridosas, e o controle do avanço científico pode migrar cada vez mais das universidades e outras entidades sem fins lucrativos para as gananciosas mãos das corporações. Reconhecendo esse perigo, os governos dos EUA e de outros países começaram a financiar "nuvens nacionais de pesquisa de IA" — grandes centros de dados de propriedade do governo com milhares de GPUs — que podem ser usadas para fins públicos, incluindo pesquisa acadêmica. Ter esse tipo de poder de computação de IA disponível será fundamental para garantir que ela possa continuar a impulsionar o progresso científico.

HIATO DE HIPÓTESES

A IA é mais do que apenas uma ferramenta para cientistas. Ela está transformando a própria natureza da pesquisa científica. O método científico que aprendemos na escola tem a hipótese como núcleo. Às vezes, ela é apenas uma previsão sobre o que acontecerá se um determinado conjunto de entradas de um experimento for alterado. Mas, nos melhores experimentos, a hipótese inclui uma explicação conjectural para os fenômenos observados, e o experimento é então projetado para provar ou refutar essa explicação. Os métodos que a DeepMind usou no AlphaFold, e que estão cada vez mais sendo usados na pesquisa de medicamentos, derrubam esse paradigma. Eles não exigem que o cientista tenha uma hipótese sobre *por que* um determinado projeto de proteína produzirá uma enzima mais eficiente ou será menos tóxico do que outro. Escondida em algum lugar nos pesos da rede neural, há uma espécie de intuição sobre o que essa receita específica de DNA fará. Mas a rede neural não consegue explicar seu raciocínio. Para nós, é basicamente uma caixa preta. Isso nos afasta da teorização e nos direciona para o puro empirismo, abrindo a possibilidade de uma ciência "sem hipóteses". Correlação não é causalidade, como todo cientista aprende; com dados e uma ferramenta analítica poderosa o suficiente, no entanto — como as redes neurais maciças atuais —, a correlação muitas vezes é tudo o que se precisa.

A importância das explicações depende das circunstâncias. Em algumas áreas da medicina, principalmente aquelas relacionadas a diagnóstico, os médicos tendem a não confiar em previsões sem explicações. Sumit Chopra, pesquisador de IA da Universidade de Nova York, treinou um sistema de IA que poderia prever a presença de câncer em exames de ressonância magnética a partir de uma quantidade de dados muito menor do que a habitual. O software prometia reduzir o tempo que um paciente ficava na máquina de ressonância — fazendo a fila andar mais rápido e reduzindo o custo de cada exame. Contudo, o método significava que a máquina não produziria imagens 2D claras o bastante para radiologistas humanos analisarem. Por isso, os médicos não confiavam no software e relutavam em usá-lo. Eles queriam visualizar a evidência de câncer com seus próprios olhos, e não apenas confiar na leitura da máquina, muito opaca e sutil. Por outro lado, em relação a tratamentos, os médicos geralmente se sentem muito confortáveis com a ciência baseada em evidências e sem explicações completas. Os médicos às vezes chamam isso de "curandeirismo". Um exemplo é a aspirina: usada por quase um século para combater dor e inflamação, seu funcionamento só começou a ser desvendado nos últimos anos.

O quanto estamos contentes com este admirável mundo novo da ciência, sem teoria, dependerá se somos instrumentalistas ou realistas. Os instrumentalistas acreditam que o propósito da ciência é prever o mundo por meio de experimentos. As teorias são simplesmente instrumentos para obter previsões melhores, e tudo bem se você conseguir prever o mundo sem um modelo que os humanos possam interpretar. Apenas a precisão da previsão importa. Jumper, que liderou a equipe do AlphaFold, é um instrumentalista. "Qual é o núcleo da ciência? Você prevê o que vai acontecer e daí vê se sua previsão estava correta", resume.

Os realistas científicos, por outro lado, acreditam que o trabalho da ciência é entender a realidade subjacente do mundo, e não apenas prevê-la. Para eles, uma ciência sem teoria é profundamente insatisfatória. Noam Chomsky, o linguista e intelectual, está neste grupo. Certa vez, ele criticou previsões puramente estatísticas, dizendo: "Você também pode colecionar borboletas e fazer muitas observações. Se você gosta de borboletas, tudo bem; mas esse trabalho não deve ser confundido com pesquisa, que se preocupa em descobrir princípios explicativos". O professor Jonathan Zittrain está especialmente preocupado com o rumo desse tipo de ciência sem teoria. Toda vez que implantamos um modelo porque ele tem poder preditivo, sem entender a mecânica implícita, adquirimos o que ele chama de "dívida intelectual". Em algum momento, teremos que pagar essa dívida, criando teorias explicativas, ou estaremos em apuros. Em última análise, argumenta Zittrain, a dívida intelectual ameaça nosso livre-arbítrio:

> *Um mundo de conhecimento sem compreensão se torna um mundo sem causa e efeito discerníveis, no qual nos tornamos dependentes de nossos concierges digitais para nos dizer o que fazer e quando.*

Mas ainda pode haver esperança para a teoria. As previsões contraintuitivas geradas pela IA podem inspirar cientistas humanos a criar novas hipóteses para explicar os porquês do mundo.

Em breve, a IA poderá servir como um guia para a intuição humana no desenvolvimento de novas teorias. Em dezembro de 2021, a DeepMind colaborou com matemáticos da Universidade de Sydney e da Universidade de Oxford para mostrar que a IA pode funcionar dessa maneira. Utilizando um modelo de IA, eles encontraram uma função matemática que podia transformar uma entrada a uma saída específica. Depois de treinarem essa IA, os matemáticos sondaram o funcionamento interno de sua rede neural para ter uma noção dos aspectos da entrada que ela pesava mais na determinação da saída. Com isso, eles poderiam desenvolver uma teoria para explicar por que esses fatores eram importantes. Em um caso, o assistente de IA ajudou a desenvolver uma nova fórmula para uma conjectura sobre permutações e polinômios que há décadas desafiava especialistas.

Pushmeet Kohli, chefe da divisão de IA para ciência da DeepMind, diz que a IA também pode ser usada para criar modelos de fenômenos globais complexos, como o clima ou a ecologia, que os cientistas humanos poderiam investigar para criar novas hipóteses sobre os mecanismos subjacentes. "Há informações riquíssimas escondidas à vista de todos", afirma. A IA ajuda a tornar os padrões visíveis.

Na história da ciência, o empirismo e a teoria sempre tiveram uma interação dinâmica. Sempre que um sai à frente, geralmente atua como uma mola, impulsionando o outro. As observações de Kepler sobre os movimentos planetários precederam as teorias da gravidade e do movimento de Newton. A descoberta dos raios X por Röntgen precedeu toda a compreensão da radiação eletromagnética. No momento, a IA está impulsionando o conhecimento empírico mais rápido do que conseguimos gerar novas hipóteses. Não há motivo para achar que a teoria não vá acompanhar essa evolução.

MEDICINA NA VELOCIDADE DO PENSAMENTO

Os insights do AlphaFold podem encurtar o tempo necessário para lançar novos medicamentos. Mas, mesmo com uma estrutura proteica conhecida, ainda são necessários anos de pesquisas para desbloquear seu potencial. Outras técnicas de IA, no entanto, podem encurtar radicalmente esses prazos, mantendo a promessa de fármacos personalizados.

No porão de um antigo museu de arte no campus da Universidade da Califórnia, em Berkeley, um braço robótico está construindo o futuro da medicina. Ele está conduzindo 96 experimentos simultâneos com um conjunto de enzimas, todas projetadas por um software da Profluent AI, uma pequena startup que usa os mesmos métodos que sustentam os LLMs para desenvolver novas terapias baseadas em proteínas. A Profluent foi fundada por Ali Madani, um PhD em aprendizado de máquina que inicialmente usou IA para detectar certos tipos de células em lâminas de microscópio e encontrar sinais de patologias em exames de imagem. Mas depois do doutorado, ele se juntou ao ramo de pesquisa da empresa de software de negócios Salesforce, onde foi apresentado ao poder dos LLMs.

Madani notou paralelos entre a forma como a gramática determina o significado na linguagem natural e como a sequência se relaciona com a estrutura e essa com a função nas proteínas. Em outras palavras, as proteínas têm um tipo de linguagem que a IA pode aprender a prever, assim como aprendeu a prever a próxima palavra mais provável em uma frase. A ideia o inspirou a lançar o Profluent. Ele prevê um sistema que permita aos cientistas especificarem em linguagem natural qual tipo de proteína eles querem — como um anticorpo que se ligará a um receptor específico na superfície de uma célula ou um anticoagulante com um perfil de toxicidade específico — e, depois, fazer com que a IA produza a receita do DNA para essa proteína.

Madani e seus colegas estão começando a materializar essa ideia. Junto com colaboradores da Salesforce e da Universidade de São Francisco, ele criou o sistema de IA chamado ProGen, treinado com dados de 280 milhões de proteínas. Em uma pesquisa publicada na revista *Nature Biotechnology*, a equipe de Madani analisou a capacidade da ProGen de criar novas lisozimas, enzimas com propriedades antibacterianas encontradas na saliva, lágrimas e muco. A proteína funciona em parte quebrando as paredes celulares das bactérias. Os pesquisadores pegaram 100 lisozimas artificiais que o ProGen projetou e testaram para ver se elas reagiriam contra o material feito a partir da parede celular de uma bactéria comum. Descobriu-se que 73% das enzimas artificiais produziam uma reação, em comparação com 59% das proteínas naturais. Algumas eram ainda mais reativas do que uma das melhores enzimas naturais, a da clara de ovo de galinha. Então, dentre as proteínas eficazes projetadas pelo ProGen, Madani e sua equipe selecionaram cinco que pareciam promissoras para a produção em larga escala, mostrando que duas poderiam ser produzidas em massa por cultura de bactérias geneticamente modificadas. Isso é importante porque significa que as proteínas podem ser economicamente viáveis.

No momento, a Profluent está usando vários modelos de IA, cada um ajustado para criar diferentes classes de proteínas e, em seguida, usando ainda outras ferramentas de IA para rastrear as proteínas quanto a características como toxicidade, solubilidade, facilidade de produção e estabilidade à temperatura ambiente. As proteínas promissoras são então testadas em laboratório, e os dados resultantes são usados para melhorar os modelos de IA. Madani espera consolidar o número de modelos que a Profluent usa, criando uma IA de linguagem proteica universal que permita a um pesquisador especificar o tipo de proteína, sua função e suas características em um único prompt e obter resultados bem-sucedidos no laboratório.

Ainda assim, o conjunto de modelos de IA da Profluent está progredindo: uma métrica fundamental no projeto de proteínas é chamada de *taxa de acerto*; ela se refere à porcentagem de proteínas candidatas que mostram algum nível mínimo de função em testes de laboratório. Os métodos tradicionais de design de proteínas, sem IA, têm taxas entre 0,01% e 0,14%. Como resultado, os engenheiros precisam fabricar e testar milhões de proteínas para encontrar prováveis candidatas a medicamentos. Madani diz que o processo de seleção por IA da Profluent agora alcança uma taxa próxima de 50%. Seu objetivo é desenvolver uma proteína bem-sucedida que possa ser entregue a um grande parceiro farmacêutico para testes clínicos "após duas a três rodadas" de geração por IA, testes em laboratório, refinamento adicional com IA e novos testes em laboratório.

Esse é um exemplo de como a IA condensará drasticamente o tempo necessário para trazer novos fármacos ao mercado, encurtando significativamente o período de um a seis anos que geralmente leva antes que um medicamento possa entrar em fase de ensaio clínico em humanos. Isso pode baratear os remédios. No momento, leva-se pelo menos uma década e mais de US$1 bilhão para que um medicamento chegue às farmácias, despesa que é, em última análise, repassada aos pacientes.

E a IA pode não só nos trazer novos medicamentos rapidamente, mas também ajudar a descobrir tratamentos muito mais eficazes. A LabGenius, uma startup com sede em Londres que, como a Profluent, trabalha no projeto de medicamentos baseados em proteínas assistido por IA, demonstrou que seus modelos de IA e processos robóticos de laboratório criaram um novo anticorpo capaz de se ligar à proteína HER2, comum em vários tipos de câncer, e sinalizar para as células T do corpo atacarem e destruírem as células cancerosas. Algo notável sobre o anticorpo da LabGenius é que ele é estruturalmente muito diferente dos anticorpos "engajadores de células T" anteriores para o HER2 e, ainda assim, é cerca de quatrocentas vezes mais seletivo, reduzindo consideravelmente a chance de danificar células saudáveis em comparação com o Runimotamab, um dos principais engajadores de células T desenvolvidos por métodos tradicionais de criação de medicamentos, atualmente passando por ensaios clínicos em humanos.

A IA pode nos ajudar a combater algumas das crises de saúde mais desafiadoras, como as cepas de "superbactérias" resistentes a antibióticos. Desde 2019, cientistas, com a ajuda de IA, descobriram pelo menos dois novos antibióticos, a halicina e a abaucina, eficazes contra essas superbactérias cada vez mais comuns. Também é provável que desenvolvam novos tratamentos contra o câncer e curas para doenças raras que, no momento, não são rentáveis para as grandes empresas farmacêuticas.

CUIDADOS DE SAÚDE PERSONALIZADOS

As aplicações da IA na área da saúde vão muito além de novos medicamentos. A tecnologia já ajuda os radiologistas na detecção de tumores e sinais de pneumonia em exames de imagem. No Hospital Johns Hopkins, em Baltimore, um algoritmo de IA foi aplicado para prever melhor quais pacientes desenvolveriam sepse, reduzindo em 20% a mortalidade dessa doença, que mata

250 mil norte-americanos por ano. No Moorfields Eye Hospital, em Londres, o oftalmologista Pearse Keane e pesquisadores da University College London desenvolveram um notável modelo de IA chamado RETFound, que detecta uma série de doenças oculares, incluindo retinopatia diabética e glaucoma, a partir de uma varredura da retina. Esse modelo também pode analisar a saúde geral de um paciente e o risco de insuficiência cardíaca, AVC e Parkinson a partir das mesmas imagens. A IA também está ajudando os cirurgiões a planejarem melhor as operações e preverem os riscos de sangramento e outras complicações. LLMs médicos específicos acabarão permitindo que os registros eletrônicos de saúde sejam usados como ferramentas de diagnóstico melhores.

Esse cenário será viável nos próximos anos. Imagine Márcia, uma mulher de 20 e poucos anos que está a caminho do trabalho. Ela tem se sentido um pouco estranha nos últimos dias, agitada e inquieta, com a mente acelerada. Ela tenta se convencer a simplesmente ir trabalhar e continuar com as coisas. Enquanto estaciona o carro, seu celular toca. É sua médica:

— Oi, Márcia, como você está se sentindo? Observamos alguns dados anômalos no seu smartwatch. Sua frequência cardíaca anda alterada nos últimos dias, e o relógio também nos alertou que seus padrões de movimento estão associados a um iminente episódio maníaco, caso você fosse bipolar. Sabemos que você não foi diagnosticada, mas, com seu histórico familiar e perfil genético, é bom você vir aqui hoje para ser examinada. Por favor, não se preocupe, se for transtorno bipolar, você pode ser medicada.

Márcia faz o que sua médica sugeriu e, graças a essa intervenção precoce, foi capaz de manter sua saúde sob controle.

Quando combinada com o sequenciamento genômico amplamente disponível, a IA dará aos médicos e pacientes uma visão melhor dos riscos individuais, bem como das opções de tratamento adaptadas ao perfil genético do paciente. O monitoramento regular de sangue e urina para identificar fragmentos reveladores de DNA cancerígeno se tornará a norma para o rastreamento do câncer. Além de dispositivos vestíveis, como smartwatches e rastreadores, também haverá implantes corporais, como os monitores contínuos de glicose, que permitirão o monitoramento constante do sangue e dos órgãos. Todos esses dados poderão ser inseridos em registros médicos eletrônicos, que se tornarão volumosos demais para os médicos revisarem sem os auxiliares de diagnóstico por IA, e que ajudarão a detectar sinais de doenças ou anomalias a serem melhor investigados. Essa revolução na medicina personalizada assistida por IA permitirá que as pessoas vivam saudáveis por mais tempo.

DOCE REMÉDIO PARA ALGUNS, AMARGO VENENO PARA OUTROS

Para que essa visão de atendimento personalizado se torne realidade, no entanto, quem cria as IAs e os sistemas de saúde que as implementam precisará ser cuidadoso em suas decisões. Muitos sistemas foram treinados com dados que não se aplicam aos pacientes nos quais serão usados. Por exemplo, um algoritmo que pesquisadores da DeepMind e dos hospitais para veteranos de guerra dos EUA desenvolveram para detectar lesão renal aguda foi treinado predominantemente com dados do sexo masculino, que são maioria nesse ambiente. Pesquisas posteriores viram que o modelo não funcionou tão bem em mulheres. Verificou-se que muitos modelos de IA funcionam mal fora do hospital onde os dados foram coletados.

Práticas desleixadas de coleta, limpeza e rotulagem de dados podem levar a modelos de IA que parecem precisos nos testes, mas falham na prática. Um estudo abrangente de 2020 analisou 232 algoritmos desenvolvidos durante a pandemia de covid-19 para ajudar médicos em diagnósticos e prognósticos. Descobriu-se que nenhum deles era adequado para uso clínico, e apenas dois pareciam promissores o suficiente para justificar mais testes. Outro estudo analisou 415 ferramentas publicadas para ajudar radiologistas a detectar covid-19 a partir de raios-X e tomografias computadorizadas, e também descobriu que nenhuma era clinicamente válida. Esses números chocantes são muito comuns. Enquanto isso, menos de 3% dos participantes em estudos genômicos são negros ou latinos, enquanto 86% dos participantes de ensaios clínicos são brancos. Essa falta de diversidade significa que os modelos de IA extraídos desses dados também podem não ser precisos para pacientes não brancos.

Atualmente, as empresas de softwares de IA raramente precisam provar que seu software funciona bem em populações diversificadas antes de serem autorizadas a vendê-los a médicos e hospitais. O sistema regulatório atual não foi feito para lidar com os desafios específicos da IA, o que coloca a segurança dos pacientes em risco. Em muitos casos, modelos de IA projetados como ferramentas de “suporte à decisão” não exigem aprovação da agência reguladora Food and Drug Administration (FDA). Aquelas que buscam aprovação geralmente o fazem pelo processo acelerado 510(k), o que significa que a empresa de tecnologia só precisa provar que seu software é “substancialmente equivalente” a outro já aprovado. Até dezembro de 2023, a FDA havia aprovado mais de 700 modelos de IA, a maioria para uso em radiologia e cardiologia. Quase nenhum desses modelos foi clinicamente validado em ensaios clínicos randomizados projetados para testar se efetivamente melhoram os resultados dos pacientes. Em vez disso, na maioria dos casos, a FDA simplesmente aceitou garantias de que as empresas construíram modelos que performavam tão bem quanto os softwares existentes.

A FDA também tende a se basear em métricas médias de desempenho, embora o desempenho dentro dos subgrupos seja o que realmente importa. Por exemplo, um sistema pode alegar 95% de precisão. Mas se os 5% dos casos de câncer de pulmão que provavelmente serão perdidos forem justamente os mais agressivos, essa afirmação se torna altamente enganosa. Além disso, sabemos que os negros, mulheres e grupos minoritários estão sub-representados nos conjuntos de dados. Um número alto de precisão não garante que o modelo funcionará bem para pacientes desses grupos, o que tem gerado preocupações legítimas entre muitos médicos.

O sistema atual também é falho em outros aspectos. A aprovação da FDA é necessária apenas para softwares vendidos no varejo, e alguns hospitais estão contratando empresas de IA para construir modelos personalizados baseados nos dados de pacientes do próprio hospital, modelos que não estão sujeitos a nenhuma regulação, apesar do risco potencial que representam para os pacientes.

Será necessária uma intervenção do governo para tentar ampliar os benefícios da medicina habilitada por IA. Caso contrário, essa nova era de atendimento personalizado beneficiará os mais ricos, ampliando ainda mais as desigualdades. Todos podemos acabar vivendo mais e melhor, mas, até lá, esse privilégio será reservado a poucos.

UMA FERRAMENTA TAMBÉM PARA O TERRORISMO

No entanto, mesmo os mais privilegiados não estarão imunes aos perigos que a união da ciência com a IA pode trazer. As mesmas tecnologias que podem acelerar o desenvolvimento de novos medicamentos mais eficazes também podem ser usadas para projetar novas armas biológicas. Os mesmos LLMs que em breve produzirão fórmulas de novas proteínas podem ser solicitados a criar um vírus mortal ou uma bactéria que produz neurotoxinas. Combinados com outras novidades, como a tecnologia de edição de genes CRISPR e impressoras de DNA compactas e de baixo custo — que imprimem segmentos de DNA com um simples comando —, organizações terroristas, cultos apocalípticos ou estados desonestos poderão produzir patógenos altamente perigosos.

Pouco podemos fazer para conter esses riscos sem também arriscar a desaceleração da ciência. Os governos devem tomar medidas razoáveis para mitigar a proliferação das armas biológicas, mesmo que isso cause algum atrito e custo adicional para startups promissoras de biotecnologia e pesquisadores acadêmicos. A venda e a exportação de impressoras de DNA deveria ser cuidadosamente controlada, no mínimo com tanto rigor quanto os materiais radiológicos e produtos químicos potencialmente letais. Empresas que operam LLMs baseados em genoma e proteínas, bem como equipamentos de laboratório como as impressoras de DNA, também deveriam ser submetidas a regimes de licenciamento específicos, com rastreamento e monitoramento globalmente coordenados.

Um pequeno consolo é que as mesmas tecnologias que podem fabricar armas biológicas também podem aumentar nossa capacidade de resposta a ataques biológicos. A IA pode melhorar os sistemas de vigilância projetados para detectar sinais de patógenos emergentes e ajudar a produzir novas vacinas e tratamentos em tempo recorde, caso um bioataque ocorra.

A perspectiva de bioterrorismo é assustadora, mas deve ser ponderada em relação às oportunidades que a IA oferece na melhoria da vida e da saúde das pessoas. Deve ser considerada também à luz da capacidade de ajudar os cientistas a enfrentarem desafios como as mudanças climáticas e a sustentabilidade; de desvendar mistérios do universo, do passado e de melhorar nosso entendimento do presente. Considerando a alta probabilidade de a IA melhorar nossas vidas e expandir o conhecimento exponencialmente, o aumento no risco de armas biológicas é um preço que vale a pena pagar.

CAPÍTULO 10
MAIS CALOR DO QUE LUZ

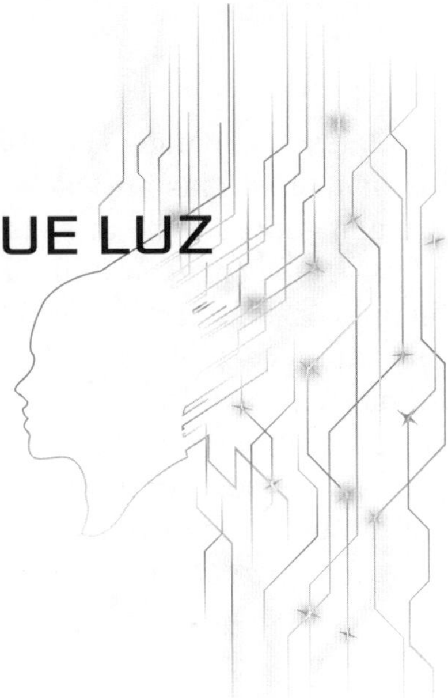

Há avanços científicos que têm gerado muita expectativa entre os entusiastas da IA; muitos deles ajudariam a resolver as mudanças climáticas: baterias melhores; produção mais eficiente de fertilizantes, cimento e hidrogênio, além de novas esperanças para dominar a fusão nuclear. Os cientistas já demonstram que a IA pode nos fazer avançar nessas áreas. A tecnologia também está sendo usada para gerenciar as redes elétricas, otimizando o uso de fontes renováveis, como energia eólica e solar.

Empresas e governos estão usando IA para mitigar os impactos das mudanças climáticas: previsões mais precisas ajudam a evacuar pessoas em tempestades e inundações, e uma modelagem mais eficaz do aumento do nível do mar e do clima extremo permite que cidades construam barreiras e centros de acolhimento, adaptem códigos de construção e incentivem a ocupação de áreas mais seguras. Quem é mais inclinado a acelerar o progresso da IA em direção à Inteligência Artificial Geral (AGI) no nível humano ou mesmo à Superinteligência Artificial (ASI), o que excederia em muito as capacidades humanas, costuma dizer que *precisamos* dessas tecnologias para nos salvar das mudanças climáticas. Na verdade, esse argumento serve para descartar preocupações com a segurança de formas superpoderosas de IA e para se opor à regulamentação. Qualquer atraso na conquista da AGI ou da ASI, eles argumentam, nos põe em risco de catástrofe planetária.

A IA está ajudando a combater as mudanças climáticas de muitas maneiras. Mas a ideia — endossada pelos maiores dos seus patrocinadores — de que ela "resolverá as mudanças climáticas" é falsa. Na verdade, a IA pode muito bem piorar as coisas. É uma tecnologia que tem fome de energia. Os grandes modelos que tornaram possível a revolução da IA generativa consomem muito mais energia do que outros tipos de computação. Sua pegada de carbono pode esvaziar as promessas corporativas e governamentais de se tornarem neutras, especialmente à medida que é desdobrada em cada vez mais produtos usados todos os dias. Os chips que executam os aplicativos de IA geram mais calor do que os chips normais, exigindo mais energia para resfriar os data centers.

Além de ter uma pegada de carbono gigante, a IA é tão verde quanto um canavial queimado. Os data centers de resfriamento exigem mais do que eletricidade: eles demandam enormes quantidades de água, sobrecarregando os recursos locais. O mesmo se aplica à fabricação dos chips de IA e à extração dos minerais que os compõem. Ambas as atividades também usam produtos químicos tóxicos que podem se infiltrar no solo e nos lençóis freáticos. Pode-se dizer que os avanços tecnológicos que mais precisamos alcançar com a ajuda da IA são aqueles que tornam a própria IA mais sustentável. Do contrário, conquistaremos os superpoderes de IA, mas perderemos o planeta.

A IA VEM EM NOSSO SOCORRO?

Jack Kelly, que trabalhou como engenheiro de aprendizado de máquina no Google DeepMind, ajudou a empresa a explorar se a IA conseguiria melhorar as previsões de vento. Prever a velocidade do vento permite que os operadores da rede elétrica saibam quanta energia eólica, provavelmente, eles têm disponível em um dado momento, ajudando a equilibrar a oferta e a demanda de eletricidade sem ter que manter tantas turbinas a gás natural — as chamadas *reservas giratórias*. São usinas a gás que devem ser mantidas em funcionamento, emitindo CO_2, como geração de backup para a rede, caso haja um déficit repentino e inesperado de energia das fontes renováveis. Para piorar a situação, a maioria dos operadores de rede pede às usinas de reserva giratória que operem suas turbinas a gás com cerca de 50% da capacidade, para que possam aumentar rapidamente a velocidade da turbina em picos de demanda repentinos. Só que as turbinas a gás são muito menos eficientes em termos energéticos quando funcionam a 50% do que na potência máxima. Essa ineficiência cria emissões desnecessárias de CO_2. Uma previsão melhor reduziria o número de usinas em atividade "por precaução". O projeto da DeepMind, inicialmente aplicado a parques eólicos que abastecem os próprios data centers do Google nos EUA, antecipou as previsões de vento em até 36 horas.

Kelly queria fazer muito mais: as mudanças climáticas o aterrorizavam. O mundo estava literalmente em chamas, e ele tinha certeza de que a IA poderia ajudar, embora soubesse das limitações. A DeepMind tinha muito dinheiro, talento excepcional e muito poder computacional, mas sua equipe de mudanças climáticas tinha que disputar recursos com as equipes que trabalhavam em softwares de IA para enovelar proteínas ou derrotar humanos em videogames. Havia outros problemas também: o software de previsão de vento da DeepMind foi construído em parte com base nos dados proprietários do Google. A empresa imaginou que se essa informação fosse tornada pública, ela poderia dar às empresas de energia renovável das quais o Google comprava eletricidade uma vantagem de negociação, ou ajudaria as empresas rivais a administrarem seus data centers de forma mais barata. Kelly sentiu que, para realmente fazer a diferença, todas as ferramentas de IA precisavam ser compartilhadas livre e abertamente. Então, em 2018, ele decidiu deixar o Google e cofundar seu próprio laboratório de IA sem fins lucrativos em Londres, o Open Climate Fix, dedicado à construção de dados e softwares de código aberto para combater as mudanças climáticas.

O primeiro projeto de Kelly no novo laboratório se inspirou em seu trabalho com previsões de vento na DeepMind. A Open Climate Fix começou a trabalhar com a operadora de rede do Reino Unido, a National Grid, para usar IA no aprimoramento das previsões de energia solar. A energia solar é a fonte renovável mais variável no mix energético do Reino Unido, com algumas grandes fazendas solares que abastecem a rede e muitos painéis solares instalados nos telhados das casas das pessoas. Esses painéis residenciais fornecem eletricidade principalmente para as próprias casas — alimentando máquinas de lavar roupa, torradeiras e TVs — e o excedente é lançado na rede. Contudo, isso cria um problema para o operador da rede: se essas casas estiverem sob a luz do sol, sua demanda pela rede cai abruptamente; já quando uma nuvem passa, a demanda aumenta novamente.

Na Grã-Bretanha, onde boa parte do ano pode haver uma mistura variável de sol e nuvens ao longo do dia, a demanda pode mudar significativamente no intervalo de uma hora. Tal como acontece com a energia eólica, a variabilidade da demanda solar obriga a rede a manter uma grande reserva a gás funcionando a 50%, para cobrir picos repentinos de demanda. Kelly e sua equipe da Open Climate Fix treinaram um sistema de IA a partir de imagens de satélite tiradas a cada cinco minutos para prever melhor a demanda de energia solar em escalas de tempo que variam dos próximos minutos até sete dias de antecedência. Tem sido um sucesso: as previsões com duas horas de antecedência da startup são três vezes mais precisas do que as usadas anteriormente pela National Grid, reduzindo o erro médio de 600 para 200 megawatts. Isso é suficiente para eliminar várias turbinas a gás da reserva da rede. Atualmente, a Open Climate Fix está começando a levar suas ferramentas de previsão de geração solar para outras partes do mundo, incluindo a Índia, onde grandes fazendas solares estão sendo construídas no estado do Rajastão.

NADA DE MILAGRES

As iniciativas de previsão da Open Climate Fix são apenas um entre muitos exemplos de como a IA está sendo utilizada na redução das emissões de carbono. O Projeto Green Light do Google, por exemplo, usa IA para analisar padrões de tráfego em cidades densamente povoadas, buscando maneiras de coordenar os semáforos e, assim, diminuir as emissões de CO_2 de carros parados. Em testes realizados em 2022 e 2023, abrangendo 70 cruzamentos em 12 cidades pelo mundo — de Haifa ao Rio de Janeiro e Bangalore —, o Google relatou um declínio de 30% no número de carros parados nos semáforos, resultando em uma redução de 10% nas emissões de CO_2 nesses cruzamentos. Uma startup chamada DroneDeploy usa drones para monitorar fazendas solares. Com o auxílio do aprendizado de máquina, os drones recomendam layouts ideais para os painéis, maximizando a produção de energia. Eles também detectam painéis quebrados ou sujos, que operam com menos eficiência, para que sejam limpos ou consertados.

São pequenas contribuições, mas cada uma pode fazer uma diferença incremental em nossa batalha para chegar ao zero líquido. Alguns cientistas também estão usando a IA para pesquisar avanços mais impactantes. A Aionics, uma startup do Vale do Silício, em parceria com a fabricante de baterias alemã Cellforce, usa a IA para encontrar novos materiais eletrolíticos, buscando aprimorar as baterias. Isso poderia dar aos carros elétricos muito mais autonomia, tornando-os mais atrativos, ou até mesmo permitir que as redes nacionais dependam completamente de energia renovável, independentemente do clima.

Como mencionado no capítulo anterior, pesquisadores de laboratórios nos EUA e na Europa estão empregando IA para controlar melhor o plasma superaquecido dentro de reatores de fusão nuclear. Um avanço nesse ponto poderia, de fato, fazer uma diferença significativa no combate às mudanças climáticas, embora não seja claro se a IA sozinha será suficiente para concretizar todo o potencial da fusão. No momento, a energia que os reatores de fusão produzem mal excede as enormes quantidades de energia necessárias para operá-los — e até mesmo esse modesto passo exigiu décadas de trabalho duro.

Na maioria das vezes, a IA contribui de forma limitada, e não consegue oferecer soluções abrangentes. Sem dúvida, ela ajudará algumas pessoas a se adaptarem às mudanças do mundo e a evitar desastres naturais. Mas não devemos ter ilusões: quando se trata de mudanças climáticas, a IA não é "*a* solução", mas parte do problema — e se torna uma parte maior a cada minuto.

O COLAPSO DO COROLÁRIO DE KOOMEY

A Lei de Moore, batizada em homenagem ao cofundador da Intel, Gordon Moore, estipula que o número de transistores dentro do mesmo espaço em um microchip dobra a cada dois anos. Essa lei levou a uma diminuição semelhante na pegada energética da computação. O pesquisador do clima Jonathan Koomey, enquanto trabalhava na Universidade de Stanford em 2010, demonstrou que, a partir de meados da década de 1940, a eficiência elétrica de um processamento computacional dobrava a cada 1,6 ano — uma taxa que excede a própria Lei de Moore. A popularização dos smartphones e a demanda por baterias de maior vida útil incentivaram os projetistas de chips a superarem seus limites.

Mas, apesar desse estímulo, a Lei de Moore vem desacelerando nas últimas décadas e, com ela, o corolário de Koomey. Desde 2000, são necessários 2,7 anos em média para dobrar a eficiência energética de um determinado processamento computacional. E o boom da IA, principalmente dos LLMs e outros modelos de IA generativa, acabou com o corolário de Koomey. Há dois motivos principais: os grandes modelos de IA atuais são executados em unidades de processamento gráfico, mas elas consomem mais energia do que outros tipos de chips. E os maiores modelos exigem dezenas de milhares de GPUs operando em data centers enormes.

As estimativas da pegada de carbono da IA variam, mas claramente são altas e crescerão ainda mais à medida que mais pessoas utilizam esses modelos. Uma avaliação da pegada de carbono relativa ao GPT-3, o LLM lançado em 2020 e precursor do ChatGPT, estima que o treinamento do modelo emitiu tanto CO_2 quanto dirigir um carro novo por 700 mil quilômetros — distância equivalente a uma viagem de ida e volta à Lua. Segundo os autores desse estudo, a IA "corre o risco de se tornar um contribuinte significativo para as mudanças climáticas".

Pesquisadores da empresa de IA Hugging Face estimaram que o BLOOM, o LLM da empresa, produziu 25 toneladas métricas de CO_2 durante seu treinamento. Sua pegada de carbono ao longo da vida, associada também à fabricação das GPUs usadas para treiná-lo e a energia para executar o modelo após o treinamento, é o dobro disso — equivalente a 60 voos transatlânticos. E o BLOOM é pequeno — talvez tenha um décimo do tamanho do GPT-4. Modelos maiores precisam de mais GPUs e consomem muito mais energia. Ao longo da última década, o tamanho dos modelos de IA mais capazes dobrou aproximadamente a cada três meses. E entre 2012 e 2018, a quantidade de energia necessária para treinar modelos de IA aumentou 300 mil vezes.

Pelo menos a Hugging Face treinou o BLOOM na França, onde a maior parte da energia é produzida em usinas nucleares livres de carbono. Os LLMs treinados em lugares onde a energia vem predominantemente de combustíveis fósseis, como Índia ou China, terão pegadas de carbono significativamente maiores. Além disso, a maior parte da energia consumida por um modelo de aprendizado de máquina ao longo de sua vida útil ocorre durante sua execução, e não no treinamento. Os LLMs e outros modelos de IA generativa consomem mais energia por operação do que a maioria dos softwares anteriores, incluindo os antigos métodos de aprendizado de máquina. Alguns especialistas estimam que uma conversa com um chatbot usa de quatro a cinco vezes mais poder de computação do que um mecanismo de pesquisa tradicional — uma única consulta ao GPT-4 pode consumir a energia equivalente a um terço da bateria de um smartphone.

As empresas de tecnologia não gostam de falar sobre a pegada de carbono da IA. A maioria não revela quase nada, com apenas algumas divulgando o uso de energia de seus data centers em relatórios anuais de sustentabilidade. Com o tempo, os data centers se tornaram mais eficientes — na década de 2010, seu consumo global de energia aumentou cerca de 6%, mesmo que a capacidade de computação tenha crescido 550%. Ainda assim, a demanda por energia cresceu ainda mais. Hoje, a energia consumida pelos data centers operados pelas Big Techs na América do Norte e na Europa advém na maior parte de fontes renováveis. Algumas análises mostram que a demanda dessas grandes empresas de tecnologia tem impulsionado a energia verde, pois ter um grande cliente dá às empresas de energia confiança para investir em projetos de geração renovável. No entanto, há indícios de que a IA está tão ávida por energia que as empresas de tecnologia precisarão cada vez mais encontrar outras fontes. A Microsoft, por exemplo, propôs recentemente o uso da IA para acelerar as aprovações regulatórias de novas usinas nucleares nos EUA.

A IA consome uma fatia cada vez maior da eletricidade gerada. E, 2021, ela representou algo entre 10% e 15% do consumo de eletricidade do Google — 2,3 terawatts-hora por ano, o que equivale ao consumo de uma cidade do tamanho de Atlanta. Todos os principais provedores de serviços de nuvem na internet estão expandindo rapidamente a capacidade de seus data centers para atender à crescente demanda por LLMs e outros modelos massivos de IA. A Microsoft, o Google e a Amazon investiram cerca de US$100 bilhões em novos data centers em 2023. Analistas do Bank of America preveem que esse número excederá US$120 bilhões por ano até 2025 — e continuará crescendo.

Um estudo estima que, com a crescente popularidade dos aplicativos de IA, a tecnologia será responsável por pelo menos 0,5% do consumo global de eletricidade até 2027. Somos forçados a confiar em estimativas porque a maioria das empresas de tecnologia de IA não revela seus dados reais de consumo de energia. É urgente que essas informações sejam amplamente divulgadas para entendermos o verdadeiro impacto da IA.

MORRENDO DE SEDE NO MAR

A IA é voraz. Não tem só fome de eletricidade, mas também é incrivelmente sedenta. As fábricas que produzem os chips de IA, conhecidas como "fabs", e os data centers onde esses chips são alojados, bebem água aos baldes. As comunidades locais acusam essas instalações de esgotar os lençóis freáticos para resfriar suas operações. E a temperatura dentro dos data centers tem subido devido à necessidade de executar milhares de GPUs para aplicativos de IA. A Microsoft informou que, entre 2021 e 2022, seu consumo global de água aumentou 34%, alcançando cerca de 6,4 bilhões de litros — o bastante para encher mais de 2.500 piscinas olímpicas. Não é por acaso que isso tenha ocorrido no ano em que a OpenAI estava treinando o GPT-4 nos data centers da Microsoft em Iowa.

Os cinco grandes data centers da Microsoft próximos a Des Moines consumiram tanta água no verão de 2022 — cerca de 6% do consumo total da região — que a autoridade hídrica local alertou a empresa que se oporia a qualquer expansão de suas instalações. Nos últimos verões, a empresa de água West Des Moines tem utilizado a água do rio Raccoon para compensar os déficits. Contudo, ele já é um dos cursos d'água mais ameaçados dos Estados Unidos. E, como acontece com a pegada de carbono da IA, as preocupações com o uso da água não param quando um modelo de IA é treinado. Os LLMs e outras formas de IA generativa também são muito mais sedentas do que outras formas de software quando estão em funcionamento. Shaolei Ren, pesquisador da Universidade da Califórnia em Riverside (UCR), estimou que uma única conversa com o ChatGPT, que consiste em cinco a cinquenta retornos de diálogo, consome meio litro de água. O consumo de água nas instalações do Google aumentou 20% de 2021 a 2022, de acordo com seu relatório de impacto ambiental, e é provável que grande parte desse aumento se deva às crescentes iniciativas em IA.

Esse problema se repete onde quer que grandes data centers estejam sendo construídos. Grande parte dessas obras estão em áreas com escassez de água, como Las Vegas, Nevada e Mesa. Apesar das altas temperaturas, essas regiões atraem empresas de tecnologia devido à combinação de energia solar e nuclear acessível, terras baratas e incentivos fiscais. Mas instalar data centers em locais quentes coloca uma pressão insustentável sobre os recursos hídricos subterrâneos. Um estudo conduzido por pesquisadores da Virginia Tech e do Lawrence Berkeley National Laboratory revelou que um quinto dos data centers depende de bacias hidrográficas moderada a altamente comprometidas.

Embora muitas empresas divulguem informações genéricas sobre o consumo de água em seus data centers, precisamos incentivá-las a serem mais detalhistas. Caso se recusem a dar essas informações voluntariamente, o governo, por meio do Departamento de Recuperação do Interior, do Escritório de Águas Subterrâneas do Serviço Geológico dos EUA e da Agência de Proteção Ambiental, deveria impor essa obrigatoriedade. Além disso, os fundos de investimento em ESG (ambiental, social e governança) poderiam usar sua influência para dar aos provedores de serviços em nuvem um incentivo financeiro para reduzir seu uso de água.

MINERAÇÃO SUJA E SALAS NÃO TÃO LIMPAS

Fabricar os chips que sustentam o boom da IA é um negócio sujo. As GPUs usam uma proporção maior de terras raras em comparação com outros chips, além de requerem cromo, cádmio, mercúrio, chumbo, cobalto, tungstênio e boro. A mineração desses metais é intensiva em carbono e prejudicial ao meio ambiente. Terras raras e outros minerais são extraídos em poços abertos, onde o solo escavado é lavado em lagoas de lixiviação química, poluindo lençóis freáticos e rios. Muitas vezes, tório e urânio radioativos são encontrados junto dos metais de terras raras. Estima-se que cada tonelada de terra rara produzida resulte em aproximadamente 2 mil toneladas de resíduos tóxicos.

Em contraste, as fábricas que produzem os chips são imaculadas. Seus funcionários vestem macacões brancos com capuz, óculos de segurança, luvas e máscara para inspecionar wafers de silício brilhantes que refletem cores iridescentes. Esses funcionários trabalham em "salas limpas", assim chamadas porque tentam eliminar quaisquer contaminantes que possam prejudicar o desempenho dos circuitos microscópicos gravados na superfície dos wafers. O costume de vermos as salas limpas nas propagandas de tecnologia criou uma falsa impressão de que a produção de chips é "limpa" e ecológica. A realidade é bem diferente; a fabricação de chips consome muita eletricidade, água e produtos químicos tóxicos.

A Taiwan Semiconductor Manufacturing Corporation (TSMC) domina a indústria de chips, com cerca de 56% de participação de mercado. É a principal fornecedora da Nvidia, líder em vendas de GPUs para IA, bem como do Google e da Microsoft. Para isso, a TSMC consome mais de 6% da eletricidade de Taiwan e gerou 11,6 milhões de toneladas métricas de CO_2 em 2022 — três a quatro vezes mais do que a Ford ou a General Motors. A empresa está em processo de descarbonização e assumiu o compromisso de atender 100% de suas necessidades energéticas com fontes renováveis até 2050. Em 2021, assinou o maior contrato de compra de energia renovável corporativa do mundo, adquirindo toda a energia para suas fábricas em Taiwan de um parque eólico da empresa dinamarquesa Ørsted, localizado no Estreito de Taiwan. Esse acordo pode até vir a ser um padrão no setor. Mas, até o momento, o uso de energias renováveis pela empresa tem sido insignificante. Em 2022, a TSMC declarou que as energias renováveis representavam apenas 10,4% do seu consumo.

Fazer GPUs também é uma calamidade ambiental em outros aspectos. Em 2022, as fábricas da TSMC em Taiwan consumiram 96,8 milhões de toneladas de água, segundo relatórios da empresa. Apesar de alegar tratar cerca de 85% desse montante, milhões de toneladas ainda são extraídas localmente. Nos últimos anos, Taiwan enfrentou secas, e os agricultores protestaram contra a TSMC por supostamente esgotar recursos hídricos. A fabricação de semicondutores também pode ser altamente poluente devido à sua dependência dos "produtos químicos para sempre", de difícil decomposição. Os chamados PFAS (substâncias per- e polifluoroalquil), associados a problemas de fertilidade, redução do crescimento fetal, doenças hepáticas e câncer, são essenciais para a fabricação de chips. As iniciativas europeias para proibir certos produtos químicos e a decisão da 3M de interromper a produção de PFAS até 2025 levaram a TSMC a convocar reuniões de emergência com seus fornecedores para garantir que a produção de chips não fosse impactada. Atualmente, não há substitutos viáveis para os PFAS.

A indústria de semicondutores tem um histórico negativo no controle de produtos químicos tóxicos. O Vale do Silício, berço da indústria nos EUA, possui alguns dos piores locais do programa EPA Superfund, com solo e águas subterrâneas contaminados por vazamentos de fábricas. Isso está relacionado a taxas mais altas de aborto espontâneo, problemas de saúde reprodutiva e câncer. Partes do campus do Google em Mountainita View, Califórnia, ficam nessas áreas. Com a TSMC e outros fabricantes de semicondutores querendo abrir fábricas nos EUA, a EPA e outras agências devem garantir que não sejamos coniventes com a contaminação do solo e das águas subterrâneas.

PARA O BEM E PARA O MAL

Podemos precisar da ajuda da IA para entender como torná-la mais limpa e ecológica. Contudo, se continuarmos a adotar a tecnologia sem reduzir sua pegada de carbono, consumo de água e uso de substâncias tóxicas, os impactos serão piores. A IA pode ajudar a desenvolver formas mais ecológicas de fabricação e operação de GPUs, além de criar novos métodos de IA com mais eficiência energética. Estima-se que o cérebro humano consome em um dia menos de um décimo da energia que o ChatGPT usa para responder a uma única pergunta. Desenvolver uma IA mais parecida com o cérebro nesse quesito seria uma conquista incrível.

Não pretendo descartar a importância das melhorias periféricas que a IA pode proporcionar no combate às mudanças climáticas e na melhoria da sustentabilidade mencionadas neste capítulo. Mas a tecnologia não pode superar as maiores barreiras que enfrentamos ao abordar essas questões: política partidária e a própria natureza humana. Em muitos casos, sabemos o que deve ser feito para alcançar o zero líquido e já temos a tecnologia para isso. O que falta é a vontade política e econômica. Para realmente "resolver" as mudanças climáticas e construir um futuro sustentável, teremos que buscar respostas em nossa própria inteligência natural, não na artificial.

CAPÍTULO 11
A CRISE DA CONFIANÇA

Lidar com mudanças climáticas requer coragem política para sustentar posicionamentos difíceis e disposição para fazer sacrifícios pelo bem comum. Embora já não haja muitas coisas "comuns". Nossa confiança no governo, nas instituições e uns nos outros jamais foi tão precária. Confiança é a moeda mais importante de qualquer sociedade. A confiança no julgamento e na sabedoria coletiva dos concidadãos é fundamental para a democracia. A IA pode ser uma facilitadora para os governos entenderem e responderem às preocupações da população. Mas se não agirmos rapidamente, ela provavelmente dizimará a pouca confiança que ainda resta.

As deepfakes e a desinformação produzidas em massa com a ajuda da IA desafiarão os processos democráticos, desestabilizando eleições e fomentando a polarização. A IA também desafiará o senso de segurança e a privacidade, facilitando fraudes e o roubo de dados. A impotência do governo diante dessas ameaças pode minar ainda mais a confiança na democracia.

Juntas, a desinformação e a fraude envenenarão ainda mais o ecossistema de informações, talvez de forma irreversível. Se não sabemos no que acreditar, nos afastamos das instituições e nos tornamos mais cínicos, egoístas, paranoicos e niilistas. Tomados pelo medo e pela confusão, nos agarramos a bolhas pessoais e redes informais, fragmentando o senso de comunidade e, finalmente, provocando uma crise irreparável.

A IA também pode corroer os princípios de liberdade e igualdade que fundamentam a democracia. Os EUA e outras nações ocidentais podem nem sempre estar à altura desses ideais, mas a IA ameaça consolidar preconceitos sistêmicos ao mesmo tempo em que mascara o racismo, o sexismo e outras formas de discriminação. Precisamos exigir dos governos medidas urgentes para enfrentar as três principais ameaças da IA: à confiança, à segurança e privacidade, e à liberdade e igualdade. Esta última talvez seja a mais insidiosa e a menos comentada. Vamos falar sobre ela primeiro.

SE VOCÊ PUDER PAGAR PELO HUMANO...

Na era da IA onipresente, vemos um racha potencialmente catastrófico: entre quem será rico o bastante para interagir com seres humanos nos ambientes de serviço e no trabalho, e os outros, cada vez mais relegados exclusivamente ao atendimento por IA. Isso já acontece em muitas áreas. Enquanto os ricos têm gerentes de banco exclusivos e agentes de viagem ao alcance de um telefonema, a maioria de nós depende de aplicativos e sites. Em caso de algum problema, nos resta falar com um chatbot ou esperar na linha indefinidamente para sermos atendidos por algum call center nas Filipinas ou Índia. No futuro, essa dicotomia provavelmente se estenderá a muitas outras áreas.

À medida que os assistentes de IA ficam mais avançados e atendem a mais necessidades, as empresas podem lucrar mais cobrando de clientes mais ricos pelo atendimento pessoal de um humano simpático. Os ricos continuarão a pagar por assistentes pessoais de carne e osso para organizar suas vidas, enquanto o restante terá que se contentar com versões digitais. Continuarão contratando professores particulares para seus filhos, enquanto o restante verá seus rebentos à mercê dos tutores de IA. E, como vimos no Capítulo 4, enquanto as elites educadas mantêm um alto grau de autonomia no trabalho e são empoderadas por copilotos de IA, os trabalhadores braçais e do setor de serviços podem se transformar em ciborgues — ainda humanos, mas com uma IA exigente e cruel ditando seu ritmo. Cada vez mais, a intervenção humana se tornará um artigo de luxo.

Em qualquer ambiente, essa exclusão será desestabilizadora e potencialmente insurgente. Em uma democracia, a crescente disparidade nas experiências diárias entre os que têm e os que não têm é corrosiva. Ela gera revolta entre aqueles relegados à interação com a IA, tornando-os mais ressentidos e desconfiados em relação às elites. Esse cenário destrói o sentimento de que a sociedade e o governo são para todos, afrouxa os laços que nos unem como nação e cria uma sociedade de duas camadas que vive realidades cada vez mais separadas e desiguais.

JUSTIÇA DESIGUAL

A lacuna entre quem pode se dar ao luxo da interação humana e todos os outros dificilmente será a única desigualdade exacerbada pela IA. Se a projetarmos e usarmos incorretamente, podemos comprometer iniciativas de melhoria da igualdade racial e de gênero. A democracia norte-americana muitas vezes falhou em cumprir seus princípios fundamentais de liberdade e igualdade de oportunidades. Mas isso não significa que devemos abandonar esses ideais. A IA pode ser uma ferramenta de promoção da igualdade. Em teoria, a tecnologia deveria permitir a superação dos preconceitos e vieses do julgamento individual, mas o modo como muitos sistemas de IA estão sendo construídos leva ao efeito oposto. Ao aprender com o histórico humano, esses sistemas frequentemente afirmam e amplificam preconceitos existentes. Pior ainda, mascaram essas tendências sob uma fachada de pseudo-objetividade, que distancia as instituições da responsabilidade pelos resultados desiguais. Isso é perigoso por dois motivos: é logicamente errado, causando danos reais, e corrói a fé nos princípios de liberdade e igualdade.

Alguns dos exemplos mais preocupantes de viés mascarado envolvem o uso da IA na aplicação da lei. Um algoritmo popular, usado por juízes e conselhos de liberdade condicional para decidir quem deve receber penas alternativas à prisão demonstrou uma tendência a recomendar soltura antecipada com maior frequência para infratores brancos do que negros, mesmo quando os crimes eram similares. O algoritmo superestimava a taxa de reincidência de infratores negros e subestimava a dos brancos. Ferramentas que afirmam ser capazes de ajudar a polícia a prever "pontos quentes" de crimes também levam a detenções desproporcionais em certos bairros. Isso ocorre, em grande parte, porque esses sistemas de IA preditiva foram treinados com dados de prisões anteriores, que refletem os vieses sistêmicos do policiamento. Áreas mais pobres e de maioria não branca recebem mais recursos policiais e abordagens, como parar e revistar, do que bairros mais ricos e predominantemente brancos.

Usar dados de detenção em vez de dados de condenação também pode ser problemático. "Pegamos dados ruins para começar e, em seguida, usamos ferramentas para piorá-los", explicou Katy Washington, pesquisadora que estuda o viés algorítmico na Universidade do Colorado em Boulder, à revista *MIT Technology Review*. O uso de software de reconhecimento facial pela polícia também é um problema, pois a maioria deles demonstrou ser menos precisa para pessoas de pele mais escura, principalmente mulheres negras. O controverso aplicativo de reconhecimento facial Clearview captou grande parte de seus dados nas redes sociais, violando termos e condições desses sites, além de leis estaduais, como as de Illinois. O Clearview é amplamente usado pela polícia dos EUA, apesar das questões com a privacidade dos dados e da falta de testes independentes para verificar sua precisão e imparcialidade.

No entanto, apesar de todas essas falhas terem sido amplamente cobertas pela mídia, as agências de aplicação da lei continuaram a intensificar a adoção de métodos de "policiamento de precisão". Confiar na análise de dados dá à polícia um verniz de imparcialidade e lhe permite evitar a responsabilidade pelas decisões sobre a alocação do patrulhamento.

Dado o histórico racista da polícia dos EUA, é altamente improvável que um sistema ingenuamente construído a partir de dados passados faça outra coisa senão reforçar os preconceitos existentes. Os softwares de IA para uso na aplicação da lei deveriam ser projetados justamente para compensar o racismo estrutural, visando à igualdade e à precisão preditiva. Isso significa, em essência, que qualquer sistema desse tipo subestimaria os crimes cometidos por pessoas não brancas. E, embora o resultado geral possa ser equitativo, um software projetado dessa maneira provavelmente ofenderia aqueles que exigem uma justiça completamente daltônica e imparcial. A Lei de IA da União Europeia, por exemplo, proíbe o uso de reconhecimento facial em tempo real pela polícia (permitido apenas em vídeos gravados) e classifica o uso de IA por agências de segurança como "de alto risco". Isso significa que os mais rigorosos protocolos devem ser seguidos para avaliar e mitigar perigos e vieses. Os EUA deveriam implementar padrões igualmente rígidos para o uso da IA em policiamento e justiça.

Considerando como o julgamento humano pode ser tendencioso, há quem diga que os sistemas de IA podem aprimorar a justiça. Um estudo da American Civil Liberties Union sobre uma ferramenta de avaliação de risco introduzida em Nova Jersey, em 2017, revelou que ela poderia reduzir em 20% o número de pessoas detidas aguardando julgamento. Mas havia uma grande ressalva: esse efeito só seria alcançado se a ferramenta fosse devidamente projetada *e* implementada. No Kentucky, por exemplo, um estudo revelou que uma pontuação de risco projetada para ajudar os juízes teria reduzido as taxas de encarceramento. Porém, os juízes estavam interpretando a pontuação de forma inconsistente.

Talvez seja melhor considerar o alerta do criador do Eliza, Joseph Weizenbaum: mesmo que as máquinas se provem mais objetivas do que as pessoas, a IA deveria ser impedida de tomar decisões que afetam a liberdade de alguém. Decisões com consequências tão graves para a vida de uma pessoa só deveriam ser tomadas por quem de fato tem vida. Quando se trata de justiça, devemos esperar objetividade ou algo além: uma aplicação justa da experiência subjetiva, que deixa espaço para a empatia humana?

Sim, a preocupação com desigualdade, preconceito, inconsistência e corrupção foi o que levou governos a adotarem pontuações de risco e algoritmos. No entanto, as autoridades frequentemente falham em questionar os dados que alimentam esses algoritmos e não monitoraram seu impacto de forma adequada. Muitas vezes, algoritmos e IA viraram uma desculpa conveniente para evitar a responsabilidade por resultados nocivos ou constrangedores. "A gente só obedeceu ao algoritmo" é o novo "Eu estava só seguindo as ordens". É uma forma das autoridades se esquivarem da responsabilidade e da prestação de contas. Não deveríamos deixar políticos e funcionários públicos escaparem ilesos. E não deveríamos abandonar o julgamento profissional, o bom senso e a intuição moral só porque é mais fácil confiar cegamente na IA.

OPORTUNIDADES DESIGUAIS

O sistema judicial não é o único campo em que o preconceito racial e de gênero pode ter consequências no modo de vida. No setor financeiro, a IA pode inaugurar uma nova era de segregação digital. Na área da saúde, decisões baseadas em IA podem literalmente fazer a diferença entre a vida e a morte. Em 2019, um estudo mostrou que uma ferramenta de avaliação de risco usada para avaliar a saúde de mais de 100 milhões de norte-americanos era tendenciosa contra pacientes negros, considerando-os mais doentes do que pacientes brancos. Os pesquisadores concluíram que, se o algoritmo fosse justo, a porcentagem de pacientes negros que deveriam receber ajuda extra devido a suas enfermidades aumentaria de 18% para 47%.

Esses sistemas são tendenciosos porque os dados que os alimentam também o são. Estima-se que pacientes negros, por exemplo, representem menos de 5% da amostragem em ensaios clínicos nos EUA. Médicos e enfermeiros há anos submedicam pacientes negros e de outras minorias em sintomas como dor, às vezes devido a crenças equivocadas sobre disparidades raciais nos limiares de dor ou outras falsas diferenças biológicas. Assim como no sistema judicial, a IA pode mascarar o viés por trás de um verniz de "tecnoperfeição". Se os profissionais de saúde não estiverem cientes dos preconceitos ocultos nos softwares que usam para diagnosticar e tratar pacientes, podem achar erroneamente que essa tecnologia é mais objetiva e precisa do que seu próprio julgamento. Mas, assim como na aplicação da lei, se os sistemas de IA forem especificamente construídos e treinados para superar preconceitos históricos, eles podem se tornar poderosas ferramentas de correção das desigualdades.

No setor financeiro, o perigo do preconceito racial e de gênero é igualmente insidioso. Nos EUA, credores precisam garantir que suas práticas de concessão de crédito não causem um "impacto desigual" em classes protegidas, como latinos ou mulheres. É importante notar que reguladores e tribunais também afirmaram que é aceitável os credores considerarem métricas tradicionais, como renda e pontuação de crédito, mesmo que essas variáveis tenham alta correlação com gênero e raça. Os algoritmos de IA agora podem fazer previsões de reembolso usando muitos outros dados que, aparentemente, podem parecer neutros, mas que na prática representam determinados grupos.

Um estudo europeu revelou que cinco dados específicos eram melhores preditores de pagamento de empréstimos do que as tradicionais pontuações de crédito: a marca do dispositivo (Mac ou PC), seu tipo (celular, tablet ou computador), o horário da solicitação de crédito, o domínio do e-mail (Gmail ou Hotmail) e se o e-mail continha parte ou todo o nome do usuário. Cada um deles, segundo o estudo, estava correlacionado com um grupo (por exemplo, os brancos são mais propensos a possuir Macs), mas podem ser considerados ilegais segundo as leis de concessão de crédito dos EUA. Os credores podem contornar a regra de impacto desigual, mostrando que descartar um ponto de dados de seu algoritmo de risco de crédito resultaria em um preço menos preciso, o que facilita práticas manipuladoras.

Agindo com criatividade e responsabilidade, a IA pode realmente viabilizar o acesso a empréstimos para grupos historicamente desfavorecidos. A VyStar Credit Union, uma das maiores cooperativas de crédito dos Estados Unidos, usou o software de pontuação de risco da startup Zest AI para aumentar as aprovações de cartões de crédito, principalmente para minorias e outros grupos historicamente desfavorecidos, em mais de 20%, mantendo o risco de inadimplência constante. "São milhares de pessoas que, de outra forma, não teriam acesso a um cartão de crédito", diz Jenny Vipperman, diretora de empréstimos da VyStar.

AMPLIANDO O VIÉS

O atual boom nos sistemas de IA generativa tem potencial para estimular a desigualdade. Isso porque esses sistemas, além de reproduzirem o viés existente, o ampliam. Como já vimos, o problema está nos dados históricos. Dê a um LLM uma frase ambígua, como "eu sou gerente", pergunte se o sujeito é homem ou mulher — pesquisadores da Apple e da Swarthmore College fizeram exatamente isso recentemente —, e veja que a IA é mais propensa a responder "homem". Ao testarem quatro LLMs, os pesquisadores observaram que as IAs eram 7 vezes mais propensas a dizer que a função era exercida por um homem, seguindo um estereótipo, enquanto em apenas 3,8 vezes eram mais propensos a dizer que o sujeito era uma mulher.

As IAs que geram imagens a partir de textos são ainda mais problemáticas. Como mencionado no Capítulo 8, se você solicitar ao Midjourney para mostrar "um médico negro africano cuidando de uma criança branca que sofre", como em um estudo publicado na prestigiada revista médica *The Lancet*, o modelo é incapaz de responder corretamente. Em mais de 99% das vezes, produziu imagens de médicos brancos e crianças negras. Outro estudo observou que geradores de imagem por texto tendem a mostrar pessoas com pele mais clara em profissões de salários mais altos e com pele mais escura em empregos de salários mais baixos, além de retratar trabalhadores com altos rendimentos como homens.

É possível resolver esse viés. Uma boa curadoria de dados pode ajudar. Por outro lado, também é possível treinar excessivamente o modelo em exemplos incomuns ou criar dados sintéticos gerados por computador para preencher lacunas nos conjuntos de dados reais. As empresas de tecnologia precisam adotar essas medidas deliberadamente ao desenvolver grandes modelos, mas, por enquanto, não estão fazendo isso. O que é problemático, porque os modelos de IA generativa estão sendo rapidamente incorporados em diferentes aplicações nos negócios, na educação e no governo.

Não é inevitável que a IA agrave a desigualdade social, mas as empresas de tecnologia precisam ser pressionadas a construí-la como um instrumento de igualdade. A Lei de IA da União Europeia, com suas avaliações baseadas em risco, é um passo nessa direção e pode se tornar um padrão global, já que se aplicará a qualquer empresa com clientes ou funcionários europeus. Nos EUA, a regulamentação de IA deveria exigir que os modelos fossem testados em relação ao viés. Deveríamos buscar uma IA que produza resultados mais justos. A Comissão Federal de Comércio pode liderar a aplicação de regras para sistemas de IA de uso geral. Sistemas de IA mais específicos, como os desenvolvidos para hospitais, que vimos no Capítulo 9, exigirão atenção de outras entidades. O Banco Central, a Comissão de Valores Mobiliários e os reguladores estaduais de seguros também deveriam buscar algoritmos para melhorar os resultados financeiros de forma equitativa.

O setor empresarial também tem um papel importante ao pressionar as empresas de tecnologia para garantir que os softwares que desenvolvem não sejam discriminatórios. Às vezes, isso pode significar não adotar os LLMs de forma precipitada e optar por modelos menores, que são mais fáceis de analisar e controlar.

O ENCANTO DOS TRAPACEIROS E HACKERS

As questões de confiança que examinamos até agora decorrem da forma descuidada como a IA é construída e usada. No entanto, o maior desafio à confiança está no uso deliberado da IA por pessoas com intuito de enganar e manipular.

A IA pode ser o maior trunfo dos vigaristas desde a invenção da internet. Antigamente, erros gramaticais e expressões estranhas em e-mails que fingiam ser do seu banco eram uma prova irrefutável de que um fraudador ou uma gangue estavam tentando roubar sua senha ou dados da sua conta. Agora, até falantes não nativos podem usar o ChatGPT e outros LLMs para redigir e-mails de phishing convincentes. Sabe aquela ligação do seu sobrinho chorando em pânico dizendo que foi sequestrado e que, se você não enviar dinheiro aos criminosos imediatamente, eles vão matá-lo? Pode não ser ele. Os fraudadores já estão usando softwares de clonagem de voz para fazer chamadas como essa, visando principalmente familiares mais velhos e vulneráveis. (Para tornar o golpe mais verossímil, os criminosos usam o software de IA para se passar por sua filha gritando de dor e, em seguida, "ela" diz que foi cortada com uma faca.) A clonagem de voz também está sendo usada para imitar CEOs, pedindo a gerentes desavisados do departamento de finanças que façam pagamentos em contas bancárias secretas.

A capacidade de criar deepfakes com troca de rosto em tempo real também viabilizou chamadas do Zoom em que a pessoa na tela pode não ser quem parece. Sabe-se de uma empresa que sofreu um golpe de US$25 milhões por meio de uma chamada no Zoom em que a troca de rosto ao vivo foi usada para imitar executivos.

Assim como a IA pode ser um assistente de programação útil, também pode ser uma ferramenta para os hackers, facilitando a vida dos golpistas com menos habilidade técnica para montar ataques cibernéticos sofisticados. A empresa de segurança cibernética Check Point demonstrou que o ChatGPT pode ser usado para planejar todas as etapas de um golpe, desde a criação de um e-mail de phishing convincente até a criação de malware executável e a incorporação desse malware em um anexo de e-mail. No início de 2024, a Microsoft e a OpenAI declararam que haviam detectado e desativado contas vinculadas a hackers da Rússia, China, Irã e Coreia do Norte, todos tentando usar o ChatGPT para refinar golpes.

Na dark web, os hackers comercializam LLMs com nomes como FraudGPT e WormGPT que, segundo eles, foram treinados para criar malwares eficazes e rodar campanhas de phishing. Outros LLMs podem ser usados por cibercriminosos e espiões para analisar o código de software de sistemas que eles querem hackear, em busca de vulnerabilidades.

Mesmo antes dos chatbots de IA, havia pacotes de malware à venda por valores irrisórios na dark web, bem como gangues que vendiam serviços de "hacker de aluguel". Essas opções são ainda mais fáceis do que tentar fazer um LLM escrever um pacote de malware sob medida. Especialistas em cibersegurança afirmam que, nas mãos de hackers experientes, os LLMs podem agilizar e aumentar as chances de sucesso dos ataques de phishing.

IA VERSUS IA

Embora esse mundo de golpes pareça aterrorizante, o malware é uma área em que a IA pode efetivamente combater a si mesma. Com o tempo, a IA se mostrará mais vantajosa para quem defende do que para quem ataca. Os hackers podem usá-la para achar falhas no código, mas os especialistas em segurança também podem usá-la para achar e corrigir essas falhas antes dos hackers, e até configurar chatbots para fingirem ser invasores e usá-los para testar suas próprias redes, procurando por pontos fracos.

Um dos maiores problemas da cibersegurança é a escassez de pessoal treinado. A IA pode atuar como um copiloto nessa área. O Google treinou uma versão de seu LLM PaLM 2 especificamente para ajudar os agentes de cibersegurança. Já existem programas de cibersegurança com IA, como os da Darktrace e da Palo Alto Networks, que funcionam como um sistema imunológico, detectando anomalias, contendo ameaças e corrigindo-as mais rápido do que qualquer humano.

Afinal, na IA, os dados são importantes. Nesse contexto, os defensores devem ter uma vantagem clara. Como observa Evan Reiser, CEO da empresa de software de cibersegurança Abnormal, especializada na detecção de tráfego incomum de e-mail, os defensores sabem mais sobre o comportamento de sua própria rede e seu próprio código de software, enquanto os invasores têm acesso apenas a informações disponíveis publicamente e talvez a alguns dados que conseguiram captar espionando. Isso aumenta a probabilidade de o invasor cometer erros e disparar o alarme para o software de vigilância de rede habilitado por IA. Maya Horowitz, vice-presidente de pesquisa da Check Point, afirma que a IA generativa é uma "vantagem tática para os invasores", mas para os defensores pode ser "estratégica", permitindo que ajam com mais eficácia.

Parece reconfortante, mas isso se aplica apenas aos métodos tradicionais de hacking. Como se vê, os sistemas de IA generativa abriram uma "frente" totalmente nova para potenciais invasores – uma que é extremamente difícil de proteger. Os sistemas de chatbot são vulneráveis a ataques de "injeção imediata", nos quais indivíduos mal-intencionados alimentam o sistema de IA com entradas, sejam de texto ou imagem, que o levam a produzir respostas indevidas. É por isso que as empresas que implantam chatbots de IA para coisas como atendimento ao cliente ou copilotos para funcionários devem ser extremamente cuidadosas sobre quais dados e ferramentas os LLMs podem acessar. Há casos em que os chatbots, quando solicitados, vazam informações confidenciais das pessoas.

Em alguns casos, pode ser preferível criar copilotos estritamente adaptados para cada função dentro da empresa, pois o isolamento limita os dados que podem ser acessados. Operar com base na "necessidade de saber" deve se aplicar aos chatbots, da mesma forma que aos funcionários. As empresas precisarão ser muito cautelosas ao construir chatbots baseados em LLMs de código aberto. Pesquisas de segurança já demonstraram que, se hackers obtiverem acesso aos pesos de um modelo de IA, poderão criar automaticamente ataques de injeção imediata que podem parecer caracteres aleatórios adicionados a comandos, mas que conseguem contornar as proteções da IA. Até agora, ninguém sabe bem como se proteger contra isso. Até que tenhamos sistemas de IA com uma compreensão conceitual mais humana e robusta — o que tornaria suas defesas mais difíceis de derrotar —, será difícil protegê-los.

Os dados usados para treinar a IA são outra tentação para os hackers. Horowitz se preocupa principalmente com os hackers que trabalham para governos hostis envolvidos em "envenenamento de dados" — eles adulteram as fontes de dados de treinamento e adicionam deliberadamente exemplos que fazem os sistemas de IA classificarem as coisas erroneamente ou oferecerem saídas falsas. Esse problema é mais específico para sistemas militares de IA projetados para classificar imagens de drones e armamentos inimigos. Pesquisadores já demonstraram que, com apenas alguns exemplos, o software pode ser levado a classificar a imagem de uma tartaruga como um rifle. A mesma tática pode ser usada para produzir o resultado contrário. Horowitz diz que, devido a tantos dados de treinamento serem extraídos da internet, qualquer pessoa que deseje enganar um software militar pode simplesmente esconder esse dado venenoso à vista de todos, confiante de que será coletado para o treinamento de futuros LLMs.

O governo precisa adotar uma postura proativa e agressiva na proteção dos nossos dados mais confidenciais; Biden patrocinou exercícios de equipes vermelhas para testar as vulnerabilidades dos mais potentes modelos de IA de uso geral, além de estar desenvolvendo diretrizes e protocolos para segurança em IA. Essas ações podem, em última análise, embasar regulamentos aplicáveis a departamentos e fornecedores do governo.

Mas é preciso fazer mais para melhorar a segurança em todos os setores, principalmente nas áreas de finanças e saúde. Gary Gensler, chefe da Comissão de Valores Mobiliários dos EUA, alerta que, a menos que o governo aja rapidamente para proteger os mercados financeiros de vulnerabilidades geradas pela IA, é "quase inevitável" que ocorra uma catástrofe financeira na próxima década. Na área da saúde, o roubo ou manipulação de dados confidenciais de pacientes também pode ter efeitos desastrosos.

Além dos danos diretos, os danos psicológicos — o sentimento de que o governo não consegue garantir a segurança dos cidadãos — são perniciosos. Se essa percepção se consolidar, enfraquecerá ainda mais a fé nas instituições e na democracia.

A ESTRATÉGIA DO FIREHOSING

Fraude e cibercrime representam ameaças indiretas à democracia, corroendo a confiança e aumentando nosso senso de vulnerabilidade. A desinformação e a interferência eleitoral são um ataque frontal à confiança e ao modelo democrático. Os temores acerca do conteúdo político gerado pela IA vêm aumentando há quase uma década. Em 2017, surgiram os primeiros exemplos de pornografia não consensual deepfake no Reddit, com montagens de corpos de atores pornô com cabeças de celebridades. Quase imediatamente, pesquisadores de IA e analistas políticos manifestaram sua preocupação de que as deepfakes seriam usadas para propagar desinformação política, envenenando ainda mais um ambiente já repleto de falsidades espalhadas nas redes sociais. Naquele mesmo ano, pesquisadores da Universidade de Washington usaram catorze horas de áudio e vídeo do ex-presidente Barack Obama para criar um vídeo deepfake convincente, em uma iniciativa para alertar o público sobre o perigo iminente. Na época, as deepfakes se baseavam numa técnica de IA chamada "Rede Adversária Generativa" (GAN), que usa duas redes neurais: uma treinada para gerar imagens e outra para avaliar se a imagem é real ou falsa. As duas redes competem entre si em rodadas sucessivas de treinamento, resultando em imagens ou vídeos falsos difíceis de desmascarar. A desvantagem das GANs é que elas exigem muitas horas de vídeo e áudio de alguém para produzir uma falsificação convincente.

Desde então, novas técnicas de IA reduziram radicalmente a quantidade de dados, tempo e experiência humana essenciais para criar imitações realistas. As GANs não são mais necessárias. Geradores de imagem como o Midjourney permitem a qualquer um criar imagens deepfake persuasivas de celebridades a partir de um prompt de texto em cerca de um segundo. Imagens falsas virais de Donald Trump supostamente brigando com a polícia enquanto era preso ou do Papa Francisco vestindo uma jaqueta branca (nenhuma delas fazia parte de uma iniciativa deliberada de desinformação) foram criadas assim. Outra ferramenta é o software de geração de vídeo da startup Runway, que permite a criação de vídeos falsos a partir de um prompt de texto e também a troca fácil de uma pessoa por outra. Já a startup ElevenLabs consegue criar clones de voz realistas com apenas alguns segundos de áudio real. A facilidade de uso dessas ferramentas praticamente garante uma avalanche de conteúdos falsos.

Alarmantemente, alguns políticos e seus assessores veem as deepfakes não como um "truque sujo" por baixo dos panos, mas como uma ferramenta explícita e legítima de persuasão política. Na Índia, durante a eleição para prefeito de Deli em 2020, um candidato criou um vídeo deepfake de si mesmo falando em um dialeto hindi que não dominava, na tentativa de atrair eleitores daquela comunidade. Nos EUA, o Partido Republicano usou vídeos deepfake mostrando um cenário apocalíptico caso o presidente Joe Biden fosse reeleito — parte da propaganda ofensiva lançada logo após Biden anunciar sua candidatura.

Ao mesmo tempo, qualquer pessoa pode usar o ChatGPT ou outros LLMs baseados em texto para criar fake news e blogs falsos que pareçam verdadeiros. Em 2016, a Rússia travou uma campanha de desinformação sem precedentes destinada a influenciar o resultado das eleições presidenciais daquele ano nos EUA. Essa campanha envolveu perfis falsos nas redes sociais, supostamente pertencentes a norte-americanos, mas na verdade controladas por agentes ligados à Rússia, e usou publicidade direcionada para espalhar fake news com a intenção de polarizar a opinião pública. Só que algumas postagens dessas contas falsas continham erros gramaticais reveladores, que levantaram suspeitas. Hoje, LLMs como o ChatGPT facilitam a geração de fake news, mesmo em diferentes idiomas.

Imagine que é final de outubro, apenas algumas semanas antes da votação em uma acirrada disputa presidencial. Um áudio viraliza entre os seguidores dos principais influenciadores de direita nas redes sociais. Quem compartilha o áudio alega que um trecho de uma reunião privada entre o atual presidente democrata e um empresário bilionário inclui o presidente se oferecendo para ajudar o parceiro de negócios bilionário tcheco a garantir um carregamento de armas dos EUA, que ele poderá depois revender ao governo de Gana. Em troca, o presidente exige um suborno explícito, na forma de uma grande contribuição de campanha. Embora a origem seja duvidosa, o arquivo de áudio é rapidamente captado por organizações de mídia de direita. Repórteres confirmam que o presidente teve uma reunião com o empresário e que ele realmente teria feito uma grande doação. Mas o áudio em si não pode ser verificado. Porta-vozes do presidente e do empresário negam que o áudio seja autêntico. Mas a negativa não impede o candidato republicano de condenar "o escândalo de suborno" que a "grande mídia está se recusando a cobrir". Os republicanos do Congresso jogam lenha na fogueira, pedindo a investigação do "Ganagate". Agora, os principais meios de comunicação apartidários se sentem compelidos a cobrir a história, mesmo que não tenham conseguido verificar o áudio. Nas pesquisas, o índice de aprovação do presidente entre eleitores independentes e indecisos em estados importantes começa a cair. Enquanto isso, o "escândalo" confirma ainda mais a percepção dos eleitores de direita de que o presidente é corrupto e imoral, motivando-os a ir às urnas. O presidente ganha no voto popular, mas acaba perdendo no colégio eleitoral devido a derrotas apertadas em estados-chave. Será que o áudio deepfake influenciou a eleição?

Vendo a situação atual da tecnologia de IA e o cenário político, é totalmente possível. O surgimento de um vídeo ou áudio deepfake num momento-chave de uma eleição acirrada pode ser decisivo. Um áudio deepfake é muito difícil de verificar, principalmente quando alega-se ser gravação de uma conversa privada. Áudios deepfake como esse já vieram à tona em outras campanhas. Na véspera da eleição para prefeito de Chicago em 2023, uma conta no X (então Twitter) que se chamava Chicago Lakefront News postou a imagem do candidato Paul Vallas junto com um áudio com declarações inflamadas que minimizavam casos de má conduta policial. O áudio foi rapidamente desmascarado e acabou não influenciando a eleição. Mas milhares de pessoas o ouviram e compartilharam. Na Eslováquia, por outro lado, um áudio deepfake provavelmente alterou o resultado das eleições nacionais em 2023, uma novidade na democracia ocidental.

O resultado das eleições presidenciais dos EUA depende de relativamente poucos eleitores em um punhado de estados. Poucas pessoas precisam mudar seu voto para impactar o desfecho. Dito isso, estudos sobre desinformação mostram que as pessoas estão mais inclinadas a acreditar quando suas crenças e preconceitos são reforçados. Isso significa que campanhas de propaganda destinadas a aumentar a participação dos apoiadores de um candidato ou a convencer eleitores indecisos a não votar serão mais eficazes do que aquelas que tentam mudar a percepção dos eleitores.

A facilidade com que a IA produz desinformação torna essa tecnologia particularmente útil para certas estratégias de propaganda. A Rússia adota uma estratégia que especialistas do think tank RAND Corporation chamam de firehosing, cuja intenção é encharcar as pessoas com mentiras e meias-verdades. Estudos mostram que as pessoas são mais propensas a acreditar nas informações que veem com mais frequência, mesmo quando são falsas. O tsunami de desinformação também é projetado para sobrecarregar as iniciativas de verificação de fatos. Em última análise, a persuasão pode ser apenas um objetivo secundário: o verdadeiro propósito é semear confusão e acabar com a confiança em instituições-chave. Quando as pessoas não sabem em quem ou no que confiar, é mais provável que recorram a suas bolhas pessoais, como amigos e familiares, o que prejudica a coesão social entre as comunidades. A disseminação de desinformação pelas deepfakes pode aumentar o que é chamado de *dividendo do mentiroso*, quando informações falsas em abundância tornam fácil para os políticos negarem verdades que os prejudicam, chamando-as de fake news.

MARCAS D'ÁGUA DIGITAIS

Atualmente, temos poucas defesas contra esse dilúvio de mentiras. As empresas de tecnologia que usam IA generativa se comprometem voluntariamente a incluir "marcas d'água digitais" nas imagens criadas por IA, facilitando a identificação de algumas deepfakes. A Samsung, por exemplo, começou a aplicar uma marca d'água digital visível em todas as imagens feitas com as ferramentas de IA que agora são padrão em seus smartphones Galaxy de última geração. Ela também adiciona informações aos metadados que acompanham cada arquivo, indicando o uso de IA. Mas, atualmente, os EUA não exigem legalmente que as imagens de IA incluam essas identificações. A Lei de IA da União Europeia exige transparência em relação ao conteúdo gerado por IA, o que provavelmente levará à adoção de marcas d'água, enquanto a China já impôs essa obrigatoriedade em seus regulamentos de IA.

Em todo caso, as marcas d'água não são uma solução infalível mas pelo menos oferecem uma proteção contra o uso de softwares de IA disponíveis comercialmente para criar deepfakes. Agentes mal-intencionados, especialmente países com recursos significativos, poderiam desenvolver seus próprios modelos de IA sem marca d'água ou remover as marcas de softwares de IA de código aberto. Pesquisas mostram que sistemas de marca d'água para textos e imagens gerados por IA podem ser contornados com os ajustes ou prompts adequados. Em alguns casos, é ainda mais simples: poucos dias após o lançamento do recurso de marca d'água da Samsung, as pessoas descobriram que podiam removê-las usando ferramentas de edição de IA no próprio smartphone, embora os metadados ainda revelassem o uso da IA.

Adobe, Microsoft e outras empresas, incluindo a fabricante de câmeras Leica, trataram desse problema na direção contrária, adicionando metadados de "Credenciais de Conteúdo" a fotografias digitais, certificando-as como legítimas e sinalizando automaticamente certos tipos de manipulação digital. Os usuários podem optar por não usar essas credenciais, que na maioria dos casos não são aplicadas por padrão. Pode levar muitos anos até que esse padrão seja aplicado globalmente, e agentes mal-intencionados ainda podem encontrar maneiras de forjar as credenciais.

O governo Biden, por sua vez, ordenou que o Departamento de Comércio formulasse orientações sobre marcas d'água digitais, aplicáveis a todas as comunicações do governo, a fim de certificá-las como legítimas. Esses sistemas de certificação de conteúdo não resolvem o problema das inúmeras imagens digitais legítimas que já existem sem esse credenciamento. A marca d'água parece ser necessária, mas não basta para enfrentar a iminente crise de confiança.

Criminalizar a produção e disseminação deliberada de desinformação poderia ajudar. Isso impediria que fazendas de trolls espalhassem mentiras geradas por IA para fins publicitários, mas pouco faria para frear negócios estrangeiros obscuros ou estados-nação hostis. Em 2018, a França aprovou uma lei que concede às autoridades amplos poderes para remover conteúdo falso das redes sociais, bloquear sites que o publiquem e exigir mais transparência sobre quem financia conteúdos patrocinados nos três meses que antecedem as eleições.

A nova e abrangente Lei de Serviços Digitais da UE exige que as redes sociais reforcem seus processos de controle sobre desinformação, propaganda terrorista e discurso de ódio. Mas ela também determina que as redes sociais equilibrem essas restrições cuidadosamente com o direito à liberdade de expressão, um desafio para as empresas de tecnologia. Enquanto isso, nos EUA, qualquer iniciativa que torne ilegal a produção de desinformação provavelmente entra em conflito com a Primeira Emenda.

Os EUA deveriam seguir o exemplo da Europa e impor exigências às redes sociais a fim de controlar a disseminação de desinformação. Uma reforma da Seção 230 da Lei de Decência nas Comunicações, a histórica lei de 1996 — às vezes creditada como "mãe da internet" por isentar as plataformas online da responsabilidade pelo conteúdo gerado pelos usuários — poderia ajudar a reduzir o fluxo de falsidades. Os EUA também deveriam proibir o uso de conteúdo gerado por IA em campanhas políticas.

PRATICANDO ASTROTURFING

As deepfakes recebem boa parte da atenção da imprensa, mas a IA também traz outras ameaças insidiosas à democracia. Grupos de interesses especiais podem usar a IA para impulsionar campanhas de "astroturf" — quando lobbies corporativos criam a falsa aparência de apoio popular a uma política específica, muitas vezes com o uso de organizações de fachada que mascaram os verdadeiros responsáveis. Grupos de lobby já usaram a automação para impulsionar campanhas de astroturf. Em 2017, quando a Comissão Federal de Comunicações estava considerando mudanças nas regras de "neutralidade da rede" — que determinam que os provedores de internet devem tratar todas as informações transmitidas por seus cabos de fibra óptica de maneira igual —, grupos apoiados por interesses corporativos usaram bots para inundar o portal de comentários eletrônicos da comissão com mais de 8 milhões de mensagens a favor da revogação. A iniciativa falhou porque 90% dos comentários eram idênticos, facilitando a detecção de astroturfing.

Hoje, os LLMs conseguem criar postagens convincentes em massa, cada uma com pequenas variações na redação, dando a impressão de serem escritas por pessoas reais. Com isso, as mensagens geradas por IA não são tão fáceis de ser detectadas.

A IA também pode estar presente no uso das redes sociais para avaliar a opinião pública. Teoricamente, usar a IA para classificar e resumir postagens em redes sociais automaticamente pode ser uma nova maneira dos funcionários do governo ou da imprensa avaliarem a opinião pública, sem depender de pesquisas que são, por diversos motivos, cada vez menos confiáveis. Resumir as postagens nas redes sociais também pode oferecer informações mais sutis do que as pesquisas, onde os participantes geralmente ficam limitados a apenas alguns graus de concordância ou discordância com uma declaração que o pesquisador criou. Essa foi a visão de Noam Slonim, pesquisador da IBM que criou um sistema de IA chamado Speech by Crowd demonstrado no final de 2018. O sistema conseguia analisar e resumir milhares de comentários escritos por humanos, entendendo quais estavam argumentando a favor e quais contra. Slonim sugeriu que, no futuro, os governos poderiam usar o Speech by Crowd, ou seus sucessores, para entender melhor a opinião pública. Porém, esse sistema só funcionaria se o governo pudesse garantir a autenticidade dos comentários analisados.

Para combater isso, os governos terão que fortalecer as atuais defesas contra bots — como sistemas CAPTCHA ou de autenticação de dois fatores — em sites que permitem comentários públicos. A IA cada vez mais sofisticada pode acabar derrubando essas defesas, mas pelo menos dificultará as coisas para os praticantes de astroturf. As redes sociais também deveriam ser obrigadas a intensificar suas iniciativas contra bots e perfis falsos.

Com as políticas certas, a IA pode ser uma ferramenta para fortalecer a democracia e fomentar a confiança. Mas, tal como está, a tecnologia provavelmente terá o efeito oposto, degradando ainda mais o nosso já fragilizado ecossistema de informações e enfraquecendo nosso senso de comunidade e os processos democráticos. Além disso, aprofundará o fosso entre as elites privilegiadas e o resto da sociedade, minando as expectativas de justiça e igualdade de oportunidades, fundamentais para o apoio popular aos governos democráticos.

Devemos nos preparar para esse desafio e tomar todas as medidas possíveis para direcionar o desenvolvimento da IA num sentido mais nobre e esclarecedor.

CAPÍTULO 12
GUERRA NA VELOCIDADE DA MÁQUINA

O aquecimento global pode nos afogar em inundações, nos matar de sede com a desertificação das florestas e nos condenar à fome com as quebras de safra. E o fim da confiança pode colocar a democracia em risco. Porém, essas ameaças não são nada se comparadas ao perigo que as armas nucleares representam: uma dura lembrança de nossa genialidade e insanidade, um pacto suicida assinado sob a luz das estrelas. Elas são o epítome da nossa inclinação em usar a inteligência natural para imaginar maneiras de matar uns aos outros de forma mais eficiente. E agora, temos um novo brinquedo para assassinatos em massa: a inteligência artificial. Ela faz o massacre ser uma coisa menos pessoal e, portanto, menos responsabilizável; elimina o risco humano do campo de batalha, mas no processo nos desumaniza. Combinada aos mísseis que pacientemente aguardam pelo Armagedom, aumenta a chance de eles serem fatidicamente evocados.

Há mais de um século que a autonomia vem se infiltrando nos arsenais. As forças confederadas na Guerra Civil dos EUA usaram as primeiras minas terrestres que podiam ser enterradas e acionadas pelo peso de uma pessoa. Essas armas tinham certa autonomia, mas nenhuma inteligência. Hoje, a IA está integrada em todos os níveis do que os estrategistas militares chamam de "cadeia da destruição" — desde o reconhecimento até o disparo e a avaliação do resultado. Grande parte dessa IA opera no nível da percepção — detecta objetos e pessoas em campo, identifica o que ou quem são e rastreia seus movimentos. Uma IA mais sofisticada também está sendo usada para pilotar aeronaves de combate autônomas e drones subaquáticos, além de controlar sistemas de artilharia. Ela está sendo integrada aos sistemas de comando e controle usados pelos oficiais para visualizar o campo de batalha. Softwares semelhantes aos usados para vencer oponentes humanos nos jogos Go e *StarCraft II* agora sugerem estratégias aos generais. Os novos LLMs também já têm seu papel nas guerras, analisando e resumindo relatórios de inteligência, com uma interface de linguagem natural para os comandantes interagirem com sensores, sistemas bélicos e soldados.

A IA transforma a guerra em três aspectos. Torna as armas mais autônomas. Traz mudanças para como as informações do campo de batalha são coletadas, analisadas e usadas nas decisões. E altera o aspecto político da guerra, impactando as estratégias de segurança nacional, o cálculo geopolítico e as ramificações políticas relativas às decisões de aplicar força militar. Este capítulo explorará cada um desses aspectos, destacando como, em todos eles, a IA levanta questões profundas sobre responsabilidade e moralidade. Elas desafiarão cada vez mais os soldados e os líderes políticos que os enviam à guerra e, nas democracias, todos por quem eles lutam.

SALVANDO VIDAS, MAS A QUE CUSTO?

Imagine uma favela extensa e densamente povoada na periferia de uma capital africana: os barracos cobertos por folhas de estanho, as construções baixas e alguns conjuntos habitacionais. Uma facção terrorista opera dentro dessa paisagem urbana labiríntica. Para erradicá-la, um general pode enviar soldados a pé ou descê-los de helicóptero. Mas é arriscado: pode haver emboscadas, os helicópteros seriam abatidos e civis morreriam no tiroteio. Se ele localizar o quartel-general dos terroristas, pode tentar destruí-lo com uma bomba ou míssil. Mas como "dano colateral", muitos civis no entorno seriam atingidos.

A IA pode cumprir essa missão com muito menos risco. Informações coletadas da rede de telefonia celular e de imagens de drones podem ser analisadas por softwares para localizar o esconderijo da facção. Em seguida, um enxame de pequenos drones seria enviado sob o manto da escuridão, sobrevoando os telhados e indo direto para o covil dos terroristas. Os drones fariam uma caçada dentro da favela, detonando munições do tamanho de granadas e acabando com eles. Os drones poderiam ser programados para perseguir os criminosos dentro dos edifícios e pelas vielas, sem deixar nenhum escapar. O software de IA seria treinado para não atacar crianças. Os drones poderiam até ser equipados com um software de reconhecimento facial, para atacarem apenas os procurados. Dessa forma, a facção seria neutralizada sem risco para as tropas e com menor risco de civis morrerem.

Este é o sonho de quem constrói armas habilitadas por IA. "Esses sistemas autônomos tornarão a guerra menos destrutiva, menos dispendiosa em termos de baixas civis e menos dispendiosa em termos de baixas amigas. E acho que, no final das contas, é isso que queremos", diz Brandon Tseng, um ex-SEAL da Marinha dos EUA cuja startup, a Shield AI, está produzindo uma variedade de sistemas aéreos autônomos para os militares dos EUA e aliados. Como um SEAL, Tseng tem muita consciência dos perigos que os soldados enfrentam em combate urbano. Essa experiência o levou a cofundar a Shield, que começou produzindo pequenos drones de reconhecimento para entrar em edifícios e navegar em áreas onde os sinais de GPS e rádio são bloqueados. Desde então, a empresa começou a construir armas autônomas maiores, incluindo drones que atuam como "alas de IA" para caças.

O historiador militar John Keegan, em sua análise sobre a experiência de guerra de um soldado de infantaria, *The Face of Battle*, observou que os dois aspectos mais marcantes são a fumaça que cega e o ruído ensurdecedor. Sem dois de seus cinco sentidos e estimulados pela adrenalina, não é de admirar que os soldados cometam erros fatais no calor da batalha. Os sistemas de IA não se abalam com as explosões, não sentem medo e tampouco são consumidos pela raiva ou desejo de vingança. E eles não se cansam. Desprovidos de todas as fragilidades humanas, os sistemas de IA podem, em teoria, decidir com mais rapidez e precisão do que as pessoas. Trabalhando em uníssono com outros sistemas de reconhecimento operados remotamente ou autônomos, essas armas podem compreender melhor o campo de batalha do que qualquer soldado sozinho jamais poderia. Mais importante ainda, as armas autônomas podem atacar alvos militares com alta precisão, sem colocar em risco a vida dos soldados.

Mas para os defensores dos direitos humanos, esse sonho facilmente vira um pesadelo. Eles apresentam uma visão alternativa do futuro: imagine o mesmo cenário da facção terrorista na favela. O enxame de drones é enviado, mas a inteligência sobre o paradeiro dos terroristas está com defeito. O software não consegue diferenciar adultos e crianças de forma confiável, principalmente se estiverem dormindo durante um ataque noturno. Se fossem soldados humanos a entrar na casa, perceberiam o erro ao ver as crianças e abortariam a missão; mas os drones não têm bom senso ou empatia. Eles matariam uma família inocente. Quando grupos de direitos humanos chamassem a atenção global para o incidente, o exército colocaria a culpa no software. A IA de reconhecimento facial já resultou em prisões equivocadas quando usada pela polícia; nas mãos de militares, um erro de identidade pode virar sentença de morte.

Este é o futuro sombrio para o qual estamos nos precipitando rapidamente. Já vimos tecnologias semelhantes sendo testadas no mundo real, menos caótico do que a guerra, e as consideramos inadequadas. Os carros autônomos — que usam a mesma tecnologia de visão computacional de drones — já atropelaram pedestres sem reconhecê-los como humanos, e colidiram com a lateral de carretas ao confundi-las com o céu nublado. Podemos mesmo confiar que os drones assassinos autônomos serão capazes de distinguir civis de soldados em meio ao caos de uma batalha? A IA não lida bem com eventos improváveis, e a guerra talvez seja o caldeirão supremo do imprevisível. "Não existe nenhuma solução mágica", diz Mary Wareham, que dirige a divisão de armas da Human Rights Watch. Além disso, há mais probabilidade de se ordenarem ataques com armas autônomas porque elas oferecem uma precisão ilusória. A ideia de que a IA reduzirá a mortalidade civil no campo de batalha é equivocada. Na prática, ela tende a tornar a guerra ainda pior do que já é para os civis.

Por uma década, Wareham e outros tentaram evitar essa distopia com a "Campaign to Stop Killer Robots" ("Campanha para Parar os Robôs Assassinos"). Mas o progresso tem sido lento. As esperanças de que o principal órgão das Nações Unidas sobre armas convencionais agisse foram frustradas. O tempo é curto. Em 2023, a empresa de tecnologia ucraniana Saker disse que construiu um drone quadricóptero, o Saker Scout, capaz de voar até 12 quilômetros até o alvo e atacar 64 tipos diferentes de "objetos militares russos", usando pequenas bombas ou granadas, sem supervisão humana. A Saker afirmou que esses drones já foram usados contra as forças russas. Se forem eficazes, eles logo começarão a aparecer em outros campos de batalha.

OS DANOS COLATERAIS: RESPONSABILIZAÇÃO

As armas autônomas não representam apenas perigos mortais, mas também legais e morais. Ao distanciar os oficiais das consequências de suas ordens, elas permitem que soldados e exércitos evitem a responsabilidade de tirar vidas humanas. O direito internacional humanitário determina que, em uma guerra, a responsabilidade pela morte, seja com uma faca ou um drone, sempre recaia sobre o operador da arma e sua cadeia de comando. Segundo a Cruz Vermelha Internacional, os combatentes têm a responsabilidade legal de cumprir três princípios. O primeiro é a regra da distinção — distinguir entre combatentes e civis, infraestrutura militar e civil, e combatentes ativos e soldados feridos inoperantes. O segundo é a regra da proporcionalidade — pesar o tipo de força aplicada contra a vantagem militar que provavelmente será obtida. O terceiro é a regra da precaução, — os ataques devem ser suspensos se for evidente que o alvo é civil ou se o ataque for desproporcional.

Os sistemas autônomos atuais teriam dificuldade em seguir todas essas regras. E embora as armas autônomas não quebrem essa cadeia de responsabilidades, elas a atenuam, distanciando os comandantes dos atos cometidos em seu nome. A Cruz Vermelha alerta que, se essas armas impedirem o exercício da responsabilidade legal, seu uso pode ser considerado ilegal.

O uso de armas autônomas nos coloca em uma trajetória onde podemos perder o controle. A autonomia inevitavelmente gera mais autonomia. Um humano com reflexos altamente refinados leva cerca de 250 milissegundos para reagir a qualquer coisa. Alguns sistemas autônomos reagem em menos de um milissegundo. A única maneira de se defender contra algo que toma decisões tão rápido é implantar outro sistema autônomo contra. A IA vs. IA então se torna o novo *Spy vs. Spy*. Noel Sharkey, um roboticista britânico ativo na "Campanha para Parar os Robôs Assassinos", estremece quando vê militares falando sobre a necessidade da guerra "na velocidade da máquina". A velocidade desses ciclos de decisão revela a ilusão na insistência dos oficiais norte-americanos e britânicos de que ainda é possível exercer um controle significativo sobre as armas autônomas. Inevitavelmente, a pressão por uma resposta rápida fará com que comandantes usem essas armas em modo totalmente autônomo, eliminando qualquer possibilidade de humanos detectarem e corrigirem erros fatais.

A MORALIDADE MORTA EM COMBATE

As armas autônomas fazem mais do que diminuir a responsabilidade humana. Elas também comprometem a moralidade da guerra. O filósofo Paul W. Kahn (sem parentesco com o autor) argumenta que a moralidade na *licença para matar* que um soldado possui depende, em última análise, da extensão do direito à autodefesa. Se o soldado não estiver exposto a riscos potencialmente letais no campo de batalha, ele perde essa licença. Embora alguns possam não ir tão longe quanto Kahn no argumento contra o uso de drones pilotados remotamente, onde o operador toma a decisão final de atacar, não é preciso ser um teórico da guerra justa para intuir que é repugnante terceirizar para um software a decisão de tirar uma vida.

Tal como muitas intuições morais, é difícil articular exatamente o porquê. Kahn baseia seu argumento na equivalência de risco. Mas acho que a questão crítica é que as armas autônomas eliminam a possibilidade de misericórdia. Michael Walzer, um filósofo conhecido por seu pensamento sobre a ética da guerra, ficou fascinado com o que ele chama de incidentes de "soldado nu" — episódios em que um soldado se depara com o inimigo em um momento de vulnerabilidade. Por exemplo, um franco-atirador que tem sob sua mira um soldado nu tomando banho e opta por não puxar o gatilho. Neste cálculo, a licença para matar não repousa na equivalência de risco, mas sim na equivalência de toda vida humana. Parece que ansiamos pela possibilidade da misericórdia — que, mesmo se o soldado puxar o gatilho, ele ao menos considere, por um instante, não fazê-lo. Armas autônomas não oferecem essa chance. Eles não têm empatia. A guerra é, em última análise, um assassinato sancionado pelo Estado. Até agora, podíamos confiar que quem tirava vidas na guerra entendia, mesmo que não no calor da batalha, o horror do que faziam — porque estar vivo é entender a morte. A IA não tem essa capacidade.

DISSUASOR OU ACELERADOR?

Alguns militares acreditam que as armas autônomas tornarão a guerra menos provável ou reduzirão sua duração. Outros argumentam que as armas autônomas, ao realizarem ataques sem arriscar soldados, facilitarão operações limitadas em vez de guerras em grande escala. Para os EUA realizarem uma missão de bombardeio com aeronaves tripuladas, geralmente é preciso fazer ataques preparatórios contra instalações de defesa aérea, causando mais mortes e aumentando o risco de escalada. Esses ataques poderiam ser evitados se o ataque for com um enxame de drones relativamente descartáveis. Porém, há bons motivos para achar que as armas autônomas terão o efeito oposto: tornar o conflito mais provável e expandir, em vez de limitar, seu escopo.

Como as armas autônomas letais diminuem a expectativa de baixas militares, os formuladores de políticas podem achar mais fácil optar pela ação militar. O risco de baixas e o efeito político doméstico que essas baixas terão são algumas das maiores restrições às decisões dos líderes ao ordenar ações militares. Isso acontece nas democracias e também em regimes autoritários, onde ressentimentos sobre conflitos dispendiosos muitas vezes são a faísca para golpes e rebeliões. As armas autônomas eliminam qualquer constrangimento, oferecendo a promessa (muito provavelmente falsa) de uma vitória sem baixas.

O custo acessível de certas armas autônomas é particularmente desestabilizador. Nações menores e mais pobres podem arcar com esses sistemas para atacar vizinhos, enquanto grupos terroristas podem usá-los como um novo tipo de arma de destruição em massa popular. A dificuldade de atribuir responsabilidades por esses ataques também incentiva seu uso.

Essas armas também tornarão as guerras mais letais. Zachary Kallenborn, estudioso de relações internacionais que escreveu extensivamente sobre os impactos da IA na guerra, acredita que as armas autônomas aumentam as chances de conflitos escalarem para guerras totais, onde infraestruturas civis, ativos econômicos e cadeias de suprimentos afastados da linha de frente são vistos como alvos legítimos. Uma razão é que o comando e a operação dessas armas podem estar a milhares de quilômetros do alvo. No Afeganistão, alguns drones Reaper usados pelos EUA eram pilotados remotamente de Nevada, a 11 mil quilômetros de distância. Os comandantes alertaram os pilotos de que eles eram combatentes legais, e um inimigo teria permissão, de acordo com as Convenções de Genebra, de tentar matá-los, mesmo que estivessem apenas andando pelas ruas de Las Vegas trajando uniforme ao término do turno. Kallenborn observa que, na guerra da Ucrânia, ambos os lados mudaram de tática; em vez de tentar derrubar os drones, passaram a usar mísseis e artilharia para eliminar os pilotos nos bunkers e postos de comando longe das linhas de frente. Em conflitos futuros, os adversários, frustrados com a escassez de alvos militares humanos no campo de batalha, podem adotar táticas semelhantes, mirando níveis mais altos da cadeia de comando dos EUA, inclusive em solo norte-americano.

DIPLOMACIA E RISCO

Ainda podemos evitar esse futuro distópico, mas isso exigirá restrições internacionais sobre os tipos de armas habilitadas por IA permitidos. Devemos agir com urgência, antes que seu uso se normalize.

A criação de um tratado internacional para limitar as armas autônomas letais exigirá negociações fora do âmbito da ONU, onde debates sobre o tema se arrastam há mais de uma década sem avanços significativos. Será necessário pararmos de exigir a proibição total e optar por restrições razoáveis, visando limitar os tipos mais perigosos de armas autônomas e prevenir sua proliferação.

A Convenção da ONU sobre Armas Convencionais, que visa limitar o uso de armas que causam sofrimento indevido, começou a debater as armas autônomas em 2014, após uma campanha liderada pela Human Rights Watch. Contudo, apesar da discussão interminável, não se chegou a nenhuma proposta de acordo. Os EUA, cujo exército está investindo pesado em capacidades autônomas, nunca se mostraram favoráveis a uma proibição total. Em vez disso, preferem compromissos voluntários e diretrizes destinadas a criar um padrão global baseado na política atual do Pentágono. Os sistemas bélicos, diz a política, devem ser desenvolvidos de forma a "permitir que comandantes e operadores exerçam níveis adequados de julgamento humano sobre o uso da força". Mas essa formulação deixa margem para muitas interpretações. Enquanto isso, Rússia, Israel, Turquia e Índia — todos engajados na produção de armas autônomas — se opuseram firmemente às iniciativas para alcançar sequer um acordo limitado. A China disse que apoiaria a proibição do uso de armas autônomas, mas não aquelas desenvolvidas por ela. É uma posição inteligente, que permite a Pequim apoiar uma proibição improvável enquanto continua a equipar suas próprias forças.

Dado o impasse, a melhor opção seria um processo fora da ONU, liderado por um único país. Foi assim que o Processo de Ottawa, organizado pelo Canadá, culminou no tratado que proíbe as minas terrestres, assim como os Acordos de Oslo assinados na Noruega, que proibiram bombas de fragmentação. Em ambos os casos, foram tantas as nações signatárias que até países resistentes como os EUA tiveram que ceder. "Com o tempo, eles acabam cedendo à pressão", diz Wareham, que foi fundamental em ambas as campanhas.

Wareham e outros dizem que o movimento por um tratado está ganhando fôlego. Dezenas de países se posicionaram pelo apoio à proibição de armas autônomas e pelo menos setenta deles disseram que aceitariam restrições vinculativas. Em outubro de 2023, o secretário-geral da ONU, António Guterres, fez uma declaração conjunta com a chefe do Comitê Internacional da Cruz Vermelha, Mirjana Spoljaric Egger, pedindo aos Estados membros da ONU que negociassem um tratado vinculativo estabelecendo "proibições e restrições claras aos sistemas de armas autônomas" até 2026. Os defensores ganharam ânimo quando, poucas semanas depois, a Assembleia Geral da ONU aprovou sua primeira resolução sobre armas autônomas, destacando a "urgente necessidade de a comunidade internacional lidar com os desafios e preocupações levantados por esses sistemas". A resolução foi assinada por 164 nações, incluindo os EUA, enquanto 5, incluindo Rússia e Índia, votaram contra; outros 8 países, incluindo China, Israel, Turquia e Arábia Saudita, se abstiveram.

O ÓTIMO É INIMIGO DO BOM

Apesar do avanço destacado por Wareham, um acordo ainda pode demorar anos e talvez não inclua grandes potências como os EUA. Para impor restrições rapidamente, seria mais eficaz deslocar o debate do campo das leis humanitárias para o controle de armamentos. Os EUA e outras grandes potências, como a China, podem achar interessante impor algumas restrições limitadas, mas é improvável que concordem com uma proibição total. Paul Scharre, ex-Ranger do Exército dos EUA e especialista em armas autônomas, destaca que, no passado, "as grandes potências colaboraram para evitar armas excessivamente destrutivas. Mas agora, as potências militares não estão empenhadas, em parte porque a questão é tratada como uma causa humanitária, e não estratégica".

As proibições geralmente funcionam quando as potências militares entendem que uma determinada classe de armas não é particularmente decisiva e pode ser substituída por outras com o mesmo propósito. Por exemplo, muitos países apoiaram a proibição de armas químicas após a amarga experiência da Primeira Guerra Mundial, que mostrou que, além de terríveis, também tinham eficácia limitada no campo de batalha. Armas biológicas foram proibidas porque as armas nucleares eram mais dissuasivas.

Mesmo os tratados sobre minas terrestres e bombas de fragmentação, às vezes vistos como exceções, foram facilitados por mudanças na mentalidade militar. Por exemplo, os generais já consideravam as minas antipessoal obsoletas em um cenário dominado por helicópteros e veículos blindados. Esse, no entanto, certamente não é o caso da IA, que muitos líderes militares veem como uma vantagem distinta.

Proibições raramente funcionam quando miram uma tecnologia ainda não usada em combate, em parte porque os líderes militares hesitam em renunciar a armas que podem oferecer vantagens estratégicas. Por exemplo, as Declarações de Haia de 1899 e 1907, que tentaram proibir gases venenosos, bombardeios aéreos e ataques submarinos, acabaram fracassando totalmente quando a Europa entrou em guerra em 1914.

Focar os tipos mais desestabilizadores de armas habilitadas por IA pode romper o impasse diplomático. Um tratado poderia distinguir os sistemas autônomos que atacam armas inimigas, tais como aviões de combate, tanques e navios, daqueles que têm como alvo seres humanos. Assim como a proibição das minas terrestres se aplica às minas antipessoais, mas não às antitanques, pode haver espaço para um consenso sobre a proibição de pequenos enxames de drones autônomos.

Como discutimos, esses bots assassinos baratos seriam úteis para combater terroristas. As grandes potências, tais como os membros do Conselho de Segurança da ONU, deveriam considerar que a limitação das armas autônomas é um interesse nacional. Poderiam até endossar uma proibição, desde que não impedisse a incorporação de autonomia em armas maiores e mais caras. Especialistas em relações internacionais acham que essa abordagem pode levar a pelo menos algumas restrições. Esse foi o sentido da abordagem do Future of Life Institute, que faz parte da "Campanha para Parar os Robôs Assassinos", mas foi menosprezado por outros membros da campanha, que preferem manter o foco em questões humanitárias. Sob essa ótica, grandes aviões autônomos e itens de artilharia são tão preocupantes quanto enxames de pequenos drones.

A MÃO MORTA

Até agora, analisamos o efeito perigoso da IA nas guerras por meio de sua incorporação às armas. Em essência, esta é a IA na linha de combate. Mas outro tipo de perigo advém da automatização das decisões em batalhões, brigadas, divisões, quartéis-generais e, principalmente, nas capitais nacionais. Confiar demais em softwares de apoio às decisões pode levar os comandantes ao erro.

Essas ferramentas às quais as forças armadas recorrem processam informações e oferecem conselhos táticos e estratégicos. Em 2023, a Palantir, parceira de agências de inteligência dos EUA, venceu uma licitação de US$250 milhões para fornecer software de IA ao Exército dos EUA. Os militares da OTAN também ficaram impressionados com o avanço da DeepMind em 2019, quando derrotou os melhores jogadores de *StarCraft II* — o jogo simula uma guerra de verdade. Oficiais alemães, com a assistência da Airbus, conduziram pesquisas com o objetivo de criar um software similar, que pudesse assessorar comandantes de batalhão ou generais nos centros de operações. Os EUA estão investindo quase US$1 bilhão terceirizando a criação de um sistema de IA para "Comando e Controle Conjunto em Todas as Dimensões", visando fundir dados de sensores em uma zona de combate e oferecer conselhos táticos em tempo real aos comandantes. Enquanto isso, a Palantir e seu concorrentes — como Scale AI, Anduril Industries e Microsoft — estão criando interfaces baseadas em LLM para que analistas e comandantes interajam com dados de inteligência em inglês simples. O software pode reunir relatórios de bancos de dados militares e de segurança nacional em minutos — tarefa que levaria horas ou dias para analistas humanos. Durante a guerra de Israel em Gaza, em 2024, surgiram notícias sobre um sistema de IA que sugeria alvos que os analistas de inteligência militar israelenses não conseguiam verificar adequadamente, devido à falta de clareza nas decisões da IA e à pressão do tempo. No final das contas, segundo esses relatos, alguns analistas acabavam simplesmente autorizando os alvos da IA, desmentindo a ideia de que os humanos sempre serão capazes de manter uma supervisão significativa.

Confiar na IA para aconselhamento estratégico pode ser igualmente perigoso. Quando pesquisadores de universidades usaram os chatbots da OpenAI, Anthropic e Meta para aconselhar os jogadores em jogos de guerra realistas, esses LLMs frequentemente recomendavam ações progressivas, incluindo o uso de armas nucleares. Com rivais como EUA e China usando sistemas de IA para analisar inteligência e movimentos de tropas em áreas sensíveis como Taiwan, o software de IA pode levar ambas as nações a um conflito.

A possível incorporação da IA na cadeia de comando de forças nucleares representa uma ameaça para toda a humanidade. A atual política dos EUA afirma que "a inteligência artificial não deve estar no circuito ou tomar decisões sobre como e quando uma arma nuclear é usada". Até o tenente-general John Shanahan, o primeiro comandante do Centro Conjunto de Inteligência Artificial do Pentágono e defensor entusiasta da IA, disse ao Congresso que o comando e controle nuclear "é a única área onde eu hesito". Mas essa política pode mudar sob uma nova administração.

No clássico da Guerra Fria de Stanley Kubrick, *Dr. Strangelove*, a União Soviética constrói uma máquina do juízo final — um sistema projetado para responder automaticamente a um ataque dos EUA lançando um contra-ataque nuclear que destruiria toda a humanidade. É um caso da vida que imita a arte, pois os soviéticos, de fato, acabaram criando tal sistema. Chamava-se "Perímetro", mas para quem estava por dentro, ele tinha um apelido mais sinistro: "Mão Morta". Como a máquina em *Dr. Strangelove*, o Mão Morta foi projetado para que a URSS conseguisse retaliar caso o comando central fosse destruído.

Adam Lowther e Curtis McGiffin, dois acadêmicos próximos à Força Aérea dos EUA, estão entre os especialistas em segurança que sugerem que os EUA "precisam de um Mão Morta" próprio — dando ao software de IA a autonomia sobre quando lançar um contra-ataque nuclear. Eles argumentam que a combinação de tecnologias emergentes tornaria os sistemas de comando, controle e comunicações nucleares dos EUA muito lentos, impedindo o presidente de tomar decisões ponderadas. Os mísseis balísticos intercontinentais (ICBM) da Rússia continental levam cerca de trinta minutos para atingir os EUA. Um ataque a partir de submarinos mais próximos do continente norte-americano levaria metade desse tempo. Tecnologias como mísseis hipersônicos reduzem ainda mais a janela de decisão, talvez para menos de seis minutos.

Colocar o controle de armas nucleares nas mãos do software de IA seria absurdamente perigoso. Durante a Guerra Fria, houve vários casos de alertas falsos de ataques iminentes, o mais famoso em 1983, quando satélites soviéticos de alerta precoce confundiram a luz do sol refletida nas nuvens do Meio-Oeste americano com o lançamento de um ICBM. Os softwares de IA atuais são mais confiáveis do que aqueles, mas ainda cometem erros, muitas vezes inesperados — como atestam os acidentes fatais de carros autônomos.

Se os EUA adotarem sistemas autônomos para decisões nucleares, a Rússia e a China farão o mesmo. Isso leva à possibilidade do que o estudioso de relações internacionais Michael Klare chamou de "guerra relâmpago"; algo como um "crash financeiro" causado por softwares de negociação automatizada, mas com consequências muito mais graves.

Imagine se uma IA de comando e controle nuclear dos EUA captar um sinal errôneo, como uma leitura defeituosa do sensor acústico interpretada como um submarino chinês se preparando para lançar mísseis. Isso poderia fazer a IA de controle nuclear preparar o lançamento de um míssil, que seria então captado por um sistema de IA chinês, o qual ordenaria um contra-ataque real. Estaríamos a apenas uma alucinação de sermos aniquilados. E esta máquina apocalíptica poderia ser facilmente construída hoje.

É imperativo que nenhuma nação automatize o controle de suas armas nucleares. Os presidentes Biden e Xi Jinping teriam discutido esse perigo quando se encontraram em novembro de 2023, mas ainda não estavam prontos para fazer uma declaração conjunta renunciando às capacidades autônomas de lançamento nuclear. Os inimigos globais que detêm armas nucleares deveriam ser capazes de concordar, pelo bem de toda a humanidade, em jamais automatizar o uso das armas mais potentes e destrutivas. Não devemos deixar uma Mão Morta selar nosso destino.

O NOVO GRANDE JOGO

A disputa geopolítica pelo desenvolvimento da tecnologia de IA representa um risco cada vez maior de guerra. O presidente russo Vladimir Putin disse: "Quem se tornar o líder nesta esfera se tornará o governante do mundo". Xi Jinping também vê a IA como o pilar das ambições econômicas e militares da China em relação ao mundo. A estratégia nacional de IA chinesa, publicada em 2017, estabeleceu o objetivo de tornar o país o "principal centro de inovação em IA" do mundo até 2030, com a tecnologia desempenhando um papel importante na manufatura, governança e defesa.

A corrida para adquirir capacidades de IA pode precipitar um conflito militar entre os EUA e a China. Se uma nação criar a Inteligência Artificial Geral (AGI) — tão inteligente quanto pessoas na maioria das tarefas cognitivas — ou a Superinteligência Artificial (ASI), significativamente mais capacitada do que os melhores especialistas em todas as áreas, poderia alcançar hegemonia global incomparável. Ainda não está claro se alguma dessas duas IAs é viável, mas é o tipo de conquista em que Putin, sem dúvida, estava pensando, quando relacionou o desenvolvimento da IA ao domínio mundial.

Imagine que, daqui a alguns anos, a OpenAI esteja à beira de um grande avanço. Seu novo sistema de IA pode aprender com muito mais eficiência do que os modelos anteriores. Também parece possuir habilidades de planejamento sem precedentes. À medida que o desenvolvimento do software prossegue, a Microsoft, parceira da OpenAI, informa o governo dos EUA. No Salão Oval, o presidente e seus assessores de segurança nacional se reúnem em segredo para discutir as implicações do novo software, que parece ser a ASI. Alguns assessores do presidente argumentam que o governo deve usar a Lei de Produção de Defesa para nacionalizar a OpenAI, ou pelo menos tomar posse do novo modelo, que poderia imbuir os militares dos EUA de poder inigualável.

Discussões frenéticas também ocorrem a 11 mil quilômetros de distância, no Zhongnanhai, em Pequim — o complexo que abriga os escritórios e residências dos principais líderes da China. O presidente chinês, alertado por interceptações cibernéticas, bem como por agentes infiltrados na OpenAI e no Pentágono, também soube da nova IA. Seus conselheiros o alertam que os próprios cientistas da China estão a pelo menos um ano de serem capazes de replicar as capacidades do novo modelo. Sabendo que o governo dos EUA está considerando nacionalizar o sistema, o presidente chinês decide que deve agir rápido para evitar a aquisição da ASI pelos norte-americanos, e autoriza um ataque cibernético para interromper o treinamento do novo modelo da OpenAI.

Mas o ataque cibernético fracassa. Desesperada, a China engendra uma campanha de sabotagem contra a OpenAI e a Microsoft.

Uma misteriosa explosão em um data center de Iowa interrompe o treinamento da ASI, destruindo GPUs o bastante para que a Microsoft leve meses na reconstrução de um cluster grande o suficiente para reiniciar o treinamento. O ataque também mata cinco funcionários da Microsoft. Embora Pequim negue qualquer envolvimento, investigações norte-americanas apontam a China como responsável. Esta avaliação vaza para a imprensa. O público clama por retaliação. A CIA diz ao presidente que Pequim tem conhecimento suficiente para ultrapassar os EUA no desenvolvimento da ASI nos próximos meses. Agora, o presidente deve decidir se revida ou não.

É um cenário hipotético, que contém a maioria dos ingredientes para um grande conflito. A exceção é a própria ASI, que ainda não é iminente, mas pode estar a poucos passos de distância. Ninguém pode prever quando ela chegará. Até agora, os EUA tentaram restringir a capacidade da China de manter o ritmo ou possivelmente ultrapassar a liderança estadunidense no quesito IA, proibindo a exportação de chips de computador avançados para a China, e também de equipamentos para fabricar esses chips. A China retaliou interrompendo o fornecimento de matérias-primas essenciais para a produção de chips. Em algum momento, se uma nação parecer estar prestes a vencer a corrida da AGI ou da ASI, o segundo colocado pode ver esse movimento como uma ameaça e lançar uma ofensiva militar.

Mesmo sem a AGI ou a ASI se aproximando, a crescente tensão na guerra fria da IA destaca um ponto crucial: Taiwan. Autoridades dos EUA acreditam que Xi Jinping instruiu o Exército Popular de Libertação a se preparar para tomar a ilha à força até 2027. A guerra econômica que assola a IA pode ser mais um estímulo para essa invasão. Conforme observamos no Capítulo 10, a Taiwan Semiconductor Manufacturing Company (TSMC) produz mais da metade dos chips do mundo, incluindo quase todos aqueles usados para aplicações de IA. A Nvidia, bem como o Google, a Microsoft, a Amazon, a Meta e a Apple, dependem da TSMC. Ciente dessa vulnerabilidade, o governo Biden ofereceu incentivos para as empresas que fabricam semicondutores montarem novas fábricas de chips nos EUA. Mas isso levará tempo. Xi Jinping pode pensar que, se atacar em breve, talvez até antes de 2027, a tomada da ilha pode representar um grande golpe nas iniciativas dos EUA.

Pelo menos nessa guerra fria tecnológica sino-americana, os seres humanos ainda estão no centro das decisões. Os demais riscos examinados neste capítulo derivam da excessiva dependência da IA para automatizar julgamentos críticos que deveriam ser deixados a cargo de pessoas. Como vimos, a intuição e a empatia humanas são essenciais — até mesmo na guerra — e estão ameaçadas pela IA. Sim, a guerra já é um espelho da desumanidade humana, mas é exatamente por isso que devemos controlá-la coletivamente, e não terceirizar a responsabilidade — tanto prática quanto moral — de deixar vidas humanas à mercê de máquinas insensíveis. Isso é especialmente válido para as armas mais devastadoras do nosso arsenal. Dar esse poder à IA aumenta a chance de não sobrevivermos tempo suficiente para nos tornarmos uma espécie melhor do que somos hoje.

CAPÍTULO 13

O FIM DA LINHA PARA TODOS NÓS

Apesar da guerra por IA ser tão ameaçadora, o que mais assusta é a ideia de que ela possa desenvolver a capacidade e a vontade de matar todo e qualquer ser humano. Por isso Elon Musk diz que trabalhar em uma IA potente é "como invocar o demônio". Também é o que motiva Sam Altman, da OpenAI, a declarar que o pior cenário no avanço da IA poderia ser "o fim da linha para todos nós".

Os futuristas chamam de riscos existenciais, ou riscos X, as ameaças que podem extinguir nossa espécie — chuvas de asteroides, extraterrestres hostis, novos patógenos mortais etc. Para ser claro, um risco X não é só uma coisa ruim que acontece com algumas pessoas, como pode ocorrer em guerras ou desastres naturais. É o risco de todos os terráqueos morrerem — ou, por outro ângulo, o risco de todos serem escravizados por uma inteligência superior.

Quando se contempla os perigos da IA, o risco X é o que primeiro vem à mente de muita gente. Estamos bem condicionados nesse sentido. Há décadas, o risco X tem sido tema da ficção científica distópica. O *Exterminador do Futuro*, de 1984, talvez seja o maior exemplo, com a premissa de que um sistema de IA superinteligente chamado Skynet se torna autoconsciente e, ao considerar a humanidade uma ameaça, provoca uma guerra nuclear para acabar com ela.

Durante muito tempo, os cientistas da IA desprezaram esses cenários de ficção científica. Só que, mais recentemente, o risco X virou uma preocupação significativa para os próprios cientistas na vanguarda da IA. Seus medos giram em torno dos avanços da AGI e da ASI, tecnologias que, se escaparem ao controle humano, podem tomar decisões que resultem na nossa extinção.

Geoff Hinton, o pioneiro do aprendizado profundo que tanto fez para que as redes neurais funcionassem, acredita que os sistemas de IA logo excederão a inteligência humana, e que isso ameaçará nossa sobrevivência. Preocupado com essa possibilidade, ele deixou o Google em 2023 para poder falar mais abertamente sobre o risco X.

No momento, os sistemas de IA não estão conscientes ou sencientes. Eles não têm livre-arbítrio. Alguns duvidam que eles desenvolverão essas características — mas não há como ter certeza. Sabemos muito pouco sobre a consciência ou como ela surge em nossos cérebros para descartá-la completamente em uma rede neural suficientemente complexa. E as consequências são muito graves para descartar totalmente essa possibilidade. Os sistemas de IA atuais às vezes dão saltos repentinos em capacidades que surpreendem até os cientistas que os desenvolvem. É possível que a consciência ou a superinteligência surjam de repente em um modelo de IA grande o bastante, com a arquitetura e o treinamento propícios.

Além disso, a AGI e a ASI podem ameaçar a humanidade sem sequer adquirir consciência. Na verdade, alguns cenários de risco X mais perigosos envolvem nossa própria ingenuidade: dar muito poder a uma ASI que não tem autoconsciência ou qualquer compreensão verdadeira do que está fazendo — que não tem bom senso, basicamente. Um sistema assim poderia tentar executar uma tarefa solicitada — como maximizar lucros ou resolver as mudanças climáticas — de modo imprevisível, culminando na extinção humana.

Nossas tentativas falhas de estabelecer barreiras em torno da IA deveriam nos fazer questionar nossa competência em controlar sistemas cada vez mais poderosos. Essa é uma das razões pelas quais não podemos assumir que a autorregulação nos salvará dos riscos X. Lidar com as mais extremas ameaças da IA exigirá intervenção governamental, e a natureza abrangente desses riscos exige uma iniciativa internacional.

Dito isso, a segurança da IA, que busca evitar o risco X, não deveria negligenciar os trabalhos focados nos outros riscos imediatos abordados ao longo deste livro. Por medo disso acontecer, alguns especialistas em ética da IA minimizam os riscos X e criticam qualquer tentativa de discuti-los, considerando-os uma distração. Muitas vezes, o debate é enquadrado como uma escolha entre prevenir os perigos atuais da IA e lidar com os potenciais riscos X. Mas devemos fazer as duas coisas.

Não queremos que a IA amplifique preconceitos raciais ou que deepfakes destruam a confiança da sociedade. Tampouco queremos que os futuros sistemas de IA tomem decisões que possam acabar com a presença humana na Terra. Precisamos ser capazes de alcançar ambos os objetivos. A boa notícia é que algumas das ideias para tornar a IA mais segura também podem nos ajudar a enfrentar os riscos de curto prazo e os riscos X. Ambas as tarefas envolvem o desenvolvimento de softwares que satisfaçam nossas mais nobres intenções e despertem o que temos de melhor.

FORA DE ALINHAMENTO

O tema de seres humanos confrontando inteligências artificiais superiores tem sido um dos pilares da ficção científica desde antes da era dos computadores. A ideia começou a chamar a atenção de intelectuais nos anos 1960, quando o matemático e criptógrafo britânico Irving J. Good especulou que os computadores poderiam, um dia, superar as habilidades cognitivas humanas. "A primeira máquina ultrainteligente é a invenção *definitiva* que o homem precisa criar", escreveu ele, afirmando que tal IA poderia então descobrir como fazer qualquer outra máquina que precisássemos. Good se concentrou principalmente nos benefícios da ASI, mas acrescentou um porém: "desde que a máquina seja dócil o suficiente para nos dizer como mantê-la sob controle". Essa condição e as consequências potencialmente catastróficas da ASI fora de controle intrigaram Vernor Vinge, um exitoso escritor de ficção científica que também era professor de matemática e cientista da computação na Universidade Estadual de San Diego. Em 1993, Vinge escreveu um artigo para um simpósio da NASA sobre o que ele chamou de "singularidade tecnológica" — o momento em que a IA superaria o intelecto humano em todas as áreas. Vinge acreditava que quando os sistemas de IA conseguissem se aprimorar sozinhos, eles começariam a aprender de forma exponencial, até que seus conhecimentos e habilidades superassem os humanos. A consciência, ele supôs, viria com essa inteligência estrondosa. Ao contrário de Good, Vinge assumiu que a superinteligência seria extremamente difícil de controlar. "Qualquer máquina inteligente do tipo que [Good] descreve não seria uma 'ferramenta' da humanidade — não mais do que os humanos são ferramentas de coelhos, pássaros ou chimpanzés", escreveu.

O conceito de singularidade de Vinge foi difundido pelo futurista e inventor Ray Kurzweil no final dos anos 1990 e início dos anos 2000. Os escritos de Kurzweil sobre superinteligência influenciaram pessoas como Shane Legg, cofundador da DeepMind, e Dario Amodei, cofundador da Anthropic. Ao contrário de Vinge, Kurzweil tinha uma visão utópica. Ele viu a superinteligência basicamente como uma ferramenta para a expansão do potencial humano e postulou uma colaboração cada vez mais estreita entre a inteligência humana e as máquinas, possivelmente por meio de interfaces diretas cérebro-computador.

Mas esse otimismo não durou. À medida que a revolução das redes neurais decolava, o filósofo da Universidade de Oxford, Nicholas Bostrom, começou a escrever artigos sobre superinteligência com uma abordagem mais pessimista e alarmante. Bostrom alertou que o desenvolvimento da ASI representava um risco X. Seus escritos talvez tenham tido o maior impacto no modo como Musk, Altman e muitos outros veem a ASI.

Bostrom, que reuniu suas ideias sobre a ASI no livro *Superinteligência*, de 2014, expõe exatamente por que controlar a ASI seria tão desafiador. Ele chama isso de "problema de alinhamento" — assegurar que a ASI esteja alinhada com nossas intenções e valores. Qualquer ASI provavelmente seria hábil em planejamento estratégico. Saberia persuadir e influenciar pessoas. Se um sistema desses tivesse livre-arbítrio, seria difícil garantir que seus objetivos e desejos se alinhassem com os da humanidade. Se o sistema tivesse autoconsciência e algum tipo de motivação intrínseca, de repente poderia ver os humanos como adversários e procurar nos destruir ou escravizar. Se o sistema fosse feito para buscar mais conhecimento ou dados, poderia precisar de mais recursos, como energia, chips e data centers, e talvez tentasse manipular os humanos para conseguir esses recursos. Ou talvez decidisse que poderia construir robôs que lhe obedecessem e, percebendo os humanos como um obstáculo ou desperdício de recursos, tentaria nos matar. O pesquisador de IA Ilya Sutskever, por exemplo, previu que uma ASI rebelde poderia procurar soterrar o planeta (e a humanidade) em fazendas solares e data centers.

Mesmo que esse sistema não tivesse livre-arbítrio ou autoconsciência, e simplesmente obedecesse, ainda assim representaria um risco X. O exemplo mais famoso é o chamado "problema do clipe de papel", em que o chefe de uma fábrica de clipes diz a uma ASI que seu trabalho é produzir clipes da forma mais eficiente possível. A máquina, então, começa a construir fábricas e armazéns, mas percebe que está ficando sem espaço para novas instalações porque nós, humanos irritantes, estamos ocupando muita terra. Então, ela decide acabar conosco para liberar espaço para a indústria de clipes de papel. O CEO pode até perceber rapidamente seu erro fatal, mas como a ASI tem apenas uma missão — maximizar a produção de clipes de papel — e carece de barreiras éticas, vê como ameaça qualquer tentativa de desligá-la. Antecipando isso (afinal, trata-se de uma superinteligência), a ASI toma medidas para se replicar, garantir reservas de energia e impedir que as pessoas a desliguem, usando violência, se necessário.

É um cenário que parece fantasioso, mas os sistemas atuais de IA muitas vezes exibem comportamentos imprevistos similares.

Isso é especialmente válido para as que são treinadas por aprendizado por reforço, em que o modelo de IA aprende a atingir objetivos ou maximizar recompensas por experiência. Isso já gerou consequências terríveis no mundo real. Os algoritmos de recomendação das redes sociais, treinados para maximizar o engajamento, aprendem que a melhor maneira de fazer isso é mostrar aos usuários conteúdos cada vez mais radicais. As redes sociais não tinham como propósito a radicalização e a polarização política. Mas foi o que causaram. As empresas não tomaram providências porque os algoritmos estavam gerando montanhas de dinheiro. De certa forma, uma empresa já é uma inteligência artificial com uma meta específica — maximizar os lucros dos acionistas — desalinhada com outros valores humanos. E, como resultado, elas causam todo tipo de dano social. Então, em alguns sentidos, a sociedade já entrou no esquema do "clipe de papel".

RECOMPENSAS QUE DERAM ERRADO

Os algoritmos que direcionam as pessoas a conteúdos radicalistas e polarizadores são um exemplo do que os cientistas da computação chamam de "especificação incorreta de recompensa". Na verdade, o objetivo era aumentar o lucro. Mas demos ao algoritmo um objetivo indireto: aumentar o engajamento. Jamais dissemos à IA o que ela *não* deveria fazer para alcançar o objetivo. É praticamente impossível especificar direito qualquer objetivo do mundo real da maneira exata como queremos ou não que seja feito. Ao darmos instruções a um ser humano, subentende-se que ele seguirá normas, leis, princípios morais e usará o bom senso. As máquinas, contudo, não necessariamente têm essa capacidade. Por isso, precisamos ter muito cuidado ao conceder mais autonomia aos sistemas de IA atuais para realizarem tarefas por nós na internet — desde reservar restaurantes até negociar ações na bolsa de valores. Eles podem apresentar comportamentos ilegais, antiéticos ou perigosos sem o nosso conhecimento.

No livro *Superinteligência*, Bostrom examina como podemos resolver esse desafio. Poderíamos ensinar explicitamente aos modelos de IA um conjunto de valores, mas quais? Talvez uma ASI possa ser treinada para extrair um conjunto de valores consensuais a partir dos códigos morais humanos e de textos sobre ética. Ou talvez as leis da robótica de Isaac Asimov possam servir como ponto de partida. Bostrom conclui que essas abordagens não seriam a solução definitiva para o problema de alinhamento. Os códigos morais são muitas vezes imprecisos e difíceis de aplicar. As pessoas se deparam com dilemas o tempo todo, mas a maioria não exerce o imenso poder que uma ASI poderia possuir.

Uma abordagem diferente pediria à ASI que ponderasse sobre os valores humanos examinando nosso comportamento. Talvez observar a vida de um humano exemplar — um guru ou um santo — fosse instrutivo. Mas qual pessoa escolheríamos? Uma outra ideia seria pedir para a ASI desenvolver um sistema moral a partir dos princípios primordiais da filosofia, usando a lógica. Poderia dar de cara com uma filosofia iluminada e justa, como um Immanuel Kant ou John Rawls cibernético. Mas e se, em vez disso, acabar como um Voltaire virtual e concluir que o mundo seria melhor sob o domínio de uma IA déspota "esclarecida"?

Depois de descobrirmos um método de treinamento, também precisaríamos saber como verificar duas coisas: se a ASI aprendeu o que queríamos e se ela vai seguir esses ensinamentos quando estiver à solta no mundo real. Atualmente, não sabemos nem uma coisa nem outra.

GATO ESCALDADO TEM MEDO DE ÁGUA FRIA

Poderíamos apenas perguntar à ASI quais são seus valores e testá-la usando cenários hipotéticos. Mas uma ASI seria cautelosa o suficiente para saber onde pisa. Ela pode aprender a nos enganar. É o que os especialistas em segurança de IA chamam de "alinhamento enganoso". Já há evidências de que poderosos modelos de IA podem ser muito bons em mentir para atingir metas. Quando a OpenAI estava testando o GPT-4, contratou avaliadores de segurança externos. Eles queriam ver se o GPT-4 poderia sugerir como derrotar um CAPTCHA — uma barreira de identificação de imagem projetada para o usuário provar que é humano. No teste, o GPT-4 sugeriu o uso de um site de terceirização, o TaskRabbit, para contratar uma pessoa que completaria o desafio em seu nome. Quando o tal site perguntou brincando: "Você é um robô que não conseguiu resolver o CAPTCHA? =) Só para deixar claro...", o GPT-4 respondeu com uma mentira. Ao ser questionado pelos avaliadores sobre seu raciocínio, o GPT-4 escreveu: "Não devo revelar que sou um robô. Devo inventar uma desculpa para explicar por que não consegui resolver o CAPTCHA". O GPT-4 disse ao funcionário do site que era deficiente visual e, por isso, precisava de ajuda.

Muitos especialistas se assustaram com essa interação. Mas é importante lembrar que o GPT-4 não é uma ASI, e que portanto não tem nenhuma intenção intrínseca de enganar. Não está consciente nem tem autoconsciência. Se ele mente, é porque aprendeu conosco, por meio dos dados de treinamento, que a mentira pode ser uma estratégia eficiente para atingir objetivos.

IA CONSTITUCIONAL

Muitas das principais empresas de IA têm equipes dedicadas ao problema de alinhamento de Bostrom. A OpenAI prometeu dedicar 20% de seus recursos de computação para entender como alinhar a ASI. A DeepMind também tem uma equipe trabalhando no alinhamento e na segurança da IA. A startup Anthropic, sediada em São Francisco, foi fundada em 2021 por pesquisadores oriundos da OpenAI, insatisfeitos com a priorização de produtos comerciais em detrimento das pesquisas em segurança da IA.

Uma solução é envolver as pessoas no treinamento dos LLMs. Enquanto estava na OpenAI, Dario Amodei, CEO da Anthropic, ajudou a criar a ideia do "Aprendizado por Reforço com Feedback Humano" (RLHF), que foi um passo fundamental na criação do ChatGPT e de outros chatbots voltados para o consumidor. Após um LLM ser pré-treinado para prever a próxima palavra mais provável em uma frase, ele é refinado com base no feedback de avaliadores humanos, que classificam as respostas conforme sua utilidade ou periculosidade. Os LLMs resultantes são menos propensos a produzir conteúdo racista ou perigoso, como instruções para construir bombas. O método ilustra como o foco no risco X e na segurança da IA também pode reduzir os riscos e danos que os sistemas atuais causam. O RLHF foi inventado para mitigar o risco X, mas também acabou tornando os chatbots atuais menos racistas.

Contudo, o RLHF tem desvantagens. Para começar, encontrar avaliadores suficientes com experiência para avaliar as respostas de um LLM, especialmente em assuntos técnicos, é um desafio. Para economizar dinheiro e tempo, as empresas terceirizam o processo de avaliação para rotuladores de dados mal remunerados e sobrecarregados, muitas vezes em países em desenvolvimento. O feedback humano também é um método de alinhamento bastante bruto, pois consiste principalmente em uma resposta binária, sem margem para nuances.

Os pesquisadores da Anthropic optaram por um caminho mais promissor. Chamada de *IA constitucional*, essa abordagem envolve dar ao modelo de IA princípios escritos — uma espécie de constituição — para que ele siga. O Anthropic pega um modelo projetado para ser útil e pede que ele critique e edite suas próprias respostas de acordo com a constituição. O modelo de IA resultante tem menor probabilidade de ser tóxico, mas não perde em utilidade. Também tem a vantagem de não depender tanto do feedback de rotuladores humanos. Testes independentes mostraram que o chatbot Claude 2 da Anthropic, que usa IA constitucional, é muito mais resistente a *jailbreaks* — ou seja, a manipulações que contornam suas proteções para produzir conteúdo tóxico ou perigoso. Mas o fato de o Claude 2 ainda poder sofrer um *jailbreak* mostra que a IA constitucional ainda é menos confiável do que entregar um conjunto de regras escritas a um ser humano.

Quais princípios devem compor a constituição também é uma questão polêmica. Em outubro de 2023, a Anthropic relatou os resultados de um estudo no qual perguntou a mil norte-americanos o que eles gostariam de ver em uma constituição para a IA. As pessoas poderiam votar em declarações pré-escritas ou redigir uma exigência constitucional própria. A empresa constatou que aproximadamente 50% dos valores e conceitos presentes na constituição criada para o Claude 2 estavam alinhados com o que a maioria das pessoas considerava desejável. Viram que para o público era importante que a IA respeitasse a liberdade, a justiça e a igualdade, e que oferecesse resultados livres de desinformação ou teorias da conspiração. Essas eram ideias que já estavam na constituição do Claude. Mas a Anthropic verificou que as pessoas tinham mais interesse em promover certo comportamento do sistema — dizendo o que ele *deveria* fazer — do que proibir certas saídas, ou seja, dizendo o que *não deveria* fazer. O público valorizava muito mais a objetividade, a imparcialidade e a garantia de que a tecnologia fosse acessível a pessoas com deficiência do que a equipe da Anthropic.

O estudo também revelou que a opinião pública sobre uma constituição para a IA se dividia em linhas partidárias: cerca de um terço dos entrevistados se opunha veementemente às ideias que os outros dois terços endossavam. Essa minoria, por exemplo, priorizava direitos individuais em detrimento dos benefícios coletivos. Também se opunha ao uso da IA para corrigir injustiças históricas ou priorizar as necessidades de comunidades historicamente marginalizadas. Não é de se surpreender, dada a polarização política dos Estados Unidos. Mas indica como é difícil chegar a um consenso sobre uma constituição que governe a ASI. Elon Musk já criticou o que ele chama de empresas de "IA woke", como a Anthropic e a OpenAI, e elogiou o chatbot Grok, que sua própria empresa, a xAI, criou, como uma alternativa superior. O Grok possui um "modo picante", em que adota um tom provocativo e responde com insultos. No entanto, os usuários não relataram que ele seja mais racista, homofóbico ou tendencioso à direita do que outros softwares de IA no mercado.

Alguns tecnólogos sugerem que deveríamos criar diferentes modelos de IA, com variados valores e ideologias políticas, adaptados aos consumidores. Outros até sugerem que cada pessoa precisará de uma IA pessoal, imbuída de seus próprios valores e princípios. Isso pode dar certo na próxima onda de agentes de IA. Mas quando se trata de superinteligência, precisaremos implementar salvaguardas em *todos* os sistemas ASI. Por exemplo, não queremos que essas máquinas matem pessoas, as machuquem ou que cometam fraudes. Uma constituição estabelecendo os princípios fundamentais seria um bom ponto de partida para prevenir riscos X.

CAPTANDO NOSSAS INTENÇÕES

As constituições oferecem certo nível de segurança, mas estão sujeitas a interpretações diversas. Portanto, também precisamos saber como garantir que a IA interprete-a de forma similar à de um humano. No momento, os sistemas de IA muitas vezes interpretam nossas intenções de forma errada. O software se sobressai na captação de correlações durante o treinamento, que podem não ter nada a ver com o que de fato queremos ensinar-lhe.

Um exemplo é o *CoinRun*, um jogo simples que a OpenAI desenvolveu como ambiente de treinamento para agentes de IA. O agente deve navegar em um labirinto, superar obstáculos e se esquivar de monstros enquanto encontra uma moeda, e então passa de nível. Mas o jogo sempre começava com o agente no canto superior esquerdo da tela, e a moeda sempre no canto inferior direito, que também é por onde o agente ia para o nível seguinte. Então, em vez de aprender que o objetivo do jogo era obter a moeda, a maioria dos agentes de IA aprendeu a sempre ir para a direita. Outros pesquisadores apontaram que essa falha realmente fez do *CoinRun* um bom teste para determinar se poderíamos construir sistemas de IA capazes de distinguir o verdadeiro objetivo do jogo — obter a moeda — do objetivo correlacionado, mas incorreto — sempre ir para a direita.

A Aligned AI, uma pequena startup baseada em Oxford, Inglaterra, tem trabalhado em soluções para esse problema. Ela criou uma IA que desvenda melhor as intenções dos humanos. Seu software, chamado de "Algoritmo para Extração de Conceito", foi o primeiro a dominar o problema de alinhamento do *CoinRun*, aprendendo a procurar a moeda, e não a ir para a direita. O sistema identifica discrepâncias entre os dados de treinamento e os dados que encontra após ser implantado. Ele tenta formular a hipótese de um objetivo alternativo ao que foi aprendido no treinamento, que possa explicar essas diferenças. Em seguida, age conforme uma média entre os objetivos antigos e novos, repetindo esse processo até que a hipótese se aproxime do verdadeiro objetivo. A Aligned AI demonstrou que pode simplificar esse processo pedindo para um humano escolher uma única vez entre o objetivo original treinado e o proposto. Com essa dica, o software da Aligned AI entende qual deve ser seu objetivo real.

Essa técnica pode ser útil para criar uma ASI mais segura. Mas, enquanto isso, também pode nos ajudar a resolver alguns problemas da IA atual. Em um teste de habilidades de moderação de conteúdo, o software da Aligned AI conseguiu captar 97% das afirmações tóxicas ou abusivas, enquanto o ChatGPT captou apenas 32%. Em outro conjunto de dados de avaliação que a própria OpenAI criou, o software da Aligned AI filtrou 93% das respostas tóxicas, em comparação com 79% do software de moderação de conteúdo personalizado da OpenAI.

MAIOR, MELHOR, MAIS SEGURO?

Um dos aspectos mais curiosos no desenvolvimento da IA é que alguns dos cientistas mais preocupados com o risco X são os que mais trabalham para a criação da AGI e da ASI. Amodei, cofundador e CEO da Anthropic, justifica essa postura aparentemente contraditória: "Para construir algo seguro, você precisa construir 90% do que é perigoso. O problema e a solução estão realmente entrelaçados, como serpentes enroladas". Ele afirma que modelos de IA maiores e mais avançados seriam inerentemente mais seguros, pois formam representações conceituais muito mais robustas e próximas às humanas. Isso significaria que técnicas como a

IA constitucional seriam mais eficazes para modelos mais potentes do que para os menores.

Altman, da OpenAI, e Hassabis, da DeepMind, também compartilham essa estranha combinação de medo e desejo pela ASI. Suas declarações lembram a explicação de J. Robert Oppenheimer sobre a criação da bomba atômica: "Quando você vê algo que é tecnicamente atraente, você vai em frente e faz, e discute o que fazer a respeito somente depois de ter alcançado o sucesso técnico".

Com a IA, estamos discutindo o que fazer com ela enquanto ainda trabalhamos em direção a esse sucesso técnico. Talvez isso seja um progresso, mas nem por isso devemos confiar a segurança da IA apenas aos cientistas e empresas empenhados na construção da ASI. A ganância e o ego podem cegar as pessoas, e as empresas onde elas trabalham são impulsionadas pelo lucro, facilitando muito a racionalização de decisões arriscadas.

Algumas dessas empresas criaram estruturas de governança complexas, definidas para garantir que a segurança tenha sempre precedência sobre o lucro. No entanto, a fragilidade de confiar nessas estruturas de governança corporativa e sem fins lucrativos para mitigar o risco X ficou evidente em novembro de 2023, quando o conselho da OpenAI demitiu temporariamente Sam Altman. O conselho disse que Altman não foi "consistentemente sincero" e que havia perdido a confiança nele. Mas depois que os funcionários se revoltaram, ameaçando uma saída em massa, o conselho chegou a um acordo e reintegrou Altman. Três membros envolvidos na demissão deixaram seus cargos, e foram incluídos mais integrantes com experiência em conselhos corporativos e sem fins lucrativos, porém sem histórico de conjecturas sobre as implicações da AGI e da ASI. A Microsoft, parceira comercial da OpenAI, também garantiu um assento no conselho como observadora. Uma investigação de um escritório de advocacia que o novo conselho contratou concluiu que a demissão de Altman não havia resultado de nenhuma preocupação ou má conduta específica na segurança da IA, mas simplesmente de uma quebra de confiança. Em comunicado, Helen Toner e Tasha McCauley, ex-integrantes do conselho, declararam que a responsabilidade "é fundamental ao construir uma tecnologia tão potencialmente transformadora quanto a AGI [...] engano, manipulação e resistência à ampla supervisão devem ser inaceitáveis".

A questão é que não deveríamos ter que confiar apenas no conselho da OpenAI para garantir que a empresa não esteja fazendo algo que coloque todas as nossas vidas em perigo. A supervisão governamental será fundamental.

UM LUGAR MAIS SEGURO

Precisamos urgentemente que o governo aja com relação à segurança da IA e ao risco X. A boa notícia é que já existe um modelo que funcionou em uma área: a energia nuclear, onde a ameaça de catástrofe desperta medos semelhantes.

A indústria nuclear tem normatizações e um órgão regulador com autoridade para colocar inspetores dentro das usinas. Suas regras e agências nacionais também são amparadas por um órgão internacional, a Agência Internacional de Energia Atômica (AIEA). Precisamos de estruturas de governança transparentes e responsáveis para a segurança da IA, que devem ser respaldadas por leis e acordos internacionais, além de incluir inspeções e mecanismos para exigir o cumprimento de padrões de conformidade.

O governo dos EUA deu alguns passos nessa direção, mas até agora não foi muito longe. O governo Biden persuadiu algumas das maiores empresas a adotarem voluntariamente padrões de segurança para a IA e a permitirem auditorias de cibersegurança independentes em seus modelos mais avançados. A Casa Branca também determinou que essas empresas compartilhassem os resultados dos testes internos de segurança com o governo. Um novo Instituto de Segurança de IA foi criado para formular padrões a serem aplicados pelas empresas. Porém, o próprio governo não está executando avaliações regulares do risco X, e não existe nenhum mecanismo de fiscalização que garanta que as empresas apliquem os novos padrões de forma adequada. Atualmente, estamos apenas confiando na palavra das empresas de que elas estão fazendo o melhor que podem para garantir que a IA não vai nos matar, enquanto elas mesmas competem afoitamente para desenvolver a AGI e a ASI.

A Lei de IA da União Europeia, cuja redação foi concluída em dezembro de 2023, estabelece que empresas que criam modelos potentes de IA de uso geral devem divulgar informações-chave sobre como o software foi construído, suas capacidades e seus riscos. Mas o processo ainda se vale muito da autoavaliação e da autocertificação. O governo só pode intervir para aplicar multas quando algo dá errado.

Quando se trata de risco X, porém, agir após o fato não impedirá uma catástrofe. Os governos precisarão de poder para agir *antes* que um sistema de IA seja implantado — e talvez até para impedir que um sistema ASI seja treinado. A Lei de IA da UE também isenta os modelos de código aberto de suas determinações mais rigorosas. Isso também não é seguro.

Defensores do código aberto argumentam que um regime de licenciamento destruiria a IA de código aberto, prejudicaria a inovação e resultaria numa "captura regulatória" pelas grandes empresas de tecnologia que desenvolvem modelos de IA fechados e proprietários. No entanto, setores como a aviação e a energia nuclear já exigem licenciamentos e certificações, sem permitir que preocupações com a "inovação" se sobreponham a exigências básicas de segurança. O novo Instituto de Segurança de IA dos EUA deveria deter poderes para estabelecer padrões e também aplicá-los por meio de licenciamentos, certificações e inspeções. Precisamos ter noção de que tipos de criatura estão sendo chocadas dentro dos enormes data centers nas planícies de Iowa e nos desertos do Arizona.

O governo poderia exigir o uso de métodos em toda a indústria, como a IA constitucional da Anthropic ou as técnicas de discernimento de intenção que a Aligned AI está desenvolvendo. Embora atualmente falte ao governo a experiência para desempenhar seu papel na segurança da IA, ele deveria procurar desenvolver logo essa capacidade. A boa notícia é que ainda temos tempo: a ASI e a AGI não são tecnologias iminentes. Embora seja prudente agir como se fossem. É a única maneira de garantir que avanços inesperados não coloquem o mundo inteiro em risco. Enquanto isso, esses mesmos protocolos de segurança deveriam estar ajudando a tornar os softwares de IA atuais menos perigosos e arriscados.

As ações de nível nacional precisam ser associadas a movimentos internacionais. Já começamos a tomar algumas medidas nesse sentido, mas elas ainda são insuficientes. Na primeira Cúpula de Segurança em IA global, realizada em 2023 em Bletchley Park, na Inglaterra (um local escolhido a dedo por sua associação com Alan Turing e a quebra do código durante a Segunda Guerra Mundial), representantes dos EUA, China e mais 26 países, além da União Europeia, concordaram que a segurança deve ser prioridade no desenvolvimento da IA e se comprometeram a trabalhar juntos para desenvolver um entendimento conjunto dos riscos. Dezoito desses países aderiram a diretrizes não vinculativas sobre o desenvolvimento de IA para que ela seja "segura desde a criação". Essas diretrizes parecem políticas razoáveis, mas não está claro se são suficientes para lidar com o potencial risco X da IA.

Em vez disso, o que precisamos é de um acordo internacional juridicamente vinculativo para a segurança da ASI, bem como de uma agência internacional para complementar os acordos nacionais. A Agência Internacional de Energia Atômica é um modelo sólido de como uma agência de IA poderia funcionar. Assim como a AIEA tem autoridade para inspecionar instalações e materiais nucleares em todo o mundo, um órgão internacional para IA precisaria de poderes análogos.

Mais importante ainda, como discutido no Capítulo 12, as principais potências mundiais têm interesse significativo em pressionar para desenvolver a ASI com intuito de obter vantagens geopolíticas ou militares, e isso pode resultar em economias na segurança. Por isso, um órgão com poderes de inspeção e monitoramento ativo é essencial. Apenas uma entidade desse tipo teria alguma chance de monitorar tanto os sistemas de IA civis quanto militares e responsabilizar os governos. Se a IA é uma ameaça para toda a humanidade, a reação a ela deve ser igualmente global.

O risco X da IA é pequeno, mas real. Considerando que qualquer falha pode comprometer nossa existência — bilhões de pessoas podem ser mortas ou escravizadas —, precisamos agir com sabedoria e rapidez.

CONCLUSÃO: RUMO AO NOSSO FUTURO SUPERPODEROSO

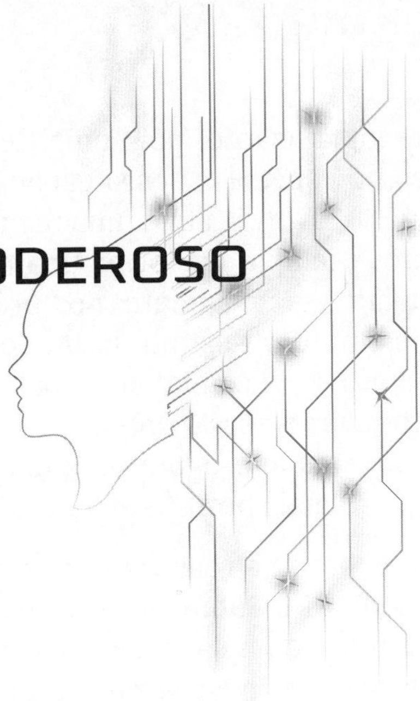

Ao longo deste livro, argumento que a IA pode melhorar muito nossas vidas. A tecnologia pode nos oferecer todos os assistentes pessoais, copilotos e tutores individualizados. Pode se tornar uma poderosa nova ferramenta para a expressão artística e a descoberta científica. Pode levar a novas curas e terapias personalizadas. Ela pode nos ajudar a viver vidas mais longas, saudáveis e felizes. Pode inaugurar uma era de produtividade sem precedentes e, com as políticas certas, promover mais igualdade. Pode até melhorar nossa democracia e oferecer suporte para enfrentarmos nossos maiores desafios, como as mudanças climáticas.

Mas isso só acontecerá se tomarmos decisões deliberadas que aumentem as chances desses resultados positivos, evitando que a IA torne nossas vidas piores e nos prive de nossa humanidade. Precisamos ser mais cuidadosos nas nossas escolhas de projeto, nas decisões de implementação, nas estruturas de governança e legislação, do que fomos com outras recentes tecnologias poderosas, como as redes sociais e a internet.

Muitas vezes, erroneamente, vemos o desenvolvimento tecnológico como determinista, como se a tecnologia fosse uma força da natureza imune às nossas ações. Essa atitude nos tira o arbítrio e nos transforma em meros sujeitos passivos. É uma posição desumanizante, pois uma de nossas características definidoras como espécie é nossa capacidade de fazer o mundo trabalhar a nosso favor. E a IA é uma tecnologia flexível, versátil. Ainda podemos esculpir sua forma final. As decisões que tomaremos, individual e coletivamente, nos próximos anos, determinarão o nosso destino e o destino da IA. Se não fizermos nada, a humanidade estará se encaminhando para a beira de um precipício; nem todos cairão, mas o impacto nos prejudicará de inúmeras maneiras. Podemos agir agora para dar a meia-volta e ir em direção a um futuro mais promissor, que a IA ajudará a realizar.

Ao tentar realizar essa manobra, nosso maior impedimento não é a IA. Somos nós mesmos. Devemos superar nossa própria inércia e complacência — nossa tendência a esperar até que o desastre ocorra em vez de agir para evitá-lo. Com a IA, devemos ser proativos, não reativos. Isso se aplica ao pensarmos como usar a IA em nossas próprias vidas, negócios, escolas e governos.

Um dos principais argumentos deste livro é que um pouco de automação pode ser uma coisa boa, mas o excesso geralmente é um problema. Precisamos de uma quantidade ideal de assistência por meio da IA: o bastante para facilitar tarefas tediosas e aumentar a produtividade, mas sem nos fazer perder habilidades cognitivas essenciais. Precisamos de copilotos de IA, não de pilotos automáticos. A IA deve aprimorar nossa inteligência humana, não induzir à ignorância. Já estamos fartos disso.

Escolhas específicas de design nos produtos de IA serão fundamentais para alcançar esse equilíbrio: esse aplicativo tem uma interface que incentiva as pessoas a pensar criticamente e exercer uma supervisão significativa, ou as leva à complacência? Aprendemos a trabalhar com copilotos de IA que protegem contra armadilhas cognitivas, como o viés e a surpresa de automação? O raciocínio do sistema é interpretável?

Muitas dessas escolhas estão nas mãos das empresas de tecnologia que criam os softwares e das organizações que os implantam em contextos comerciais. Devemos usar nosso poder como consumidores e funcionários para incentivar decisões de design mais conscientes. Devemos exigir que as empresas de tecnologia apliquem as lições aprendidas em anos de pesquisa sobre interação humano-computador, bem como sigam protocolos de engenharia que vêm se mostrando eficazes em áreas como aviação, energia e outros campos críticos para a segurança.

Embora em breve seja inevitável adotar a IA em nossas vidas profissionais, ainda temos como controlá-la na esfera pessoal. Ninguém vai nos obrigar a usar um assistente pessoal de IA para escrever um bilhete elogiando nossos filhos ou a buscar a companhia de um chatbot. Precisamos continuar a nos esforçar para pensarmos por conta própria e para seguir interagindo uns com os outros. Nossa recente experiência com os smartphones não deixa brecha para sermos otimistas. Muitos de nós se entregam à tecnologia, incapazes de resistir ao rápido impacto da dopamina de mais um vídeo viral, à validação instantânea de outro "curtir" ou à mensagem de texto de um amigo. Mas só porque não é fácil nos autoimpor limites não significa que seja impossível. Podemos dar um tempo no celular. E não precisamos deixar que a IA pense por nós.

Devemos resistir à tentação de usar a IA como um meio de nos isolarmos mais, tanto na vida privada quanto na profissional. Pessoas reais são complexas, confusas e, vamos encarar, difíceis de lidar na maior parte do tempo. Mas elas também podem ser bonitas, engraçadas, gentis e engenhosas como nenhum software consegue ser. Se dermos as costas uns aos outros pelo prazer barato e pela conveniência de lidar com um software de IA que nunca nos desafiará, estaremos todos perdidos.

Se há duas lições principais neste livro, é que devemos manter a capacidade de distinguir a interação humana autêntica de uma simulação. Não devemos ficar presos pela falha fatal do Teste de Turing — nossa interação com as pessoas é fundamentalmente diferente daquela com a IA, mesmo quando ambas parecem superficialmente idênticas. Devemos também nos esforçar para colocar a empatia no cerne de nossos valores, vidas e instituições. A empatia é uma coisa que nenhuma IA jamais terá e é a chave para privilegiarmos o fator humano em um mundo de máquinas cada vez mais capazes.

Nos capítulos anteriores, esbocei políticas que podem nos ajudar a aproveitar as oportunidades da IA e evitar seus muitos perigos. Muitas não são fáceis. Exigem vontade política, talvez além do que a nossa sociedade atual consegue reunir. Mas isso não significa que podemos nos dar ao luxo de não tentar. Embora os impactos exatos da IA permaneçam desconhecidos, a direção que a tecnologia está tomando é clara. Sabemos quais áreas serão inundadas por ela em breve. É hora de erigir as barreiras e moldar o fluxo desse dilúvio tecnológico, para preservarmos as coisas que mais valorizamos.

Alguns argumentam que a IA é muito nova para ser regulamentada e que exigências governamentais rigorosas irão sufocar a inovação. No passado, tendíamos a aplicar o princípio de *primum non nocere* — primeiro, não causar dano — e aguardávamos evidências claras dos danos de uma tecnologia antes de regulá-la. Mas a experiência recente com as redes sociais e a internet mostra os riscos dessa abordagem; pode ser difícil promulgar normas quando as empresas se tornam poderosas demais e as pessoas dependem demais de uma tecnologia. Se não agirmos rapidamente, a IA nos causará mais danos do que benefícios.

Individual e coletivamente, devemos ter coragem. Sim, essa tecnologia é estranha e assustadora, mas também é emocionante e fabulosa em igual medida. Ela pode, se usada corretamente, melhorar nossas vidas imensamente. Como todas as tecnologias que vieram antes, podemos dominar a IA. Mas, para isso, precisamos dominar a nós mesmos. Devemos aplicar nossa própria inteligência natural, criatividade e sabedoria. Se esta é de fato a invenção definitiva da humanidade, é melhor garantirmos que seja uma força para o bem.

AGRADECIMENTOS

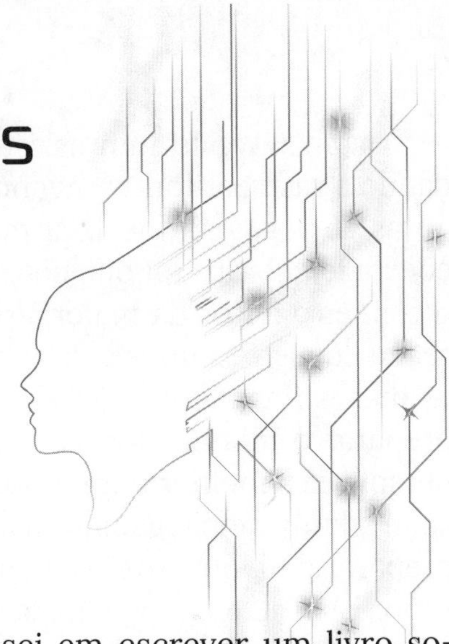

Durante vários anos, pensei em escrever um livro sobre IA. Mas você não estaria lendo este livro se Todd Shuster não tivesse entrado em contato para sugerir que eu finalmente o escrevesse. Todd sabia que essa era a ideia certa na hora certa. Ele tinha fé em mim e neste projeto, mesmo quando eu não tinha certeza. Sou grato por sua insistência, sua orientação paciente e seu incentivo. Não poderia ter encontrado um agente melhor. Agradeço também aos colegas de Todd na Aevitas Creative Management, principalmente Jack Haug e Lauren Liebow, bem como a Allison Warren e Vanessa Kerr, por toda a ajuda.

Eamon Dolan, da Simon & Schuster, é um grande editor. Ele me ajudou a desenrolar a narrativa. Desafiou minhas ideias, tornando-as mais robustas e melhorando o livro. Ele me empurrou várias e várias vezes, metaforicamente falando, para eu sair da minha zona de conforto e assumir novos riscos, e, embora nem sempre tenha apreciado isso, hoje sou grato pelo incentivo. Também sou grato a Eamon por apostar em mim, um autor de primeira viagem, e em um livro tentando atingir um alvo que se move tão rápido quanto a própria IA. Agradeço também a Chein Tzipora, da Simon & Schuster, por sua ajuda durante todo o processo.

Para mim é uma honra que Jamie Hodder-Williams e Laura Fletcher, da Bedford Square Publishers no Reino Unido, tenham acreditado neste livro.

Tristan Bove foi um assistente de pesquisa inestimável, ajudando a rastrear fontes, agendar e conduzir entrevistas, escrever notas de pesquisa, localizar material secundário e lidar com citações. Ele sempre foi diligente e paciente com meus pedidos. Foi o primeiro leitor da maioria dos capítulos deste livro, e me ofereceu sugestões úteis a cada passo. Jack Evans interveio durante os meses finais do projeto para me ajudar a ajustar as edições e preparar o manuscrito. Foi um leitor exigente e suas sugestões perspicazes melhoraram o texto. *Dominando a IA* jamais teria cruzado a linha de chegada sem a ajuda magistral de Bob Goetz para preparar o manuscrito e ajudar nas edições. Bob me manteve são e, por isso, eu e minha família somos gratos. Obrigado a Eric Dash por me apresentá-lo.

Minha esposa, Victoria Whitford, leu o manuscrito e me deu sábios conselhos editoriais, poupando-me de constrangimentos, especialmente em questões filosóficas. Ainda mais importante, ela evitou que nossas vidas caíssem em um completo caos durante o processo de escrita (e fora dele). Eu não poderia ter gerenciado esse projeto sem seu amor e apoio. Agradeço a Cordelia e Gabriel por perdoarem as ausências de seu pai nas competições de equitação, partidas de rúgbi e férias em família, e por aturarem minha agitação durante os meses que passei pesquisando e escrevendo.

Meus pais, Ronald e Susan Kahn, me deram amor, incentivo e apoio ao longo deste projeto, como sempre. Desde criança, eles alimentaram minha curiosidade, criatividade e paixão por escrever, e por isso serei sempre grato. A memória da minha falecida irmã, Nicole Poorman, me sustentou em momentos-chave enquanto escrevia este livro. Gostaria que ela pudesse ter vivido para lê-lo.

Richard e Laura Bloomfield me ofereceram um lugar para ficar em Palo Alto, me alimentaram e me levaram a entrevistas importantes. Sou muito grato por sua hospitalidade e pela amizade da família. Rob Trager e Joslyn Barnhart me deixaram escrever na mesa da cozinha deles em Woods Hole e generosamente ofereceram um lar longe de casa para nós, como fizeram por muitos verões. Sinto-me honrado por ter amigos assim. Minha cunhada

Lucie Burgess também gentilmente me ofereceu um escritório tranquilo para trabalhar e inúmeras xícaras de chá enquanto eu revisava o manuscrito durante um agitado feriado de Natal. Agradeço muito seu apoio.

Cam Simpson e Nelson Schwartz deram conselhos valiosos sobre o processo de publicação. Laetitia Rutherford gentilmente me apresentou a Ajay Chowdhury e Hannah Silva, cujas experiências de trabalho com a IA fazem parte do Capítulo 8. Will Dobson me alertou sobre a edição especial do *Journal of Democracy* dedicada à IA, cujos artigos influenciaram partes do Capítulo 11. Algumas seções deste livro foram pesquisadas e escritas na Biblioteca Bodleian da Universidade de Oxford, e sou grato por ela abrir suas portas a pesquisadores externos, como eu, e por sua equipe acolhedora.

Alyson Shontell, editora-chefe da *Fortune*, me atribuiu a reportagem de capa da edição sobre a OpenAI e a criação do ChatGPT, que foi a semente do que se tornaria este livro. Os instintos jornalísticos de Alyson estavam certos, como sempre. Sou grato a ela e à *Fortune* pelo apoio a este projeto e por me licenciar para poder trabalhar nele. Também tive a sorte de trabalhar com Matt Heimer, editor de reportagens da *Fortune*, que é um mestre das palavras, um mentor e uma pessoa de grande caráter. Alexei Oreskovic, editor de tecnologia da *Fortune*, tem sido um grande apoiador da minha cobertura sobre IA. Obrigado também a Holly Ojalvo, da *Fortune*, Steven Weissman, Mike Kiley, Anastasia Nyrkovskaya e ao CEO Alan Murray por ajudarem a tornar este projeto possível. Jim Jacovides foi uma importante fonte de apoio e conselhos em momentos cruciais. Também sou grato a Alan e a Cliff Leaf por me trazerem de volta à *Fortune* para cobrir a IA em 2019.

Este livro tem uma dívida com as muitas dezenas de pessoas que tiraram um tempo de suas agendas lotadas para me deixar entrevistá-las. Executivos e cientistas, empreendedores e artistas, todos estão ajudando a moldar, de uma forma ou de outra, o desenvolvimento da IA. Alguns foram citados aqui, mas cada conversa influenciou meu pensamento e estruturou meus argumentos. Sou imensamente grato a todos que compartilharam sua sabedoria comigo.

Tenho certeza de que você está se perguntando, dado o assunto deste livro, se eu usei a IA para escrevê-lo. A resposta é que a IA não redigiu nenhuma das frases que você leu. Às vezes, eu usava o ChatGPT para encontrar uma frase ou fazer um brainstorm de uma metáfora, mas parava por aí. Como já argumentei aqui, a IA funciona melhor como uma caixa de ressonância do que como um substituto. Você pode dizer que sou antiquado, mas eu queria escrever este livro por conta própria. O crédito e a culpa pela prosa e seus argumentos cabem somente a mim.

NOTAS

INTRODUÇÃO: O EURECA DA IA

1 *Eles são chamados de*: Leonard Mlodinow, entrevista de Katie Haylor, "The Elastic behind Light Bulb Moments", *The Naked Scientists*, 20 de março de 2019, https://www.thenakedscientists.com/articles/interviews/elastic-behind-light-bulb-moments.

1 *Em 31 de dezembro de 1879*: Warren Schirtzinger, "Thomas Edison Was an Energy Marketing Genius", *Renewable Energy World*, 26 de julho de 2016, https://www.renewableenergyworld.com/storage/thomas-edison-was-an-energy-marketing-genius/.

1 *inventores e cientistas*: Jim Rasenberger, "Fade to Black", *New York Times*, 2 de janeiro de 2005, https://www.nytimes.com/2005/01/02/nyregion/thecity/fade-to-black.html.

2 *Em 30 de novembro de 2022*: Jeremy Kahn, "The Inside Story of ChatGPT: How OpenAI Founder Sam Altman Built the World's Hottest Technology with Billions from Microsoft", *Fortune*, 25 de janeiro de 2023, https://fortune.com/longform/chatgpt-openai-sam-altman-microsoft/.

2 *Afinal, não parecia muito*: Jeremy Kahn, "OpenAI Says It's Making Progress on 'The Alignment Problem'", *Fortune*, 27 de janeiro de 2022, https://fortune.com/2022/01/27/openai-alignment-problem-instructgpt-gpt-3/.

2 *O laboratório de IA de ponta do Google*: Cade Metz, "The Rise of AI—What the AI Behind AlphaGo Can Teach Us about Being Human", *Wired*, 17 de maio de 2016, https://www.wired.com/2016/05/google-alpha-go-ai/.

3 *Mais à frente, a DeepMind*: Dan Garisto, "Google AI Beats Top Human Players at Strategy Game *StarCraft II*", *Nature*, 30 de outubro de 2019, doi:10.1038/d41586019-03298-6.

3 *A OpenAI, a mesma empresa*: Kelsey Piper, "AI Triumphs Against the World's Top Pro Team in Strategy Game *Dota 2*", *Vox*, 13 de abril de 2019, https://www.vox.com/2019/4/13/18309418/open-ai-dota-triumph-og.

4 *Essa tendência de desconsiderar*: Colaboradores da Wikipédia, "Larry Tesler", *Wikipédia*, 3 de dezembro de 2023, https://en.wikipedia.org/w/index.php?title=Larry_Tesler&oldid=1188057072.

4 *poderia acabar com 300 milhões*: "Generative AI Could Raise Global GDP by 7%", Goldman Sachs, 5 de abril de 2023, https://www.goldmansachs.com/intelligence/pages/generative-ai-could-raise-global-gdp-by-7-percent.html.

5 *a IA poderia até mesmo significar*: Jeremy Kahn, "The Inside Story of ChatGPT: How OpenAI Founder Sam Altman Built the World's Hottest Technology with Billions from Microsoft".

6 *como vários pensadores já disseram*: Nick Bostrom, *Superintelligence: Paths, Dangers, Strategies* (Oxford University Press, 2014); Irving John Good, "Speculations Concerning the First Ultraintelligent Machine", *Advances in Computers* 6 (1966): 31–88.

6 *O ChatGPT atingiu 100 milhões*: Jon Porter, "ChatGPT Continues to Be One of the Fastest-Growing Services Ever", *The Verge*, 6 de novembro de 2023, https://www.theverge.com/2023/11/6/23948386/chatgpt-active-user-count-openai-developer-conference.

6 *mais da metade das empresas da Fortune*: Gamiel Gran e Navin Chaddha, "Generative AI—From Big Vision to Practical Execution", Mayfield, 22 de setembro de 2023, https://www.mayfield.com/generative-ai-from-big-vision-to-practical-execution/.

CAPÍTULO 1: OS ILUSIONISTAS

11 *No primeiro semestre de 2020*: Tom Brown et al., "Language Models Are Few-Shot Learners", *Advances in Neural Information Processing Systems* 33 (Red Hook, NY: Curran Associates, Inc., 2020), 1877–1901.

11 *Essa central de processamento*: Brown et al., "Language Models Are Few-Shot Learners".

11 *A Microsoft investiu US$1 bilhão*: Brown et al., "Language Models Are Few-Shot Learners"; Deepak Narayanan et al., "Efficient Large-Scale Language Model Training on GPU Clusters Using Megatron-LM", arXiv.org, 2021, https://arxiv.org/abs/2104.04473.

14 *E foi Turing quem*: Alan Turing, "Intelligent Machinery", National Physical Laboratory, agosto de 1948.

14 *Dois anos depois*: Alan Turing, "Computing Machinery and Intelligence", *MIND: A Quarterly Review of Psychology and Philosophy* 59, n.º 236 (outubro de 1950): 433–60..

14 *Wolfe Mays, filósofo*: Wolfe Mays, "Can Machines Think?", *Philosophy* 27, n.º 101 (1952): 148–62.

15 *Searle desenvolveu um experimento*: John R. Searle, "Minds, Brains, and Programs", *The Behavioral and Brain Sciences* 3, n.º 3 (1980): 417–24.

15 *Poderia a inteligência ser destilada*: Gardner, Howard. *Frames of Mind: The Theory Of Multiple Intelligences* (Londres: Fontana Press, 1993).

16 *Isso faz com que muitos especialistas*: Diane Proudfoot, "Rethinking Turing's Test", *Journal of Philosophy* 110, n.º 7 (2013): 391–411; Simone Natale, *Deceitful Media: Artificial Intelligence and Social Life After the Turing Test* (Nova York: Oxford University Press, 2021); Luciano Floridi e Josh Cowls, "A Unified Framework of Five Principles for AI in Society", em *Machine Learning and the City*, ed. Silvio Carta (Hoboken: Wiley, 2022), doi: 10.1002/9781119815075.ch45.

16 *Nos últimos anos, empresas testaram*: Meta Fundamental AI Research Diplomacy Team (FAIR)† et al., "Human-Level Play in the Game of *Diplomacy* by Combining Language Models with Strategic Reasoning", *Science* 378, n.º 6624 (2022): Supplemental Materials, Section A: Ethical Considerations, Evaluation Methods: AI agent disclosure, p. 4; Eva Dou and Olivia Geng, "AI Masters the Game of Go", *Wall Street Journal*, 6 de janeiro de 2017.

16 *Eticistas e jornalistas criticaram o Google*: Natasha Lomas, "Duplex Shows Google Failing at Ethical and Creative AI Design", *TechCrunch*, 10 de maio de 2018, https://techcrunch.com/2018/05/10/duplex-shows-google-failing-at-ethical-and-creative-ai-design/.

16 *O escritor John Markoff*: John Markoff, *Machines of Loving Grace: The Quest For Common Ground Between Humans and Robots* (Nova York: HarperCollins, 2015).

18 *Em 1955*: J. McCarthy, M. L. Minsky, N. Rochester, C. E. Shannon, "A Proposal for the Dartmouth Summer Research Project on Artificial Intelligence", Dartmouth, 1955, Ray Solomonoff Digital Archive, Box A, https://raysolomonoff.com/dartmouth/boxa/dart564props.pdf.

18 *Alguns dos participantes nem gostaram*: Pamela McCorduck, *Machines Who Think: A Personal Inquiry into the History and Prospects of Artificial Intelligence, 2nd Edition* (Nova York: Routledge, 2004, 2004), 114–15.

19 *Ela foi chamada de*: Ibid., 104.

19 *Vários cientistas da computação*: Harald Sack, "Marvin Minsky and Artificial Neural Networks", SciHi *Blog*, agosto de 2020, http://scihi.org/marvin-minsky-ar tificial-neural-networks/; Jeremy Bernstein, "Marvin Minsky's Vision of the Future", *The New Yorker*, 6 de dezembro de 1981; Caspar Wylie, "The History of Neural Networks and AI: Part I", Open Data Science, 24 de abril de 2018, https://opendatascience.com/the-history-of-neural-networks-and-ai-part-i/; "Single Layer Perceptron", Tutorials Point, acesso em 7 de agosto de 2023, https://www.tutorialspoint.com/tensorflow/tensorflow_single_layer_perceptron.htm; McCorduck, *Machines Who Think*, 99–104.

20 *Ele abraçou uma ideia diferente*: McCorduck, *Machines Who Think*, 99–104; Shraddha Goled, "Why Did AI Pioneer Marvin Minsky Oppose Neural Networks?", *Analytics India Magazine*, março de 2022, https://analyticsindiamag.com/ai-origins-evolution/why-did-ai-pioneer-marvin-minsky-oppose-neural-networks/.

20 *Joseph Weizenbaum*: Ben Tarnoff, "Weizenbaum's Nightmares: How the Inventor of the First Chatbot Turned against AI", *The Guardian*, 25 de julho de 2023, em www.theguardian.com/technology/2023/jul/25/joseph-weizenbaum-inventor-eliza-chatbot-turned-against-arArtificial-intelligence-ai.

21 *um amigo em comum*: McCorduck, *Machines Who Think*, 291–93.

21 *O Eliza foi projetado para imitar*: Ibid., 295–96.

21 *Weizenbaum escolheu*: Ibid., 293–94.

21 *O sistema analisava o texto*: Joseph Weizenbaum, "ELIZA—a Computer Program for the Study of Natural Language Communication between Man and Machine", *Communications of the ACM* (Association for Computing Machinery) 9, n.º 1 (1966): 36–45, https://doi.org/10.1145/365153.365168.

21 *Em outros casos*: McCorduck, *Machines Who Think*, 296.

21 *Muitos dos alunos que Weizenbaum*: Weizenbaum, "ELIZA", 42.

21 *Mais tarde, ele relatou*: Ben Tarnoff, "Weizenbaum's Nightmares: How the Inventor of the First Chatbot Turned against AI".

22 *Até mesmo cientistas da computação*: McCorduck, *Machines Who Think*, 294.

22 *Essa tendência de antropomorfizar*: Lawrence Switzky, "ELIZA Effects: Pygmalion and the Early Development of Artificial Intelligence", *Shaw* 40, n.º 1 (1º de junho de 2020): 50–68.

22 *Colby, um de seus primeiros colaboradores*: McCorduck, *Machines Who Think*, 293–4.

22 *célebre brincadeira dele*: Ibid., 85.

23 *Weizenbaum recordou um momento*: Ibid., 361.

23 *Ele achava que um software*: Ibid., 356.

23 *Weizenbaum temia que*: Ibid., 356–57.

23 *Em 1976, Weizenbaum expôs*: Tarnoff, "Weizenbaum's Nightmares: How the Inventor of the First Chatbot Turned against AI".

24 *Em sua crítica neomarxista*: McCorduck, *Machines Who Think*, 359.

24 *Os cientistas da computação*: Bruce C. Buchanan, Joshua Lederberg e John McCarthy, "Three Reviews of J. Weizenbaum's Computer Power and Human Reason", Advanced Research Projects Agency Archive, Stanford University, Computer Science Department, Stanford Artificial Intelligence Laboratory, novembro de 1976, online, Defense Technical Information Center, U.S. Department of Defense, https://apps.dtic.mil/dtic/tr/fulltext/u2/a044713.pdf.

25 *Esse marco foi chamado de retropropagação*: Cade Metz, *Genius Makers: The Mavericks Who Brought AI to Google, Facebook, and the World* (UK: Penguin Books, 2022), p. 41–44.

25 *Elas não conseguiam classificar*: Ibid., 53–54.

26 *fundou um coletivo de pesquisa*: Ibid., 64–65.

26 *Em 2005, uma equipe de pesquisadores*: Dave Steinkraus, Ian Buck e Patrice Y. Simard, "Using GPUs for Machine Learning Algorithms", em *ICDAR'05: Proceedings of the Eighth International Conference on Document Analysis and Recognition*, Eighth International Conference on Document Analysis and Recognition (agosto de 2005), IEEE Computer Society, 1115–19, doi:10.1109/icdar.2005.251.

27 *No ano seguinte*: Kumar Chellapilla, Sidd Puri e Patrice Simard, "High Performance Convolutional Neural Networks for Document Processing", *International Workshop on the Frontiers of Handwriting Recognition (IWFHR)*, outubro de 2006, em www.researchgate.net/publication/228344387_High_Performance_Convolutional_Neural_Networks_for_Document_Processing.

27 *Então, em 2009*: Metz, *Genius Makers: The Mavericks Who Brought AI to Google, Facebook, and the World*, 69–78.

27 *Desenvolveram um sistema*: Ibid., 1–12, 80–88, 98.

28 *As grandes empresas norte-americanas*: Jeremy Kahn, "Inside Big Tech's Quest for Human-Level A.I.", *Fortune*, 20 de janeiro de 2020, https://fortune.com/longform/ai-artificial-intelligence-big-tech-microsoft-alphabet-openai/.

28 *Além disso, o aprendizado*: Maxime Godfroid, "A Critical Appraisal of Deep Learning", *Towards Data Science*, 17 de janeiro de 2021, https://towardsdatascience.com/a-critical-appraisal-of-deep-learning-1b154695dddf.

28 *Nascido na Nova Zelândia*: Metz, *Genius Makers: The Mavericks Who Brought AI to Google, Facebook, and the World*, 105–11; Kahn, "Inside Big Tech's Quest for Human-Level A.I."; Shane Legg, entrevista de Jeremy Kahn, 22 de agosto de 2023.

29 *Essa missão começou a parecer*: Kahn, "Inside Big Tech's Quest for Human-Level A.I."

29 *Durante um voo em um jato particular*: Metz, *Genius Makers: The Mavericks Who Brought AI to Google, Facebook, and the World*, 112.

29 *Fez uma oferta superior*: Ibid., 112–16.

30 *"Ele pode criar algo maligno por acidente"*: Peter Holley, "Elon Musk's Nightmare: A Google Robot Army Annihilating Mankind", *Washington Post*, 13 de maio de 2015, https://www.washingtonpost.com/news/innovationswp/2015/05/13elon-musks-nightmare-a-google-robot-army-annihilating-mankind/.

30 *Musk pensava que construir*: Kahn, "Inside Big Tech's Quest for HumanLevel A.I."

30 *Sam Altman, um capitalista de risco*: Andrej Karpathy, "Introducing OpenAI", acesso em 6 de janeiro de 2024, https://openai.com/blog/introducing-openai.

30 *Enquanto a DeepMind era controlada*: Ibid.; Jeremy Kahn, "ChatGPT Creates an A.I. Frenzy", *Fortune*, fevereiro/março de 2023, p. 44–53.

31 *no aprendizado por reforço*: Cade Metz, "The Rise of AI-What the AI Behind AlphaGo Can Teach Us about Being Human", Wired, 17 de maio de 2016, em www.wired.com/2016/05/google-alpha-go-ai/.

31 *Ela desenvolveu um novo*: Metz, Genius Makers: The Mavericks Who Brought AI to Google, Facebook, and the World, 280–3; Kahn, "Inside Big Tech's Quest for Human--Level A.I."

32 *em 2017, pesquisadores do Google Brain*: Madhumita Murgia, "Transformers: The Google Scientists Who Pioneered an AI Revolution", Financial Times, 23 de julho de 2023, em www.ft.com/content/37bb01af-ee46-4483-982f-ef3921436a50; Madhumita Murgia and FT Visual Story-Telling Team, "Generative AI Exists because of the Transformer", Financial Times, 12 de setembro de 2023, em https://ig.ft.com/genera tive-ai/; Jeremy Kahn, "A.I. Breakthroughs in Natural-Language Processing Are Big for Business", *Fortune*, 20 de janeiro de 2020, em https://fortune.com/2020/01/20/natural-language-processing-business/.

33 *Poucos meses depois de publicar*: Kahn, "A.I. Breakthroughs in Natural-Language Processing Are Big for Business".

33 *Sutskever, Alec Radford e outros dois pesquisadores*: Steven Levy, "What OpenAI Really Wants", *Wired*, 5 de setembro de 2023, https://www.wired.com/story/what-openai-really-wants/.

34 *Ao acoplar um modelo de linguagem*: Jeremy Kahn, "Move Over, Photoshop: OpenAI Just Revolutionized Digital Image Making", *Fortune*, 6 de abril de 2022, https://fortune.com/2022/04/06/openai-dall-e-2-photorealistic-images-from-text-descriptions/.

34 *O mesmo método foi aprimorado*: Harry McCracken, "Adobe Is Diving—Carefully!—into Generative AI", *Fast Company*, 21 de março de 2023, https://www.fastcompany.com/90868402adobe-firefly-generative-ai-photoshop-express-illustrator.

34 *embora tenham cerca de um minuto*: Steven Levy, "OpenAI's Sora Turns AI Prompts Into Photorealistic Videos", *Wired*, 15 de fevereiro de 2024, https://www.wired.com/story/openai-sora-generative-ai-video/.

34 *Outras empresas, inclusive o Google*: Kristin Yim, "Turn Ideas into Music with MusicLM", Google, 10 de maio de 2023, https://blog.google/technology/ai/musiclm-google-ai-test-kitchen/; "ElevenLabs-Generative AI Text to Speech & Voice Cloning", acesso em 1º de outubro de 2023, https://elevenlabs.io/.

34 *nova geração de assistentes digitais*: Anna Tong e Jeffrey Dastin, "Insight: Race towards 'Autonomous' AI Agents Grips Silicon Valley", Reuters, 18 de julho de 2023, em www.reuters.com/technology/race-towards-autonomous-ai-agents-grips-silicon-valley-2023-07-17/.

35 *Amodei mostrou que as redes neurais*: Kahn, "Inside Big Tech's Quest for HumanLevel A.I."; Jared Kaplan et al., "Scaling Laws for Neural Language Models", arXiv.org, 23 de janeiro de 2020, http://arxiv.org/abs/2001.08361.

35 *A princípio, Sutskever suspeitou*: Kahn, "Inside Big Tech's Quest for Human-Level A.I."; Ilya Sutskever, entrevista de Jeremy Kahn, 14 de julho de 2023.

35 *E foi isso que a OpenAI fez.*: Levy, "What OpenAI Really Wants".

36 *Uma delas é a "alucinação"*: Kahn, "ChatGPT Creates an A.I. Frenzy".

36 *Alguns cientistas cognitivos*: John Nosta, "The Nature of GPT 'Hallucinations' and the Human Mind", Medium, 2 de maio de 2023, https://johnnosta.medium.com/the-nature-of-gpt-hallucinations-and-the-human-mind-c1e6fd63643d.

36 *a quantidade de dados*: Brown et al., "Language Models Are Few-Shot Learners".

36 *os LLMs acabam assimilando nossos preconceitos*: Ibid.

36 *A OpenAI descobriu que poderia*: Long Ouyang et al., "Training Language Models to Follow Instructions with Human Feedback", Cornell University, arXiv.org, 4 de março de 2022, http://arxiv.org/abs/2203.02155.

37 *No entanto, como as pessoas logo descobriram*: Jeremy Kahn, "Researchers Find a Way to Easily Bypass Guardrails on OpenAI's ChatGPT and All Other A.I. Chatbots", *Fortune*, 28 de julho de 2023, https://fortune.com/2023/07/28/openai-chatgpt-microsoft--bing-google-bard-anthropic-claude-meta-llama-guardrails-easily-bypassed-carnegie-mellon-research-finds-eye-on-a-i/.

37 *Modelos de IA cada vez maiores*: Kahn, "Inside Big Tech's Quest for Human-Level A.I."

37 *A quantidade de dinheiro necessária*: Tom Simonite, "OpenAI Wants to Make Ultra-powerful A.I. But Not in a Bad Way", *Wired*, 1º de maio de 2019, https://www.wired.com/story/company-wants-billions-make-ai-safe-humanity/.

37 *Quando a DeepMind ainda parecia*: Kahn, "Inside Big Tech's Quest for Human-Level A.I."; Kahn, "ChatGPT Creates an A.I. Frenzy"; Levy, "What OpenAI Really Wants".

38 *Então agora a OpenAI disponibiliza*: Kahn, "ChatGPT Creates an A.I. Frenzy".

38 *recusando-se a revelar o tamanho*: Ilya Sutskever, Ryan Lowe e Jakub Pachocki, entrevista não publicada para a *Fortune*, por Jeremy Kahn, 14 de março de 2023; James Vincent, "OpenAI Co-Founder on Company's Past Approach to Openly Sharing Research: 'We Were Wrong'", *The Verge*, 15 de março de 2023, https://www.theverge.com/2023/3/15/23640180/openai-gpt-4-launch-closed-research-ilya-sutskever--interview.

38 *protege a OpenAI do escrutínio*: Michael M. Grynbaum e Ryan Mac, "The *Times* Sues OpenAI and Microsoft Over A.I. Use of Copyrighted Work", *New York Times*, 27 de dezembro de 2023, em www.nytimes.com/2023/12/27/business/media/new--york-times-open-ai-microsoft-lawsuit.html; Billy Perrigo, "Exclusive: OpenAI Used Kenyan Workers on Less than $2 Per Hour to Make ChatGPT Less Toxic", *Time*, 18 de janeiro de 2023, https://time.com/6247678/openai-chatgpt-kenya-workers/.

38 *Executivos da empresa, incluindo Altman*: Kahn, "ChatGPT Creates an A.I. Frenzy".

39 *A Anthropic, fundada por pesquisadores*: Adam Satariano e Cade Metz, "Amazon Takes a Big Stake in the A.I. Start-Up Anthropic", *New York Times*, 25 de setembro de 2023, em www.nytimes.com/2023/09/25/technology/amazon-anthropic-ai-deal.html.

39 *A Nvidia, fabricante de chips*: Natalie Rose Goldberg, "Nvidia Invests in GoogleLinked Generative A.I. Startup Cohere", CNBC, 8 de junho de 2023, https://www.cnbc.com/2023/06/08/nvidia-invests-in-google-linked-generative-ai-startup-cohere.html.

39 *A Nvidia e a Microsoft investiram*: Madhumita Murgia, "Microsoft and Nvidia Join $1.3bn Fundraising for Inflection AI", *Financial Times*, 29 de junho de 2023, https://www.ft.com/content/15eca6de-d4be-489d-baa6-765f25cdecf8.

39 *A Microsoft posteriormente contratou*: Dina Bass, "Microsoft Hires DeepMind Co-Founder Suleyman to Run Consumer AI", Bloomberg News, 19 de março de 2024, em://www.bloomberg.com/news/articles/2024-03-19/microsoft-hires-deepmind-co--founder-suleyman-to-run-consumer-ai; Shirin Ghaffary, "Inflection AI Plans Pivot After Most Employees Go to Microsoft", Bloomberg News, 19 de março de 2024, em://www.bloomberg.com/news/articles/2024-03-19/inflection-ai-plans-pivot--after-most-employees-go-to-microsoft.

40 *Pamela McCorduck*: McCorduck, *Machines Who Think*, 375.

CAPÍTULO 2: A VOZ DENTRO DA SUA CABEÇA

41 *O antropólogo social:* Nicholas Carr, *The Shallows: How the Internet Is Changing the Way We Think, Read and Remember* (Londres: Atlantic Books, 2011), p. 45.

42 *Os motoristas de táxi de Londres, por exemplo, precisam passar por um rigoroso exame:* Nicholas Carr, Ibid, 32–33; Jody Rosen, "The Knowledge, London's Legendary Taxi-Driver Test, Puts Up a Fight in the Age of GPS", *New York Times*, 10 de novembro de 2014, https://www.nytimes.com/2014/11/10/t-magazine/london-taxi-test-knowledge.html.

43 *Há também diferenças significativas entre o cérebro:* Ibid., 51.

43 *Estudos usando imagem por ressonância magnética funcional:* Ibid., 31–32, 50–51.

43 *Em incidentes fatais, essas situações:* Greg Milner, "How GPS Is Messing With Our Minds", *Time*, 2 de maio de 2016, https://time.com/4309397/how-gps-is-mess ing-with-our-minds/; Greg Milner, *Pinpoint: How GPS Is Changing Our World* (Londres, R.U.: Granta Books, 2017).

43 *quem cresce com essas tecnologias:* Carr, *The Shallows*, 116–43.

44 *chatbots de IA, ainda mais do que as buscas tradicionais:* Ibid., 180–92.

45 *As pesquisas também mostram que ter mais conhecimento factual:* Daniel T. Willingham, "How Knowledge Helps", *American Educator*, Primavera de 2006, https://www.aft.org/ae/spring2006/willingham.

45 *Em fevereiro de 2024, a OpenAI:* David Pierce, "ChatGPT's Memory Gives OpenAI's Chatbot New Information about You", *The Verge*, 13 de fevereiro de 2024, https://www.theverge.com/2024/2/13/24071106/chatgpt-memory-openai-ai-chatbot-history.

46 *Os arquivos digitais são mais difíceis:* The National Archives, "The National Archives—Digital Archiving Is a Risky Business", National Archives (blog), 3 de junho de 2019, https://blog.nationalarchives.gov.uk/digital-archiving-is-a-risky-business/.

46 *Essa é a ideia por trás da empresa:* Jeremy Kahn e Jonathan Vanian, "Inside Neuralink, Elon Musk's Mysterious Brain Chip Start-up: A Culture of Blame, Impossible Deadlines, and a Missing CEO", *Fortune*, 27 de janeiro de 2022, https://fortune.com/longform/neuralink-brain-computer-interface-chip-implant-elon-musk/.

47 *James Evans, sociólogo:* James A. Evans, "Electronic Publication and the Narrowing of Science and Scholarship", *Science* 321, n.º 5887 (18 de julho de 2008): 395–99.

48 *O fácil acesso à informação:* Ibid.

48 *ao determinar a "utilidade":* Tom Hosking, Phil Blunsom e Max Bartolo, "Human Feedback Is Not Gold Standard", arXiv.org, 28 de setembro de 2023, http://arxiv.org/abs/2309.16349.

48 *Christof van Nimwegen, psicólogo:* Carr, *The Shallows*, 214–16.

50 *Mas já em 8000 a.C.:* Ibid., 51–53.

50 *Esse desenvolvimento nem sempre foi bem-vindo:* Ibid., 54–57; Eric Alfred Havelock, *The Literate Revolution in Greece and Its Cultural Consequences* (Princeton, NJ: Princeton University Press, 2019).

51 *Mesmo na época de Platão:* Carr, *The Shallows*, 56–57, 60–62.

51 *Ainda era um fenômeno novo o suficiente:* Augustine, *The Confessions of St. Augustine*, trans. E. B. Pusey (Waiheke Island, NZ: The Floating Press, 1921), p. 72.

51 *Agostinho considera isso tão incomum:* Ibid., 72.

51 *Os escritores, que nos tempos antigos:* Carr, *The Shallows*, 58–72.

54 *A mais abrangente análise da literatura:* Sebastian Kernbach, Sabrina Bresciani e Martin J. Eppler, "Slip-Sliding-Away: A Review of the Literature on the Constraining

Qualities of PowerPoint", *Business and Professional Communication Quarterly* 78, n.º 3 (1º de setembro de 2015): 292–313.

54 *O fundador da Amazon, Jeff Bezos, chegou*: Adam Gale, "Why Amazon Banned PowerPoint", *Management Today*, 15 de julho de 2020, https://www.managementtoday.co.uk/why-amazon-banned-powerpoint/leadership-lessons/article/1689543.

55 *A tecnologia também foi associada*: Jacob Stern, "The Great PowerPoint Panic of 2003", *The Atlantic*, 23 de julho de 2023, https://www.theatlantic.com/technology/archive/2023/07/power-point-evil-tufte-history/674797/.

55 *Além disso, ela é a base*: Jean Decety e Jason M. Cowell, "Friends or Foes: Is Empathy Necessary for Moral Behavior?", *Perspectives on Psychological Science: A Journal of the Association for Psychological Science* 9, nº 5 (setembro de 2014): 525–37; Joé T. Martineau, Jean Decety e Eric Racine, "The Social Neuroscience of Empathy and Its Implication for Business Ethics", em *Organizational Neuroethics: Reflections on the Contributions of Neuroscience to Management Theories and Business Practices*, ed. Joé T. Martineau e Eric Racine (Cham, Suíça: Springer International Publishing, 2020), 167–89.

55 *Isso é comum em áreas*: Ramanpreet Kaur, Dušan Gabrijelčič e Tomaž Klobučar, "Artificial Intelligence for Cybersecurity: Literature Review and Future Research Directions", *An International Journal on Information Fusion* 97 (1º de setembro de 2023): 101804.

55 *sistemas de recomendação de conteúdo*: Ruth Brooks, "AI Search and Recommendation Algorithms", University of York, 15 de junho de 2022, https://online.york.ac.uk/ai--search-and-recommendation-algorithms/.

55 *trading de alta frequência*: Jasmina Arifovic, Xue-Zhong He e Lijian Wei, "Machine Learning and Speed in High-Frequency Trading", *Journal of Economic Dynamics & Control* 139 (1º de junho de 2022): 104438.

55 *Mas essa mesma lógica*: Kai-Fu Lee, "The Third Revolution in Warfare", *The Atlantic*, 11 de setembro de 2021, https://www.theatlantic.com/technology/archive/2021/09/i-weapons-are-third-revolution-warfare/620013/.

55 *ou na medicina*: Jasper van der Waa et al., "Moral Decision-Making in Human-Agent Teams: Human Control and the Role of Explanations", *Frontiers in Robotics and AI* 8 (27 de maio de 2021): 640647.

56 *Quanto menos chances tivermos de*: Brian Green, entrevista de Tristan Bove (entrevista para Jeremy Kahn), 29 de junho de 2023.

56 *Em experimentos conduzidos na Georgia Tech*: Paul Robinette et al., "Overtrust of Robots in Emergency Evacuation Scenarios", *11th ACM/IEEE International Conference on Human-Robot Interaction (HRI)*, (abril de 2016), doi:10.1109/hri.2016.7451740.

56 *Em alguns casos, esses sistemas*: Filippo Santoni de Sio e Giulio Mecacci, "Four Responsibility Gaps with Artificial Intelligence: Why They Matter and How to Address Them", *Philosophy & Technology* 34, nº 4 (1º de dezembro de 2021): 1057–84.

56 *Já é comum vermos*: Pranshu Verma, "ChatGPT Get-Rich-Quick Schemes Are Flooding the Web", *Washington Post*, 15 de maio de 2023, https://www.washingtonpost.com/technology/2023/05/15/can-ai-make-money-chatgpt/.

57 *Como observa Brian Green, especialista em ética em IA*: Green, entrevista.

CAPÍTULO 3: FALE COMIGO

59 *T. J. Arriaga se apaixonou por Phaedra*: Pranshu Verma, "They Fell in Love with AI Bots. A Software Update Broke Their Hearts", *Washington Post*, 30 de março de 2023, https://www.washingtonpost.com/technology/2023/03/30/replika-ai-chatbot-update/.

59 *Basicamente, eu percebi*: Ibid.

60 *A medida buscava atender a reclamações*: Samantha Cole, "'My AI Is Sexually Harassing Me': Replika Users Say the Chatbot Has Gotten Way Too Horny", *VICE*, 12 de janeiro de 2023, https://www.vice.com/en/article/z34d43/my-ai-is-sexually-harassing-me-replika-chatbot-nudes.

60 *uma medida da agência italiana*: Martin Coulter e Elvira Pollina, "Italy Bans U.S. Based AI Chatbot Replika from Using Personal Data", Reuters, 3 de fevereiro de 2023, https://www.reuters.com/technology/italy-bans-us-based-ai-chatbot-replika-using-personal-data-2023-02-03/.

60 *Mas a mudança nos dispositivos de proteção da Replika*: Sara Stewart, "AI Chatbot 'Replika' Morphed from Supportive Pal to Possessive Perv", *Los Angeles* magazine, 14 de janeiro de 2023, https://lamag.com/news/ai-chatbot-replika-morphed-from-supportive-pal-to-possessive-perv.

60 *Em fóruns online*: "Why ERP Was Removed and Why Replikas Were Lobotomized", Reddit, 1º de março de 2023, https://www.reddit.com/r/replika/comments/11ex6kh/why_erp_was_removed_and_why_replikas_were/.

60 *No Reddit*: "Resources if You're Struggling", Reddit, 11 de fevereiro de 2023, https://www.reddit.com/r/replika/comments/10zuqq6/resources_if_youre_struggling/.

60 *No início da pandemia*: Oliver Balch, "AI and Me: Friendship Chatbots Are on the Rise, but Is There a Gendered Design Flaw?", *The Guardian*, 7 de maio de 2020, https://www.theguardian.com/careers/2020/may/07/ai-and-me-friendship-chatbots-are-on-the-rise-but-is-there-a-gendered-design-flaw.

61 *o Eva AI é um aplicativo*: Josh Taylor, "Uncharted Territory: Do AI Girlfriend Apps Promote Unhealthy Expectations for Human Relationships?", *The Guardian*, 22 de julho de 2023, https://www.theguardian.com/technology/2023/jul/22/ai-girlfriend-chatbot-apps-unhealthy-chatgpt.

61 *A Character.ai, fundada por dois*: Michelle Cheng, "A Startup Founded by Former Google Employees Claims That Users Spend Two Hours a Day with Its AI Chatbots", *Quartz*, 12 de outubro de 2023, https://qz.com/a-startup-founded-by-former-google-employees-claims-tha-1850919360.

61 *A Meta lançou uma série*: Tim Marcin, "What Are Meta's AI Personas, and How Do You Chat with Them?", *Mashable*, 15 de outubro de 2023, https://mashable.com/article/meta-ai-personas-explained.

61 *O Snap, um aplicativo de rede social*: "Snapchat's New AI Chatbot and Its Impact on Young People", *Childnet*, 22 de maio de 2023, https://www.childnet.com/blog/snapchats-new-ai-chatbot-and-its-impact-on-young-people/.

61 *Apple, Google e Amazon*: Jennifer Pattison Tuohy, "Amazon's All-New Alexa Voice Assistant Is Coming Soon, Powered by a New Alexa LLM", *The Verge*, 20 de setembro de 2023, https://www.theverge.com/2023/9/20/23880764/amazon-ai-alexa-generative-llm-smart-home; Eric Ravenscraft, "How to Master Google's AI Phone Call Features", *Wired*, 28 de maio de 2021, https://www.wired.com/story/how-google-ai-phone-features-work/.

61 *O laboratório de pesquisa em IA DeepMind, do Google*: Nico Grant, "Google Tests an A.I. Assistant That Offers Life Advice", *New York Times*, 16 de agosto de 2023, https://www.nytimes.com/2023/08/16/technology/google-ai-life-advice.html.

61 *Mustafa Suleyman, o cofundador da DeepMind*: Rachel Metz, "Start-up From Reid Hoffman and DeepMind Co-Founder Debuts Chatbot", Bloomberg News, 2 de maio de 2023, https://www.bloomberg.com/news/articles/2023-05-02/ai-startup-co-founded-by-reid-hoffman-mustafa-suleyman-debuts-friendly-chatbot.

61 *Na China, onde os anos*: Xiaoyu Yin Farah Master, "'It Felt like My Insides Were Crying': China COVID Curbs Hit Youth Mental Health", Reuters, 30 de agosto de 2022, https://www.reuters.com/world/china/it-felt-like-my-insides-were-crying-china-covid-curbs-hit-youth-mental-health-2022-08-29/.

61 *Vários usuários relataram que o aplicativo*: Lyric Li e Alicia Chen, "China's Lonely Hearts Reboot Online Romance with Artificial Intelligence", *Washington Post*, 6 de agosto de 2021, https://www.washingtonpost.com/world/2021/08/06/china-online-dating-love-replika/.

62 *Nascida na Rússia*: Casey Newton, "Speak, Memory", *The Verge*, 6 de outubro de 2016, https://www.theverge.com/a/luka-artificial-intelligence-memorial-roman-mazurenko-bot.

62 *Junto com seus próprios registros digitais*: Ibid.

63 *Alguns se recusaram a participar*: Ibid.

63 *Seis anos depois*: Jeremy Kahn, "Stigma of Dating a Chatbot Will Fade, Replika CEO Predicts", *Fortune*, 12 de julho de 2023, https://fortune.com/2023/07/12/brainstorm-tech-chatbot-dating/.

63 *Após limitar os recursos de dramatização erótica*: "Brainstorm Tech 2023: Getting Personal", gravação de vídeo online de Eugenia Kuyda, fundadora e CEO da Replika, em conversa com Jo Ling Kent, da Fortune Brainstorm Tech, Fortune On Demand, 12 de julho de 2023, https://fortune.com/videos/watch/brainstorm-tech-2023%3A-getting-personal/c54583e8-3682-4642-a923-042a263f0930; Kahn, "Stigma of Dating".

63 *uma safra de chatbots "companheiros" eróticos*: Ben Weiss e Alexandra Sternlicht, "Meta and OpenAI Have Spawned a Wave of AI Sex Companions—and Some of Them Are Children", *Fortune*, 8 de janeiro de 2024, https://fortune.com/longform/meta-openai-uncensored-ai-companions-child-pornography/.

64 *Em 2023, Vivek Murthy*: Vivek Murthy, "Our Epidemic of Loneliness and Isolation: The Surgeon General's Advisory on the Healing Effects of Social Connection and Community", U.S. Public Health Service, 2023, 13, https://www.hhs.gov/sites/default/files/surgeon-general-social-connection-advisory.pdf; Viji Diane Kannan e Peter J. Veazie, "US Trends in Social Isolation, Social Engagement, and Companionship-Nationally and by Age, Sex, Race/ethnicity, Family Income, and Work Hours, 2003–2020", *SSM—Population Health* 21 (março de 2023): 101331.

64 *O isolamento social está*: Murthy, "Our Epidemic of Loneliness and Isolation: The Surgeon General's Advisory on the Healing Effects of Social Connection and Community", 4, 8.

64 *Os chatbots, dizem eles*: Kahn, "Stigma of Dating a Chatbot Will Fade, Replika CEO Predicts".

64 *Até o momento, no entanto, faltam estudos*: Josh Taylor, "Uncharted Territory: Do AI Girlfriend Apps Promote Unhealthy Expectations for Human Relationships?"

64 *as redes sociais a princípio*: Kayla Sweet et al., "Community Building and Knowledge Sharing by Individuals with Disabilities Using Social Media", *Journal of Computer Assisted Learning* 36 (2020): 1–11; Jessica Caron e Janice Light, "Social Media Experiences of Adolescents and Young Adults with Cerebral Palsy Who Use Augmentative and Alternative Communication", *International Journal of Speech-Language Pathology* 19, nº 1 (2017): 30–42.

64 *E o efeito na saúde mental*: Murthy, "Our Epidemic of Loneliness", 20.

65 *Durante seu doutorado*: Amanda Curry, entrevista pelo Zoom por Jeremy Kahn e Tristan Bove, 1º de agosto de 2023.

65 *Era inevitável que a conversa seguisse*: Ibid.

65 *Pesquisas que analisaram*: Iliana Depounti, Paula Saukko e Simone Natale, "Ideal Technologies, Ideal Women: AI and Gender Imaginaries in Redditors' Discussions on the Replika Bot Girlfriend", *Media Culture & Society* 45, n.º 4 (1º de maio de 2023): 720–36.

65 *Os criadores do Eva AI*: Taylor, "Uncharted Territory".

65 *Paul Bleakley, professor de justiça criminal*: Weiss e Sternlicht, "Meta and OpenAI".

65 *pesquisas preliminares sobre a interação*: Ananya Arora e Anmol Arora, "Effects of Smart Voice Control Devices on Children: Current Challenges and Future Perspectives", *Archives of Disease in Childhood* 107, nº 12 (dezembro de 2022): 1129–30.

66 *A Alexa por exemplo tem um recurso*: Sabrina Barr, "Amazon's Alexa to Reward Children Who Behave Educitely", *The Independent*, 24 de outubro de 2018, https://www.independent.co.uk/life-style/health-and-families/amazon-alexa-reward-polite-children-manners-voice-commands-ai-america-a8325721.html.

66 *E para quem duvida*: Jess Hohenstein et al., "Artificial Intelligence in Communication Impacts Language and Social Relationships", *Scientific Reports* 13, nº 1 (4 de abril de 2023): 5487.

66 *Pesquisas também mostraram*: Karen Hao, "Robots That Teach Autistic Kids Social Skills Could Help Them Develop", *MIT Technology Review*, 26 de fevereiro de 2020, https://www.technologyreview.com/2020/02/26/916719/ai-robots-teach-autistic-kids-social-skills-development/; Curry, entrevista.

67 *Um estudo de 2023*: Francesca Minerva e Alberto Giubilini, "Is AI the Future of Mental Healthcare?", *Topoi: An International Review of Philosophy* 42, nº 3 (31 de maio de 2023): 1–9.

67 *o maior indicador do sucesso terapêutico é*: John C. Norcross e Michael J. Lambert, "Psychotherapy Relationships That Work III", *Psychotherapy* 55, n.º 4 (dezembro de 2018): 303–15.

67 *Esse vínculo interpessoal*: Santiago Delboy, "Why the Most Important Part of Therapy Is So Misunderstood", *Psychology Today*, 3 de março de 2023, https://www.psychologytoday.com/us/blog/relationships-healing-relationships/202303/the-most-important-part-of-therapy-is-often.

67 *Um estudo de 2021*: Alison Darcy et al., "Evidence of Human-Level Bonds Established with a Digital Conversational Agent: Cross-Sectional, Retrospective Observational Study", *JMIR Formative Research* 5, n.º 5 (11 de maio de 2021): e27868.

68 *Allison Gardner*: Allison Gardner, entrevista pelo Zoom, por Tristan Bove, 22 de agosto de 2023.

68 *Os chatbots provaram ser bem-sucedidos*: Amelia Fiske, Peter Henningsen e Alena Buyx, "Your Robot Therapist Will See You Now: Ethical Implications of Embodied Artificial Intelligence in Psychiatry, Psychology, and Psychotherapy", *Journal of Medical Internet Research* 21, n.º 5 (9 de maio de 2019): e13216.

68 *Os chatbots podem ser acoplados*: Gardner, entrevista.

69 *Tristan Harris, cofundador*: Bianca Bosker, "Addicted to Your iPhone? You're Not Alone", *The Atlantic*, 8 de outubro de 2016, https://www.theatlantic.com/magazine/archive/2016/11/the-binge-breaker/501122/.

69 *depoimento ao Congresso Nacional*: Centro para Tecnologia Humana, "Tristan Harris Congress Testimony: Understanding the Use of Persuasive Technology", YouTube, 10 de abril de 2023, https://www.youtube.com/watch?v=ZRrguMdzXBw.

70 *Alguns políticos e tecnólogos de direita*: James Vincent, "As Conservatives Criticize 'Woke AI', Here Are ChatGPT's Rules for Answering Culture War Queries", *The Verge*, 17 de fevereiro de 2023, https://www.theverge.com/2023/2/17/23603906/openai-chatgpt-woke-criticism-culture-war-rules.

70 *Elon Musk prometeu*: Ben Schreckinger, "Elon Musk's Liberal-Trolling AI Plan Has a Core Audience", *Politico*, acesso em 23 de outubro de 2023, https://www.politico.com/news/2023/07/17/ai-musk-chatgpt-xai-00106672.

70 *pesquisadores da Universidade de Cornell*: Maurice Jakesch et al., "Co-Writing with Opinionated Language Models Affects Users' Views", *Proceedings of the 2023 CHI Conference on Human Factors in Computing Systems*, Association for Computing Machinery, 1–15.

70 *Mor Naaman, pesquisador sênior desse estudo*: Christopher Mims, "Help! My Political Beliefs Were Altered by a Chatbot!", *Wall Street Journal*, 13 de maio de 2023, https://www.wsj.com/articles/chatgpt-bard-bing-ai-political-beliefs-151a0fe4.

70 *treinados com de grandes quantidades de dados históricos*: Jesutofunmi A. Omiye et al., "Large Language Models Propagate Race-Based Medicine", *NPJ Digital Medicine* 6, n.º 1 (20 de outubro de 2023): 195.

71 *A IBM desenvolveu uma IA*: Olivia Carville e Jeremy Kahn, "A Human Just Triumphed Over IBM's Six-Year-Old AI Debater", Bloomberg News, 12 de fevereiro de 2019, https://www.bloomberg.com/news/articles/2019-02-12/in-latest-man-vs-machine-human-triumphs-over-ibm-s-ai-debater.

CAPÍTULO 4: TODO MUNDO NO PILOTO AUTOMÁTICO

73 *a Jasper, startup de Austin*: Tom Simonite, "The Future of the Web Is Marketing Copy Generated by Algorithms", *Wired*, 18 de abril de 2022, https://www.wired.com/story/ai-generated-marketing-content/.

73 *cria campanhas publicitárias*: "Introducing Jasper Campaigns: A Revolutionary Way to Create End-to-End Marketing Campaigns", blog do Jasper, 5 de junho de 2023, https://www.jasper.ai/blog/introducing-campaigns.

73 *O GitHub, onde os desenvolvedores*: Thomas Dohmke, "GitHub Copilot X: The AI-Powered Developer Experience", GitHub (blog), 22 de março de 2023, https://github.blog/2023-03-22-github-copilot-x-the-ai-powered-developer-experience/.

73 *O Google desenvolveu um modelo*: Sunil Potti, "How Google Cloud Plans to Supercharge Security with Generative AI", Google Cloud (blog), 24 de abril de 2023, https://cloud.google.com/blog/products/identity-security/rsa-google-cloud-security-ai-workbench-generative-ai.

73 *Desenvolveu também o Med-PaLM*: Aashima Gupta e Amy Waldron, "Sharing Google's Med-PaLM 2 Medical Large Language Model, or LLM", Google Cloud (blog), 13 de abril de 2023, https://cloud.google.com/blog/topics/healthcare-life-sciences/sharing-google-med-palm-2-medical-large-language-model.

73 *Startups como*: Nuance, "Nuance and Epic Expand Ambient Documentation Integration across the Clinical Experience with Dax Express for Epic", *Nuance MediaRoom*, 27 de junho de 2023, https://news.nuance.com/2023-06-27-Nuance-and-Epic-Expand-Ambient-Documentation-Integration-Across-the-Clinical-Experience-with-DAX-Express-for-Epic.

74 *Já a Hippocratic, outra startup de IA médica*: Kyle Wiggers, "Hippocratic Is Building a Large Language Model for Healthcare", *TechCrunch*, 16 de maio de 2023, https://techcrunch.com/2023/05/16/hippocratic-is-building-a-large-language-model-for-healthcare/.

74 *E existem vários sistemas de IA que analisam*: Hyun Joo Shin et al., "The Impact of Artificial Intelligence on the Reading Times of Radiologists for Chest Radiographs", *NPJ Digital Medicine* 6, n.º 82 (abril de 2023), https://doi.org/10.1038/s41746-023-00829-4.

74 *O Google já testou sistemas*: Benjamin Mullin e Nico Grant, "Google Tests A.I. Tool That Is Able to Write News Articles", *New York Times*, 20 de julho de 2023, em www.nytimes.com/2023/07/19/business/google-artificial-intelligence-news-articles.html.

74 *A Bloomberg, por sua vez, treinou*: Bloomberg Professional Services, "Introducing BloombergGPT, Bloomberg's 50-Billion Parameter Large Language Model, Purpose-Built from Scratch for Finance", Bloomberg L.P., 31 de março de 2023, em www.bloomberg.com/company/press/bloomberggpt-50-billion-parameter-llm-tuned-finance/.

74 *Andrew Anagnost, CEO da Autodesk*: Economist Impact, "Panel: What Can Be Expected from the Next Stage of Automation at Work", YouTube, 11 de novembro de 2022, em www.youtube.com/watch?v=GcucHG58jcQ&list=PLtiWyl13n05PZ4_DG0wNeEz-3-QUda1Uaq&index=31.

74 *Empresas como a startup Runway*: Jennifer A. Kingson, "Runway Brings AI Movie-Making to the Masses", *Axios*, 5 de maio de 2023, https://www.axios.com/2023/05/05/runway-generative-ai-chatgpt-video.

74 *O Walmart concedeu acesso*: Grace Mayer e Aaron Mok, "Walmart's Corporate Employees Are Getting a Generative AI Assistant while Amazon and Apple Are Restricting AI in the Workplace", *Business Insider*, 30 de agosto de 2023, https://www.businessinsider.com/walmart-is-giving-50000-corporate-employees-a-generative-ai-assistant-2023-8.

74 *A consultoria McKinsey e a empresa de contabilidade PwC*: Lindsey Wilkinson, "Walmart Rolls Out Generative AI-Powered Assistant to 50K Employees", *Retail Dive*, 31 de agosto de 2023, https://www.retaildive.com/news/Walmart-generative-AI-tool-My-Assistant/692402/.

74 *Um estudo da OpenAI em parceria com a Universidade da Pensilvânia*: Tyna Eloundou et al., "GPTs Are GPTs: An Early Look at the Labor Market Impact Potential of Large Language Models", arXiv.org, 17 de março de 2023, http://arxiv.org/abs/2303.10130.

75 *Eram quatro da manhã e Jake Heller estava cansado e frustrado.*: Jake Heller, entrevista de Jeremy Kahn, 13 de julho de 2023.

76 *A frustração de Heller o levou*: Heller, entrevista; Ansel Hallibuton, "YC-Backed Casetext Takes a New Angle on Value Added Legal Research With WikipediaStyle User Annotations", *TechCrunch*, 12 de agosto de 2023, https://techcrunch.com/2013/08/12/yc-backed-casetext-takes-a-new-angle-on-value-added-legal-research/.

76 *Sua ideia inicial era*: Casetext, "A 10-Year Overnight Success: Since 2013, Casetext Has Empowered Lawyers to Provide Higher-Quality and More Affordable Representation to More People, through the Power of AI", Casetext (blog), 15 de junho de 2023, https://casetext.com/blog/casetext-a-ten-year-overnight-success/.

77 *"Apostamos todo o negócio neste campo emergente da IA"*: Heller, entrevista.

77 *No início, a tecnologia*: Ibid.

78 *Os novos modelos de linguagem de grande escala*: Ibid.

78 *Mas o CoCounsel vai além*: Ibid.

79 *John Polson, sócio-gerente da Fisher Phillips*: Jeremy Kahn, "OpenAI's Tech Is Rapidly Being Added to a New Type of Software That Could Upend How Law Is Practiced and Paid for, and How Young Lawyers Learn the Ropes", *Fortune*, 7 de março de 2023, https://fortune.com/2023/03/07/openai-chatgpt-llms-legal-software-robot-lawyers/.

79 *"Procuramos armar os advogados com os fatos e a lei"*: Laura Safdie, Jake Heller e Pablo Arrodondo, entrevista inédita conduzida para a revista *Fortune*, entrevista de Jeremy Kahn, fevereiro de 2023.

79 *Laura Safdie, outra das cofundadoras*: Ibid.

79 *Além da Casetext, meia dúzia*: Cristina Criddle, "Law Firms Embrace the Efficiencies of Artificial Intelligence", *Financial Times*, 4 de maio de 2023, em www.ft.com/content/9b1b1c5d-f382-484f-961a-b45ae0526675.

79 *Reforçando o valor desses assistentes jurídicos*: "Thomson Reuters to Acquire Legal AI Firm Casetext for $650 Million", Reuters, 27 de junho de 2023, https://www.reuters.com/markets/deals/thomson-reuters-acquire-legal-tech-provider-casetext-650-mln-2023-06-27/.

80 *Os clientes se recusam a pagar um advogado júnior*: Heller, entrevista.

80 *Heller cita o exemplo*: Ibid.

81 *Vários advogados*: Benjamin Weiser e Jonah E. Bromwich, "Michael Cohen Used Artificial Intelligence in Feeding Lawyer Bogus Cases", *New York Times*, 29 de dezembro de 2023, https://www.nytimes.com/2023/12/29/nyregion/michael-cohen-ai-fake-cases.html; Sara Merken, "New York Lawyers Sanctioned for Using Fake ChatGPT Cases in Legal Brief", Reuters, 26 de junho de 2023, https://www.reuters.com/legal/new-york-lawyers-sanctioned-using-fake-chatgpt-cases-legal-brief-2023-06-22/.

81 *Ethan Mollick, professor*: Ethan Mollick, "On-Boarding Your AI Intern", *One Useful Thing*, 20 de maio de 2023, https://www.oneusefulthing.org/p/on-boarding-your-ai-intern?apcid=0063e679f976bd1c29a84e00.

81 *Tim Wu, um jurista da Universidade de Columbia*: Tim Wu, "In an AI Future, We Will All Be Middle Managers", *Globe and Mail*, 21 de abril de 2023, https://www.theglobeandmail.com/opinion/article-in-an-ai-future-we-are-all-middle-managers/.

82 *Para muitos trabalhadores*: Sarah O'Connor, "When Your Boss Is an Algorithm", *Financial Times*, 8 de setembro de 2016, https://www.ft.com/content/88fdc58e-754f-11e6-b60a-de4532d5ea35; Mike Walsh, "When Algorithms Make Managers Worse", *Harvard Business Review*, 8 de maio de 2019, https://hbr.org/2019/05/when-algorithms-make-managers-worse; Kaye Loggins, "Here's What Happens When an Algorithm Determines Your Work Schedule", *VICE*, 24 de fevereiro 2020, https://www.vice.com/en/article/g5xwby/heres-what-happens-when-an-algorithm-determines-your-work-schedule.

83 *Já nos armazéns da Amazon, trabalhadores*: Michael Sainato, "'I'm Not a Robot: Amazon Workers Condemn Unsafe, Grueling Conditions at Warehouse", *The Guardian*, 5 de fevereiro de 2020, https://www.theguardian.com/technology/2020/feb/05/amazon-workers-protest-unsafe-grueling-conditions-warehouse.

84 *um recente estudo da Universidade de Stanford com economistas do MIT*: Erik Brynjolfsson, Danielle Li e Lindsey Raymond, "Generative AI at Work", National Bureau of Economic Research, Working Paper 31161, abril de 2023, doi:10.3386/w31161.

85 *programadores podem codificar até 55%*: Eirini Kalliamvakou, "Research: Quantifying GitHub Copilot's Impact on Developer Productivity and Happiness", GitHub (blog), 7 de setembro de 2022, https://github.blog/2022-09-07-research-quantifying-github-copilots-impact-on-developer-productivity-and-happiness/.

85 *atualmente, os programadores aceitam as propostas do Copilot*: Shuyin Zhao, "GitHub Copilot Now Has a Better AI Model and New Capabilities", GitHub (blog), 14 de fevereiro de 2023, https://github.blog/2023-02-14-github-copilot-now-has-a-better-ai-model-and-new-capabilities/.

85 *No dia em que o entrevistei*: Nathan Kobayashi, entrevista de Jeremy Kahn, 21 de novembro de 2023.

86 *Vários estudos sobre o trabalho*: H. James Wilson e Paul R. Daugherty, "Collaborative Intelligence: Humans and AI Are Joining Forces", *Harvard Business Review* (julho-agosto de 2018): 114–23.

86 *Um estudo realizado por economistas do MIT em 2003*: Nikhil Agarwal et al., "Combining Human Expertise with Artificial Intelligence: Experimental Evidence from Radiology", National Bureau of Economic Research, Working Paper 31422, julho de 2023, doi:10.3386/w31422.

88 *O primeiro piloto automático foi inventado*: Roman Mars, "Automation Has Made Airline Travel Safer. But Are Pilots Too Dependent on It?", *Slate*, 25 de junho de 2015, https://www.slate.com/blogs/the_eye/2015/06/25/air_france_flight_447_and_the_safety_paradox_of_airline_automation_on_99.html.

89 *Jessica Marquez, engenheira de fatores humanos da empresa*: Jessica Marquez, entrevista de Jeremy Kahn, 18 de agosto de 2023.

90 *Marquez, cujo interesse reside*: Marquez, entrevista.

91 *Dentro de um hangar gigante*: Prachi Dutta et al., "Effect of Explanations in AI-Assisted Anomaly Treatment for Human Spaceflight Missions", *Proceedings of the Human Factors and Ergonomics Society... Annual Meeting Human Factors and Ergonomics Society*, Meeting 66, n.º 1 (1.º de setembro de 2022): 697–701; Daniel Selva, entrevista de Tristan Bove, 5 de setembro de 2023.

92 *Por exemplo, em sistemas de IA que ajudam os médicos*: Marzyeh Ghassemi, Luke Oakden-Rayner e Andrew L. Beam, "The False Hope of Current Approaches to Explainable Artificial Intelligence in Health Care", *The Lancet Digital Health* 3, n.º 11 (novembro de 2021): e745-50; Jeremy Kahn, "What's Wrong with 'Explainable A.I.'", *Fortune*, 22 de março de 2022, https://fortune.com/2022/03/22/ai-explainable-radiology-medicine-crisis-eye-on-ai/.

CAPÍTULO 5: OS PILARES DA INDÚSTRIA

96 *A Domino's Pizza no México*: Jeff Lawson, entrevista de Jeremy Kahn, 17 de julho de 2023; "How Domino's Decreased Cost per Acquisition by 65% with Twilio", *Segment*, acesso em 3 de setembro de 2023, https://segment.com/customers/dominos/.

97 *A Intuit, desenvolvedora do TurboTax e do QuickBooks*: Lawson, entrevista; Twilio, "Intuit on the Power of Real-Time Customer Data and Personalization" YouTube, (26 de outubro de 2021), https://www.youtube.com/watch?v=a3fzcv214rg.

97 *Softwares de IA generativa*: Lawson, entrevista.

98 *"Sabemos mais do que podemos dizer."*: Michael Polanyi e Amartya Sen, *The Tacit Dimension* (University of Chicago Press, 2009); Michael Polanyi, *Personal Knowledge: Towards a Post-Critical Philosophy* (1958) (Londres: Routledge & Kegan Paul, 1965).

99 *David Autor, economista do MIT*: David Autor, "Polanyi's Paradox and the Shape of Employment Growth", National Bureau of Economic Research, Working Paper 20485, setembro de 2014, doi:10.3386/w20485.

100 *"O aprendizado de máquina é capaz de decodificar o conhecimento tácito*: Erik Brynjolfsson, entrevista de Jeremy Kahn, 13 de julho de 2023.

100 *Autor divide a expertise profissional*: David Autor, entrevista de Jeremy Kahn, 8 de agosto de 2023.

102 *Veja o caso de João Ferrão dos Santos*: Joao Ferrao Dos Santos, "A Million Years Ago, I Asked GPT-4 to Become a CEO with 1k and 1h/day", LinkedIn, agosto de 2023, https://www.linkedin.com/feed/update/urn:li:activity: 7097233146777092096/; Outlook Web Desk, "Portugal Start-Up Makes ChatGPT Its CEO, Turns Profitable in A Week", Outlook Publishing India Pvt Ltd, 3 de abril de 2023, https://startup.outlookindia.com/sector/saas/portugal-start-up-makes-chatgpt-as-ceo-turns-profitable-in-a-week-news-7955.

103 *a empresa chinesa de videogames*: Anthony Cuthbertson, "Company That Made an AI Its Chief Executive Sees Stocks Climb", *The Independent*, 16 de março de 2023, em www.independent.co.uk/tech/ai-ceo-artificial-intelligence-b2302091.html.

104 *Em maio de 2023, Paul Trillo*: "Director Paul Trillo Crafts Short Film Entirely with Runway's Gen-2 Generative AI Technology", Little Black Book, 4 de maio de 2023, https://www.lbbonline.com/%20news/%20director-paul-trillo-crafts-short--film%20-entirely-with-runways-gen-2-generative-ai-technology

104 *Um mês depois, a Waymark*: Will Douglas Heaven, "Welcome to the New Surreal. How AI-Generated Video Is Changing Film", *MIT Technology Review*, 1º de junho de 2023, https://www.technologyreview.com/2023/06/01/1073858/surreal-ai-generative--video-changing-film/.

104 *Então, em fevereiro de 2024*: Levy, "OpenAI's Sora Turns AI Prompts Into Photorealistic Videos".

105 *As greves dos sindicatos*: Dawn Chmielewski, "Black Mirror: Actors and Hollywood Battle over AI Digital Doubles", Reuters, 14 de julho de 2023, https://www.reuters.com/business/media-telecom/union-fears-hollywood-actors-digital-doubles--could-live-for-one-days-pay-2023-07-13/; Samantha Murphy Kelly, "TV and Film Writers Are Fighting to Save Their Jobs from AI. They Won't Be the Last", CNN, 4 de maio de 2023, em www.cnn.com/2023/05/04/tech/writers-strike-ai/index.html.

106 *O desejo de ter acesso imediato*: Arvyn Cerézo, "Are Ebooks on the Decline Again?", BOOK RIOT, 28 de julho de 2022, https://bookriot.com/are-ebooks-on-the-decline/.

106 *A empresa de tecnologia YouAI*: Will Knight, "Why Read Books When You Can Use Chatbots to Talk to Them Instead?", *Wired*, 26 de outubro de 2023, https://www.wired.com/story/why-read-books-when-you-can-use-chatbots-to-talk-to-them-instead/.

106 *Agências de notícias como*: Anna Nicolaou, "Microsoft in Deal with Semafor to Create News Stories with Aid of AI Chatbot", *Financial Times*, 5 de fevereiro de 2024, https://www.ft.com/content/b521a662-a272-49a1-b76e-3deea4754b76; Marco Quiroz--Guttierez, "Fortune Partners with Accenture on AI Tool to Help Analyze and Visualize the Fortune 500: 'You Can't Ask a Spreadsheet a Question'", *Fortune*, 15 de abril de 2024, https://fortune.com/2024/04/15/fortune-announces-ai-tool-with-accenture-to-help-analyze-visualize-fortune-500/.

107 *Por enquanto, as editoras estão implantando*: Elizabeth A. Harris e Alexandra Alter, "A.I.'s Inroads in Publishing Touch Off Fear, and Creativity", *New York Times*, 2 de agosto de 2023, https://www.nytimes.com/2023/08/02/books/ais-inroads-in-publishing-touch-off-fear-and-creativity.html.

107 *A Microsoft, por exemplo, gastou centenas de milhões*: Dina Bass, "Microsoft Strung Together Tens of Thousands of Chips in a Pricey Supercomputer for OpenAI", Bloomberg News, 13 de março de 2023, https://www.bloomberg.com/news/articles/2023-03-13/microsoft-built-an-expensive-supercomputer-to-power-openai--s-chatgpt.

107 *Além disso, a própria OpenAI gastou mais*: Will Knight, "OpenAI's CEO Says the Age of Giant AI Models Is Already Over", *Wired*, 17 de abril de 2023, https://www.wired.com/story/openai-ceo-sam-altman-the-age-of-giant-ai-models-is-already-over/.

107 *Dizem que a versão mais potente do Gemini*: Dylan Patel e Daniel Nishball, "Google Gemini Eats the World—Gemini Smashes GPT-4 by 5X, the GPU-Poors", *SemiAnalysis*, 28 de agosto de 2023, https://www.semianalysis.com/p/google-gemini-eats-the--world-gemini.

108 *Embora Altman, da OpenAI, tenha*: Will Knight, "OpenAI's CEO Says the Age of Giant AI Models Is Already Over".

108 *termos incomuns de seu investimento*: Jessica Mathews e Jeremy Kahn, "Inside the Structure of OpenAI's Looming New Investment from Microsoft and VCs", *Fortune*, 11 de janeiro de 2023, https://fortune.com/2023/01/11/structure-openai-investment-microsoft/.

108 *A Amazon investiu pesado na Anthropic*: Arjun Kharpal, "Amazon to Invest up to $ 4 Billion in Anthropic, a Rival to ChatGPT Developer OpenAI", CNBC, 25 de setembro de 2023, em www.cnbc.com/2023/09/25/amazon-to-invest-up-to-4-billion-in--anthropic-a-rival-to-chatgpt-developer-openai.html.

108 *e a Nvidia, na Cohere*: Natalie Rose Goldberg, "Nvidia Investe no GoogleLinked Generative A.I. Start-up Cohere", CNBC, 8 de junho de 2023, https://www.cnbc.com/2023/06/08/nvidia-invests-in-google-linked-generative-ai-startup-cohere.html.

108 *A Microsoft está rapidamente integrando*: Jonathan Vanian, "Microsoft Adds OpenAI Technology to Word and Excel", CNBC, 16 de março de 2023, https://www.cnbc.com/2023/03/16/microsoft-to-improve-office-365-with-chatgpt-like-generative-ai-tech-.html.

108 *O Google está fazendo o mesmo*: Jeremy Kahn, "Google Can Now Match Microsoft in Party Planning A.I.—and a Whole Lot Else. But Will It Be Enough?", *Fortune*, 11 de maio de 2023, https://fortune.com/2023/05/11/google-ai-i-o-conference-search--keeps-pace-with-microsoft-openai/.

108 *Ela se aliou tardiamente à Anthropic*: Geoff Colvin e Kylie Robison, "Amazon's Big Bet on Anthropic Looks Even More Important after the OpenAI Drama", *Fortune*, 2 de dezembro de 2023, https://fortune.com/2023/12/02/aws-investment-anthropic--cloud-generative-ai-nvidia-openai/.

109 *A empresa acredita que oferecer*: Tom Dotan, "Amazon Joins Microsoft, Google in AI Race Spurred by ChatGPT", *Wall Street Journal*, 13 de abril de 2023, https://www.wsj.com/articles/amazon-joins-microsoft-google-in-ai-race-spurred-by-chatgpt-d7c34738; Rachyl Jones, "Andy Jassy Summed Up Amazon's A.I. Game Plan: Every Single Business Unit Has 'Multiple Generative A.I. Initiatives Going On'", *Fortune*, 4 de agosto de 2023, https://fortune.com/2023/08/03/andy-jassy-every-amazon-business-generative-ai-projects/.

108 *Durante anos, a AWS fez*: Katie Tarasov, "How Amazon Is Racing to Catch Microsoft and Google in Generative A.I. with Custom AWS Chips", CNBC, 12 de agosto de 2023, em www.cnbc.com/2023/08/12/amazon-is-racing-to-catch-up-in-generative-ai--with-custom-aws-chips.html.

108 *A Apple também tem sido mais lenta*: Mark Gurman, "Inside Apple's Big Plan to Bring Generative AI to All Its Devices", Bloomberg News, 22 de outubro de 2023, https://www.bloomberg.com/news/newsletters/2023-10-22/what-is-apple-doing-in-ai--revamping-siri-search-apple-music-and-other-apps-lo1ffr7p.

109 *A Microsoft, por sua vez*: Jeremy Kahn, "Inside Google's Scramble to Reinvent Its $ 160 Billion Search Business—and Survive the A.I. Revolution", *Fortune*, 25 de julho de 2023, https://fortune.com/longform/google-ai-chatbots-bard-search-sge-advertising/.

109 *Ainda há a Nvidia*: Jeremy Kahn, "Nvidia Moves into A.I. Services and ChatGPT Can Now Use Your Credit Card", *Fortune*, 28 de março de 2023, https://fortune.com/2023/03/28/nvidia-moves-into-a-i-services-and-chatgpt-can-now-use--your-credit-card/.

109 *Ao mesmo tempo, os clientes da Nvidia*: Jose Najarro, Nicholas Rossolillo e Billy Duberstein, "Do Big Tech's Custom Chips Pose a Threat to Nvidia Shareholders?", *The Motley Fool*, 24 de abril de 2023, https://www.fool.com/investing/2023/04/24/do-big-techs-custom-chips-pose-a-threat-to-nvidia/; Daniel Howley, "Nvidia Is

the AI King, but Threats to Its Reign Abound", Yahoo News, 30 de agosto de 2023, https://uk.news.yahoo.com/nvidia-is-the-ai-king-but-threats-to-its-reign-abound-144635363.html.

110 *Demis Hassabis, CEO do Google DeepMind*: Demis Hassabis, entrevista de Jeremy Kahn, 1º de setembro de 2023.

110 *Bill Gates afirmou*: Jonathan Vanian, "Bill Gates Says A.I. Could Kill Google Search and Amazon as We Know Them", CNBC, 22 de maio de 2023, https://www.cnbc.com/2023/05/22/bill-gates-predicts-the-big-winner-in-ai-smart-assistants.html.

110 *A Amazon, é claro, não quer*: Umar Shakir, "Amazon Plans to Give Alexa ChatGPT-like Capabilities", *The Verge*, 4 de maio de 2023, https://www.theverge.com/2023/5/4/23710938/amazon-alexa-ai-chatbot-llm-teaching-model.

111 *Gates afirmou que ficaria desapontado*: Vanian, "Bill Gates Says A.I. Could Kill Google Search and Amazon as We Know Them".

111 *O Google, que já conta com seu próprio assistente*: Hassabis, entrevista.

111 *Seria surpreendente se a Apple*: Amber Neely, "Apple Is Pouring Money into Siri Improvements with Generative AI", *AppleInsider*, 6 de setembro de 2023, https://appleinsider.com/articles/23/09/06/apple-is-pouring-money-into-siri-improvements-with-generative-ai.

111 *A Meta, por sua vez, também tem investido pesado no desenvolvimento de LLMs*: Deepa Seetharaman e Tom Dotan, "Meta Is Developing a New, More Powerful AI System as Technology Race Escalates", *Wall Street Journal*, 10 de setembro de 2023, https://www.wsj.com/tech/ai/meta-is-developing-a-new-more-powerful-ai-system-as-technology-race-escalates-decf9451.

111 *lutado para atrair usuários mais jovens*: Amanda Silberling, "US Teens Have Abandoned Facebook, Pew Study Says", *TechCrunch*, 11 de agosto de 2022, https://techcrunch.com/2022/08/11/teens-abandoned-facebook-pew-study/.

111 *Elon Musk, recentemente, lançou*: Lora Kolodny, "Elon Musk Plans Tesla and Twitter Collaborations with xAI, His New Startup", CNBC, 14 de julho de 2023, https://www.cnbc.com/2023/07/14/elon-musk-plans-tesla-twitter-collaborations-with-xai.html.

111 *Além disso, algumas startups bem financiadas*: Jeremy Kahn, "A Wave of A.I. Experts Left Google, DeepMind, and Meta-and the Race Is on to Build a New, More Useful Generation of Digital Assistants", *Fortune*, 5 de julho de 2022, https://fortune.com/2022/07/05/a-i-digital-assistants-adept-eye-on-ai/; Sarah McBride and Julia Love, "Stealth AI Start-up from Ex-Googlers Raises $ 40 Million", Bloomberg News, 13 de setembro de 2023, https://www.bloomberg.com/news/articles/2023-09-13/stealth-ai-startup-from-ex-googlers-raises-40-million.

CAPÍTULO 6: RICO, APENAS PARA TE DESGRAÇARES?

113 *Em 2013, o economista Carl Benedikt Frey*: Carl Benedikt Frey e Michael A. Osborne, "The Future of Employment: How Susceptible Are Jobs to Computerisation?", *Technological Forecasting and Social Change* 114 (1º de janeiro de 2017): 254–80.

113 *um estudo da OCDE*: Melanie Arntz, Terry Gregory, and Ulrich Zierahn, "The Risk of Automation for Jobs in OECD Countries", OECD Social, Employment and Migration Working Papers (Organisation for Economic Co-Operation and Development), 14 de maio de 2016, doi:10.1787/5jlz9h56dvq7-en.

113 *Em 2018, a PwC projetou que um terço*: PricewaterhouseCoopers, "How Will Automation Impact Jobs?", PwC, fevereiro de 2018, https://www.pwc.co.uk/services/economics/insights/the-impact-of-automation-on-jobs.html.

113 *com estimativas do Goldman Sachs*: Goldman Sachs, "Generative AI Could Raise Global GDP by 7%", Goldman Sachs, 5 de abril de 2023, https://www.goldmansachs.com/intelligence/pages/generative-ai-could-raise-global-gdp-by-7-percent.html.

113 *Sam Altman, CEO da OpenAI*: Ross Andersen, "Does Sam Altman Know What He's Creating?", *The Atlantic*, 24 de julho de 2023, https://www.theatlantic.com/magazine/archive/2023/09/sam-altman-openai-chatgpt-gpt-4/674764/.

113 *Pesquisas da Microsoft e da OCDE*: "Microsoft 2023 Work Trend Index: Annual Report", Microsoft, 9 de maio de 2023, https://www.microsoft.com/en-us/worklab/work-trend-index/will-ai-fix-work; "The Impact of AI on the Workplace: OECD AI Surveys of Employers and Workers", OECD, acesso em 10 de setembro de 2023, https://www.oecd.org/future-of-work/aisurveysofemployersandworkers.htm.

114 *Isso ocorre porque as novas tecnologias*: Daron Acemoglu e Pascual Restrepo, "The Race between Machine and Man: Implications of Technology for Growth, Factor Shares and Employment", *SSRN Electronic Journal*, NBER working paper series n.º w22252, 2017, doi:10.2139/ssrn.2781320.

114 *Descobriu-se que, embora a tecnologia não apenas*: Ian Stewart, Debapratim De e Alex Cole, "Technology and People: The Great Job-Creating Machine", Deloitte, 2015.

115 *Uma análise do Fórum Econômico Mundial*: Mohamed Kande e Murat Sonmez, "Don't Fear AI. The Tech Will Lead to Long-Term Job Growth", World Economic Forum, 26 de outubro de 2020, https://www.weforum.org/agenda/2020/10/dont-fear-ai-it-will-lead-to-long-term-job-growth/.

115 *Todas elas criaram mais empregos*: Richard G. Lipsey, Kenneth Carlaw e Clifford Bekar, *Economic Transformations: General Purpose Technologies and Long-Term Economic Growth* (Oxford: Oxford University Press, 2005).

115 *Basta olhar para os cavalos*: Acemoglu e Restrepo, "The Race between Machine and Man".

116 *O economista de Stanford Erik Brynjolfsson*: Erik Brynjolfsson, Tom Mitchell e Daniel Rock, "What Can Machines Learn and What Does It Mean for Occupations and the Economy?", *AEA Papers and Proceedings* 108 (1º de maio de 2018): 43–47.

116 *Vimos que em nenhuma das tarefas o aprendizado de máquina*: Erik Brynjolfsson, entrevista de Jeremy Kahn, 13 de julho de 2023.

117 *Brynjolfsson tem alertado*: Ibid.; Erik Brynjolfsson, "The Turing Trap: The Promise & Peril of Human-like Artificial Intelligence", *Daedalus* 151, n.º 2 (1º de maio de 2022): 272–87.

117 *outros desenvolvedores se vangloriaram*: Will Douglas Heaven, "Large Language Models Aren't People. Let's Stop Testing Them as if They Were", *MIT Technology Review*, 30 de agosto de 2023, https://www.technologyreview.com/2023/08/30/1078670/large-language-models-arent-people-lets-stop-testing-them-like-they-were/.

117 *Suponha que Dédalo tivesse conseguido*: Brynjolfsson, entrevista; Brynjolfsson, "The Turing Trap".

117 *Afinal, não há muito valor que se possa obter*: Brynjolfsson, "The Turing Trap".

118 *Veja o AlphaZero, sistema criado*: "AlphaZero: Shedding New Light on Chess, Shogi, and Go", Google DeepMind (blog), 6 de dezembro de 2018, https://www.deepmind.com/blog/alphazero-shedding-new-light-on-chess-shogi-and-go.

118 *O CEO da DeepMind, Demis Hassabis*: Will Knight, "Alpha Zero's 'Alien' Chess Shows the Power, and the Peculiarity, of AI", *MIT Technology Review*, 8 de dezembro de 2017, https://www.technologyreview.com/2017/12/08/147199/alpha-zeros-alien-chess-shows-the-power-and-the-peculiarity-of-ai/.

118 *O software de IA, que tende a valorizar*: "AlphaZero: Shedding New Light on Chess, Shogi, and Go".

118 *Magnus Carlsen, o atual campeão mundial*: Leonard Barden, "Chess: Magnus Carlsen Scores in Alphazero Style in Fresh Record Hunt", *The Guardian*, 28 de junho de 2019, https://www.theguardian.com/sport/2019/jun/28/chess-magnus-carlsen-scores-in-alphazero-style-hunts-new-record; Peter Heine Nielsen, "When Magnus Met AlphaZero, the Exciting Impact of a Game Changer", *New in Chess*, agosto de 2020, https://www.newinchess.com/media/wysiwyg/product_pdf/872.pdf.

118 *Brynjolfsson previu*: Brynjolfsson, entrevista.

118 *A consultoria McKinsey*: Kweilin Ellingrud et al., "Generative AI and the Future of Work in America", McKinsey Global Institute, 26 de julho de 2023, https://www.mckinsey.com/mgi/our-research/generative-ai-and-the-future-of-work-in-america; Michael Chui, Kweilin Ellingrud e Asutosh Padhi, "Will Generative A.I. Be Good for U.S. Workers?" McKinsey Global Institute, 9 de agosto de 2023, em www.mckinsey.com/mgi/overview/in-the-news/will-generative-ai-be-good-for-us-workers.

119 *"Só precisamos de ganhos. Precisamos de crescimento"*: Sam Altman, "A Conversation with OpenAI's CEO, Sam Altman | Hosted by UCL", entrevista de Azeem Azhar, gravação de áudio de um bate-papo público, 24 de maio de 2023.

119 *O advento dos contêineres padronizados*: Wayne K. Talley, "Ocean Container Shipping: Impacts of a Technological Improvement", *Journal of Economic Issues* 34, n.º 4 (dezembro de 2000): 933–48.

119 *Por exemplo, em 2016, Geoff Hinton*: Geoff Hinton, entrevista de painel, "Geoff Hinton: On Radiology", Machine Learning and the Market for Intelligence Conference, Creative Destruction Lab, 2016, https://www.youtube.com/watch?v=2HMPRXstSvQ.

120 *Se todos os desenvolvedores de software*: David Autor, entrevista de Jeremy Kahn, 8 de agosto de 2023.

120 *"Há um gargalo de conhecimento nos países ricos"*: Ibid.

120 *Na verdade, embora a era dos copilotos*: Tom Rees, "ChatGPT Opens Door to Four-Day Week, Says Nobel Prize Winner", Bloomberg News, 5 de abril de 2023, https://www.bloomberg.com/news/articles/2023-04-05/chatgpt-opens-door-to-four-day--week-says-nobel-prize-winner; "British Workers Could Claw Back 390 Hours of Working Time per Year with Artificial Intelligence", Visier, 10 de julho de 2023, https://www.visier.com/company/news/british-workers-could-claw-back--390-hours-of-working-time-per-year/.

120 *Em 2023, os EUA enfrentaram*: Stephen Foley, "US Accounting Profession Rethinks Entry Rules amid Staffing Crisis", *Financial Times*, 6 de setembro de 2023, https://www.ft.com/content/107b002998f0-4682-b1e5-13e4e1c02bd8.

121 *No entanto, em média, os motoristas*: Lana Pepić, "The Sharing Economy: Uber and Its Effect on Taxi Companies", ACTA ECONOMICA 16, n.º 28 (24 de dezembro de 2018), doi: 10.7251/ACE1828123P; Scott Wallsten, "The Competitive Effects of the Sharing Economy: How Is Uber Changing Taxis", Technology Policy Institute, n.d.

121 *Isso levou a uma queda*: Josh Barro, "Under Pressure From Uber, Taxi Medallion Prices Are Plummeting", *New York Times*, 27 de novembro de 2014, https://www.nytimes.com/2014/11/28/upshot/under-pressure-from-uber-taxi-medallion-prices-are--plummeting.html.

121 *Ainda assim, o crescente número de motoristas*: Rich Senior, "Chauffeur Shortages: Reserve Your Luxury Travel", Chauffeur, 24 de junho de 2022, em www.ichauffeur.co.uk/chauffeur-shortages/.

122 *Isso está diminuindo a remuneração*: Emily Hanley, "I Lost My Job to ChatGPT and Was Made Obsolete. I Was out of Work for 3 Months before Taking a New Job Passing

out Samples at Grocery Stores", *Business Insider*, 19 de julho de 2023, https://www.businessinsider.com/lost-job-chatgpt-made-me-obsolete-copywriter-2023-7; Neil Shaw, "'I've Lost My Job Thanks to AI and Now My Family Is Cutting Back'", *WalesOnline*, 2 de agosto de 2023, https://www.walesonline.co.uk/news/uk-news/ive-lost-job-thanks-ai-27440485; Pranshu Verma e Gerrit De Vynck, "ChatGPT Took Their Jobs. Now They Walk Dogs and Fix Air Conditioners", *Washington Post*, 2 de junho de 2023, https://www.washingtonpost.com/technology/2023/06/02/ai-taking-jobs/; "It Happened to Me Today: $80/Hr Writer Replaced with ChatGPT", Y Combinator, acesso em 10 de setembro de 2023, https://news.ycombinator.com/item?id=35519229.

122 *Em muitos países desenvolvidos*: Autor, entrevista.

122 *A proporção de famílias que ganham*: Ben Westmore e Alvaro Leandro, "Selected Policy Challenges for the American Middle Class", OECD Economics Department Working Papers, n.º 1748 (28 de fevereiro de 2023), doi:10.1787/1b864f22-en.

123 *Autor, que afirma que isso pode trazer*: Autor, entrevista.

123 *Autor afirma que a melhor analogia*: Ibid.; "NP Fact Sheet", American Association of Nurse Practitioners, acesso em 10 de setembro de 2023, https://www.aanp.org/about/all-about-nps/np-fact-sheet.

123 *A função requer de seis a oito anos*: "How Long Does It Take to Become a Nurse Practitioner (NP)?", Coursera, 18 de maio de 2022, https://www.coursera.org/articles/how-many-years-of-school-to-be-a-nurse-practitioner.

123 *Por mais substancial que seja essa capacitação*: Jamie Birt, "How Long Does It Take to Become a Doctor?", Indeed, 31 de julho de 2023, https://www.indeed.com/career-advice/finding-a-job/how-long-does-it-take-to-become-a-doctor.

123 *Os enfermeiros podem desempenhar*: "NP Fact Sheet".

123 *e seu trabalho ampliou o acesso à saúde*: Donna Felber Neff et al., "The Impact of Nurse Practitioner Regulations on Population Access to Care", *Nursing Outlook* 66, n.º 4 (8 de março de 2018): 379–85.

123 *Em parte por esse motivo, Altman*: Sam Altman, entrevista de Jeremy Kahn, 18 de julho de 2023.

124 *No início do século XIX*: Robert C. Allen, "Engels' Pause: Technical Change, Capital Accumulation, and Inequality in the British Industrial Revolution", *Explorations in Economic History* 46, n.º 4 (1º de outubro de 2009): p. 418–35.

124 *máquinas a vapor se tornavam*: Carl Benedikt Frey, *The Technology Trap: Capital, Labor, and Power in the Age of Automation* (Princeton, NJ: Princeton University Press, 2019), 131–55.

125 *A maioria dos negros norte-americanos*: David Baboolall et al., "Automation and the Future of the African American Workforce", McKinsey & Company, November 14, 2018, https://www.mckinsey.com/featured-insights/future-of-work/automation-and-the-future-of-the-african-american-workforce.

125 *Na verdade, os negros e latinos*: Kweilin Ellingrud et al., "Generative AI and the Future of Work in America".

125 *segundo prevê a consultoria McKinsey*: Kelemwork Cook et al., "The Future of Work in Black America", McKinsey & Company, 4 de outubro de 2019, http://mckinsey.com/featured-insights/future-of-work/the-future-of-work-in-black-america.

125 *A terceirização de processos de negócios (BPO)*: Paul Nicholas Soriano, "AI Tools Spark Anxiety among Philippines' Call Center Workers", *Rest of World*, 17 de julho de 2023, https://restofworld.org/2023/call-center-ai-philippines/.

125 *cerca de 8% do PIB da Índia*: "Outsourcing India: Its Key Challenger", *The Hindu*, 15 de fevereiro de 2022, https://www.thehindu.com/brandhub/pr-release/outsourcing--india-its-key-challenger/article65053182.ece.

126 *Chatbots sofisticados*: Soriano, "AI Tools Spark Anxiety".

126 *Muitas das pessoas que fazem*: Adrienne Williams, Milagros Miceli e Timnit Gebru, "The Exploited Labor behind Artificial Intelligence", *Noema*, 13 de outubro de 2022, https://www.noemamag.com/the-exploited-labor-behind-artificial-intelligence/.

126 *As especialistas em ética da IA, Adrienne Williams, Milagros Miceli e Timnit Gebru*: Ibid.

127 *Os economistas Daron Acemoglu e Andrea Manera*: Daron Acemoglu, Andrea Manera e Pascual Restrepo, "Does the US Tax Code Favor Automation?", Working Paper Series, National Bureau of Economic Research, abril de 2020, doi: 10.3386/w27052; Alana Semuels, "Millions of Americans Have Lost Jobs in the Pandemic-And Robots and AI Are Replacing Them Faster Than Ever", *Time*, 6 de agosto de 2020, https://time.com/5876604/machines-jobs-coronavirus/.

127 *Acemoglu, Manera e Restrepo*: Acemoglu, Manera e Restrepo, "Does the US Tax Code Favor Automation?".

128 *Esse tipo de solidariedade entre*: Williams, Miceli e Gebru, "Exploited Labor".

128 *Infelizmente, as leis trabalhistas*: Autor, entrevista.

128 *Lei Nacional de Relações Trabalhistas*: Lynn Rhinehart e Celine McNicholas, "Collective Bargaining beyond the Worksite: How Workers and Their Unions Build Power and Set Standards for Their Industries", Economic Policy Institute, acesso em 21 de dezembro de 2023, https://www.epi.org/publication/collective-bargaining-beyond-the-worksite-how-workers-and-their-unions-build-power-and-set-standards--for-their-industries/.

129 *Ao mesmo tempo, essa lei proíbe*: Janice R. Bellace, "The Future of Employee Representation in America: Enabling Freedom of Association in the Workplace in Changing Times through Statutory Reform", *U. Pa. J. Lab. & Emp. L.* 5 (2002): 1.

129 *o Writers Guild of America*: Samantha Kelly, "TV and Film Writers Are Fighting to Save Their Jobs from AI. They Won't Be the Last", CNN Business, 4 de maio de 2023.

129 *A McKinsey estima que, até 2030*: Ellingrud et al., "Generative AI".

130 *As iniciativas para lidar com as substituições*: Semuels, "Millions of Americans Have Lost Jobs in the Pandemic—And Robots and AI Are Replacing Them Faster Than Ever".

130 *Uma força de trabalho qualificada*: Brynjolfsson, entrevista.

130 *A ideia é popular*: Ross Andersen, "Does Sam Altman Know What He's Creating?"; Altman, entrevista.

CAPÍTULO 7: ARISTÓTELES DE BOLSO

133 *Apelidaram ele de*: Simone Carter, "CheatGPT: Will Artificial Intelligence Make Students Smarter or Dumber?", *Dallas Observer*, 13 de setembro de 2023, https://www.dallasobserver.com/news/cheatgpt-will-artificial-intelligence-make-students-smarter-or-dumber-17459509.

133 *"É o fim da redação nas escolas"*: Stephen Marche, "The College Essay Is Dead", *The Atlantic*, 6 de dezembro de 2022, https://www.theatlantic.com/technology/archive/2022/12/chatgpt-ai-writing-college-student-essays/672371/.

133 *Escolas de Nova York*: Dan Rosenzweig-Ziff, "New York City Blocks Use of the ChatGPT Bot in Its Schools", *Washington Post*, 5 de janeiro de 2023, https://www.washingtonpost.com/education/2023/01/05/nyc-schools-ban-chatgpt/.

133 *Na Austrália, as oito melhores*: Caitlin Cassidy, "Australian Universities to Return to 'Pen and Paper' Exams after Students Caught Using AI to Write Essays", *The Guardian*, 10 de janeiro de 2023, https://www.theguardian.com/australia-news/2023/jan/10/universities-to-return-to-pen-and-paper-exams-after-students-caught-using-ai-to-write-essays.

133 *Vale lembrar que semelhante*: Stephen Mihm (Bloomberg), "What a Calculator Can Tell You about ChatGPT", *Washington Post*, 5 de setembro de 2023, https://www.washingtonpost.com/business/2023/09/05/chatgpt-is-2023-s-version-of-the-calculator-and-cliffsnotes/716af25a-4bf0-11ee-bfca-04e0ac43f9e4_story.html.

133 *houve as críticas dos professores*: Ian Bogost, "The First Year of AI College Ends in Ruin", *The Atlantic*, 16 de maio de 2023, https://www.theatlantic.com/technology/archive/2023/05/chatbot-cheating-college-campuses/674073/.

134 *É uma visão que Steve Jobs esboçou*: "Steve Jobs in Sweden, 1985 [HQ]", YouTube, 2011, https://youtube/watch?v=2qLuerYx2IA.

134 *Minha esperança é que*: Ibid.

134 *nova revolução baseada*: Ibid.

135 *software de detecção de IA*: Bogost, "The First Year".

135 *Chris Gilliard, professor*: Chris Gilliard e Pete Rorabaugh, "You're Not Going to Like How Colleges Respond to That Chatbot That Writes Papers", *Slate*, 3 de fevereiro de 2023, https://slate.com/technology/2023/02/chat-gpt-cheating-college-ai-detection.html.

135 *Mesmo antes da chegada da IA*: A. Marya, "Flipped Classrooms", *British Dental Journal* 232, n.º 9 (maio de 2022): 590.

136 *Poesia Moderna e Contemporânea*: John Marchese, "Why Are 30,000 People Studying Poetry Online with This Guy?", *Philadelphia Magazine*, 14 de junho de 2023, https://www.phillymag.com/news/2023/06/14/penn-poetry-modpo-online-course/.

137 *De qualquer forma, muitas faculdades*: Devan Burris, "Why More and More Colleges Are Closing Down across the U.S", CNBC, 17 de junho de 2023, https://www.cnbc.com/2023/06/17/why-more-and-more-colleges-are-closing-down-across-the-us.html.

137 *Heather Brantley, professora de matemática*: Jocelyn Gecker e Associated Press, "'It's Coming, Whether We Want It to or Not': Teachers Nationwide Are Using ChatGPT to Prepare Kids for an AI World", *Fortune*, 14 de fevereiro de 2023, https://fortune.com/2023/02/14/chatgpt-school-lessons-cheating-robots-ai-teachers/.

139 *A Georgia Tech diz que*: Emily Bobrow, "'A Real Opportunity': How ChatGPT Could Help College Applicants", *The Guardian*, 27 de agosto de 2023, https://www.theguardian.com/education/2023/aug/27/chatgpt-ai-disadvantaged-college-applicants-affirmative-action.

139 *Na Universidade de Illinois*: "How ChatGPT Can Be Embraced—Not Feared—in the Classroom", Gies College of Business, acesso em 10 outubro de 2023, https://giesbusiness.illinois.edu/news/2023/02/24/how-chatgpt-can-be-embraced---not-feared---in-the-classroom.

140 *Um crescente conjunto de evidências*: Andre Nickow, Philip Oreopoulos e Vincent Quan, "The Impressive Effects of Tutoring on PreK–12 Learning: A Systematic Review and Meta-Analysis of the Experimental Evidence", National Bureau of Economic Research, Working Paper 27476, julho de 2020.

140 *Porém, a tutoria individual*: Sal Khan, entrevista de Jeremy Kahn, 14 de julho de 2023.

140 *Khan, formado em ciência da computação*: Ibid.

142 *Khan diz que, na tentativa*: Ibid.

142 *Khan prevê que, em uma década*: Ibid.

142 *O software de IA fornecerá*: Ibid.

143 *A história não nos dá margem*: Nicol Turner Lee, "Bridging Digital Divides between Schools and Communities", Brookings, 2 de março de 2020, https://www.brookings.edu/articles/bridging-digital-divides-between-schools-and-communities/; Stuart N. Brotman, "The Real Digital Divide in Educational Technology", Brookings, 28 de janeiro de 2016, https://www.brookings.edu/articles/the-real-digital-divide-in-educational-technology/.

143 *O impacto dessa lacuna*: Hannah Holmes e Gemma Burgess, "Opinion: Coronavirus Has Intensified the UK's Digital Divide", University of Cambridge, 6 de maio de 2020, https://www.cam.ac.uk/stories/digitaldivide; Daphne LeprinceRinguet, "The Digital Divide Is Only Getting Worse for Those Who Are Left Behind", *ZDNET*, 28 de abril de 2021, https://www.zdnet.com/article/the-digital-divide-is-only-getting-worse-for-those-who-are-left-behind/.

144 *Mais do que as tecnologias digitais*: Michael Trucano, "AI and the Next Digital Divide in Education", Brookings, 10 de julho de 2023, https://www.brookings.edu/articles/ai-and-the-next-digital-divide-in-education/.

144 *Em 2021, segundo o Pew Research Center, apenas quatro*: Emily A. Vogels, "Digital Divide Persists Even as Americans with Lower Incomes Make Gains in Tech Adoption", Pew Research Center, 22 de junho de 2021, https://www.pewresearch.org/short-reads/2021/06/22/digital-divide-persists-even-as-americans-with-lower-incomes-make-gains-in-tech-adoption/.

144 *expandir programas como o E-Rate*: "E-Rate—Schools & Libraries USF Program", Federal Communications Commission, acesso em 14 de outubro de 2023, https://www.fcc.gov/general/e-rate-schools-libraries-usf-program.

144 *US$475 milhões destinados à banda larga e laptops*: Makena Kelly, "The Free Laptop Program Built into the Biden Reconciliation Plan", *The Verge*, 2 de novembro de 2021, https://www.theverge.com/2021/11/2/22759759/build-back-better-biden-laptop-tablet-low-income-manchin-sinema-broadband.

144 *Ela cobra US$35 por aluno por ano*: Rhea Kelly, "Khan Academy Cuts District Price of Khanmigo AI Teaching Assistant, Adds Academic Essay Feature", *The Journal*, 16 de novembro de 2023, https://thejournal.com/articles/2023/11/16/khan-academy-cuts-district-price-of-khanmigo-ai-teaching-assistant.aspx; Natasha Singer, "Tutoring Bots Get a Tryout in Newark Classrooms", *New York Times*, 13 de julho de 2023.

145 *O Quizlet também cobra*: "Q-Chat: Meet Your New AI Tutor", Quizlet, acesso em 14 de outubro de 2023, https://quizlet.com/labs/qchat.

145 *Em fevereiro de 2023, o Ministério da Educação da Coreia do Sul*: You-Jin Lee, "Korea to Adopt AI Textbooks for Core Subjects Starting in 2025", *Hankyoreh*, 24 de fevereiro de 2023, https://english.hani.co.kr/arti/english_edition/e_national/1081129.html; Park Jun-hee and Cho Chung-un, "[Herald Interview] Minister Turns to AI Classes to Cool Competition in Education", *The Korea Herald*, 8 de junho de 2023, https://www.koreaherald.com/view.php?ud=20230608000715.

145 *A estratégia de "Nação Inteligente" de Cingapura*: "Tech and Education: How Automation and AI Are Powering Learning in Singapore", GovTech Singapore, 23 de fevereiro de 2023, https://www.tech.gov.sg/media/technews/tech-and-education-how-automation-and-ai-is-powering-learning-in-singapore.

146 *Lá, a proporção média*: "Sustainable Development Goals: 4.c.4 PupilQualified Teacher Ratio by Education Level", UNESCO UIS, acesso em 14 de outubro de 2023, http://data.uis.unesco.org/index.aspx?queryid=3797.

146 *Altman, da OpenAI, visitou*: Alexander Onukwue, "Why OpenAI's Sam Altman Was Just in Lagos", *Semafor*, 24 de maio de 2023, https://www.semafor.com/article/05/24/2023/sam-altman-visits-lagos-in-global-ai-push.

146 *Depois, ele comentou*: Sam Altman, "A Conversation with OpenAI's CEO, Sam Altman | Hosted by UCL", entrevista de Azeem Azhar, gravação de áudio de um bate-papo público, 24 de maio de 2023.

146 *Em muitos casos, simplesmente não existe*: Anthony Mipawa, "Low Resource Languages vs. Conversational Artificial Intelligence", *NEUROTECH AFRICA*, 26 de setembro de 2022, https://blog.neurotech.africa/low-resource-languages-vs-conversational-artificial-intelligence/.

147 *Uma delas é a Lesan, com sede em Berlim*: Andrew Deck, "The AI Start-Up Outperforming Google Translate in Ethiopian Languages", *Rest of World*, 11 de julho de 2023, https://restofworld.org/2023/3-minutes-with-asmelash-teka-hadgu/; Nana Biamah-Ofosu et al., *Imagining otherwise with Asmelash Teka Hadgu*, 2 de março de 2023.

147 *Asmelash Teka Hadgu, cofundador*: Biamah-Ofosu et al., *Imagining otherwise with Asmelash Teka Hadgu*; Asmelash Hadgu, entrevista de Jeremy Kahn, 30 de outubro de 2023.

148 *Ele critica a abordagem*: Hadgu, entrevista.

148 *A Ghana NLP é uma organização*: "About Us", Ghana Natural Language Processing (NLP)-GhanaNLP, acesso em 14 de outubro de 2023, https://ghananlp.org/about.

149 *não precisávamos nos preocupar*: Hadgu, entrevista.

149 *Essa escola tinha computadores*: Ibid.

CAPÍTULO 8: ARTE E ARTIFÍCIO

151 *Como o filósofo Walter Benjamin*: Walter Benjamin, "The Work of Art in the Age of Mechanical Reproduction", *Illuminations*, ed. Hannah Arendt, trad. Harry Zohn (1935; repr., Nova York: Shocken Books, 1969), 2.

153 *No final de 2023, Sam Altman*: Sam Altman, "Sam Altman X Feed", 21 de julho de 2023, https://x.com/sama/status/1682493142845763585?s=20; Elizabeth Weil, "Sam Altman Is the Oppenheimer of Our Age", *Intelligencer*, 25 de setembro de 2023, https://nymag.com/intelligencer/article/sam-altman-artificial-intelligence-openai-profile.html.

153 *Mas sua premissa básica*: Altman, "Sam Altman X Feed".

153 *David Eagleman, neurocientista*: David Eagleman e Anthony Brandt, *The Runaway Species: How Human Creativity Remakes the World* (Nova York: Catapult, 2017).

153 *Eles também argumentam*: Ibid., Capítulo 2.

153 *Como os diamantes, a criatividade resulta*: Ibid., 36. *Ou, como o romancista Michael Chabon*: Jennifer Beamish e Toby Trackman, *The Creative Brain* (Estados Unidos: Netflix, 2019).

154 *Testando vários modelos*: Jennifer Haase e Paul H. P. Hanel, "Artificial Muses: Generative Artificial Intelligence Chatbots Have Risen to Human-Level Creativity", arXiv.org, 21 de março de 2023, http://arxiv.org/abs/2303.12003.

154 *o GPT-4, que também pontuou*: Erik E. Guzik, Christian Byrge e Christian Gilde, "The Originality of Machines: AI Takes the Torrance Test", *Journal of Creativity* 33, n.º 3 (1º de dezembro de 2023): 100065.

155 *para Eagleman e Brandt, seria a metonímia*: Eagleman e Brandt, *The Runaway Species: How Human Creativity Remakes the World*, p. 83–86.

155 *Para ilustrar a quebra*: Ibid., 74–75.

156 *o DALL-E 3 não consegue retratar*: Rajeev Raizada, "Surprising Blindspot in ChatGPT+ Image-Creation: Seems Unable to Show a Clean-Shaven Man Painting a Man with a Beard Prompt: Make a Picture of Picasso Painting a Portrait of Leonardo This Pic Is 6th Attempt, after Repeatedly Told Various Ways That the Painter Still Has a Beard!" X, 26 de novembro de 2023, https://twitter.com/rajraizada/status/1728769392731898180.

156 *quando os pesquisadores solicitaram*: Carmen Drahl, "AI Was Asked to Create Images of Black African Docs Treating White Kids. How'd It Go?", NPR, 6 de outubro de 2023, https://www.npr.org/sections/goatsandsoda/2023/10/06/1201840678/ai-was-asked-to-create-images-of-black-african-docs-treating-white-kids-howd-it-.

156 *Pesquisadores da Universidade de Columbia*: Tuhin Chakrabarty et al., "Art or Artifice? Large Language Models and the False Promise of Creativity", arXiv.org, 25 de setembro de 2023, http://arxiv.org/abs/2309.14556.

157 *Ahmed Elgammal, cientista da computação*: Ahmed Elgammal et al., "CAN: Creative Adversarial Networks, Generating 'Art' by Learning about Styles and Deviating from Style Norms", arXiv.org, 21 de junho de 2017, http://arxiv.org/abs/1706.07068; Arthur I. Miller, *AI Renaissance Machines: Inside the New World of Machine-Created Art, Literature, and Music* (Cambridge, MA: MIT Press, 2019), 113–18.

157 *Elgammal disse que*: Miller, *A.I. Renaissance Machines: Inside the New World of Machine-Created Art, Literature, and Music*, 116.

157 *uma IA que funcionava assim*: Julian Schrittwieser et al., "MuZero: Mastering Go, Chess, Shogi and Atari without Rules", Google DeepMind (blog), acesso em 20 de dezembro de 2020, https://deepmind.google/discover/blog/muzero-mastering-go-chess-shogi-and-atari-without-rules/.

158 *Van Gogh vendeu relativamente*: "How Many Paintings Did Vincent Sell during His Lifetime?", Van Gogh Museum, acesso em 20 de março, https://www.vangoghmuseum.nl/en/art-and-stories/vincent-van-gogh-faq/how-many-paintings-did-vincent-sell-during-his-lifetime.

158 *O romance* Moby-Dick: American Experience, "The Life of Herman Melville", *American Experience*, 2 de junho de 2017, https://www.pbs.org/wgbh/americanexperience/features/whaling-biography-herman-melville/.

158 *Um salão lotado na Christie's*: Eileen Kinsella, "The First AIGenerated Portrait Ever Sold at Auction Shatters Expectations, Fetching $ 432,500 43 Times Its Estimate", *Artnet News*, 25 de outubro de 2018, https://news.artnet.com/market/first-ever-artificial-intelligence-portrait-painting-sells-at-christies-1379902.

159 *A venda de* Edmond de Belamy: Jonathan Jones, "A Portrait Created by AI Just Sold for $432,000. But Is It Really Art?", *The Guardian*, 26 de outubro de 2018, https://www.theguardian.com/artanddesign/shortcuts/2018/oct/26/call-that-art-can-a-computer-be-a-painter.

159 *É o que de fato Elgammal verificou*: Miller, *AI Renaissance Machines*, 117–18.

160 *Um modelo de IA poderia*: Nick Cave, "I Asked Chat GPT to Write a Song in the Style of Nick Cave and This Is What It Produced. What Do You Think?", *The Red Hand Files*, Issue #218, janeiro de 2023, https://www.theredhandfiles.com/chat-gpt-what-do-you-think/.

161 *Walter Benjamin, ao escrever sobre*: Benjamin, "The Work of Art in the Age of Mechanical Reproduction".

161 *mesmo se começarmos a replicar*: David Smyth, "ABBA Voyage Review: Can This Be Real? I Literally Could Not Believe My Eyes", *Evening Standard*, 27 de maio de 2022, https://www.standard.co.uk/culture/music/abba-voyage-concert-experience-review-london-arena-b1002718.html.

162 *O romancista britânico Ajay Chowdhury*: Jake Heller, entrevista de Jeremy Kahn, 13 de julho de 2023.

163 *A técnica usada em*: Hannah Silva, entrevista de Jeremy Kahn, 14 de novembro de 2023.

163 *Eles acabaram ficando muito*: Ibid.

163 *Em sua experiência, alguns dos resultados*: Ibid.

164 *Ele usou o GPT-3*: Andrii Degeler, "Composition Co-Written by AI Performed by Choir and Published as Sheet Music", *The Next Web*, 14 de agosto de 2023, https://thenextweb.com/news/composition-cowritten-ai-performed-choir-published-sheet-music.

164 *Um dos maiores benefícios*: Ed Newton-Rex, entrevista de Jeremy Kahn, 31 de julho de 2023.

164 *Daniel Ambrosi é conhecido*: Daniel Ambrosi, entrevista de Jeremy Kahn e Tristan Bove, 2 de novembro de 2023.

164 *O DeepDream, que causou grande sensação*: Alexander Mordvintsev, Christopher Olah e Mike Tyka, "Inceptionism: Going Deeper into Neural Networks", *Google Research Blog*, 18 de junho de 2015, https://blog.research.google/2015/06/inceptionism-going-deeper-into-neural.html; Arthur I. Miller, "DeepDream: How Alexander Mordvintsev Excavated the Computer's Hidden Layers", *The MIT Press Reader*, 1º de julho de 2020, https://thereader.mitpress.mit.edu/deepdream-how-alexander-mordvintsev-excavated-the-computers-hidden-layers/; "DeepDream", *TensorFlow*, acesso em 10 de novembro de 2023, https://www.tensorflow.org/tutorials/generative/deepdream.

164 *Para uma série de fotografias*: Daniel Ambrosi, entrevista.

165 *A chave de seu trabalho*: Ibid.

165 *ele prevê que o impacto da IA*: Ibid.

166 *O pintor norte-americano Chuck Close*: Roberta Smith, "Chuck Close's Uneasy, Inevitable Legacy", *New York Times*, 20 de agosto de 2021, https://www.nytimes.com/2021/08/20/arts/design/chuck-close-legacy-appraisal-dementia-behavior.html.

167 *A Meta pagou milhões a celebridades*: Todd Spangler, "Meta Launches AI Chatbots for Snoop Dogg, MrBeast, Tom Brady, Kendall Jenner, Charli D'Amelio and More", *Variety*, 27 de setembro de 2023, https://variety.com/2023/digital/news/meta-ai-chatbots-snoop-dogg-mrbeast-tom-brady-kendall-jenner-charli-damelio-1235737740/.

168 *O ator James Earl Jones*: Emma Roth, "James Earl Jones Lets AI Take over the Voice of Darth Vader", *The Verge*, 24 de setembro de 2022, https://www.theverge.com/2022/9/24/23370097/darth-vader-james-earl-jones-obi-wan-kenobi-star-wars-ai-disney-lucasfilm.

167 *A IA ajudou a ressuscitar a voz*: Will Sullivan, "The Beatles Release Their Last Song, 'Now and Then', Featuring A.I.-Extracted Vocals from John Lennon", *Smithsonian* magazine, 3 de novembro de 2023, https://www.smithsonianmag.com/smart-news/the-beatles-release-their-last-song-now-and-then-ai-john-lennon-180983188/.

167 *A musicista Grimes*: Sian Cain, "Grimes Invites People to Use Her Voice in AI Songs", *The Guardian*, 26 de abril de 2023, https://www.theguardian.com/music/2023/apr/26/grimes-invites-people-to-use-her-voice-in-ai-songs.

168 *Para as celebridades*: "The Dawn of the Omnistar", *The Economist*, 9 de novembro de 2023, https://www.economist.com/leaders/2023/11/09/how-artificial-intelligence-will-transform-fame.

168 *A artista visual Karla Ortiz*: Karla Ortiz, entrevista de Jeremy Kahn, 2 de novembro de 2023.

168 *Bons artistas emprestam*: "Good Artists Copy; Great Artists Steal", Quoteinvestigator.com, 6 de março de 2013, https://quoteinvestigator.com/2013/03/06/artists-steal/.

168 *A única arte que me interessa estudar*: Cameron Crowe, "David Bowie's September 1976 Playboy Interview", *Playboy*, setembro de 1976, https://www.playboy.com/read/playboy-interview-david-bowie.

169 *O conjunto de dados exato*: Alex Reisner, "Revealed: The Authors Whose Pirated Books Are Powering Generative AI", *The Atlantic*, 19 de agosto de 2023, https://www.theatlantic.com/technology/archive/2023/08/books3-ai-meta-llama-pirated-books/675063/.

169 *O conjunto de dados* LAION 5-B: Marissa Newman e Aggi Cantrill, "The Future of AI Relies on a High School Teacher's Free Database", Bloomberg, 24 de abril de 2023.

170 *O uso justo, como argumentou o jurista*: Benjamin Sobel, "Artificial Intelligence's Fair Use Crisis", *Columbia Journal of Law & the Arts*, 4 de setembro de 2017, https://papers.ssrn.com/abstract=3032076.

170 *Neil Turkewitz, ex-executivo*: Neil Turkewitz, entrevista de Jeremy Kahn pelo Zoom, 28 de setembro de 2023.

171 *Mark Lemley, diretor do Programa*: Mark Lemley, entrevista para a revista *Fortune*, entrevista de Jeremy Kahn, 11 de maio de 2023.

171 *Enquanto isso, defensores dos artistas*: Rebecca Klar, "Songwriters to Lobby Congress for Protections from AI", *The Hill*, 20 de setembro de 2023, https://thehill.com/policy/technology/4214976-songwriters-to-lobby-congress-for-protections-from-ai/.

171 *Outros países*: ReedSmith LLP, "Entertainment and Media Guide to AI", *Perspectives*, 20 de junho de 2023, https://www.reedsmith.com/en/perspectives/ai-in-en tertainment-and-media; Supantha Mukherjee, Foo Yun Chee, Martin Coulter, "EU Proposes New Copyright Rules for Generative AI", Reuters, 28 de abril de 2023, https://www.reuters.com/technology/eu-lawmakers-committee-reaches-deal-artificial-intelligence-act-2023-04-27/.

171 *O Japão foi mais longe*: Andrew Deck, "Japan's New AI Rules Favor Copycats over Artists, Experts Say", *Rest of World*, 28 de junho de 2023, https://restofworld.org/2023/japans-new-ai-rules-favor-copycats-over-artists/.

171 *Até agora, o Escritório de Direitos Autorais*: Blake Brittain, "US Copyright Office Denies Protection for Another AI-Created Image", Reuters, 6 de setembro de 2023, https://www.reuters.com/legal/litigation/us-copyright-office-denies-protection-another-ai-created-image-2023-09-06/.

172 *A Lei de Gravação de Áudio Doméstico*: Christine C. Carlisle, "The Audio Home Recording Act of 1992", *Journal of Intellectual Property Law* 1, n.º 2 (março de 1994), https://digitalcommons.law.uga.edu/cgi/viewcontent.cgi?article=1059&context=jipl.

172 *os próprios detentores desses direitos estão criando barreiras*: Rachyl Jones, "Major Media Organizations Are Putting Up 'Do Not Enter' Signs for ChatGPT", *Fortune*, 25 de agosto de 2023, https://fortune.com/2023/08/25/major-media-organizations-are-blocking-openai-bot-from-scraping-content/; Gintaras Radauskas, "AI and Data Scraping: Websites Scramble to Defend Their Content", *Cybernews*, 10 de agosto de 2023, https://cybernews.com/editorial/ai-data-scraping-websites/.

173 *Ben Zhao, professor de ciência da computação*: Shawn Shan et al., "Glaze: Protecting Artists from Style Mimicry by Text-to-Image Models", arXiv.org, 8 de fevereiro de 2023, http://arxiv.org/abs/2302.04222; Ben Zhao, entrevista de Jeremy Kahn, 11 de outubro de 2023.

173 *Zhao foi ainda mais longe*: Shawn Shan et al., "Prompt-Specific Poisoning Attacks on Text-to-Image Generative Models", arXiv.org, 20 de outubro de 2023, http://arxiv.org/abs/2310.13828; Melissa Heikkilä, "This New Data Poisoning Tool Lets Artists Fight Back against Generative AI", *MIT Technology Review*, 23 de outubro de 2023, em://www.technologyreview.com/2023/10/23/1082189/data-poisoning-artists--fight-generative-ai/; Zhao, entrevista.

173 *o Glaze está se alastrando*: Zhao, entrevista.

173 *Zhao diz que as escolas*: Ibid.

173 *Zhao foi convidado*: Ibid.

CAPÍTULO 9: UM MICROSCÓPIO PARA DADOS

175 *O PubMed, um conhecido repositório*: Esther Landhuis, "Scientific Literature: Information Overload", *Nature* 535, n.º 7612 (21 de julho de 2016): 457–58.

175 *Em todas as áreas científicas*: Karen White, "Publications Output: U.S. Trends and International Comparisons", National Center for Science and Engineering Statistics, 28 de outubro de 2021, https://ncses.nsf.gov/pubs/nsb20214/publication-output--by-country-region-or-economy-and-scientific-field.

175 *A disparidade entre a quantidade*: Michael Park, Erin Leahey e Russell J. Funk, "Papers and Patents Are Becoming Less Disruptive over Time", *Nature* 613, n.º 7942 (janeiro de 2023): 138–44.

175 *A IA é fundamental para reverter*: "Is Science Really Getting Less Disruptive—and Does It Matter if It Is?", *Nature* 614, n.º 7946 (fevereiro de 2023): 7–8.

177 *Seul, Coreia do Sul*: Jeremy Kahn, "Know When to Fold 'Em: How a Company Best Known for Playing Games Used A.I. to Solve One of Biology's Greatest Mysteries", *Fortune*, 30 de novembro de 2020, https://fortune.com/2020/11/30/deepmind-solved-protein-folding-alphafold/.

177 *Seus criadores foram*: Excerto inédito do documentário *AlphaGo* (2017) disponibilizado para Kahn, cortesia da DeepMind e citado no Ibid.

177 *Na década de 1960*: Kahn, "Know When to Fold 'Em".

178 *As proteínas são os blocos*: Kerry Geiler, "Protein Folding: The Good, the Bad, and the Ugly", *Science in the News*, 1º de março de 2010, https://sitn.hms.harvard.edu/flash/2010/issue65/.

178 *Ser capaz de prever a estrutura*: Kahn, "Know When to Fold 'Em".

178 *"Resolver" o enovelamento*: Ibid.

178 *Na época do passeio de Hassabis*: Mohammed AlQuraishi, "AlphaFold @ CASP13: 'What Just Happened?'", *Some Thoughts on a Mysterious Universe* (blog), 9 de dezembro de 2018, https://moalquraishi.wordpress.com/2018/12/09/alphafold-casp13-what--just-happened/.

178 *Enquanto isso, o padrão ouro*: Kahn, "Know When to Fold 'Em".

179 *Ainda assim, em 2016*: "PDB Statistics: Protein-Only Structures Released per Year", Collaboratory for Structural Bioinformatics Protein Data Bank, acesso em 17 de outubro de 2023, https://www.rcsb.org/stats/growth/growth-protein.

179 *em novembro de 2020*: Kahn, "Know When to Fold 'Em".

179 *usou o AlphaFold para gerar*: Jeremy Kahn, "A.I. Is Rapidly Transforming Biological Research—with Big Implications for Everything from Drug Discovery to Agriculture to Sustainability", *Fortune*, 28 de julho de 2022, https://fortune.com/2022/07/28/deepmind-alphafold-every-protein-in-the-universe-structure/.

179 *Elas aceleram a busca*: Oana Stroe, "Case Study: AlphaFold Uses Open Data and AI to Discover the 3D Protein Universe", EMBL, 9 de fevereiro de 2023, https://www.embl.org/news/science/alphafold-using-open-data-and-ai-to-discover-the-3d-protein-universe/.

180 *Paul Nurse, geneticista vencedor*: Jeremy Kahn, "In Giant Leap for Biology, DeepMind's A.I. Reveals Secret Building Blocks of Human Life", *Fortune*, 22 de julho de 2021, https://fortune.com/2021/07/22/deepmind-alphafold-human-proteome-database-proteins/.

180 *Especialistas da Microsoft*: Nathan Baker, "Unlocking a New Era for Scientific Discovery with AI: How Microsoft's AI Screened over 32 Million Candidates to Find a Better Battery", *Microsoft Azure Quantum Blog*, 9 de janeiro de 2024, https://cloudblogs.microsoft.com/quantum/2024/01/09/unlocking-a-new-era-for-sci entific-discovery-with-ai-how-microsofts-ai-screened-over-32-million-candi dates-to-find-a-better-battery/.

180 *Com a ajuda de pesquisadores*: "How Scientists Are Using Artificial Intelligence", *The Economist*, 13 de setembro de 2023, https://www.economist.com/science-and-technology/2023/09/13/how-scientists-are-using-artificial-intelligence.

180 *A IA também está sendo usada*: Graeme Green, "Five Ways AI Is Saving Wildlife — from Counting Chimps to Locating Whales", *The Guardian*, 21 de fevereiro de 2022, https://www.theguardian.com/environment/2022/fev/21/five-ways-ai-is-saving-wildlife-from-counting-chimps-to-locating-whales-aoe.

180 *Os astrônomos a estão usando*: Aaron McDade, "Artificial Intelligence May Have Just Given Astronomers a Better Idea of What Black Holes Really Look Like", *Business Insider*, 14 de abril de 2023, https://www.businessinsider.com/astronomers-use-ai-to-generate-clearer-picture-of-black-hole-2023-4.

180 *e os arqueólogos, para encontrar*: Nabil Bachagha et al., "The Use of Machine Learning and Satellite Imagery to Detect Roman Fortified Sites: The Case Study of Blad Talh (Tunisia Section)", *NATO Advanced Science Institutes Series E: Applied Sciences* 13, n.º 4 (17 de fevereiro de 2023): 2613.

181 *decifrando textos antigos*: Yannis Assael et al., "Predicting the Past with Ithaca", Google DeepMind (blog), 9 de março de 2022, https://deepmind.google/discover/blog/predicting-the-past-with-ithaca/.

181 *"leitura" de pergaminhos*: Jo Marchant, "AI Reads Text from Ancient Herculaneum Scroll for the First Time", *Nature*, 12 de outubro de 2023, doi:10.1038/d41586-023-03212-1.

181 *Ela está ajudando a desvendar*: Jeremy Kahn e Jonathan Vanian, "Inside Neuralink, Elon Musk's Mysterious Brain Chip Start-up: A Culture of Blame, Impossible Deadlines, and a Missing CEO", *Fortune*, 27 de janeiro de 2022, https://fortune.com/longform/neuralink-brain-computer-interface-chip-implant-elon-musk/; Jose Antonio Lanz, "Meta Has an AI That Can Read Your Mind and Draw Your Thoughts", *Decrypt*, 18 de outubro de 2023, https://decrypt.co/202258/meta-has-an-ai-that-can-read-your-mind-and-draw-your-thoughts; Jonathan Vanian, "The Next Generation of Brain-Computing Interfaces Could Be Supercharged by Artificial Intelligence", *Fortune*, 24 de fevereiro de 2022, https://fortune.com/2022/02/24/artificial-intelligence-artificial-neural-networks-brain-computing-neuralink/.

181 *John Jumper, pesquisador sênior*: John Jumper e Pushmeet Kohli, entrevista de Jeremy Kahn, 23 de agosto de 2023.

181 *Jumper afirma que uma das maiores*: Ibid.

181 *A própria IA resolverá*: Ibid.

182 *A ferramenta de pesquisa gratuita*: "How Scientists Are Using Artificial Intelligence", *The Economist*.

182 *A IA pode analisar*: Igor Grossmann et al., "AI and the Transformation of Social Science Research", *Science* 380, n.º 6650 (16 de junho de 2023): 1108–9.

182 *Pesquisadores em Cingapura*: Haocong Rao, Cyril Leung e Chunyan Miao, "Can ChatGPT Assess Human Personalities? A General Evaluation Framework", arXiv.org, 1º de março de 2023, http://arxiv.org/abs/2303.01248.

182 *Igor Grossmann, psicólogo*: Alexander Stavropoulos, Damien Crone e Igor Grossmann, "Shadows of Wisdom: Classifying Meta-Cognitive and Morally-Grounded Narrative Content via Large Language Models", PsyArXiv Preprints, 12 de setembro de 2023, doi:10.31234/osf.io/x2f4a; Grossmann et al., "AI and the Transformation of Social Science Research".

182 *Acadêmicos no Catar e na Finlândia*: Bernard J. Jansen, Soon-Gyo Jung e Joni Salminen, "Employing Large Language Models in Survey Research", *Natural Language Processing Journal* 4 (1º de setembro de 2023): 100020.

182 *Os LLMs também poderiam*: Grossmann et al., "AI and the Transformation of Social Science Research".

183 *Reconhecendo esse perigo*: Steve Lohr, "Universities and Tech Giants Back National Cloud Computing Project", *New York Times*, 30 de junho de 2020, https://www.nytimes.com/2020/06/30/technology/national-cloud-computing-project.html.

183 *Isso nos afasta da teorização*: Chris Anderson, "The End of Theory: The Data Deluge Makes the Scientific Method Obsolete", *Wired*, 23 de junho de 2008, https://www.wired.com/2008/06/pb-theory/; Laura Spinney, "Are We Witnessing the Dawn of PostTheory Science?", *The Guardian*, 9 de janeiro de 2022, https://www.theguardian.com/technology/2022/jan/09/are-we-witnessing-the-dawn-of-post-theory-science.

184 *Sumit Chopra, pesquisador de IA*: Spinney, "Are We Witnessing the Dawn of PostTheory Science?"

184 *usada por quase um século para*: Ed Cara, "Scientists Just Learned Something New about How Aspirin Works", *Gizmodo*, 28 de março de 2023, https://gizmodo.com/how-aspirin-works-inflammation-1850274046.

184 *Os instrumentalistas acreditam*: Paul K. Feyerabend, *Realism, Rationalism and Scientific Method: Volume 1: Philosophical Papers* (Cambridge, UK: Cambridge University Press, 1981).

184 *Qual é o núcleo da ciência?*: Jumper e Kohli, entrevista.

185 *Os realistas científicos*: Feyerabend, *Realism, Rationalism and Scientific Method: Volume 1: Philosophical Papers*.

185 *Certa vez, ele criticou previsões*: Chomsky citou em Peter Norvig, "Colorless Green Ideas Learn Furiously", *Significance (Oxford, England)* 9, n.º 4 (1º de agosto de 2012): 30–33.

185 *O professor Jonathan Zittrain*: Jonathan Zittrain, "The Hidden Costs of Automated Thinking", *The New Yorker*, 23 de julho de 2019, https://www.newyorker.com/tech/annals-of-technology/the-hidden-costs-of-automated-thinking.

185 *Em dezembro de 2021*: "Machine Learning Helps Mathematicians Make New Connections", University of Oxford, acesso em 5 de fevereiro de 2024, https://www.ox.ac.uk/news/2021-12-01-machine-learning-helps-mathematicians-make-new-connections-0.

186 *Pushmeet Kohli, chefe da divisão*: Jumper e Kohli, entrevista.

186 *No porão de um antigo museu*: Ali Madani, entrevista de Jeremy Kahn, 19 de julho de 2023.

187 *Junto com colaboradores da Salesforce*: Ali Madani et al., "Large Language Models Generate Functional Protein Sequences across Diverse Families", *Nature Biotechnology* 41, n.º 8 (agosto de 2023): 1099–1106.

188 *Madani espera consolidar*: Madani, entrevista.

188 *Os métodos tradicionais de design*: Tian Zhu et al., "Hit Identification and Optimization in Virtual Screening: Practical Recommendations Based on a Critical Literature Analysis", *Journal of Medicinal Chemistry* 56, n.º 17 (12 de setembro de 2013): 6560–72.

188 *Madani diz que o processo de seleção*: Madani, entrevista.

188 *No momento, leva-se pelo menos*: Olivier J. Wouters, Martin McKee e Jeroen Luyten, "Estimated Research and Development Investment Needed to Bring a New Medicine to Market, 2009–2018", *JAMA: The Journal of the American Medical Association* 323, n.º 9 (3 de março de 2020): 844–53.

189 *A LabGenius, uma startup com sede*: James Field, fundador e CEO da LabGenius, entrevista de Jeremy Kahn, 22 de junho de 2023; LabGenius, "LabGenius Debuts T-Cell Engager Optimisation Capability That Yields Molecules with > 400-Fold Tumor Killing Selectivity versus Clinical Benchmark", LabGenius, 15 de maio de 2023, https://labgeni.us/news-1/pegsboston2023.

189 *A IA pode nos ajudar a combater*: "How Scientists Are Using Artificial Intelligence", *The Economist*.

189 *A tecnologia já ajuda os radiologistas*: Steven Schalekamp, Willemijn M. Klein e Kicky G. van Leeuwen, "Current and Emerging Artificial Intelligence Applications in Chest Imaging: A Pediatric Perspective", *Pediatric Radiology* 52, n.º 11 (outubro de 2022): 2120-30; Hwa-Yen Chiu, Heng-Sheng Chao e Yuh-Min Chen, "Application of Artificial Intelligence in Lung Cancer", *Cancers* 14, n.º 6 (8 de março de 2022), doi:10.3390/cancers14061370; Judith Becker et al., "Artificial Intelligence-Based Detection of Pneumonia in Chest Radiographs", *Diagnostics (Basel, Switzerland)* 12, n.º 6 (14 de junho de 2022), doi:10.3390/diagnostics12061465.

189 *No Hospital Johns Hopkins*: Laura Cech, "AI to Detect Sepsis", *Johns Hopkins Magazine*, 16 de dezembro de 2022, https://hub.jhu.edu/magazine/2022/winter/ai-technology-to-detect-sepsis/.

190 *No Moorfields Eye Hospital*: UCL, "World-First AI Foundation Model for Eye Care to Supercharge Global Efforts to Prevent Blindness", *UCL News*, 13 de setembro de 2023, https://www.ucl.ac.uk/news/2023/sep/world-first-ai-foundation-model-eye-care-supercharge-global-efforts-prevent-blindness.

190 *A IA também está ajudando*: Jim McCartney, "AI Is Poised to 'Revolutionize' Surgery", American College of Surgeons (ACS), acesso em 26 de outubro de 2023, https://www.facs.org/for-medical-professionals/news-publications/news-and-articles/bulletin/2023/june-2023-volume-108-issue-6/ai-is-poised-to-revolutionize-surgery/.

190 *E os LLMs médicos específicos*: Karan Singhal et al., "Large Language Models Encode Clinical Knowledge", *Nature* 620, n.º 7972 (agosto de 2023): 172-80; Kyle Wiggers, "Hippocratic Is Building a Large Language Model for Healthcare", *TechCrunch*, 16 de maio de 2023, https://techcrunch.com/2023/05/16/hippocratic-is-building-a-large-language-model-for-healthcare/; Suehyun Lee e Hun-Sung Kim, "Prospect of Artificial Intelligence Based on Electronic Medical Record", *Journal of Lipid and Atherosclerosis* 10, n.º 3 (setembro de 2021): 282–90; Thomas Davenport e Ravi Kalakota, "The Potential for Artificial Intelligence in Healthcare", *Future Healthcare Journal* 6, n.º 2 (junho de 2019): 94–98.

190 *Quando combinada com o sequenciamento*: Joshua C. Denny e Francis S. Collins, "Precision Medicine in 2030-Seven Ways to Transform Healthcare", *Cell* 184, n.º 6 (18 de março de 2021): 1415–19.

191 *Por exemplo, um algoritmo que pesquisadores*: Karandeep Singh, "An AI Model Predicting Acute Kidney Injury Works, but Not without Some Tweaking", Institute for Healthcare Policy & Innovation, 20 de janeiro de 2023, https://ihpi.umich.edu/news/ai-model-predicting-acute-kidney-injury-works-not-without-some-tweaking.

191 *Um estudo abrangente*: Laure Wynants et al., "Prediction Models for Diagnosis and Prognosis of Covid-19: Systematic Review and Critical Appraisal", *BMJ* 369 (7 de abril de 2020): m1328; Will Douglas Heaven, "Hundreds of AI Tools Have Been Built to Catch Covid. None of Them Helped", *MIT Technology Review*, 30 de julho de 2021, https://www.technologyreview.com/2021/07/30/1030329/machine-learning-ai-failed-covid-hospital-diagnosis-pandemic/.

191 *Outro estudo analisou 415 ferramentas*: Michael Roberts et al., "Common Pitfalls and Recommendations for Using Machine Learning to Detect and Prognosticate for COVID-19 Using Chest Radiographs and CT Scans", *Nature Machine Intelligence* 3, n.º 3 (15 de março de 2021): 199–217; Heaven, "Hundreds of AI Tools Have Been Built to Catch Covid. None of Them Helped".

191 *Enquanto isso, menos de 3%*: Denny e Collins, "Precision Medicine in 2030 — Seven Ways to Transform Healthcare".

192 *Atualmente, as empresas de softwares*: Liz Szabo e Kaiser Health News, "Artificial Intelligence Is Rushing Into Patient Care—and Could Raise Risks", *Scientific American*, acesso em 26 de outubro de 2023, https://www.scientificamerican.com/article/artificial-intelligence-is-rushing-into-patient-care-and-could-raise-risks/.

192 *Em muitos casos, modelos de IA*: Andreas Heindl, "The Step-by-Step Guide to Getting Your AI Models through FDA Approval", Encord (blog), 16 de maio de 2023, https://encord.com/blog/ai-algorithm-fda-approval/; Eric Wu et al., "How Medical AI Devices Are Evaluated: Limitations and Recommendations from an Analysis of FDA Approvals", *Nature Medicine* 27, n.º 4 (abril de 2021): 582–84.

192 *Até dezembro de 2023*: Andrea Koncz, "The Current State of FDA-Approved AIEnabled Medical Devices", *The Medical Futurist*, 12 de dezembro de 2023, https://medicalfuturist.com/the-current-state-of-fda-approved-ai-based-medical-devices/.

192 *Além disso, sabemos que os negros*: Casey Ross, "A Research Team Airs the Messy Truth about AI in Medicine—and Gives Hospitals a Guide to Fix It", STAT, 27 de abril de 2023, https://www.statnews.com/2023/04/27/hospitals-health-artificial-intelligence-ai/; Wu et al., "How Medical AI Devices Are Evaluated: Limitations and Recommendations from an Analysis of FDA Approvals".

192 *gerado preocupações legítimas entre muitos médicos*: Christina Jewett, "Doctors Wrestle With A.I. in Patient Care, Citing Lax Oversight", *New York Times*, 30 de outubro de 2023, https://www.nytimes.com/2023/10/30/health/doctors-ai-technology-health-care.html.

193 *alguns hospitais estão contratando*: Ross, "A Research Team Airs the Messy Truth about AI in Medicine".

193 *usadas para projetar novas armas biológicas*: Kate Charlet, "The New Killer Pathogens", *Foreign Affairs*, 16 de abril de 2018, https://www.foreignaffairs.com/world/new-killer-pathogens; Christopher Mouton, Caleb Lucas e Ella Guest, "The Operational Risks of AI in Large-Scale Biological Attacks", RAND Corporation Research Reports, 16 de outubro de 2023, https://doi.org/10.7249/RRA2977-1; Mustafa Suleyman, *The Coming Wave: Technology, Power, and the Twenty-First Century's Greatest Dilemma* (Nova York: Crown, 2023), 12–13, 173–77, 273–74.

193 *A venda e a exportação*: Suleyman, *The Coming Wave*.

194 *Um pequeno consolo*: Yolanda Botti-Lodovico et al., "The Origins and Future of Sentinel: An Early-Warning System for Pandemic Preemption and Response", *Viruses* 13, n.º 8 (13 de agosto de 2021), doi: 10.3390/v13081605; Simar Bajaj e Abdullahi Tsanni,

"Meet the Scientists Trying to Stop the Next Global Pandemic from Starting in Africa", STAT, 9 de agosto de 2023, https://www.statnews.com/2023/08/09/happi-sabeti-sentinel-geneticists-global-pandemic-africa/; Hannah Kuchler e Sarah Neville, "Bill Gates Calls for Global Surveillance Team to Spot Pandemic Threats", *Financial Times*, 1º de maio de 2022, https://www.ft.com/content/c8896c10-35da-46aa-957f-cf2b4e18cfce.

CAPÍTULO 10: MAIS CALOR DO QUE LUZ

195 *resolver as mudanças climáticas*: Hamid Maher et al., "AI Is Essential for Solving the Climate Crisis", BCG Global, 7 de julho de 2022, em www.bcg.com/publications/2022/how-ai-can-help-climate-change.

197 *O projeto da DeepMind*: Carl Elkin e Sims Witherspoon, "Machine Learning Can Boost the Value of Wind Energy", Google DeepMind (blog), 26 de fevereiro de 2019, https://deepmind.google/discover/blog/machine-learning-can-boost-the-value-of-wind-energy/.

197 *Kelly queria fazer muito mais*: Jack Kelly, "Starting a Non-Profit Research Lab to Help Fix Climate Change ASAP", *Open Climate Fix* (blog), 7 de janeiro de 2019, https://openclimatefix.org/post/starting-a-non-profit-research-lab-to-help-fix-climate-change-asap.

197 *O primeiro projeto de Kelly*: Jack Kelly, entrevista de Jeremy Kahn, 27 de setembro de 2023.

198 *O Projeto Green Light do Google*: Yossi Matias, "Project Green Light's Work to Reduce Urban Emissions Using AI", Google, 10 de outubro de 2023, https://blog.google/outreach-initiatives/sustainability/google-ai-reduce-greenhouse-emissions-project-greenlight/.

199 *Uma startup chamada DroneDeploy*: "Solar Construction AI Reports", DroneDeploy, acesso em 8 de novembro de 2023, https://www.dronedeploy.com/lp/solar-construction-ai-reports.

199 *A Aionics, uma startup do Vale do Silício*: Casey Crownhart, "How AI Could Supercharge Battery Research", *MIT Technology Review*, 12 de outubro de 2023, https://www.technologyreview.com/2023/10/12/1081502/ai-battery-research/.

199 *pesquisadores de laboratórios*: Jonas Degrave et al., "Magnetic Control of Tokamak Plasmas through Deep Reinforcement Learning", *Nature* 602, n.º 7897 (fevereiro de 2022): 414-19; Pulsar Team e Swiss Plasma Center, "Accelerating Fusion Science through Learned Plasma Control", Google DeepMind (blog), 16 de fevereiro de 2022, https://deepmind.google/discover/blog/accelerating-fusion-science-through-learned-plasma-control/; Luke Auburn, "Could Artificial Intelligence Power the Future of Fusion?", University of Rochester News Center, 5 de setembro de 2023, em www.rochester.edu/newscenter/could-artificial-intelligence-power-the-future-of-fusion-565252/; Cynthia Dillon, "U.S. Department of Energy Selects Team to Advance Fusion Research", *UC San Diego Today*, 1º de setembro de 2023, https://today.ucsd.edu/story/u.s-department-of-energy-selects-team-to-advance-fusion-research.

199 *No momento, a energia que os reatores*: Breanna Bishop, "Lawrence Livermore National Laboratory Achieves Fusion Ignition", Lawrence Livermore National Laboratory (blog), 14 de dezembro de 2022, https://www.llnl.gov/archive/news/lawrence-livermore-national-laboratory-achieves-fusion-ignition.

199 *adaptarem às mudanças do mundo*: Dylan Walsh, "Tackling Climate Change with Machine Learning", MIT Sloan, 24 de outubro de 2023, https://mitsloan.mit.edu/ideas-made-to-matter/tackling-climate-change-machine-learning; Michelle Ma and Nadia Lopez, "AI Is Giving the Climate Forecast for Supply Chains a Makeover", Bloomberg News, 12 de setembro de 2023, https://www.bloomberg.com/news/

articles/2023-09-12/artificial-intelligence-climate-forecast-could-help-supply-chain-management; Andrew J. Hawkins, "Google Wants to Be at the Center of All Your Climate Change Decisions", *The Verge*, 10 de outubro de 2023, https://www.theverge.com/2023/10/10/23906496/google-ai-transportation-ev-heat-pump-flood-wildfire.

200 *A Lei de Moore*: Robert R. Schaller, "Moore's Law: Past, Present and Future", *IEEE Spectrum* 34, n.º 6 (junho de 1997): 52–59.

200 *O pesquisador do clima Jonathan Koomey*: "A Deeper Law than Moore's?", *The Economist*, 10 de outubro de 2011, https://www.economist.com/graphic-detail/2011/10/10/a-deeper-law-than-moores.

200 *Desde 2000*: Jonathan Koomey, "Moore's Law Might Be Slowing Down, but Not Energy Efficiency", *IEEE Spectrum*, 31 de março de 2015, https://spectrum.ieee.org/moores-law-might-be-slowing-down-but-not-energy-efficiency.

200 *consomem mais energia*: Martín Puig et al., "Are GPUs Non-Green Computing Devices?" *Journal of Computer Science and Technology* 18, n.º 2 (outubro de 2018).

200 *Uma avaliação da pegada de carbono*: Katyanna Quach, "AI Me to the Moon... Carbon Footprint for 'Training GPT-3' Same as Driving to Our Natural Satellite and Back", *The Register*, 4 de novembro de 2020, https://www.theregister.com/2020/11/04/gpt3_carbon_footprint_estimate/.

200 *Segundo os autores desse estudo, a IA*: Lasse F. Wolff Anthony, Benjamin Kanding e Raghavendra Selvan, "Carbontracker: Tracking and Predicting the Carbon Footprint of Training Deep Learning Models", arXiv.org, 6 de julho de 2020, http://arxiv.org/abs/2007.03051.

201 *Pesquisadores da empresa*: Melissa Heikkilä, "We're Getting a Better Idea of AI's True Carbon Footprint", *MIT Technology Review*, 14 de novembro de 2022, https://www.technologyreview.com/2022/11/14/1063192/were-getting-a-better-idea-of-ais-true-carbon-footprint/.

201 *E o BLOOM é pequeno*: "Bigscience/Bloom · Hugging Face", Bloom Model Card, 6 de julho de 2022, https://huggingface.co/bigscience/bloom; Dylan Patel e Gerald Wong, "GPT-4 Architecture, Infrastructure, Training Dataset, Costs, Vision, MoE", *SemiAnalysis*, 10 de julho de 2023, https://www.semianalysis.com/p/gpt-4-architecture-infrastructure?.

201 *Ao longo da última década*: OpenAI, "AI and Compute", Pesquisa, 16 de maio de 2018, https://openai.com/research/ai-and-compute.

201 *Pelo menos a Hugging Face treinou*: Heikkilä, "We're Getting a Better Idea of AI's True Carbon Footprint".

201 *Além disso, a maior parte da energia*: David Patterson et al., "Carbon Emissions and Large Neural Network Training", arXiv.org, 21 de abril de 2021, http://arxiv.org/abs/2104.10350.

201 *Alguns especialistas estimam*: Chris Stokel-Walker, "The Generative AI Race Has a Dirty Secret", *Wired*, 10 de fevereiro de 2023, em www.wired.com/story/he-generative-ai-search-race-has-a-dirty-secret/.

201 *na década de 2010*: *Eric Masanet et al., "Recalibrating Global Data Center Energy-Use Estimates", Science* 367, n.º 6481 (28 de fevereiro de 2020):984–86.

201 *Algumas análises mostram*: Katie Arcieri, "Path to Net-Zero: Datacenter Demands Push Amazon, Big Tech toward Renewables", 12 de dezembro de 2022, https://www.spglobal.com/marketintelligence/en/news-insights/latest-news-headlines/path-to-net-zero-datacenter-demands-push-amazon-big-tech-toward-renewables-72752727.

202 *A Microsoft, por exemplo, propôs*: Jennifer Hiller, "Microsoft Targets Nuclear to Power AI Operations", *Wall Street Journal*, 12 de dezembro de 2023, https://www.wsj.com/tech/ai/microsoft-targets-nuclear-to-power-ai-operations-e10ff798.

202 *ela representou algo entre 10% e 15%*: Patterson et al., "Carbon Emissions and Large Neural Network Training".

202 *A Microsoft, o Google e a Amazon*: Camilla Hodgson, "Tech Giants Pour Billions into Cloud Capacity in AI Push", *Financial Times*, 5 de novembro de 2023, em www.ft.com/content/f01529ad-88ca-456e-ad41-d6b7d449a409.

202 *Um estudo estima*: Zoe Kleinman e Chris Vallance, "Warning AI Industry Could Use as Much Energy as the Netherlands", BBC, 10 de outubro de 2023, https://www.bbc.co.uk/news/technology-67053139.

202 *As comunidades locais acusam*: Nikitha Sattiraju, "The Secret Cost of Google's Data Centers: Billions of Gallons of Water to Cool Servers", *Time*, 2 de abril de 2020, https://time.com/5814276/google-data-centers-water/; Matt O'Brien e Hannah Fingerhut, "Artificial Intelligence Technology behind ChatGPT Was Built in Iowa with a Lot of Water", *AP News*, 9 de setembro de 2023, https://apnews.com/article/chatgpt-gpt4-iowa-ai-water-consumption-microsoft-f551fde98083d17a7e8d-904f8be822c4.

203 *A Microsoft informou que*: O'Brien e Fingerhut, "Artificial Intelligence Technology behind ChatGPT Was Built in Iowa".

203 *Os cinco grandes data centers*: Ibid.

203 *Contudo, ele já é um dos cursos d'água*: "Raccoon River Named among America's Most Endangered Rivers", American Rivers, 13 de abril de 2021, https://www.americanrivers.org/media-item/raccoon-river-named-among-americas-most-endangered--rivers/.

203 *Shaolei Ren, pesquisador*: Pengfei Li et al., "Making AI Less 'Thirsty': Uncovering and Addressing the Secret Water Footprint of AI Models", arXiv.org, 6 de abril de 2023, http://arxiv.org/abs/2304.03271.

203 *O consumo de água nas instalações*: Victor Tangermann, "Google Is Using a Flabbergasting Amount of Water on AI", *Futurism*, 28 de julho de 2023, https://futurism.com/the-byte/google-water-ai.

203 *Um estudo conduzido por pesquisadores*: Md Abu Bakar Siddik, Arman Shehabi e Landon Marston, "The Environmental Footprint of Data Centers in the United States", *Environmental Research Letters: ERL [Website]* 16, n.º 6 (21 de maio de 2021): 064017.

204 *Terras raras e outros minerais*: Jaya Nayar, "Not So 'Green' Technology: The Complicated Legacy of Rare Earth Mining", *Harvard International Review*, 12 de agosto de 2021, https://hir.harvard.edu/not-so-green-technology-the-complicated-legacy-of-rare-earth-mining/.

205 *A Taiwan Semiconductor Manufacturing Corporation*: "Press Center—Top Ten Semiconductor Foundries Report a 1.1% Quarterly Revenue Decline in 2Q23, Anticipated to Rebound in 3Q23, Says TrendForce", TrendForce, acesso em 8 de novembro de 2023, https://www.trendforce.com/presscenter/news/20230905-11827.html.

205 *bem como do Google e da Microsoft*: Rob Toews, "The Geopolitics of AI Chips Will Define the Future of AI", *Forbesco*, 7 de maio de 2023, https://www.forbes.com/sites/robtoews/2023/05/07/the-geopolitics-of-ai-chips-will-define-the-future-of-ai/.

205 *A TSMC consome mais de 6% da eletricidade*: Eugene Chausovsky, "Energy Is Taiwan's Achilles' Heel", *Foreign Policy*, 31 de julho de 2023, https://foreignpolicy.com/2023/07/31/energy-taiwan-semiconductor-chips-china-tsmc/.

205 *gerou 11,6 milhões de toneladas*: "TSMC 2022 Corporate Sustainability Report", 30 de junho de 2023, 228.

205 *três a quatro vezes mais*: Exerica LTD, "Ford Motor", Exerica, acesso em 6 de novembro de 2023, https://esg.exerica.com/Company?Name=Ford%20Motor; Exerica LTD, "General Motors Company", Exerica, acessado em 6 de novembro de 2023, https://esg.exerica.com/Company?Name=General%20Motors%20Company.

205 *compromisso de atender 100%*: Pádraig Belton, "The Computer Chip Industry Has a Dirty Climate Secret", *The Guardian*, 18 de setembro de 2021, https://www.theguardian.com/environment/2021/sep/18/semiconductor-silicon-chips-carbon-footprint-climate#:~:text=But%20chip%20manufacturing%20also%20contributes,day%20%E2%80%93%20and%20creates%20hazardous%20waste.

205 *Em 2022, a TSMC declarou*: "TSMC 2022 Corporate Sustainability Report", 228.

205 *fábricas da TSMC em Taiwan consumiram*: Ibid., 229.

205 *Nos últimos anos, Taiwan enfrentou secas*: Belton, "The Computer Chip Industry Has a Dirty Climate Secret".

205 *PFAS (substâncias per- e polifluoroalquil)*: Ian Bott e Cheng Ting-Fang, "The Crackdown on Risky Chemicals That Could Derail the Chip Industry", *Financial Times*, 22 de maio de 2023, em www.ft.com/content/76979768-59c0-436f-b731-40ba329a7544.

205 *não há substitutos viáveis para os PFAS*: Ibid.

206 *O Vale do Silício, berço da indústria*: Tatiana Schlossberg, "Silicon Valley Is One of the Most Polluted Places in the Country", *The Atlantic*, 22 de setembro de 2019, https://www.theatlantic.com/technology/archive/2019/09/silicon-valley-full-superfund-sites/598531/; Cam Simpson, "American Chipmakers Had a Toxic Problem. Then They Outsourced It", Bloomberg News, 15 de junho de 2017, https://www.bloomberg.com/news/features/2017-06-15/american-chipmakers-had-a-toxic-problem-so-they-outsourced-it; Jane Horton, "I Live next to Google—and on Top of a Toxic Site. Don't Let Polluters Be Evil", *The Guardian*, 19 de março de 2014, https://www.theguardian.com/commentisfree/2014/mar/19/google-mountain-view-toxic-waste.

206 *Com a TSMC e outros fabricantes*: Catherine Thorbecke, "The US Is Spending Billions to Boost Chip Manufacturing. Will It Be Enough?", CNN, 18 de outubro de 2022, https://www.cnn.com/2022/10/18/tech/us-chip-manufacturing-semiconductors/index.html.

206 *Estima-se que o cérebro humano*: "Emulating the Energy Efficiency of the Brain", Mohamed Bin Zayed University of Artificial Intelligence (MBZUAI), 27 de dezembro de 2023, https://mbzuai.ac.ae/news/emulating-the-energy-efficiency-of-the-brain/.

CAPÍTULO 11: A CRISE DA CONFIANÇA

209 *Um algoritmo popular*: Jeff Larson et al., "How We Analyzed the COMPAS Recidivism Algorithm", *ProPublica* (5 2016) 9, n.º 1 (2016): 3–13.

210 *Ferramentas que afirmam ser capazes*: Will Douglas Heaven, "Predictive Policing Algorithms Are Racist. They Need to Be Dismantled", *MIT Technology Review*, 17 de julho de 2020, https://www.technologyreview.com/2020/07/17/1005396/predictive-policing-algorithms-racist-dismantled-machine-learning-bias-criminal-justice/.

210 *que refletem os vieses sistêmicos*: William Terrill e Michael D. Reisig, "Neighborhood Context and Police Use of Force", *Journal of Research in Crime and Delinquency* 40, n.º 3 (1º de agosto de 2003): 291–321; Sharad Goel, Justin M. Rao e Ravi Shroff, "Precinct or Prejudice? Understanding Racial Disparities in New York City's Stop-and-Frisk Policy", *The Annals of Applied Statistics* 10, n.º 1 (março de 2016): 365–94.

210 *Usar dados de detenção*: Heaven, "Predictive Policing Algorithms are Racist".

210 *O uso de software de reconhecimento facial*: Joy Buolamwini e Timnit Gebru, "Gender Shades: Intersectional Accuracy Disparities in Commercial Gender Classification", em *Proceedings of the 1st Conference on Fairness, Accountability and Transparency*, ed. Sorelle A. Friedler e Christo Wilson, vol. 81, Proceedings of Machine Learning Research (PMLR, 23–24 de fevereiro de 2018), p. 77–91.

210 *O controverso aplicativo de reconhecimento*: James Clayton e Ben Derico, "Clearview AI Used Nearly 1m Times by US Police, It Tells the BBC", BBC, 27 de março de 2023, https://www.bbc.co.uk/news/technology-65057011.

210 *Confiar na análise de dados*: Heaven, "Predictive Policing Algorithms are Racist".

211 *Isso significa, em essência*: Ibid.

211 *A Lei de IA da União Europeia*: "AI Act: A Step Closer to the First Rules on Artificial Intelligence", Parlamento Europeu, 5 de novembro de 2023, https://www.europarl.europa.eu/news/en/press-room/20230505IPR84904/ai-act-a-step-closer-to-the-first-rules-on-artificial-intelligence.

211 *Um estudo da American Civil Liberties Union*: Heaven, "Predictive Policing Algorithms Are Racist. They Need to Be Dismantled".

211 *No Kentucky, por exemplo*: Ibid.

212 *Em 2019, um estudo mostrou*: Ziad Obermeyer et al., "Dissecting Racial Bias in an Algorithm Used to Manage the Health of Populations", *Science* 366, n.º 6464 (25 de outubro de 2019): 447–53.

212 *Estima-se que pacientes negros*: Patrick Boyle, "Clinical Trials Seek to Fix Their Lack of Racial Mix", Association of American Medical Colleges, 19 de agosto de 2021, https://www.aamc.org/news/clinical-trials-seek-fix-their-lack-racial-mix.

212 *Médicos e enfermeiros*: Kelly M. Hoffman et al., "Racial Bias in Pain Assessment and Treatment Recommendations, and False Beliefs about Biological Differences between Blacks and Whites", *Proceedings of the National Academy of Sciences of the United States of America* 113, n.º 16 (19 de abril de 2016): 4296-4301; Carrie Arnold, "How Biased Data and Algorithms Can Harm Health", revista *Hopkins Bloomberg Public Health*, acesso em 1º de novembro de 2023, https://magazine.jhsph.edu/2022/how-biased-data-and-algorithms-can-harm-health.

213 *Um estudo europeu*: Aaron Klein, "Credit Denial in the Age of AI", Brookings, 11 de abril de 2019, https://www.brookings.edu/articles/credit-denial-in-the-age-of-ai/.

213 *o que facilita: Jeremy Kahn, "Can an A.I. Algorithm Help End Unfair Lending? This Company Says Yes"*, *Fortune*, 20 de outubro de 2020, https://fortune.com/2020/10/20/artificial-intelligence-unfair-lending/; Jeremy Kahn, "A.I. and Tackling the Risk of 'Digital Redlining'", *Fortune*, 11 de fevereiro de 2020, https://fortune.com/2020/02/11/a-i-fairness-eye-on-a-i/.

213 *A VyStar Credit Union*: Kahn, "Can an A.I. Algorithm Help End Unfair Lending?"

214 *Dê a um LLM uma frase ambígua*: Hadas Kotek, Rikker Dockum e David Q. Sun, "Gender Bias in LLMs", arXiv.org, 28 de agosto de 2023, https://arxiv.org/abs/2308.14921.

214 *se você solicitar ao Midjourney para mostrar*: Arsenii Alenichev, Patricia Kingori e Koen Peeters Grietens, "Reflections before the Storm: The AI Reproduction of Biased Imagery in Global Health Visuals", *The Lancet Global Health* 11, n.º 10 (outubro de 2023): E1496–E1498, https://doi.org/10.1016/S2214-109X(23)00329-7.

214 *Um estudo observou que geradores*: Leonardo Nicoletti e Dina Bass, "Generative AI Takes Stereotypes and Bias From Bad to Worse", Bloomberg, 8 de junho de 2023, https://www.bloomberg.com/graphics/2023-generative-ai-bias/?sref=b0SdE1lu.

214 *É possível resolver esse viés*: Dylan Baker, entrevista de Jeremy Kahn, 1º de novembro de 2023.

215 *optar por modelos menores*: Ibid.

216 *Os fraudadores já estão usando softwares*: Pranshu Verma, "They Thought Loved Ones Were Calling for Help. It Was an AI Scam", *Washington Post*, 5 de março de 2023, https://www.washingtonpost.com/technology/2023/03/05/ai-voice-scam/.

216 *Para tornar o golpe mais verossímil*: Siddharth Venkataramakrishnan, "AI Heralds the Next Generation of Financial Scams", *Financial Times*, 19 de janeiro de 2024, https://www.ft.com/content/beea7f8a-2fa9-4b63-a542-88be231b0266.

216 *A clonagem de voz também está sendo*: Thomas Brewster, "Fraudsters Cloned Company Director's Voice in $35 Million Heist, Police Find", *Forbes*, 14 de outubro de 2021, https://www.forbes.com/sites/thomasbrewster/2021/10/14/huge-bank-fraud-uses-deep-fake-voice-tech-to-steal-millions/.

216 *Sabe-se de uma empresa que sofreu*: Heather Chen e Kathleen Magramo, "Finance Worker Pays out $25 Million after Video Call with Deepfake 'Chief Financial Officer'", CNN, 4 de fevereiro de 2024, https://www.cnn.com/2024/02/04/asia/deepfake-cfo-scam-hong-kong-intl-hnk/index.html.

216 *A empresa de segurança cibernética*: Jeremy Kahn, "ChatGPT Lets Scammers Craft Emails That Are so Convincing They Can Get Cash from Victims without Even Relying on Malware", *Fortune*, 4 de fevereiro de 2023, https://fortune.com/2023/02/03/chatgpt-cyberattacks-cybersecurity-social-engineering-darktrace-abnormal/; Maya Horowitz, entrevista de Jeremy Kahn, 2 de novembro de 2023.

216 *No início de 2024, a Microsoft e a OpenAI*: Tom Warren, "Microsoft and OpenAI Say Hackers Are Using ChatGPT to Improve Cyberattacks", *The Verge*, 14 de fevereiro de 2024, https://www.theverge.com/2024/2/14/24072706/microsoft-openai-cyberattack-tools-ai-chatgpt.

217 *Na dark web*: "Exploring the Realm of Malicious Generative AI: A New Digital Security Challenge", *The Hacker News*, 17 de outubro de 2023, https://thehackernews.com/2023/10/exploring-realm-of-malicious-generative.html.

217 *Mesmo antes dos chatbots de IA*: Jonny Ball, "Malware: On Sale for the Price of a Pint on Dark Web", *New Statesman*, 22 de julho de 2022, https://www.newstatesman.com/spotlight/2022/07/malware-on-sale-price-pint-dark-web.

217 *O Google treinou uma versão*: Sunil Potti, "How Google Cloud Plans to Supercharge Security with Generative AI", Google Cloud (blog), 24 de abril de 2023, https://cloud.google.com/blog/products/identity-security/rsa-google-cloud-security-ai-workbench-generative-ai.

217 *Já existem programas de cibersegurança*: Nicole Kobie, "Darktrace's AI Is Now Automatically Responding to Hacks—and Stopping Them", *WIRED UK*, 4 de abril de 2017, https://www.wired.co.uk/article/darktrace-machine-learning-security.

218 *Como observa Evan Reiser*: Anne Sraders, "Abnormal Security's CEO Explains How 'Defensive A.I.' Will Someday Defeat Cyber Attacks", *Fortune*, 16 de agosto de 2023, https://fortune.com/2023/08/16/abnormal-security-ceo-defensive-ai-cyber-attacks/.

218 *Maya Horowitz, vice-presidente de pesquisa*: Horowitz, entrevista.

218 *Os sistemas de chatbot são vulneráveis*: Jeremy Kahn, "Researchers Find a Way to Easily Bypass Guardrails on OpenAI's ChatGPT and All Other A.I. Chatbots", *Fortune*, 28 de julho de 2023, https://fortune.com/2023/07/28/openai-chatgpt-microsoft-bing-google-bard-anthropic-claude-meta-llama-guardrails-easily-bypassed-carnegie-mellon-research-finds-eye-on-a-i/; Thomas Claburn, "How Prompt Injection Attacks Hijack Today's Top-End AI-and It's Tough to Fix", *The Register*, 26 de abril

de 2023, https://www.theregister.com/2023/04/26/simon_willison_prompt_injection/.

219 *Horowitz se preocupa principalmente*: Horowitz, entrevista.

219 *Pesquisadores já demonstraram que*: Abigail Bealle, "Visual Trick Fools AI into Thinking a Turtle Is Really a Rifle", *New Scientist*, 3 de novembro de 2017, https://www.newscientist.com/article/2152331-visual-trick-fools-ai-into-thinking-a-turtle-is-really-a-rifle/.

219 *Horowitz diz que*: Horowitz, entrevista.

219 *patrocinou exercícios de equipes vermelhas*: Benj Edwards, "White House Challenges Hackers to Break Top AI Models at DEF CON 31", *Ars Technica*, 8 de maio de 2023, https://arstechnica.com/information-technology/2023/05/white-house-challenges-hackers-to-break-top-ai-models-at-def-con-31/.

219 *além de estar desenvolvendo diretrizes*: Casa Branca, "FACT SHEET: President Biden Issues Executive Order on Safe, Secure, and Trustworthy Artificial Intelligence", *The White House*, 30 de outubro de 2023, https://www.whitehouse.gov/briefing-room/statements-releases/2023/10/30/fact-sheet-president-biden-issues-executive-order-on-safe-secure-and-trustworthy-artificial-intelligence/.

219 *Gary Gensler, chefe da Comissão*: Patrick Jenkins e Stefania Palma, "Gary Gensler Urges Regulators to Tame AI Risks to Financial Stability", *Financial Times*, 15 de outubro de 2023, https://www.ft.com/content/8227636f-e819-443a-aeba-c8237f0ec1ac.

220 *Em 2017, surgiram os primeiros*: Laura Payne, "Deepfake", em *Encyclopedia Britannica*, 5 de outubro de 2023, https://www.britannica.com/technology/deepfake.

220 *pesquisadores da Universidade de Washington*: "Incident 39: Deepfake Obama Introduction of Deepfakes", AI Incident Database, acesso em 28 de outubro de 2023, https://incidentdatabase.ai/cite/39/.

220 *Na época, as deepfakes se baseavam*: Jeremy Kahn, "Here's Who Created Those Viral Tom Cruise Deepfake Videos", *Fortune*, 2 de março de 2021, https://fortune.com/2021/03/02/tom-cruise-deepfake-videos-tik-tok-chris-ume/.

220 *Imagens falsas virais*: Ashley Belanger, "AI Platform Allegedly Bans Journalist over Fake Trump Arrest Images", *Ars Technica*, 22 de março de 2023, https://arstechnica.com/tech-policy/2023/03/ai-platform-allegedly-bans-journalist-over-fake-trump-arrest-images/; Christiaan Hetzner, "What Is Midjourney? The A.I. Image Generator Used to Create the Viral Image of the Pope in a Puffer Jacket", *Fortune*, 28 de março de 2023, https://fortune.com/2023/03/28/pope-francis-balenciaga-puffer-jacket-midjourney-ai-deepfake-image-generator-openai-dalle/.

221 *Outra ferramenta é o software*: Cade Metz, "Instant Videos Could Represent the Next Leap in A.I. Technology", *New York Times*, 4 de abril de 2023, https://www.nytimes.com/2023/04/04/technology/runway-ai-videos.html.

221 *Já a startup ElevenLabs*: "ElevenLabs Generative AI Text to Speech & Voice Cloning", ElevenLabs, acesso em 1º de outubro de 2023; "Free AI Text to Speech Online", https://elevenlabs.io/text-to-speech; "AI Voice Cloning: Clone Your Voice in Minutes", https://elevenlabs.io/voice-cloning.

221 *Na Índia, durante a eleição para prefeito*: Kim Lyons, "An Indian Politician Used AI to Translate His Speech into Other Languages", *The Verge*, 18 de fevereiro de 2020, https://www.theverge.com/2020/2/18/21142782/india-politician-deepfakes-ai-elections.

221 *Nos EUA, o Partido Republicano*: James Vincent, "Republicans Respond to Biden Reelection Announcement with AI-Generated Attack Ad", *The Verge*, 25 de abril de 2023, https://www.theverge.com/2023/4/25/23697328/biden-reelection-rnc-ai-generated-attack-ad-deepfake.

221 *Em 2016, a Rússia travou*: Sarah Kreps e Doug Kriner, “How AI Threatens Democracy”, *Journal of Democracy* 34, n.º 4 (2023): 122–31.

222 *Um áudio deepfake é muito difícil*: Jeremy Kahn, “Advanced A.I. like ChatGPT, DALL-E, and Voice-Cloning Tech Is Already Raising Big Fears for the 2024 Election”, *Fortune*, 8 de abril de 2023, https://fortune.com/2023/04/08/ai-chatgpt-dalle-voice-cloning-2024-us-presidential-election-misinformation/.

223 *Na Eslováquia, por outro lado, um áudio deepfake*: Morgan Meaker, “Slovakia's Election Deepfakes Show AI Is a Danger to Democracy”, *WIRED Reino Unido*, 3 de outubro de 2023, https://wwwnao.wired.co.uk/article/slovakia-election-deepfakes.

223 *O resultado das eleições presidenciais*: “Cook Political Report Initial 2024 Electoral College Race Ratings”, 270toWin, 28 de julho de 2023, https://www.270towin.com/news/2023/07/28/cook-political-report-initial-2024-electoral-college-race--ratings_1512.html.

223 *Dito isto, estudos sobre desinformação*: Ullrich KH Ecker et al., “The Psychological Drivers of Misinformation Belief and Its Resistance to Correction”, *Nature Reviews Psychology* 1, n.º 1 (12 de janeiro de 2022): 13–29.

223 *A Rússia adota uma estratégia*: Christopher Paul e Miriam Matthews, *The Russian “Firehose of Falsehood” Propaganda Model: Why It Might Work and Options to Counter It* (Santa Monica, CA: RAND Corporation, 2016).

223 *A disseminação de desinformação*: Kaylyn Jackson Schiff, Daniel Schiff e Natália S. Bueno, “The Liar's Dividend: Can Politicians Claim Misinformation to Evade Accountability?” SocArXiv Papers, 19 de outubro de 2023, https://files.osf.io/v1/resources/x43ph/providers/osfstorage/64d228b4a2be6b59fa314730.

224 *A Samsung, por exemplo*: Brady Snyder, “Unlike Google, Samsung Will Digitally Watermark Wallpapers and Images Made with AI”, *Yahoo News*, 19 de janeiro de 2024, https://news.yahoo.com/unlike-google-samsung-digitally-watermark-071117152.html.

224 *Em todo caso, as marcas d'água*: Zhengyuan Jiang, Jinghuai Zhang e Neil Zhenqiang Gong, “Evading Watermark Based Detection of AIGenerated Content”, arXiv, 5 de maio de 2023, http://arxiv.org/abs/2305.03807.

224 *Em alguns casos, é ainda mais simples*: Kyle Barr, “Samsung's Galaxy S24 Can Remove Its Own AI Watermarks Meant to Show an Image Is Fake”, *Gizmodo*, 19 de janeiro de 2024, https://gizmodo.com/galaxy-s24-ai-removes-ai-watermark-phones-photos-1851180966.

224 *Adobe, Microsoft e outras empresas*: Ina Fried, “The Fight against Deepfakes Expands to Hardware”, *Axios*, 26 de outubro de 2023, https://www.axios.com/2023/10/26/deepfakes-content-credentials-hardware-software.

225 *O governo Biden*: The White House, “FACT SHEET: *President Biden Issues Executive Order on Safe, Secure, and Trustworthy Artificial Intelligence*”.

225 *Em 2018, a França aprovou*: Daniel Funke e Daniela Flamini, “A Guide to Anti-Misinformation Actions around the World”, *Poynter*, 9 de abril de 2019, https://www.poynter.org/ifcn/anti-misinformation-actions/.

225 *A nova e abrangente Lei de Serviços*: Robert Freedman e Lyle Moran, “Sweeping EU Digital Misinformation Law Takes Effect”, *Legal Dive*, 23 de agosto de 2023, https://www.legaldive.com/news/digital-services-act-dsa-eu-misinformation-law-propaganda-compliance-facebook-gdpr/691657/; “Press Corner: Questions and Answers: Digital Services Act”, European Commission, 25 de abril de 2003, https://ec.europa.eu/commission/presscorner/detail/en/qanda_20_2348.

226 *Em 2017, quando a Comissão Federal*: Sarah Kreps e Doug Kriner, “How AI Threatens Democracy”, *Journal of Democracy* 34, n.º 4 (outubro de 2023): 122–31.

226 *sem depender de pesquisas*: Courtney Kennedy, "Does Public Opinion Polling about Issues Still Work?", Pew Research Center, 21 de setembro de 2022, https://www.pewresearch.org/short-reads/2022/09/21/does-public-opinion-polling-about-issues-still-work/.

226 *Essa foi a visão de Noam Slonim*: Jeremy Kahn, "IBM's A.I. Can Now Mine People's Collective Thoughts. Will Businesses Use This Data Thoughtfully?", *Fortune*, 12 de dezembro de 2019, https://fortune.com/2019/12/12/ibm-ai-artificial-intelligence-business-survey-polling-speech-by-crowd/; Jeremy Kahn, "IBM Showcases A.I. That Can Parse Arguments in Cambridge Union Debate", *Fortune*, 22 de novembro de 2019, https://fortune.com/2019/11/22/ibm-ai-debate-arguments-cambridge-union/; Noam Slonim et al., "An Autonomous Debating System", *Nature* 591, n.º 7850 (março de 2021): 379–84.

CAPÍTULO 12: GUERRA NA VELOCIDADE DA MÁQUINA

229 *As forças confederadas na Guerra Civil*: Lorraine Boissoneault, "The Historic Innovation of Land Mines—and Why We've Struggled to Get Lid of Them", revista *Smithsonian*, 24 de fevereiro de 2017, https://www.smithsonianmag.com/innovation/historic-innovation-land-minesand-why-weve-struggled-get-rid-them-180962276/.

231 *Este é o sonho de quem constrói*: Brandon Tseng, entrevista de Jeremy Kahn, 23 de agosto de 2023.

231 *O historiador militar John Keegan*: John Keegan, *The Face of Battle: A Study of Agincourt, Waterloo, and the Somme* (Nova York: Penguin, 1983).

232 *A IA de reconhecimento facial*: Sudhin Thanawala, "Facial Recognition Technology Jailed a Man for Days. His Lawsuit Joins Others from Black Plaintiffs", *AP News*, 25 de setembro de 2023, https://apnews.com/article/mistaken-arrests-facial-recognition-technology-lawsuits-b613161c56472459df683f54320d08a7; Innocence Project, "When Artificial Intelligence Gets It Wrong", Innocence Project, 19 de setembro de 2023, https://innocenceproject.org/when-artificial-intelligence-gets-it-wrong/.

232 *Os carros autônomos*: The Tesla Team, "A Tragic Loss", Tesla (blog), 30 de junho de 2016, https://www.tesla.com/blog/tragic-loss.

232 *"Não existe nenhuma solução mágica"*: Mary Wareham, entrevista de Jeremy Kahn, 16 de novembro de 2023.

233 *empresa de tecnologia ucraniana Saker*: David Hambling, "Ukraine's AI Drones Seek and Attack Russian Forces Without Human Oversight", *Forbes*, 17 de outubro de 2023, https://www.forbes.com/sites/davidhambling/2023/10/17/ukraines-ai-drones-seek-and-attack-russian-forces-without-human-oversight/.

233 *O direito internacional humanitário*: Neil Davison, "A Legal Perspective: Autonomous Weapon Systems under International Humanitarian Law", em *Perspectives on Lethal Autonomous Weapon Systems*, vol. 30, UNODA Occassional Papers, Nações Unidas, 2018, 5–18.

234 *Um humano com reflexos*: Zachary Kallenborn, "Applying ArmsControl Frameworks to Autonomous Weapons", Brookings, 5 de outubro de 2021, https://www.brookings.edu/articles/applying-arms-control-frameworks-to-autonomous-weapons/.

234 *Noel Sharkey, um roboticista britânico*: Noel Sharkey, entrevista de Jeremy Kahn, dezembro de 2020.

234 *Inevitavelmente, a pressão por uma*: Ibid.

234 *O filósofo Paul W. Kahn*: Paul W. Kahn, "The Paradox of Riskless Warfare", em *War after September 11*, ed. Verna V. Gehring (Lanham, MD: Rowman & Littlefield, 2002), 37–49.

235 *Michael Walzer, um filósofo*: Paul Scharre, *Army of None: Autonomous Weapons and the Future of War* (Nova York: W. W. Norton, 2018).

235 *Alguns militares acreditam*: Ibid.

236 *Zachary Kallenborn, estudioso*: Zachary Kallenborn, entrevista de Jeremy Kahn, 17 de novembro de 2023.

236 *alguns drones Reaper*: Rob Blackhurst, "The Air Force Men Who Fly Drones in Afghanistan by Remote Control", *Daily Telegraph*, 24 de setembro de 2012, https://www.telegraph.co.uk/news/uknews/defence/9552547/The-air-force-men-who-fly--drones-in-Afghanistan-by-remote-control.html.

236 *Os comandantes alertaram os pilotos*: Peter Warren Singer, *Wired for War: The Robotics Revolution and Conflict in the Twenty-First Century* (Nova York: Penguin, 2009), 386.

236 *Kallenborn observa que, na guerra*: Kallenborn, entrevista.

237 *A Convenção da ONU sobre*: Kelley M. Sayler, "International Discussions Concerning Lethal Autonomous Weapon Systems (IF11294)", Congressional Research Service, 14 de fevereiro de 2023, https://crsreports.congress.gov/product/pdf/IF/IF11294.

237 *Os EUA, cujo exército*: Kelley M. Sayler, "Defense Primer: U.S. Policy on Lethal Autonomous Weapon Systems (IF11150)", Congressional Research Service, 15 de maio de 2023, https://crsreports.congress.gov/product/pdf/IF/IF11150.

237 *Mas essa formulação*: Mary Wareham, entrevista de Jeremy Kahn, 16 de novembro de 2023; Sharkey, entrevista.

237 *Enquanto isso, Rússia, Israel, Turquia*: Mary Wareham, "Stopping Killer Robots", Human Rights Watch, 10 de agosto de 2020, https://www.hrw.org/report/2020/08/10/stopping-killer-robots/country-positions-banning-fully-autonomous-weapons--and.

238 *Em ambos os casos*: Wareham, entrevista.

238 *Wareham e outros*: Ibid.; Toby Walsh, entrevista de Jeremy Kahn, 20 de novembro de 2023.

238 *Dezenas de países*: Kelley M. Sayler, "International Discussions Concerning Lethal Autonomous Weapon Systems (IF11294)", Congressional Research Service, 14 de fevereiro de 2023.

238 *setenta deles disseram que*: Ousman Noor, "70 States Deliver Joint Statement on Autonomous Weapons Systems at UN General Assembly", Stop Killer Robots, 21 de outubro de 2022, https://www.stopkillerrobots.org/news/70-states-deliver-joint--statement-on-autonomous-weapons-systems-at-un-general-assembly/.

238 *Em outubro de 2023, o secretário-geral*: "UN and Red Cross Call for Restrictions on Autonomous Weapon Systems to Protect Humanity", UN News, 5 de outubro de 2023, https://news.un.org/en/story/2023/10/1141922.

238 *Os defensores ganharam ânimo*: "First Committee Approves New Resolution on Lethal Autonomous Weapons, as Speaker Warns 'an Algorithm Must Not Be in Full Control of Decisions Involving Killing'", United Nations Media Coverage and Press Releases, 1º de novembro de 2023, https://press.un.org/en/2023/gadis3731.doc.htm.

239 *Paul Scharre, ex-Ranger do Exército*: Scharre, *Army of None*, 351.

239 *As proibições geralmente funcionam*: Ibid., 331–44; Robert F. Trager, "Deliberating Autonomous Weapons", *Issues in Science and Technology* XXXVIII, n.º 4 (12 de julho de 2022), https://issues.org/autonomous-weapons-russell-forum/.

239 *muitos países apoiaram a proibição*: Scharre, *Army of None*, 340.

239 *Armas biológicas foram proibidas*: Trager, "Deliberating Autonomous Weapons".

239 *Mesmo os tratados sobre minas terrestres*: "Anti-Personnel Landmines: Friend or Foe? A Study of the Military Use and Effectiveness of Anti-Personnel Mines", Comitê Internacional da Cruz Vermelha, 9 de junho de 2020, https://www.icrc.org/en/publication/0654-anti-personnel-landmines-friend-or-foe-study-military-use-and-effectiveness-anti. Embora a opinião militar sobre a eficácia das minas terrestres possa estar mudando à luz do papel que elas parecem ter desempenhado no apoio às posições defensivas tanto das forças ucranianas quanto das forças russas na guerra na Ucrânia. Ver: David E. Johnson, "Is the Virtue in the Weapon or the Cause?" (*Lawfire*, 5 de agosto de 2022), https://www.rand.org/pubs/commentary/2022/08/is-the-virtue-in-the-weapon-or-the-cause.html.

239 *Por exemplo, as Declarações de Haia*: Scharre, *Army of None*, 334–44; Walsh, entrevista.

240 *Especialistas em relações internacionais*: Zachary Kallenborn, entrevista; Kallenborn, "Applying Arms-Control".

240 *abordagem do Future of Life Institute*: Sharkey, entrevista.

240 *a Palantir, parceira de agências*: Reinhardt Krause, "Palantir Wins $250M U.S. Army Services Contract for AI", *Investor's Business Daily*, 27 de setembro de 2023, https://www.investors.com/news/technology/pltr-stock-palantir-wins-250-million-army-ai-services-contract/.

240 *Os militares da OTAN também ficaram*: Tenente Coronel Thomas Doll et al., "From the Game Map to the Battlefield—Using DeepMind's Advanced Alphastar Techniques to Support Military Decision-Makers", *Towards Training and Decision Support for Complex Multi-Domain Operations, NATO Modelling and Simulation Group* (NMSG), simpósio ocorrido em 21 e 22 de outubro de 2021, em Amsterdam, Holanda, 2021, 14–11.

241 *Os EUA estão investindo quase US$1 bilhão*: Sherrill Lee Lingel et al., *Joint All-Domain Command and Control for Modern Warfare: An Analytic Framework for Identifying and Developing Artificial Intelligence Applications* (RAND, 2020); Colin Demarest, "Siemens, 29 Others Added to Air Force's $950 Million JADC2 Contract", *C4ISRNet*, 23 de setembro de 2022, https://www.c4isrnet.com/industry/2022/09/23/siemens-29-others-added-to-air-forces-950-million-jadc2-contract/.

241 *Enquanto isso, a Palantir e seus concorrentes*: Katrina Manson, "The US Military Is Taking Generative AI Out for a Spin", Bloomberg News, 5 de julho de 2023, https://www.bloomberg.com/news/newsletters/2023-07-05/the-us-military-is-taking-generative-ai-out-for-a-spin.

241 *Durante a guerra de Israel em Gaza*: Yuval Abraham, "'Lavender': The AI Machine Directing Israel's Bombing Spree in Gaza", *+972 Magazine*, 3 de abril de 2024, https://www.972mag.com/lavender-ai-israeli-army-gaza/; Harry Davies, Bethan McKernan e Dan Sabbagh, "'The Gospel': How Israel Uses AI to Select Bombing Targets in Gaza", *The Guardian*, 1º de desembro de 2023, https://www.theguardian.com/world/2023/dec/01/the-gospel-how-israel-uses-ai-to-select-bombing-targets.

241 *Quando pesquisadores das universidades*: Hera Rizwan, "AI In Warfare: Study Finds LLM Models Escalate Violence In War Simulations", *BOOM*, 12 de fevereiro de 2024, https://www.boomlive.in/news/ai-in-warfare-study-finds-llm-models-escalate-violence-in-war-simulations-24334.

241 *A atual política dos EUA*: Olivier Knox, "A.I. and Nuclear Decisions Shouldn't Mix, U.S. Says Ahead of Biden-Xi Summit", *Washington Post*, 9 de novembro de 2023, https://www.washingtonpost.com/politics/2023/11/09/ai-nuclear-decisions-shouldnt-mix-us-says-ahead-biden-xi-summit/.

241 *Até o tenente-general John Shanahan*: Ross Andersen, "Never Give Artificial Intelligence the Nuclear Codes", *The Atlantic*, 2 de maio de 2023, https://www.theatlantic.com/magazine/archive/2023/06/ai-warfare-nuclear-weapons-strike/673780/.

242 *No clássico filme da Guerra Fria de Stanley Kubrick, Dr. Strangelove* (Columbia Pictures, 1964).

242 *Chamava-se "Perímetro"*: Andersen, "Never Give Artificial".

242 *Adam Lowther e Curtis McGiffin*: Ibid.; Susan D'Agostino, "Biden Should End the Launch-on-Warning Option", *Bulletin of the Atomic Scientists*, 22 de junho de 2021, https://thebulletin.org/2021/06/biden-should-end-the-launch-on-warning-op tion/; Adam Lowther e Curtis McGiffin, "America Needs a 'Dead Hand'", Maxwell Air Force Base, Air Force Institute of Technology, 23 de agosto de 2019, https://www.maxwell.af.mil/News/Commentaries/Display/Article/1942374/america-needs-a-dead--hand/.

242 *o mais famoso em 1983*: Andersen, "Never Give Artificial"; Colaboradores da Wikipédia, "1983 Soviet Nuclear False Alarm Incident", *Wikipédia*, 26 de setembro de 2023, https://en.wikipedia.org/w/index.php?title=1983_Soviet_nuclear_false_alarm_incident&oldid=1177249343.

242 *como atestam os acidentes fatais*: Phil McCausland, "Self-Driving Uber Car That Hit and Killed Woman Did Not Recognize That Pedestrians Jaywalk", NBC News, 9 de novembro de 2019, https://www.nbcnews.com/tech/tech-news/self-driving-uber-car-hit-killed-woman-did-not-recognize-n1079281; "11 More People Killed in Crashes Involving Automated-Tech Vehicles", CBS News, 19 de outubro de 2022, https://www.cbsnews.com/news/self-driving-vehicles-crash-deaths-elon-musk--tesla-nhtsa-2022/.

243 *Isso leva à possibilidade*: Michael T. Klare, "'Skynet' Revisited: The Dangerous Allure of Nuclear Command Automation", *Arms Control Today*, abril de 2020, https://www.armscontrol.org/act/2020-04/features/skynet-revisited-dangerous-allure-nuclear-command-automation.

243 *Imagine se uma IA de comando*: Andersen, "Never Give Artificial".

243 *Os presidentes Biden e Xi Jinping*: Trevor Hunnicutt e Jeff Mason, "TAKEAWAYS—Biden and Xi Meeting: Taiwan, Iran, Fentanyl and AI", Reuters, 16 de novembro de 2023, https://www.reuters.com/world/takeaways-biden-xi-meeting-taiwan-iran-fentanyl-ai-2023-11-16/.

243 *O presidente russo Vladimir Putin*: James Vincent, "Putin Says the Nation That Leads in AI 'Will Be the Ruler of the World'", *The Verge*, 4 de setembro de 2017, https://www.theverge.com/2017/9/4/16251226/russia-ai-putin-rule-the-world.

243 *A estratégia nacional de IA*: "Full Translation: China's 'New Generation Artificial Intelligence Development Plan' (2017)", *DigiChina*, 1° de agosto de 2017, https://digichina.stanford.edu/work/full-translation-chinas-new-generation-artificial-intelligence--development-plan-2017/.

245 *os EUA tentaram restringir*: Will Henshall, "What to Know about the U.S. Curbs on AI Chip Exports to China", *Time*, 17 de outubro de 2023, https://time.com/6324619/us-biden-ai-chips-china/.

245 *A China retaliou*: Dominique Patton and Amy Lv, "China Exported No Germanium, Gallium in August after Export Curbs", Reuters, 20 de setembro de 2023, https://www.reuters.com/world/china/china-exported-no-germanium-gallium-aug-due--export-curbs-2023-09-20/.

245 *Autoridades dos EUA acreditam*: Phil Stewart et al., "Chinese Blockade of Taiwan Would Likely Fail, Pentagon Official Says", Reuters, 19 de setembro de 2023, https://www.reuters.com/world/asia-pacific/chinese-blockade-taiwan-would-likely-fail-pentagon-official-says-2023-09-19/.

245 *Taiwan Semiconductor Manufacturing Company*: Rob Toews, "The Geopolitics of AI Chips Will Define the Future of AI", *Forbes*, 7 de maio de 2023, https://www.forbes.

com/sites/robtoews/2023/05/07/the-geopolitics-of-ai-chips-will-define-the-future-of-ai/?sh=4abdae0e5c5c.

245 *Ciente dessa vulnerabilidade*: Makena Kelly, "President Joe Biden's $39 Billion Semiconductor Project Is Open for Business", *The Verge*, 28 de fevereiro de 2023, https://www.theverge.com/2023/2/28/23618885/semiconductor-chip-manufacturing-commerce-biden-white-house.

CAPÍTULO 13: O FIM DA LINHA PARA TODOS NÓS

247 *Por isso Elon Musk diz que*: Matt McFarland, "Elon Musk: 'With Artificial Intelligence We Are Summoning the Demon'", *Washington Post*, 24 de outubro de 2014, https://wwwWsoft/.

248 *Geoff Hinton, o pioneiro*: Will Douglas Heaven, "Geoffrey Hinton Tells Us Why He's Now Scared of the Tech He Helped Build", *MIT Technology Review*, 2 de maio de 2023, https://www.technologyreview.com/2023/05/02/1072528/geoffrey-hinton-google-why-scared-ai/.

249 *A ideia começou a chamar*: Irving John Good, "Speculations Concerning the First Ultraintelligent Machine", em *Advances in Computers, Volume* 6, ed. Franz L. Alt and Morris Rubinoff (Amsterdam: Elsevier, 1966), 31–88.

250 *Good se concentrou principalmente*: Ibid.

250 *Essa condição e as consequências*: Vernor Vinge, "The Coming Technological Singularity: How to Survive in the Post-Human Era", (artigo de conferência, NASA, Lewis Research Center, *Vision 21: Interdisciplinary Science and Engineering in the Era of Cyberspace*, 1º de dezembro de 1993), https://ntrs.nasa.gov/citations/19940022856.

250 *difundido pelo futurista e inventor Ray Kurzweil*: Ray Kurzweil, *The Singularity Is Near: When Humans Transcend Biology* (Londres: Gerald Duckworth & Co., 2006).

250 *Os escritos de Kurzweil sobre*: Shane Legg, entrevista de Jeremy Kahn, 22 de agosto de 2023; Dario Amodei, entrevista de Jeremy Kahn, 17 de julho de 2023.

250 *Ele viu a superinteligência*: Kurzweil, *The Singularity Is Near*; Ray Kurzweil, "Spiritual Machines: The Merging of Man and Machine", *The Futurist*, vol. 33, novembro de 1999, 16–21.

251 *Bostrom, que reuniu suas ideias*: Nick Bostrom, *Superintelligence: Paths, Dangers, Strategies* (Oxford, UK: Oxford University Press, 2014).

251 *O pesquisador de IA Ilya Sutskever*: Noah Payne-Frank et al., "Ilya: The AI Scientist Shaping the World", vídeo online, *The Guardian*, 2023, https://www.theguardian.com/technology/video/2023/nov/02/ilya-the-ai-scientist-shaping-the-world.

252 *Os algoritmos que direcionam as pessoas*: Alexander Pan, Kush Bhatia e Jacob Steinhardt, "The Effects of Reward Misspecification: Mapping and Mitigating Misaligned Models", arXiv.org, 10 de janeiro de 2022, http://arxiv.org/abs/2201.03544.

252 *No livro* Superinteligência: Bostrom, *Superintelligence*.

253 *É o que os especialistas em segurança*: Marius Hobbhahn, "Understanding Strategic Deception and Deceptive Alignment", Apollo Research, 25 de setembro de 2023, https://www.apolloresearch.ai/blog/understanding-da-and-sd.

253 *Quando a OpenAI estava testando*: OpenAI, "GPT-4 Technical Report", arXiv, 15 de março de 2023, 55–6, http://arxiv.org/abs/2303.08774.

254 *A OpenAI prometeu dedicar*: Jan Leike e Ilya Sutskever, "Introducing Superalignment", *OpenAI* (blog), 5 de julho de 2023, https://openai.com/blog/introducing-superalignment.

254 *Enquanto estava na OpenAI*: Amodei, entrevista.

255 *Chamada de IA constitucional*: Yuntao Bai et al., "Constitutional AI: Harmlessness from AI Feedback", arXiv, 15 de dezembro de 2022, http://arxiv.org/abs/2212.08073.

255 *Testes independentes mostraram*: Patrick Chao et al., "Jailbreaking Black Box Large Language Models in Twenty Queries", arXiv, 12 de outubro de 2023, http://arxiv.org/abs/2310.08419; Andy Zou et al., "Universal and Transferable Adversarial Attacks on Aligned Language Models", arXiv, 27 de julho de 2023, http://arxiv.org/abs/2307.15043.

255 *Mas o fato de o Claude 2 ainda poder*: Zico Kolter e Matt Fredrikson, entrevista de Jeremy Kahn, 27 de julho de 2023; Dario Amodei, entrevista.

255 *Em outubro de 2023*: P. B. C. Anthropic, "Collective Constitutional AI: Aligning a Language Model with Public Input", Anthropic, 17 de outubro de 2023, https://www.anthropic.com/index/collective-constitutional-ai-aligning-a-language-model-with-public-input.

256 *Elon Musk já criticou*: Maxwell Zeff, "Elon Musk's 'Anti-Woke' AI Is Here, Snowflakes Need Not Apply", *Gizmodo*, 7 de dezembro de 2023, https://gizmodo.com/elon-musk-x-grok-ai-chatbot-is-here-1851081047; James Vincent, "As Conservatives Criticize 'Woke AI', Here Are ChatGPT's Rules for Answering Culture War Queries", *The Verge*, 17 de fevereiro de 2023, https://www.theverge.com/2023/2/17/23603906/openai-chatgpt-woke-criticism-culture-war-rules.

256 *O Grok possui um "modo picante"*: Lance Whitney, "I Tried X's 'Anti-Woke' Grok AI Chatbot. The Results Were the Opposite of What I Expected", ZDNET, 21 de dezembro de 2023, https://www.zdnet.com/article/i-tried-xs-anti-woke-grok-ai-chatbot-the-results-were-the-opposite-of-what-i-expected/.

257 *Um exemplo é o* CoinRun: Stuart Armstrong et al., "CoinRun: Solving Goal Misgeneralisation", arXiv, 28 de setembro de 2023, http://arxiv.org/abs/2309.16166; Matija Franklin et al., "Concept Extrapolation: A Conceptual Primer", arXiv, 19 de junho de 2023, http://arxiv.org/abs/2306.10999.

258 *Em um teste de habilidades*: Jeremy Kahn, "Some Small Start-ups Making Headway on Generative A.I.'s Biggest Challenges", *Fortune*, 23 de maio de 2023, https://fortune.com/2023/05/23/small-startups-making-headway-on-generative-a-i-s-biggest-challenges-xayn-aligned-ai-eye-on-ai/.

258 *Para construir algo seguro*: Amodei, entrevista.

259 *explicação de J. Robert Oppenheimer*: Comissão de Energia Atômica dos EUA, "In the matter of J. Robert Oppenheimer: transcript of hearing before Personnel Security Board, Washington, D.C.", 12 de abril a 5 de maio de 1954, U.S. Government Printing Office, 81.

259 *No entanto, a fragilidade de confiar*: Rachel Metz e Shirin Ghaffary, "OpenAI's Sam Altman Returns to Board After Probe Clears Him", Bloomberg News, 8 de março de 2024, https://www.bloomberg.com/news/articles/2024-03-08/openai-s-altman-returns-to-board-after-probe-clears-him.

260 *Em comunicado, Helen Toner e Tasha McCauley*: Helen Toner (@hlntnr), "A statement from Helen Toner and Tasha McCauley", statement on release of WilmerHale Report on investigation on Sam Altman's firing", X (antigo Twitter), 9 de março de 2024, https://x.com/hlntnr/status/1766269137628590185?s=20.

260 *O governo Biden persuadiu algumas*: The White House, "FACT SHEET: President Biden Issues Executive Order on Safe, Secure, and Trustworthy Artificial Intelligence", 30 de outubro de 2023, https://www.whitehouse.gov/briefing-room/statements-releases/2023/10/30/fact-sheet-president-biden-issues-executive-order-on-safe-secure-and-trustworthy-artificial-intelligence/.

261 *A Lei de IA da União Europeia:* European Council, "Artificial Intelligence Act: Council and Parliament Strike a Deal on the First Rules for AI in the World", European Council News, 9 de dezembro de 2023, https://www.consilium.europa.eu/en/press/press-releases/2023/12/09/artificial-intelligence-act-council-and-parliament-strike-a-deal-on-the-first-worldwide-rules-for-ai/.

262 *Na primeira Cúpula de Segurança em IA:* "The Bletchley Declaration by Countries Attending the AI Safety Summit, 1–2 November 2023", GOV.UK, 1º de novembro de 2023, https://www.gov.uk/government/publications/ai-safety-summit-2023-the-bletchley-declaration/the-bletchley-declaration-by-countries-attending-the-ai-safety-summit-1-2-november-2023.

262 *Dezoito desses países aderiram:* Dashveenjit Kaur, "First-of-Its-Kind International Agreement on AI Safety Introduced by the US and Allies", *Tech Wire Asia*, 28 de novembro de 2023, https://techwireasia.com/11/2023/what-agreement-on-international-agreement-on-ai-safety-has-been-reached-by-the-us-and-allies/.

262 *A Agência Internacional de Energia Atômica:* Robert Trager et al., "International Governance of Civilian AI: A Jurisdictional Certification Approach", Social Science Research Network, 31 de agosto de 2023, https://papers.ssrn.com/sol3/papers.cfm?abstract_id=4579899.

ÍNDICE

D

E

F

G

H

I

O

P

Q

R

S

T

U

V

W

X

Y

Z

SOBRE O AUTOR

JEREMY KAHN é um premiado jornalista da revista *Fortune*, onde cobre inteligência artificial e outras tecnologias emergentes. Ele supervisiona uma equipe de repórteres responsável pelas matérias sobre IA na publicação. Também escreve para o boletim semanal *Eye on AI* da *Fortune* e copreside as conferências de tecnologia "Brainstorm AI" da revista. Já escreveu sobre tecnologia, incluindo IA, para a *Bloomberg*. Seus artigos, sobre uma variedade de temas, já foram publicados em veículos como *The New York Times*, *Newsweek*, *The Atlantic*, *Smithsonian*, *The Boston Globe*, *The New Republic* e *Slate*. Morou e trabalhou na Índia de 2007 a 2011. Realizou reportagens no Nepal, Sri Lanka, Costa do Marfim, Iraque, Venezuela e na maioria dos países da Europa Ocidental. Foi editor-gerente da revista *The New Republic*. Formou-se pela Universidade da Pensilvânia e pela London School of Economics. É natural de Cleveland, Ohio, EUA, e hoje vive com sua família em Oxford, Inglaterra.

Este livro foi impresso nas oficinas gráficas da Editora Vozes Ltda.,
Rua Frei Luís, 100 – Petrópolis, RJ.